파이썬 프로그래밍의 기초부터 실전까지

제대로 빠르게
파이썬
입문

마츠우라 켄이치로, 츠카사 유키 지음

김은철, 유세라 옮김

AK IT

예제 코드 다운로드 및 문의 안내

이 책을 구입해 주셔서 감사합니다. 예제 코드 다운로드 방법 및 문의 방법에 대해 다음 사항을 참고해 주시기 바랍니다.

역자가 운영하는 네이버 카페

책에 게시된 완성 예제 코드는 역자가 직접 운영하는 커뮤니티(네이버 카페)에서 다운로드할 수 있습니다. 또한 게시판을 통해 역자에게 책과 관련한 질문을 할 수 있습니다.

https://cafe.naver.com/pplus/

부록 데이터 다운로드 사이트

(주)AK커뮤니케이션즈의 홈페이지 자료실에서도 완성 예제 코드 파일을 다운로드할 수 있습니다. 부록 데이터는 허가 없이 배포하거나 웹 사이트에 게재할 수 없습니다.

http://www.amusementkorea.co.kr/

출판사 홈페이지 문의

(주)AK커뮤니케이션즈 홈페이지의 [고객센터]에서 1:1 문의를 이용해 주세요. 질문 내용에 따라서는 답변을 드리기까지 며칠 이상 기간이 요구되는 경우가 있습니다.

http://www.amusementkorea.co.kr/

이 책은 프로그래밍 언어 **파이썬(Python)**에 대해 자세하게 설명하는 입문서입니다. 처음 파이썬을 배우는 분은 물론, 이미 파이썬의 경험이 있는 분도 지식을 넓히기 위해 읽어도 좋습니다. C, C++, 자바와 같은 다른 언어에 익숙하면서 다음 언어로 파이썬을 배우려는 분에게도 추천합니다.

이 책은 **기초편과 응용편**으로 구성됩니다. 전반의 기초편에서는 파이썬의 문법 및 내장 함수 등에 대해서 자세히 설명합니다. 후반의 응용편에서는 각종 라이브러리를 이용하여 실제 프로그램을 개발하는 방법을 소개합니다. **업무 자동화, AI, 스크래핑(크롤링), 데이터베이스, 웹** 등 업무와 연구에 바로 도움이 되는 기술을 다룹니다. 이 책은 처음부터 읽기를 추천하지만, 보고 싶은 부분부터 읽어도 됩니다. 혹시 도중에 모르면 관련된 장이나 페이지를 기재해 두었으니 앞으로 돌아가서 읽어 보세요.

파이썬은 프로그래밍 언어로서 기본 기능이 충실하면서도 각 기능이 사용하기 쉽게 정리되어 있습니다. 또한 파이썬에는 편리한 라이브러리를 풍부하게 갖추고 있는데, 실은 **기본 기능을 잘 이해하고 구사하는 것**이 숙달의 지름길입니다. 그래서 이 책에서는 기본적인 문법을 특히 알기 쉽고 자세하며 폭 넓게 설명합니다. 즉시 사용할 수 있는 평이한 작성 패턴을 소개하면서, 때로는 내부의 구조까지 파고들어 설명함으로써 기법을 익힐 뿐만 아니라 자신의 프로그램을 작성할 수 있습니다.

이 책에 게재한 다수의 프로그램 예시는 **연습 문제**로도 활용할 수 있습니다. 프로그램 예시에 앞서 필요한 문법 및 라이브러리를 소개하고, 앞으로 어떠한 프로그램을 작성할지를 제시했습니다. 제시된 정보를 사용해 프로그램을 작성하고 나서 해답으로 프로그램 예시를 확인함으로써 프로그램의 연습을 하면서 이 책을 읽어 나갈 수 있습니다. 한편, 처음에는 프로그램 예시만 확인하고 실력을 시험하고 싶어졌을 때 연습 문제로 사용하는 것도 추천합니다.

꽤 읽을 만한 분량과 내용으로 구성한 책인데, 컬러의 지면을 살려 가능한 한 경쾌하게 읽어 나갈 수 있도록 고안했습니다. **용어·요점·입력·주석** 등을 색으로 나눴기 때문에 관심이 있는 포인트에 주목해서 읽는 것도 추천합니다. 키워드 및 라이브러리의 **함수명·메서드명·클래스명** 등의 용어를 발음하는 예도 나타냈습니다. 실제 발음을 알아야 개념을 기억하고 이해하기 쉬우며 다른 기술자와 더욱 원만하게 의사소통을 할 수 있기 때문입니다. 용어의 사용법에 대해서는 파이썬의 공식 사이트에 있는 언어 사양서나 튜토리얼을 참고했습니다.

일, 학업, 취미 등에서 파이썬을 사용하는 분이 이 책을 통해서 파이썬의 지식이나 기술을 갈고 닦아, 목표를 달성하길 진심으로 바랍니다. 이 책을 통해서 어떤 과제를 완료할 수 있었는지, 파이썬을 어떻게 소화할 수 있게 되었는지 서평 등을 통해 알려주시면 정말 좋겠습니다.

마츠우라 켄이치로, 츠카사 유키

목차

Chapter 01

프로그래밍을
배우기 위한 준비

파이썬의 프로그래밍을 배우기 위해 바로 준비에 착수합시다! 처음에는 파이썬의 개요를 배웁니다. 파이썬이 어떤 일에 유용한지, 파이썬은 어떤 경위로 현재의 모습이 되었는지, 다른 프로그래밍 언어와 비교해서 어떤 특징이 있는지 소개합니다. 다음으로 파이썬 프로그램을 작성하고 작동하게 하기 위한 개발 환경을 설치합니다. 몇 가지 개발 환경을 선택할 수 있으므로 꼭 마음에 드는 환경을 찾아보세요.

이 장의 학습 내용

① 파이썬의 개요

② 개발 환경의 설치

먼저 파이썬의 특징을 이해한다

파이썬은 어떤 프로그래밍 언어인지, 무엇을 만들 수 있는지, 어떤 점이 뛰어난지 배워 봅시다. 파이썬의 특징을 알면 파이썬이 어떤 이점이 있는지, 어떻게 파이썬을 사용해야 그 이점을 누릴 수 있는지를 상상하기 쉬워집니다. 파이썬이 개발된 경위도 살펴보고 장단점도 살펴보겠습니다.

당신에게 파이썬은 '사용할 수 있는 언어'인가?

여러분이 파이썬을 배우고 싶은 이유는 '프로그램을 개발하고 싶다', '일을 자동화하고 싶다', '연구에 사용하고 싶다', '프로그래밍의 지식을 깊게 하고 싶다' 등 여러 가지가 있을 겁니다. 파이썬은 폭넓은 용도에 잘 맞는 프로그래밍 언어이므로 많은 사람의 희망을 이루어 줄 거라 생각합니다. 파이썬은 예를 들어 다음과 같은 목적으로 사용할 수 있습니다.

• 프로그램의 개발

파이썬은 다양한 **프로그램을 개발**할 수 있는 언어입니다. 예를 들어 오늘날의 소프트웨어 개발에는 빼놓을 수 없는 데이터베이스 및 웹 기술을 사용한 프로그래밍도 파이썬의 특기 분야입니다(Chapter15). 웹에서 유용한 정보를 수집하는 스크래핑에도 대응할 수 있습니다(Chapter14).

• 일의 자동화

일상적인 작업을 **자동화**할 수 있다면 실수가 적어지고 속도가 높아져 시간을 더욱 효율적으로 사용할 수 있습니다. 예를 들어 엑셀 문서 작업이나 시스템 관리 등을 파이썬 프로그램으로 자동으로 처리할 수 있습니다(Chapter12).

• AI의 활용

파이썬은 연구 분야, 최근에는 특히 AI(인공지능) 분야에서 널리 사용되고 있습니다. 이는 파이썬에서 이용할 수 있는 머신러닝 라이브러리가 충실하기 때문입니다. 이 밖에도 데이터 분석, 숫자 연산, 시각화 등 연구에 이용할 수 있는 라이브러리가 많습니다(Chapter13).

• 프로그래밍 지식을 넓히다

파이썬은 유용한 프로그래밍 아이디어와 테크닉을 많이 담고 있는 언어입니다. 예를 들어 파이썬의 데이터 구조나 객체지향 지식은 다른 프로그래밍 언어를 사용할 때도 도움이 됩니다(Chapter4, 7, 16). 파이썬을 배움으로써 프로그래밍 일반에 대한 지식을 넓히고 기술을 향상시킬 수 있습니다.

위의 모든 항목을 이 책에서 실제로 체험할 수 있습니다! 꼭 즐기면서 파이썬을 배우세요.

파이썬의 역사는 의외로 길다

요즘 파이썬은 매우 인기 있는 프로그래밍 언어입니다. IEEE(Institute of Electrical and Electronics Engineers, 전기전자공학자협회)에서 매년 발표하는 프로그래밍 언어 순위에서도 파이썬은 2017년~2022년 연속 정상에 오르고 있습니다. 그다음 순위는 C, C++, C#, 자바(Java), 자바스크립트(JavaScript), R, SQL, 고(Go), 스위프트(Swift), 매트랩(Matlab)으로 상당한 강호입니다.

파이썬은 최근 AI의 열풍을 타고 인기를 얻었지만, 1989년에 탄생해 1991년에 일반에 공개되어 이미 30년이 넘은 역사가 있습니다. 1972년에 태어난 C 언어에 비하면 젊은 언어지만 1995년에 태어난 자바나 자바스크립트보다 더 오래된 언어입니다. 처음에는 교육용 프로그래밍 언어로 개발되어 지금까지 다루기 쉽다는 장점을 유지하고 있습니다. 다른 언어에 비해 파이썬이 사용하기 쉽다 보니 학습은 물론이고 연구나 실무에서 이용할 때도 프로그래머에게 이점이 많습니다.

현재 파이썬은 버전3에 해당하는 **파이썬 3**입니다. 파이썬 1은 1994년, 파이썬 2는 2000년, 파이썬 3은 2008년에 등장했습니다. 파이썬 2와 3은 일부 기능에 호환성이 없기 때문에 파이썬 2용으로 쓰여진 프로그램을 운용하기 위해 오랜 시간에 걸쳐 파이썬 2와 3이 병용되어 왔지만 최근에는 파이썬 3으로 넘어가고 있습니다. 이 책에서도 파이썬 3을 사용합니다.

파이썬을 개발한 사람은 네덜란드 출신의 프로그래머 귀도 반 로섬(Guido van Rossum)입니다. 다양한 개발자가 제안한 신기능 중 어떤 기능을 파이썬에 채택할지는 최종적으로 그가 결정해 왔습니다. 이런 입장은 BDFL(Benevolent Dictator for Life, 착한 독재자)이라고 불립니다. 여기서 말하는 독재자란 원래 고대 로마의 공화정 시대에 있었던 종신 독재관(dictator, 딕타토르)이라는 관직을 말하며, 유명한 독재관으로는 율리우스 카이사르가 있습니다. 그러나 권력을 스스로에게 집중시킨 카이사르는 암살당하고 말았고 독재자라는 말도 오늘날에는 부정적인 문맥에서 사용됩니다. 하지만 귀도 반 로섬은 능숙한 조율을 해야 하는 입장에 있으며, 'benevolent(선의의, 상냥한, 자비로운)'라는 제약을 스스로에게 부과함으로써 계속 파이썬을 발전시켰던 것 같습니다. 2018년에 그는 BDFL에서 은퇴했으나, 그때까지 절묘한 지휘 때문인지 파이썬은 기능에 일관성이 있고 매우 사용하기 쉬운 언어로 완성되었습니다.

그는 '몬티 파이썬의 비행 서커스(Monty Python's Flying Circus)'라는 영국의 코미디 프로그램을 좋아했는데 파이썬이라는 이름은 여기서 유래했습니다. 한편으로 파이썬은 비단뱀을 뜻하는데 파이썬의 아이콘에 뱀의 도안이 사용되고 있는 것은 이 때문입니다.

다른 언어와 비교해 본 파이썬의 특징

파이썬에는 여러 가지 장점이 있는데, 여기서는 다른 언어와 비교하며 3가지를 꼽아 보겠습니다. 어느 프로그래밍 언어를 선택해야 할지 갈피를 잡지 못할 때 참고가 되었으면 좋겠습니다. 여러분도 꼭 파이썬을 사용하며 장점을 찾아보세요.

· 정리되어 배우기 쉬운 문법

파이썬의 문법은 알기 쉽고, 기억하기 쉽고, 실수하지 않도록 정리되어 있습니다. 프로그램의 체제와 동작이 일치하도록 되어 있거나, 한정된 기법을 배우는 것만으로 광범위한 목적에 대응할 수 있거나, 버그가 들어가기 쉬운 기능은 제거한 것을 그 예로 들 수 있습니다. 또한 객체지향 기능은 다른 언어에 비해 외워야 할 기법이 꽤 단순합니다.

· 짧고 간결한 프로그램

파이썬에서는 여러 가지 처리를 간단한 프로그램으로 실현할 수 있습니다. 이것은 자주 사용하는 처리를 짧게 적을 수 있도록 언어를 설계했기 때문입니다. 또한 고기능 라이브러리를 많이 갖추고 있어 복잡한 일도 간단히 라이브러리를 불러와 처리할 수 있습니다. 그래서 같은 처리를 작성해도 다른 언어보다 코드 분량이 적을 때가 많습니다.

· 다른 언어의 유용한 기능을 도입

파이썬은 다른 프로그래밍 언어를 공들여 연구해, 유용한 기능을 잘 도입하고 있는 언어입니다. 파이썬을 사용해 보면 C, C++, 자바, 자바스크립트 같은 다른 언어의 기능이 교묘하게 도입되어 있는 것을 알 수 있습니다. 데이터 구조 및 알고리즘과 같은 범용 프로그램의 기술도 파이썬은 사용하기 쉬운 형태로 제공합니다.

단점도 알아 두는 것이 좋습니다. 그중 하나는 실행 속도입니다. 예를 들어 C나 C++ 프로그램에 비해 파이썬 프로그램이 10배 정도 느릴 수 있습니다. 한편 파이썬의 라이브러리 안쪽에는 C나 C++로 쓰여져 있기 때문에 C나 C++과 동등한 속도로 동작하는 것도 드물지는 않습니다. 이런 경우는 일단 라이브러리를 호출하고 라이브러리 안에서 계속해서 실행되는 동안은 매우 빠르게 동작합니다. 느린 실행 속도 문제를 해결하려면 속도가 빠른 라이브러리를 선택하고, 시간이 걸리는 처리는 라이브러리 내부에서 처리하는 것이 좋습니다.

Section 02

자기에게 익숙한 개발 환경을 고른다

프로그래밍 언어로 쓰여진 프로그램을 작동하는 구조를 처리계라고 합니다. 처리계는 소프트웨어로서 구현되며, 보통 프로그래밍에 사용하는 각종 소프트웨어와 함께 개발 환경으로 제공됩니다. 파이썬에서 프로그래밍을 하려면 파이썬 개발 환경이 필요합니다. 다행히 파이썬의 개발 환경에는 몇 가지 선택지가 있으므로 자신의 취향에 맞는 제품을 고를 수 있습니다.

이 책에서는 대표적인 개발 환경의 특징과 도입 방법을 소개합니다. 꼭 몇 가지 개발 환경을 사용해 보고 손에 잘 맞는 제품을 고르세요. 일단 바로 파이썬을 사용해 보고 싶은 분들에게는 가장 먼저 소개하는 C파이썬을 추천합니다. 이 책에서도 주로 C파이썬을 사용하여 설명을 진행합니다.

기본 C파이썬

C파이썬(씨파이썬)은 파이썬의 가장 기본적인 개발 환경입니다. C파이썬을 단순히 파이썬이라고 부르기도 합니다. 'C' 파이썬이라는 이름처럼 C파이썬의 구현에는 C 언어가 사용됩니다.

C파이썬은 파이썬 처리계의 레퍼런스 구현체(참고 구현체)입니다. 그래서 다른 파이썬 처리계를 개발할 때 C파이썬을 참고합니다. 파이썬의 새로운 기능은 보통 처음에 C파이썬으로 구현되므로 빠른 시일 내에 최신 기능을 사용하고 싶은 분에게는 C파이썬을 추천합니다.

C파이썬은 PSF(Python Software Foundation, 파이썬 소프트웨어 재단)의 파이썬 공식 웹 사이트에서 받을 수 있습니다. PSF는 파이썬의 개발과 지적 재산권을 관리하는 비영리 단체입니다.

파이썬의 공식 웹 사이트의 다운로드 페이지

URL https://www.python.org/downloads/

●윈도우에 설치

공식 웹 사이트의 다운로드 페이지에서 인스톨러를 다운로드할 수 있습니다. 다운로드 페이지의 윗부분에 있는 [Download Python 3.○.○]를 클릭합니다. '3.○.○' 부분은 버전 번호이고 '○' 부분은 수시로 바뀝니다.

다운로드한 인스톨러를 실행하고 C파이썬을 설치합니다. 설치할 때의 주의점은 다음과 같습니다.

▼인스톨러의 시작 화면

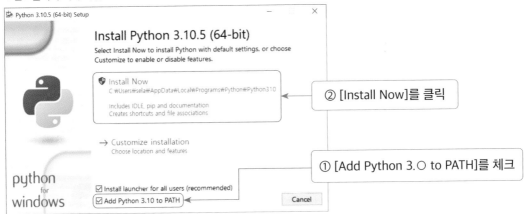

① 시작 화면에서는 [Add Python 3.○ to PATH](Python 3.○를 경로에 추가한다)를 체크하고 나서 [Install Now](설치를 실행한다)를 클릭합니다.

② '이 앱이 디바이스를 변경할 수 있도록 허용하시겠어요?'라는 사용자 계정 제어의 대화상자가 표시되면 [예]를 클릭합니다.

③ 'Setup was successful(설치 성공)'이라고 표시되면 완료됩니다.

설치가 끝나면 명령 프롬프트를 사용하여 동작을 확인합시다. Windows 키를 눌러 [시작] 메뉴를 연 뒤 cmd라고 입력하고 [명령 프롬프트]를 클릭하면 명령 프롬프트를 시작할 수 있습니다.

그리고 python-V를 입력하고 Enter 키로 실행하세요. Python3.○.○…처럼 설치한 버전 번호가 표시되면 성공입니다. 만약 실패한 경우에는 앞서 설명한 순서에 따라 다시 설치해 보세요.

▼명령 프롬프트에 의한 동작 확인

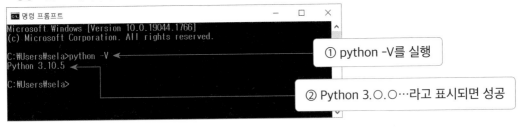

● 맥OS 설치

윈도우의 경우와 마찬가지로 공식 사이트의 다운로드 페이지에서 인스톨러를 다운로드할 수 있습니다. 다운로드한 인스톨러를 실행하고 화면의 지시에 따라 설치해 주세요.

설치가 완료되면 터미널을 시작해 python3 -V를 입력하고 Enter 키로 실행해주세요. Python 3.○.○…와 같이 설치한 버전 번호가 표시되면 성공입니다.

또한 python -V라고 입력하면, 설치한 파이썬 3이 아니고 이미 OS에 설치되어 있는 파이썬 2가 시작됩니다. 반드시 python3 -V라고 입력하세요.

▼ 맥OS 터미널에서 동작 확인

● 리눅스 설치

리눅스의 배포 형태에 따라 파이썬이 미리 설치되어 있는 경우도 적지 않습니다.

파이썬을 설치하기 전에 먼저 python3 -V나 python -V를 실행해서 Python 3.○.○…와 같이 파이썬 3의 버전이 표시되는지 확인해 봐도 좋습니다. 만약 파이썬 3이 설치되어 있다면 그대로 사용해도 됩니다.

파이썬이 설치되어 있지 않거나 설치된 버전이 오래된 경우에는 새로 설치합니다. 공식 사이트의 다운로드 페이지에서 C파이썬의 소스 코드를 입수하여 직접 구축(빌드)할 수도 있지만, 구축이 끝난 파일을 다운로드하는 것이 간단합니다. 다운로드 방법은 리눅스의 배포판에 따라 다르지만 예를 들어 널리 사용되고 있는 우분투(Ubuntu)의 경우에는 다음의 순서로 설치할 수 있습니다.

① sudo apt update를 실행하여 리포지터리(repository, 파일의 보관 장소)의 목록을 갱신합니다.
② sudo apt upgrade -y를 실행하여 설치 끝난 파일을 갱신합니다. 이 작업은 시간이 걸릴 수 있습니다. 또한 -y는 작업 중인 질문에 대해 자동으로 '예'라고 응답하는 옵션입니다.
③ sudo apt install -y python3을 실행하여 파이썬을 설치합니다.
④ python3 -V를 실행하여 동작을 확인합니다. Python 3.○.○…처럼 표시되면 성공입니다.

위의 ③에서 sudo apt install -y python3.○와 같이 버전을 지정하여 설치할 수도 있습니다. 이 경우는 ④에서도 python3.○ -V와 같이 버전을 지정해서 동작을 확인해 보세요.

▼ 리눅스 터미널에서 동작 확인

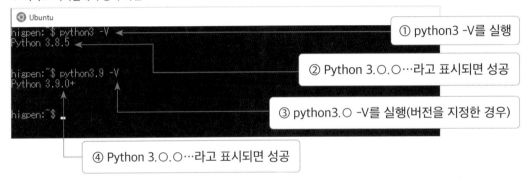

① python3 -V를 실행

② Python 3.○.○…라고 표시되면 성공

③ python3.○ -V를 실행(버전을 지정한 경우)

④ Python 3.○.○…라고 표시되면 성공

유용한 도구를 갖춘 아나콘다

아나콘다(Anaconda)는 파이썬 배포판 중 하나입니다. 파이썬은 비단뱀을 말하는데 아나콘다는 비단뱀과는 다른 종류로 알려져 있는 남미에 사는 뱀입니다.

아나콘다에는 C파이썬에 덧붙여 파이썬과 관련된 대표적인 소프트웨어(라이브러리 및 도구)를 포함하고 있습니다. 특히, 숫자 계산, 데이터 분석, 머신러닝 등의 소프트웨어가 충실합니다. 또한 콘다(Conda)라는 도구를 사용해 이러한 소프트웨어를 설치하거나 설정이 다른 작업 환경 여러 개를 관리할 수 있습니다.

아나콘다는 아나콘다 사의 웹 사이트에서 다운로드할 수 있습니다.

아나콘다 웹 사이트

URL https://www.anaconda.com/

아나콘다에는 무료판과 유료판이 있습니다. 무료판은 이 책의 번역 시점(2022년 7월)에는 개인판(Individual Edition)의 다운로드 페이지(https://www.anaconda.com/products/individual#Downloads)에서 다운로드할 수 있었습니다. 웹 사이트의 구성이 가끔 바뀌기 때문에 다운로드 페이지를 찾을 수 없는 경우에는 웹에서 'anaconda individual'이나 'anaconda download'로 검색해 보세요.

다운로드 페이지에서는 윈도우용, 맥용, 리눅스용 인스톨러가 배포되어 있습니다. 'Python 3.○'이라고 표시된 항목 중에서 사용 환경에 맞는 인스톨러를 다운로드해 주세요.

또한 윈도우의 경우에는 64 비트판(64-Bit)과 32 비트판(32-Bit)이 있습니다. 머신러닝 라이브러리 텐서플로(TensorFlow)와 같이 64 비트판이 필요한 소프트웨어도 있으므로, 별다른 이유가 없으면 64 비트판을 사용하는 것이 좋습니다. 이 책에서 다루는 프로그램은 64 비트판과 32 비트판

중 어느 쪽을 사용해도 동작합니다.

인스톨러를 다운로드했으면 실행하고, 화면의 지시에 따라서 설치해 주세요. 설치 시의 설정(체크 상자 등)은 기본값 그대로 두어도 괜찮습니다.

리눅스의 경우에는 설치 후에 아나콘다 실행 파일이 있는 디렉터리(/home/사용자명/anaconda3/bin) 경로를 수동으로 추가해 주세요. 예를 들어 .bash_profile 등의 설정 파일에 export PATH=/home/사용자명/anaconda3/bin:$PATH와 같이 기술합니다.

설치를 완료했으면 동작을 확인해 보겠습니다. 윈도우의 경우는 [시작] 메뉴에서 아나콘다 프롬프트(Anaconda Prompt)를 시작하고 python -V를 실행합니다. Python 3.○.○…처럼 파이썬 3 버전 번호가 표시되면 성공입니다. 또한 conda list도 실행해 보세요. 설치되어 있는 파이썬 관련 소프트웨어(패키지)의 목록이 표시됩니다.

▼ 아나콘다 프롬프트에서 동작 확인하기

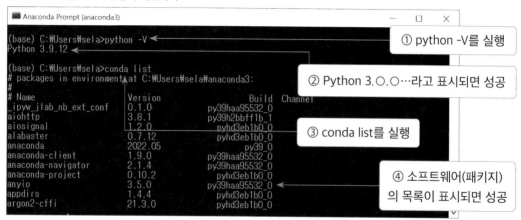

맥이나 리눅스의 경우는 아나콘다 프롬프트가 없습니다. OS에 설치된 터미널을 시작하고, python3 -V(혹은 python3.○ -V 나 python -V)를 실행합니다. Python 3.○.○…처럼 파이썬 3 버전이 표시되면 성공입니다. 또한 conda list도 실행해서 소프트웨어 목록이 표시되는 것을 확인해 보세요.

윈도우의 경우는 C파이썬과 아나콘다를 간단하게 병용할 수 있습니다. C파이썬과 아나콘다를 모두 설치해 놓고 C파이썬을 사용하고 싶을 때는 명령 프롬프트를 시작하고, 아나콘다를 사용하고 싶을 때는 아나콘다 프롬프트를 시작하면 됩니다. C파이썬이 일반적으로 사양이 새롭지만, 일부 소프트웨어는 최신 C파이썬에서는 작동하지 않을 수 있습니다. 이런 경우에는 병용하고 있는 아나콘다를 사용해 목적에 맞는 소프트웨어를 작동시킬 수 있습니다.

가볍고 사용하기 쉬운 미니콘다

미니콘다(Miniconda)는 그 이름대로 아나콘다를 최소한의 구성으로 한 것과 같은 배포판입니다. C파이썬과 콘다에 덧붙여 몇 개의 소프트웨어만을 포함하고 있습니다. 나중에 자신에게 필요한 소프트웨어만을 콘다에 사용해서 추가로 설치할 수 있습니다. 미니콘다는 콘다의 웹 사이트에 있는 미니콘다 페이지에서 다운로드할 수 있습니다.

미니콘다 페이지

URL https://docs.conda.io/en/latest/miniconda.html

아나콘다와 같이 윈도우용, 맥용, 리눅스용이 있습니다. 'Python 3.○'이라고 표시된 항목 중에서 사용 환경에 맞는 인스톨러를 다운로드하고 실행해 주세요. 실행과 동작 확인의 순서는 아나콘다와 같습니다.

결과를 확인하면서 작성하기 편한 주피터 노트북

주피터 노트북(Jupyter Notebook)은 프로그램을 작동하면서 쓸 때 편리한 개발 환경입니다. 입력한 프로그램을 간단한 조작으로 실행할 수 있으며, 실행 결과도 프로그램의 바로 아래에 표시되므로 가뿐하게 프로그래밍을 진행할 수 있습니다.

▼주피터 노트북

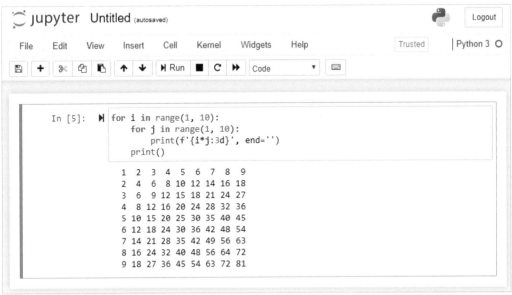

아나콘다에는 사전에 주피터 노트북이 설치되어 있습니다. 다른 환경에서는 다음의 방법으로 설치할 수 있습니다.

●C파이썬

윈도우는 명령 프롬프트에서 pip install notebook, 맥과 리눅스는 터미널에서 pip3 install notebook을 실행합니다. pip(pip3)는 파이썬과 관련된 소프트웨어를 설치하기 위한 도구입니다.

●미니콘다

윈도우는 아나콘다(미니콘다) 프롬프트로, 맥과 리눅스는 OS에 부속된 터미널에서 conda install -y notebook을 실행합니다.

주피터 노트북이 설치되면 명령 행 인터페이스(명령 프롬프트, 아나콘다 프롬프트, 터미널)에서 'Jupyter Notebook'을 입력하고 Enter 키를 눌러 실행합니다. 주피터 노트북의 서버가 시작되고 웹 브라우저가 열리며 주피터 노트북 화면이 표시됩니다.

주피터 노트북을 사용하는 동안에는 서버가 작동하고 있는 명령 행 인터페이스의 창을 열어 둔 채로 두세요. 서버를 종료하려면 명령 행 인터페이스에서 Ctrl + C 키를 누릅니다.

주피터 노트북에는 더욱 높은 기능인 **주피터 랩**(Jupyter Lab)이라는 관련 제품도 있습니다. 자세한 내용은 주피터 프로젝트의 웹 사이트(https://jupyter.org/)에 기재되어 있습니다.

통합 개발 환경 비주얼 스튜디오 코드

파이썬에 대응한 통합 개발 환경에서 인기 있는 제품 중 하나가 **비주얼 스튜디오 코드**(Visual Studio Code)입니다. 프로그램을 보완하여 입력을 지원하는 기능이나 라이브러리의 도움말을 표시하는 기능 등, 편리한 기능을 사용하면서 프로그램을 개발하고 싶을 때 유용합니다. 편집기에서 입력한 프로그램을 간단한 조작으로 실행하고, 결과를 같은 창 안의 콘솔에서 확인할 수도 있습니다.

▼비주얼 스튜디오 코드

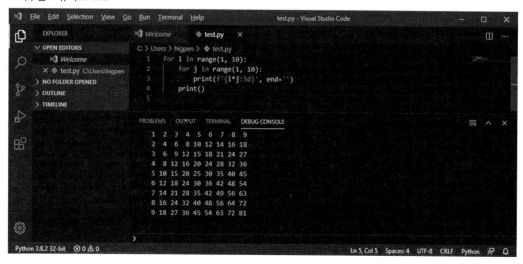

비주얼 스튜디오 코드의 인스톨러는 동일 제품의 웹 사이트에서 다운로드할 수 있습니다.

비주얼 스튜디오 코드의 웹 사이트

URL https://code.visualstudio.com/

윈도우용, 맥용, 리눅스용이 배포되고 있습니다. 파이썬의 인터프리터 별도로 필요하므로 앞서 설명한 C파이썬, 아나콘다, 미니콘다 중 하나를 설치해 두세요.

비주얼 스튜디오 코드는 수많은 프로그래밍 언어를 지원합니다. 파이썬을 통해 비주얼 스튜디오 코드의 사용법에 익숙해지면, 다른 언어로 개발하는 데도 이용할 수 있습니다.

비주얼 스튜디오 코드 이외의 파이썬에 대응한 통합 개발 환경으로는 파이참(PyCharm)도 인기가 있습니다. 무료판(Community)과 유료판(Professional)이 있으며, 동일 제품의 웹 사이트 (https://www.jetbrains.com/pycharm/)에서 다운로드할 수 있습니다. 윈도우, 맥, 리눅스에 대응합니다.

Chapter 02

파이썬 프로그래밍을 시작하자

개발 환경은 준비되었나요? 준비가 됐으면 드디어 파이썬 프로그래밍을 시작합니다. 파이썬에서는 마음에 드는 1개의 개발 환경을 사용할 수도 있지만 상황에 따라 몇 가지를 구분해서 사용하는 것도 편리합니다. 그래서 먼저 어떤 상황에서 어떤 개발 환경을 사용하면 효과적인지 소개합니다. 이어서 파이썬 프로그램을 작성하는 데 필요한 기초 지식을 배웁니다. 꼭 실제로 프로그램을 작동하면서 파이썬 프로그램 작성법에 익숙해지세요.

이 장의 학습 내용

① 개발 환경의 이용 방법과 상황에 따른 사용법

② 파이썬 프로그램의 기초 지식

상황에 따라 개발 환경을 구분해서 사용한다

파이썬 프로그래밍에서는 작성하는 프로그램의 규모에 따라 **개발 환경**을 구분해서 사용하면 편리합니다. 예를 들어 작은 프로그램을 작성하면서 언어를 배울 때에는 간결하고 가벼운 환경을 사용하고, 여러 파일에 걸친 규모가 큰 프로그램을 작성할 때는 본격적으로 고기능 환경을 사용하는 식입니다. 여기에서는 프로그램의 규모가 작은 쪽부터 큰 쪽까지 각각의 상황에 맞는 환경을 소개하겠습니다.

또한 파이썬의 프로그램은 **스크립트**라고도 합니다. 간이적인 프로그래밍 언어를 스크립트 언어라고 하며, 그 언어로 쓴 프로그램을 스크립트라고 합니다. 파이썬의 경우는 스크립트 언어라고 해도 본격적인 프로그래밍 언어로서도 사용할 수 있기 때문인지, 스크립트라고 부르기도 하고 프로그램이라고 부르기도 합니다. 이 책에서는 **프로그램**이라고 부르기로 합니다.

언어를 배우기에 편리한 파이썬 인터프리터의 대화 모드

인터프리터란 프로그래밍 언어로 쓰여진 프로그램을 실행하기 위한 구조(대개 소프트웨어) 중 하나입니다. 컴퓨터에 탑재된 CPU(Central Processing Unit, 중앙 처리 장치)를 실행하려면 기계어로 된 프로그램이 필요합니다. 파이썬처럼 사람이 이해하기 쉬운 고급 언어(고수준 언어)로 쓰여진 프로그램은 CPU를 직접 실행할 수 없습니다. 그래서 인터프리터가 유용합니다. '통역자'라는 뜻의 인터프리터(interpreter)는 마치 외국어를 동시 통역하듯이 고급 언어의 프로그램을 해석하면서 실행해 줍니다.

파이썬을 실행하는 인터프리터는 **파이썬 인터프리터**이며 입력한 프로그램을 즉석에서 실행하는 **대화 모드**(인터랙티브 모드)라는 기능을 탑재하고 있습니다. 조작하는 방식은 명령 프롬프트나 터미널에서 명령어를 입력하고 실행하는 것과 비슷합니다. 파이썬 인터프리터의 프로그램 편집 기능은 단순해서 큰 프로그램을 작성할 때는 적합하지 않습니다. 그러나 파이썬을 학습할 때나 파이썬의 기능을 확인하고 싶을 때 1행에서 몇 행 정도의 프로그램을 입력해 사용하기에 매우 편리합니다.

파이썬 인터프리터를 대화 모드로 시작한다

파이썬 인터프리터를 대화 모드로 시작해 봅시다. 명령 행 인터페이스(명령 프롬프트, 아나콘다 프롬프트, 터미널)에서 파이썬 동작을 확인할 때 사용한 것처럼 python, python3, python3.○ 중 하나를 실행해 주세요. 동작을 확인할 때는 –V를 붙였지만, 이번에는 아무것도 붙이지 않습니다.

다음의 실행 예에서는 명령 행 인터페이스의 **프롬프트**(사용자에게 입력을 촉구하는 표시)를 >로 나타내고 있습니다. 실제 프롬프트는 환경에 따라 다르며 현재 디렉터리, 사용자명, 머신명 등의 문자열을 포함하기나 >, $, %, #과 같이 여러 가지 기호가 사용되므로 사용 환경에 맞춰서 바꿔 읽어 주세요. 이 프롬프트에서 python을 입력하면 파이썬 인터프리터가 시작됩니다.

```
>python
Python3.○.○ (...)
Type "help", "copyright", "credits" or "license" for more information.
>>>
```

올바르게 시작되면 위와 같이 버전 정보 'Python 3.○.○ (···)'이 표시됩니다. 'Type "help", "copyright", "credits" or "license" for more information.'은 'help, copyright, credits, license라고 입력하면 더욱 자세한 정보가 나타난다'라는 안내문입니다.

마지막에 표시되는 >>>는 파이썬 인터프리터의 프롬프트입니다. 파이썬 인터프리터가 표시하는 프롬프트에는 두 종류가 있으며, 최초로 표시되는 >>>는 **일차 프롬프트**, 특정 조건에서 표시되는 ···은 **이차 프롬프트**라고 합니다.

파이썬 인터프리터를 종료하는 방법을 소개합니다. 윈도우의 경우는 Ctrl + Z 키를 누르고 화면에 ^Z라고 표시되면 Enter 키를 누릅니다. 맥이나 리눅스에서는 Ctrl + D 키를 누릅니다(Enter 키는 불필요합니다).

다음은 윈도우에서 실행하는 예입니다. 명령 행 인터페이스의 프롬프트 >로 되돌아가면 파이썬 인터프리터가 종료됩니다.

```
>>> ^Z
>
```

다음과 같이 quit()을 입력해 실행해도 파이썬 인터프리터를 종료할 수 있습니다. 파이썬 인터프리터에서 명령어를 실행하려면 명령 행 인터페이스와 마찬가지로 명령어를 입력한 후에 Enter 키를 누릅니다.

```
>>> quit()
>
```

●간단한 프로그램을 실행한다

다시 파이썬 인터프리터를 시작하고, 간단한 프로그램을 실행해 봅시다. '1+2*3'을 계산하고 결과를 표시하는 프로그램입니다. 다음과 같이 print(1+2*3)을 입력하고, Enter 키를 눌러 실행하세요. 결과인 7이 표시되고 일차 프롬프트 >>>로 되돌아가면 성공입니다.

```
>>> print(1+2*3)
7
>>>
```

print(⋯)와 같이 적으면 '⋯'가 화면에 표시되는 형식입니다. 예를 들어 print(1+2*3)처럼 '⋯' 부분에 식을 적으면 식을 계산한 결과를 화면에 표시합니다.

여기서 print는 파이썬의 내장 함수(파이썬 인터프리터에 포함되어 있는 기본 함수)입니다. 또한 함수의 자세한 내용은 Chapter6, 내장 함수의 자세한 내용은 Chapter9에서 설명합니다.

그럼 프로그램 입력에 실패했을 때의 동작도 체험해 봅시다. print(1+2*3처럼 일부러 마지막의 ')'를 제외한 채 입력하고 실행해 보세요. 이 경우는 이차 프롬프트 ...가 표시되고 계산 결과는 아직 표시되지 않습니다.

```
>>> print(1+2*3
...
```

이렇게 프로그램이 완결되지 않은 경우, 파이썬 인터프리터는 프로그램이 이어진다고 판단해 이차 프롬프트 ...를 표시합니다. 다음과 같이 프로그램에 이어 ')'를 입력하고 Enter 키를 눌러 보세요. 프로그램이 실행되어 결과인 7이 표시됩니다.

```
>>> print(1+2*3
... )
7
>>>
```

이차 프롬프트 ...에서 일차 프롬프트 >>>로 되돌아가는 방법을 하나 더 소개합니다. 다시

print(1+2*3을 입력하고 Enter 키를 눌러 실행합니다. 이차 프롬프트 …가 표시되면 Ctrl + C 키를 입력하세요. KeyboardInterrupt(키보드에 의한 중단)가 표시되고 일차 프롬프트 >>>로 되돌아옵니다.

```
>>> print(1+2*3
...                           ⇐ Ctrl + C를 입력
KeyboardInterrupt
>>>
```

사실 파이썬 인터프리터의 대화 모드에서는 'print(…)'를 실행하는 대신 단지 '…'의 부분만을 입력해 실행해도 결과를 표시할 수 있습니다. 시험 삼아 1+2*3이라고 입력하고 실행해 보세요.

```
>>> 1+2*3
7
>>>
```

'print(…)'라고 표시하는 것보다 '…' 부분만을 입력하는 쪽이 간단합니다. 이처럼 식의 계산 결과를 표시하는 것뿐인 프로그램에 대해서는 print 함수를 생략하기를 추천합니다.

여러 행의 프로그램도 입력해 봅시다. 0부터 9까지의 10개의 숫자를 표시하는 프로그램입니다. 다음과 같은 순서로 조작하세요.

① 일차 프롬프트 '>>>'에서 for i in range(10):과 Enter 키를 입력합니다.
② 이차 프롬프트 '...'가 표시되므로 Tab 키와 print(i)와 Enter 키를 입력합니다.
③ 다시 이차 프롬프트 '...'가 표시되므로 Enter 키만을 입력합니다.
④ 0부터 9까지의 숫자가 표시되고, 일차 프롬프트 '>>>'로 되돌아가면 성공입니다.

다음은 올바르게 실행한 예입니다. 여기서 for는 반복을 위한 구문으로 자세한 내용은 Chapter5에서 설명합니다.

```
>>> for i in range(10):
...         print(i)
...                       ⇐ Enter를 입력
0
1
2
```

```
3
4
5
6
7
8
9
>>>
```

올바르게 실행되지 않은 경우, 오류가 표시되기도 합니다. 다음은 ② 단계에서 [Tab] 키를 입력하는 것을 잊은 예입니다. IndentationError(들여쓰기 오류)라고 표시되며 일차 프롬프트 >>>로 되돌아갑니다.

```
>>> for i in range(10):
... print(i)                ⇐ 들여쓰기 없이 입력
  File "<stdin>", line 2
    print(i)
    ^
IndentationError: expected an indented block after 'for' statement on line 1
>>>
```

만약 오류가 표시되어 일차 프롬프트 >>>로 되돌아간다면 다시 ① 단계부터 프로그램을 다시 입력해 보세요. 이차 프롬프트 ...로부터 올바르게 되돌아가지 않는 경우에는 [Ctrl]+[C] 키를 누릅니다.

② 단계에서 [Tab] 키를 입력하는 것은 프로그램의 일부를 들여쓰기(indent) 하기 위해서입니다. 프로그래밍 언어 중에는 프로그램을 읽기 쉽게 하기 위해서 들여쓰기를 사용하기도 하는데(C, C++이나 자바 등), 파이썬에서는 들여쓰기에 따라 프로그램의 동작이 달라집니다. 자세한 것은 이 Chapter2의 후반에서 설명합니다.

그럼 이것으로 파이썬 인터프리터의 대화 모드에 대해서 기본적인 사용법을 마스터했습니다. 마지막으로 기억해 두면 편리한 키 조작을 소개합니다. 위아래 방향키(↑나 ↓)를 누르면 과거에 입력한 코드를 불러올 수 있습니다. 이전에 입력한 프로그램을 다시 실행하고 싶을 때나 조금 수정하고 나서 실행하고 싶을 때 편리하므로 활용해 보세요.

조금 긴 프로그램에도 대응할 수 있는 주피터 노트북

파이썬 인터프리터의 대화 모드는 1행에서 몇 행의 프로그램을 다룰 때 매우 간편하고 편리하지만, 프로그램의 행 수가 늘어나면 조작이 복잡해져 작업 효율이 떨어집니다. 이럴 때는 다음에 소개하는 텍스트 편집기를 사용하면 되는데, 조금 더 쉬운 방법으로 **주피터 노트북**이 있습니다. 대화 모드로 다루기에는 행 수가 많으나 한 화면에 들어갈 정도의 비교적 작은 프로그램인 경우에는 주피터 노트북을 사용해 볼 가치가 있습니다.

여기에서는 주피터 노트북에 관심이 있는 분들을 위해 사용법을 설명합니다. 이 책은 주피터 노트북을 사용하지 않아도 읽을 수 있으므로 파이썬의 프로그래밍을 빨리 체험하고 싶은 분은 이 항목을 건너뛰고 다음 텍스트 편집기 항목까지 가도 됩니다.

설치할 때 동작 확인과 마찬가지로(24쪽을 참조), 명령 행 인터페이스(명령 프롬프트, 아나콘다 프롬프트, 터미널)에서 Jupyter Notebook을 입력해 주피터 노트북을 실행하세요. 서버가 시작되고 웹 브라우저가 열리며 다음과 같은 화면이 표시되면 성공입니다.

다음 화면은 **대시보드**라고 합니다. 대시보드는 서버를 시작했을 때의 현재 디렉터리(작업 중인 디렉터리)에 있는 파일과 폴더(디렉터리)의 목록을 표시합니다. 이 실행 예에서는 현재 디렉터리는 비어 있습니다.

서버를 종료하려면 명령 행 인터페이스에서 `Ctrl`+`C` 키를 입력합니다.

▼주피터 노트북의 대시보드

주피터 노트북에서는 **노트북**(notebook)이라는 파일 안에 프로그램을 적습니다. 새로운 노트북을 작성해 봅시다. 다음과 같이 [New]를 클릭하고 메뉴의 [Python 3]을 클릭하세요.

▼새로운 노트북의 작성

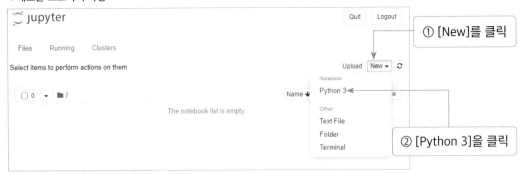

작성에 성공하면 다음과 같은 편집기가 열립니다. 'In [ ]:'의 오른쪽에 있는 빈칸은 코드 셀(셀)이라고 하며 여기에 프로그램을 적습니다.

▼편집기와 코드 셀

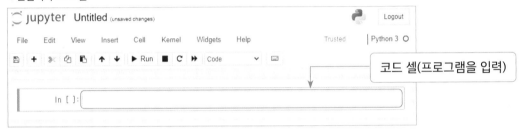

●주피터 노트북에서 프로그램을 실행한다

print(1/2-3)이라는 프로그램을 작성한 후에 **Shift** + **Enter** 키를 눌러 보세요. 프로그램의 아래에 실행 결과가 표시됩니다. 그리고 다음 코드 셀이 작성됩니다.

다음에서는 계산 결과인 '-2.5'가 표시되었습니다. 또한 파이썬 인터프리터와 마찬가지로 주피터 노트북에서 식의 계산 결과를 표시하는 경우에는 print 함수를 생략할 수 있습니다(33쪽 참조).

▼프로그램 실행(다음의 셀을 작성한다)

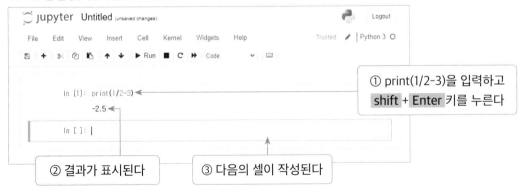

여러 행의 프로그램도 적어 봅시다. 다음과 같이 조작하세요.

① `for i in range(10):`를 입력하고 `Enter` 키를 누릅니다. 이 `Enter` 키는 프로그램 중의 줄바꿈을 입력합니다. 이 시점에서는 아직 프로그램을 실행하지 않습니다.

② 자동으로 들여쓰기 되므로 그 상태로 `print(i*i)`를 입력합니다.

③ `Ctrl` + `Enter` 키를 눌러 프로그램을 실행합니다.

`Shift` + `Enter` 키는 다음 셀을 작성하는데 `Ctrl` + `Enter` 키는 다음 셀을 작성하지 않습니다. 다음 셀로 넘어가고 싶은지에 따라 구분해 사용할 수 있습니다.

▼여러 행의 프로그램의 실행(다음 셀을 작성하지 않는다)

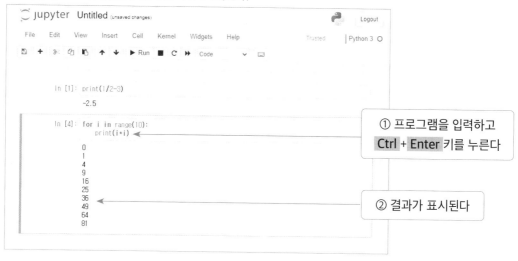

● 작성한 프로그램을 저장한다

작성한 프로그램을 저장해 봅시다. 먼저 노트북에 이름을 붙입니다. 화면 상단의 [Untitled] 부분을 클릭하고 나서 이름을 입력하고 [Rename]을 클릭합니다. 다음의 실행 예에서는 이름을 'my_project'로 했습니다.

▼노트북에 이름을 붙인다

다음과 같이 'Untitled'가 'my_project'로 변경됩니다. 노트북을 저장하려면 왼쪽 끝에 있는 🖫 아이콘을 클릭합니다. 혹은 Esc 키를 눌러 프로그램을 편집하는 모드를 빠져나와서 S 키를 누릅니다. 노트북은 때때로 자동 저장되며, 저장되면 'autosaved'(자동 저장되었다)라고 표시됩니다.

▼노트북의 저장

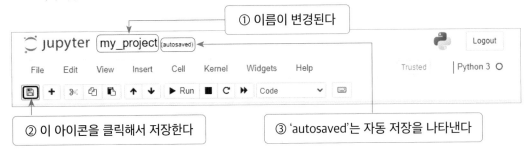

대시보드를 보면 'my_project.ipynb'라는 파일이 보입니다. 이것이 저장한 노트북입니다. 다음에 대시보드에서 이 파일을 클릭하면 저장한 노트북을 열고 이어서 작업할 수 있습니다.

▼저장한 노트북

이것으로 주피터 노트북에서 프로그램을 작성하기 위해 최소한 필요한 기능을 사용해 봤습니다. 이 밖에는 다음 표와 같은 조작을 기억해 두면 편리합니다. 그리고 주피터 노트북의 'Help'(도움말) 메뉴의 'Keyboard Shortcuts'(키보드 단축키)에서 조작 키의 목록(영어)을 볼 수도 있습니다.

원래대로 되돌아가기, 잘라내기, 복사, 붙여넣기 등의 조작은 윈도우의 키 조작과 비슷하네요. 위아래 셀로 이동하는 조작은 텍스트 편집기의 v(vim)로 커서를 위아래로 이동하는 조작과 동일합니다. K 키와 J 키를 사용하면 위아래 방향키(↑나 ↓)를 사용하는 것에 비해 손가락이 키보드의 홈 포지션에서 벗어나지 않으므로 편리합니다.

▼기억해 두면 편리한 조작

키	기능
Enter	편집 모드로 변경(셀의 내용을 편집할 수 있다)
Tab	입력 보완(함수명 등을 보완하거나 후보를 표시한다)
Esc	명령어 모드로 한다(이후 조작은 명령어 모드에서 실시한다)
↑ 또는 K	위 셀로 이동
↓ 또는 J	아래 셀로 이동
S	노트북을 저장
A	현재 셀의 위에 새로운 셀을 생성
B	현재 셀의 아래에 새로운 셀을 생성
Z	원래대로 되돌린다
X	잘라내기
C	복사
V	현재 셀의 아래에 붙이기(붙여넣기)
Shift + V	현재 셀의 위에 붙이기(붙여넣기)

주피터 노트북을 사용하면 프로그램을 입력해 실행하거나 한 번 실행한 프로그램을 수정해 다시 실행하는 작업을 쉽게 할 수 있습니다. 인터프리터 대화 모드에서는 효율이 나쁘더라도 텍스트 편집기를 사용하는 것이 조금 불편할 때 꼭 활용해 보세요.

본격적인 프로그래밍을 위한 텍스트 편집기

행 수가 많은 프로그램을 작성할 때나 프로그램 파일이 여러 개로 나뉘는 본격적인 프로그램을 개발할 때에는 텍스트 편집기를 사용하거나 이후에 소개하는 통합 개발 환경을 사용하면 좋겠죠.

만약 평소에 쓰는 텍스트 편집기가 있다면 먼저 시험 삼아 그 텍스트 편집기에서 파이썬의 프로그램을 작성해 보는 것이 좋습니다. 문자 인코딩으로 UTF-8을 지원하는 텍스트 편집기라면 파이썬 프로그래밍에 사용할 수 있습니다.

여기에서는 윈도우의 메모장(notepad.exe)을 예로 파이썬의 프로그램을 파일에 저장하는 방법과 저장한 프로그램을 실행하는 방법을 설명합니다.

●텍스트 편집기에서 프로그램을 입력한다

윈도우 [시작] 메뉴를 연 상태에서 '메모장'이라고 입력해 메모장을 열고 다음과 같이 **세로 쓰기로 'Python'을 표시한 후에 가로쓰기로 '프로그래밍'이라고 표시**하는 프로그램을 입력하세요.

▼ hello.py

```
for c in 'Python':
    print(c)
print('프로그래밍')
```

2번째 행의 print(c)는 탭 또는 공백으로 들여쓰기(indent) 해 주세요. 다음 예에서는 공백 4개로 들여쓰기 합니다.

▼ 메모장에서 프로그램을 입력

이 프로그램을 파일에 저장합니다. 저장 위치를 '바탕 화면', 파일명을 'hello.py', 문자 코드를 'UTF-8'로 하세요. 파일 확장자에 지정한 '.py'는 파이썬 프로그램을 나타냅니다.

▼ 프로그램을 파일에 저장

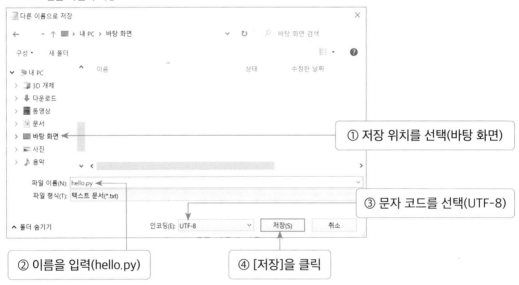

텍스트 편집기에 따라서는 UTF-8(BOM)을 선택할 수 있는 것도 있는데, 'UTF-8'을 선택하기를 추천합니다. BOM(Byte Order Mark)은 바이트 순서 표시로, 유니코드(Unicode)의 문자 인코딩을 판별하기 위해서 파일의 앞에 부가하는 데이터를 말합니다. UTF-8은 널리 사용되는 문자 코드인 ASCII와 호환성이 있는데, BOM을 붙이면 호환성이 상실됩니다. BOM이 없으면 ASCII에만 대응한 프로그램에서도 정상적으로 취급될 가능성이 높아지므로 BOM을 달지 않기를 추천합니다.

또한 문자 코드와 문자 인코딩은 가까운 개념이지만 의미가 조금 다릅니다. 문자 코드는 컴퓨터에서 문자를 다루기 위해 각 문자에 할당된 숫자를 의미하며, 문자 인코딩은 이러한 문자 코드를 컴퓨터에서 실제로 다룰 수 있는 바이트 열로 변환하는 방법입니다. ASCII와 유니코드는 문자 코드의 일종이며, UTF-8은 유니코드를 인코딩하는 방법 중 하나입니다. 이 책에서는 주로 문자 인코딩이라는 용어를 사용합니다. 텍스트 파일을 읽거나 쓸 때 인코딩 방식이 다르면 문제가 발생할 수 있습니다.

● 저장한 프로그램을 실행한다

저장한 프로그램을 실행합시다. 명령 행 인터페이스(명령 프롬프트나 아나콘다 프롬프트)를 시작해 다음과 같이 조작하세요.

① cd C:\Users\사용자명\Desktop을 입력하고 Enter 키를 눌러 현재 디렉터리를 바탕 화면으로 이동합니다. cd(change directory)는 현재 디렉터리를 변경하는 명령어입니다(드라이브명과 각자 환경에 맞춰 주세요).

② python hello.py를 입력하고 Enter 키를 눌러 파이썬 프로그램을 실행하세요.

▼저장한 프로그램을 실행

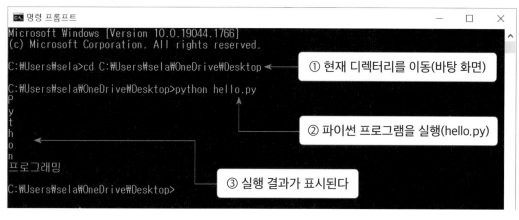

올바르게 프로그램을 실행됐다면 다음과 같이 표시됩니다.

```
>python hello.py
P
y
t
h
o
```

n
프로그래밍

● 올바르게 실행할 수 없는 경우

프로그램을 올바르게 실행할 수 없고 **오류 메시지**가 표시되면 다음과 같이 대처하세요.

다음은 파이썬을 올바르게 설치할 수 없었던 경우의 오류입니다. Chapter1의 순서에 따라 파이썬을 다시 설치해 보세요.

```
'python'은(는) 내부 또는 외부 명령. 실행할 수 있는 프로그램, 또는 배치
파일이 아닙니다.
```

다음은 프로그램의 파일이 열리지 않는 경우의 오류입니다. 현재 디렉터리가 올바른지, 파일명이 올바른지, 현재 디렉터리(바탕 화면)에 파일(hello.py)이 있는지를 확인해 보세요.

```
python: can't open file 'hello.py': [Errno 2] No such file or directory
```

위 메시지의 뜻은 다음과 같습니다.

python: 'hello.py'가 열리지 않는다:[오류 번호2] 파일 또는 디렉터리가 없다

다음은 파일을 UTF-8로 저장하지 않은 경우의 오류입니다. 문자 인코딩(문자 코드)에 UTF-8을 지정하고 파일을 다시 저장하세요.

```
    File "hello.py", line 3
SyntaxError: Non-UTF-8 code starting with '\x83'
in file hello.py on line 3, but no encoding declared;
see http://python.org/dev/peps/pep-0263/ for details
```

위 메시지의 뜻은 다음과 같습니다.

파일 "hello.py"의 3번째 행
문법 오류: UTF-8에는 없는 문자 코드(16진수의 83부터 시작된다)가 파일 hello.py의 3번째 행에 있다. 그러나 인코딩이 선언되지 않았다.
상세한 내용은 http://python.org/dev/peps/pep-0263/을 참조.

입력한 프로그램이 잘못된 경우에도 오류 메시지가 표시됩니다. 예를 들어 2번째 행의 print(c)를 print(d)로 하면 오류가 발생합니다.

```
Traceback (most recent call last):
  File "hello.py", line 2, in <module>
    print(d)
NameError: name 'd' is not defined
```

위 메시지의 뜻은 다음과 같습니다.

트레이스백(최근 호출을 마지막에 표시한다):

　파일 'hello.py'의 2번째 행, 모듈 내

　　print(d)

네임 오류: 'd'라는 이름은 정의되지 않았다

오류 메시지에는 오류 위치나 원인이 적혀 있습니다. 지레짐작으로 프로그램을 수정하지 말고 오류 메시지를 잘 읽고 문제가 되는 위치를 정확히 짚어서 프로그램을 수정하기를 추천합니다. 오류가 발생한 위치는 'File "파일명", line 행 번호'와 같이 표시되어 있으므로 오류 메시지의 의미를 알 수 없더라도 반드시 위치를 확인해 보세요.

이 책의 예제 파일을 실행하기

텍스트 편집기를 이용한 프로그래밍 방법과 관련하여 이 책의 예제 파일에 수록된 프로그램을 실행하는 방법을 소개합니다. 다음은 윈도우에서 이 장 Chapter2의 hello.py를 실행하는 방법입니다.

또한 예제 파일의 다운로드 방법은 2쪽을 참조해 주세요.

① 예제 파일(PythonSample.zip)을 바탕 화면에 압축 해제합니다. 바탕 화면 이외에 압축 해제할 수도 있지만 여기에서는 바탕 화면을 사용합니다.

② 명령 행 인터페이스에서 cd C:\Users\사용자명\Desktop을 실행하여 바탕 화면으로 이동합니다.

③ cd PythonSample을 실행하여 압축 해제한 예제 파일의 폴더로 이동합니다.

④ cd chapter2를 실행하여 Chapter2의 폴더로 이동합니다.

⑤ python hello.py를 실행하고 hello.py를 실행합니다. 세로쓰기의 'Python'과 가로쓰기의 '프로그래밍'이 표시되면 성공입니다.

이 책의 프로그램을 학습하기 위해서 손으로 직접 입력해 보는 것은 문법을 배우는 효과도 있으므로 추천합니다. 입력할 때는 어떤 문법이 사용되고 있는지 반드시 의식하면서 입력해 보세요.

한편 수작업으로 프로그램을 입력하면 프로그램이 올바르게 동작하지 않는 경우도 종종 있습니다. 만약 제대로 동작하지 않는다면 한 번 더 예제 파일의 프로그램을 손보지 말고 그대로 실행해 보세요. 예제 파일의 프로그램이 올바르게 동작하면 수작업으로 입력한 프로그램의 어딘가에 입력 오류가 있을 가능성이 있습니다.

프로그램이 길어지면 어디가 잘못됐는지를 눈으로 찾기가 쉽지 않습니다. 이 경우는 도구를 사용해서 수작업으로 입력한 프로그램과 다운로드 파일의 프로그램을 비교하는 것을 추천합니다.

윈도우의 경우에는 명령 행 인터페이스에서 다음과 같이 fc 명령어를 사용하면 파일 A와 파일 B에서 다른 행이 앞뒤의 행과 함께 표시됩니다.

파일 간에 다른 행의 표시(fc 명령어)

```
fc /n 파일A 파일B
```

문자가 올바르게 표시되지 않는(깨지는) 경우에는 WinMerge(https://winmerge.org/) 등의 파일 비교 도구를 설치해서 사용해도 좋습니다.

맥이나 리눅스의 경우에는 터미널에서 diff 명령어를 사용합니다. 파일A와 파일B의 다른 부분이 표시됩니다.

파일 간에 다른 부분의 표시(diff 명령어)

```
diff 파일A 파일B
```

통합 개발 환경을 능숙하게 사용하여 가볍게 프로그래밍하기

입력 보완이나 도움말 표시와 같은 편리한 기능을 이용하면서 개발을 진행하고 싶은 경우에는 **통합 개발 환경**을 사용하면 좋습니다. 여기에서는 비주얼 스튜디오 코드를 사용해서 몇 가지 개발 지원 기능을 이용하면서 간단한 프로그램을 만듭니다. 비주얼 스튜디오 코드를 설치하지 않은 경우에는 이 항목은 건너뛰고 다음 섹션으로 진행해도 됩니다.

비주얼 스튜디오 코드가 설치된 경우에는 다음과 같이 조작하세요. <u>1부터 6까지 랜덤한 정수를 표시하는 주사위 프로그램</u>을 만듭니다.

① 비주얼 스튜디오 코드를 실행한다.
② [File] 메뉴의 [New File]을 클릭하거나 Ctrl + N 키를 눌러 새로운 파일을 작성합니다.

③ [File] 메뉴의 [Save]를 클릭하거나 Ctrl + S 키를 눌러 파일을 저장합니다. 저장 위치는 '바탕 화면', 파일명은 'dice.py'로 하세요. dice(다이스)는 주사위라는 뜻입니다.

프로그램을 작성하면 비주얼 스튜디오 코드 화면에 다음과 같은 메시지가 표시되는 경우가 있습니다. 이것은 파이썬용 확장 기능을 설치할지를 묻는 것입니다. 입력 보완 기능을 이용하기 위해서는 설치해야 하므로 [Install]을 클릭하세요.

▼입력 보완 기능을 설치한다

아울러 다음 메시지도 표시됩니다. 이것은 비주얼 스튜디오 코드에서 사용하는 파이썬 인터프리터를 선택하라는 지시입니다. [Select Python Interpreter]를 클릭하여 사용할 파이썬 인터프리터를 선택하세요.

▼파이썬 인터프리터를 선택한다

●프로그램을 입력한다

계속해서 다음과 같은 프로그램을 입력합니다.

▼ dice.py

```
import random
print(random.randint(1, 6))
```

프로그램을 입력할 때는 다음과 같이 조작하세요. 일단 1번째 행을 `import r`까지 입력하면 'r'로 시작하는 입력 후보 목록이 표시됩니다. 선택한 후보의 도움말(설명)을 표시할 수도 있습니다. 위아래 방향키로 후보를 선택하고, Enter 키나 Tab 키로 결정합니다. 여기에서는 random을 선택하고 결정해 주세요.

▼ 입력 후보를 선택한다

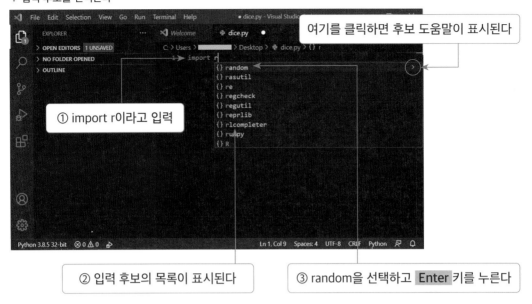

① import r이라고 입력

여기를 클릭하면 후보 도움말이 표시된다

② 입력 후보의 목록이 표시된다

③ random을 선택하고 Enter 키를 누른다

입력 후보 기능을 이용하면 긴 이름을 빠르게 입력하거나 어렴풋하게 기억하는 이름에서 목적의 함수 등을 찾을 수 있습니다. 이 기능을 이용하면서 2번째 행에서 print(random.r까지 입력하고 표시된 후보에서 randint를 선택하여 도움말을 표시하세요. 'Return random integer in range [a, b], including both end points.'(양 끝을 포함하는 [a, b]의 범위에 있는 랜덤한 정수를 반환한다)라는 도움말이 표시됩니다. 또한 '('를 입력하면 쌍이 되는 ')'도 자동으로 입력됩니다.

Enter 키나 Tab 키를 누르면 randint가 입력됩니다. 이어서 '('를 입력하면 이번에는 'randin(t a: int, b:int) -> int'(randint는 정수 a와 정수 b를 받아 정수를 반환한다)와 'param a: int'(인수 a는 정수)라는 도움말이 표시됩니다. 인수는 함수에 건네는 값을 말합니다. 여기에서는 randint(1, 6)가 되도록 1, 6을 입력하세요. 인수를 입력하고 있는 중에는 현재 어떤 인수를 입력하고 있는지가 표시됩니다.

▼ 인수의 도움말 표시

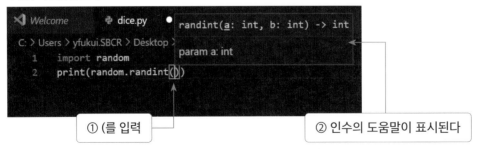

① (를 입력

② 인수의 도움말이 표시된다

●프로그램을 실행한다

프로그램을 입력했으면 [Run] 메뉴의 [Start Debugging](디버그 시작)을 클릭하거나 **F5** 키를 눌러 실행하세요. 만약에 'Debug Configuration'(디버깅 구성)이라고 표시되면 [Python File]을 클릭합니다. 터미널이 자동으로 열리고, 윈도우 파워셸(Windows Powershell)이 시작되어 파이썬 프로그램이 실행됩니다. 다음에서는 2회 실행했습니다. 여기에서는 '6'과 '5'가 표시되었는데 랜덤이므로 여러분의 환경에서는 실행 예와 다른 결과가 나올 수도 있습니다.

▼프로그램의 실행

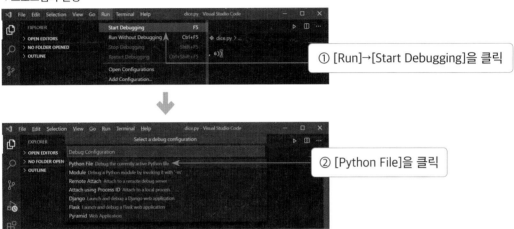

① [Run]→[Start Debugging]을 클릭

② [Python File]을 클릭

▼프로그램의 실행 결과

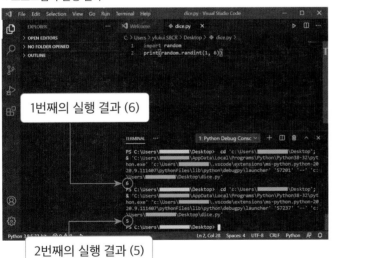

1번째의 실행 결과 (6)

2번째의 실행 결과 (5)

이처럼 비주얼 스튜디오 코드에서는 프로그램을 빠르게 입력하거나 사용하고 싶은 기능을 쉽게 찾을 수 있습니다. 또한 **디버거**(디버그를 위한 도구)를 이용하면 프로그램을 지정한 부분에서 일차 정지하거나 변수 값을 확인하면서 버그의 원인을 찾을 수 있습니다.

파이썬 프로그램의 기초 지식

지금부터 드디어 파이썬의 문법에 대해 배웁니다. 처음에는 파이썬 프로그램의 아주 기본적인 사항부터 시작합시다. print 함수, 함수의 일반적인 지식, 프로그램의 실행 순서, 들여쓰기, 주석, 표준 코딩 스타일에 대해서 배웁니다. 컴퓨터가 있는 경우에는 어떤 개발 환경을 사용해도 상관없으니 꼭 프로그램을 입력하고 동작을 확인하면서 파이썬 프로그래밍에 익숙해지세요.

무엇이든 print 함수로 표시해 보자

지금까지 몇 번 사용해 본 print 함수는 식의 계산 결과를 표시하는 파이썬의 기능입니다. print 함수는 실제로 여러 가지를 표시할 수 있습니다.

여기에서는 print 함수의 편리한 사용법을 몇 가지 배워 봅시다. 가장 기본적인 사용법은 다음과 같이 식을 하나만 건네는 방법입니다. 앞서 설명한 바와 같이 함수에 대하여 건네는 데이터를 인수라고 합니다. 여기에서는 print 함수에 대하여 인수로서 하나의 식을 건네고 있습니다. 또한 식도 값의 일종이므로 식 부분에는 값을 지정할 수도 있습니다.

식의 결과를 표시한다(print 함수)

```
print(식)
```

실제로 사용해 봅시다. 'total'이라고 표시한 후에 100과 120과 150의 합계를 표시해 보겠습니다. 다음과 같이 프로그램을 입력하고 이름을 'print1.py'로 저장합니다.

▼ print1.py

```
print('total')
print(100+120+150)
```

저장한 프로그램을 실행하려면 명령 행 인터페이스에서 python을 입력하고 이어서 파일명(○.py)을 입력해서 Enter 키를 누릅니다. python과 파일명의 사이는 공백을 넣어 주세요.

프로그램의 실행

```
python 파일명
```

또한 프로그램을 실행할 때에는 cd 명령어를 사용해서 파일을 저장한 장소를 현재 디렉터리로 지정해 두세요. 혹은 'C:₩Users₩사용자명₩Desktop₩파일명'과 같이 경로를 사용해서 파일의 위치를 지정하세요. 실행 방법의 자세한 내용은 39쪽에 기재되어 있습니다.

현재 디렉터리의 변경(cd 명령어)

```
cd 디렉터리
```

실행 결과는 다음과 같습니다(여기에서는 명령 행 인터페이스에서 실행합니다). print 함수의 인수를 '○'로 하면 ○에 지정한 문자열(문자의 나열)을 표시할 수 있습니다. 문자열의 자세한 내용은 Chapter3에서 설명합니다.

실행 결과를 보면 total이라고 표시한 다음에 줄바꿈되고, 합계값인 370을 표시한 다음에 또 줄바꿈됩니다. 이처럼 print 함수는 표시할 때마다 줄바꿈됩니다.

```
>python print1.py
total
370
```

인수를 건네지 않고 다음과 같이 print 함수를 사용하면 줄바꿈만을 출력할 수 있습니다.

줄바꿈만을 출력한다

```
print()
```

여러 개의 인수를 콤마(,)로 구분해 건넬 수도 있습니다. 다음을 실행하세요.

▼print2.py

```
print('total', 100+120+150)
```

이 경우 건넨 값을 공백으로 구분해 표시합니다. 몇 가지 값을 한데 표시하고 싶을 때 편리합니다.

```
>python print2.py
total 370
```

print 함수는 표시할 때마다 줄바꿈하는데 줄바꿈 대신 한 행에 표시하는 방법을 기억해 두면 편리합니다. 먼저 **0부터 9까지의 숫자를 줄바꿈하면서 표시**해 봅시다. 여기서 for는 처리를 반복 실행할 때 사용합니다. 여기에서는 print 함수를 10회 반복해 실행합니다. for 문에 대한 자세한 내용은 Chapter5에서 설명합니다.

▼ print3.py

```
for i in range(10):
    print(i)
```

다음과 같이 표시됩니다. 이대로도 상관없지만 많은 값을 표시하면 행 수가 많아져서 결과를 확인하기 어려울 수도 있습니다.

```
>python print3.py
0
1
2
3
4
5
6
7
8
9
```

다음과 같이 인수 end='○'를 추가하면 줄바꿈 대신에 ○에 지정한 문자열을 출력할 수 있습니다.

줄바꿈 대신에 문자열을 출력

```
print(인수, ⋯ , end='○')
```

예를 들어 end=' '와 같이 **공백**을 지정해 보세요. 값을 공백으로 구분해서 1행으로 표시할 수 있습니다.

▼ print4.py

```
for i in range(10):
    print(i, end=' ')
```

실행 결과는 다음과 같습니다.

```
>python print4.py
0 1 2 3 4 5 6 7 8 9
```

end=''와 같이 **빈 문자열**을 지정하면 값을 연결해 표시합니다.

▼ print5.py

```
for i in range(10):
    print(i, end='')
```

실행 결과는 다음과 같습니다.

```
>python print5.py
0123456789
```

여러 개의 문자도 지정할 수 있습니다. 예를 들어 end='-->'로 하면 값을 -->로 구분해 표시합니다.

▼ print6.py

```
for i in range(10):
    print(i, end='-->')
```

실행 결과는 다음과 같습니다.

```
>python print6.py
0-->1-->2-->3-->4-->5-->6-->7-->8-->9-->
```

위 결과에서 '·····>8-->9-->'가 아닌 '·····>8-->9'처럼 마지막의 -->를 표시하고 싶지 않은 경우에는 다른 방법을 사용해야 합니다. Chapter3에서 설명하는 join 메서드와 str 함수, Chapter8에서 설명하는 내포 표기를 사용하면 다음과 같은 프로그램을 작성할 수 있습니다.

▼ print7.py

```
print('-->'.join([str(i) for i in range(10)]))
```

실행 결과는 다음과 같습니다.

```
>python print7.py
0-->1-->2-->3-->4-->5-->6-->7-->8-->9
```

여기까지 소개한 사용법을 알아 두면, 자유롭게 print 함수를 능숙하게 사용할 수 있을 것 같습니다. 더욱 공들여 표시를 하고 싶을 때, 예를 들어 자릿수를 지정해서 표시하고 싶은 경우에는 Chapter9에서 설명하는 format 메서드나 f 문자열을 같이 쓰는 게 좋습니다.

여러 함수에 공통되는 사용법을 익힌다

파이썬에는 print 이외에도 많은 함수가 있습니다. 함수란 어떠한 기능을 제공하는 처리를 재이용하기 쉬운 형태로 합친 것입니다. 제공하는 기능은 함수마다 다르지만 사용하는 방법은 같습니다.

함수를 실행하는 것을 함수를 '호출한다'라고 합니다. 또한 함수에 건네는 값을 인수라고 하며, 함수가 결과로 내놓는 값을 반환값이라고 합니다. 함수를 호출하면 함수는 건네받은 인수를 사용해 어떠한 처리를 실시합니다. 처리가 끝나면 호출하는 곳으로 제어가 되돌아가며, 반환값을 내놓습니다. 되돌아간 반환값은 표시하거나 다른 계산에 사용할 수 있습니다.

▼ 함수의 구조

함수는 다음과 같이 호출합니다. 여러 개의 인수가 있는 경우는 콤마(,)로 구분합니다. 몇 개의 인수를 건넬 수 있는지는 함수에 따라 다릅니다. print 함수처럼 여러 개의 인수를 건넬 수 있는 함수도 있습니다.

함수의 호출(인수가 0개인 경우)

```
함수명()
```

함수의 호출(인수가 1개인 경우)

```
함수명(인수)
```

함수의 호출(인수가 2개 이상인 경우)

> 함수명(인수, ···)

●**반환값이 있는 함수의 예**

print 함수의 예에서는 반환값에 대해서 의식하지 않았습니다. 반환값이 있는 함수를 이해하기 쉬운 예로서 len(렌) 함수를 사용해 봅시다. len은 length(길이)를 말합니다. len 함수는 문자열의 길이(문자 수) 등을 반환값으로서 반환합니다.

문자열의 길이를 반환한다(len 함수)

> len(문자열)

'Python'의 문자 수를 세어 봅시다. 다음 프로그램을 실행해 보세요.

▼ func1.py

```
print(len('Python'))
```

Python은 6문자이므로 6이 표시됩니다.

```
>python func1.py
6
```

이 예에서는 len 함수가 되돌아온 반환값을 print 함수에 인수로서 건넵니다. 이처럼 어떤 함수의 반환값을 다른 함수의 인수로서 이용할 수도 있습니다.

파이썬 인터프리터의 대화 모드나 주피터 노트북에서 실행하는 경우는 다음과 같이 print 함수를 생략해도 됩니다.

```
>>> len('Python')
6
```

len 함수를 호출할 때 인수와 반환값의 관계는 다음과 같습니다. len 함수에 대해 'Python'이라는 인수를 건네면 반환값으로서 6을 반환합니다.

```
>>> len('Python')          ⇐ 인수 'Python'을 len 함수에 건넨다
6                          ⇐ 반환값으로서 6을 반환한다
```

반환값을 사용해서 계산을 할 수도 있습니다. 예를 들어 'Python'과 '프로그래밍'의 문자 수의 합계를 구해 봅시다. 다음 프로그램을 실행하세요.

▼ func2.py

```
print(len('Python')+len('프로그래밍'))
```

Python은 6문자, 프로그래밍은 5문자이므로 합계는 11입니다.

```
>python func2.py
11
```

이처럼 파이썬에서는 '프로그래밍'과 같은 한글에 대해서도 영문과 마찬가지로 문자 수를 알아볼 수 있습니다. 'Python 프로그래밍'처럼 한글과 영문이 혼재한 문자열의 문자 수도 알아볼 수 있습니다.

●print 함수의 반환값

그런데 print 함수에도 반환값이 있습니다. 다음 프로그램을 사용하여 print 함수의 반환값을 표시해 봅시다. 안쪽에 있는 'print()'의 반환값을 바깥쪽의 print 함수로 표시합니다.

▼ func3.py

```
print(print())
```

실행 결과는 None으로 표시됩니다. none이란 '아무 것도 없다'라는 의미입니다. 파이썬에서는 '아무것도 없다'라는 것을 나타내기 위해서 None이라는 특별한 값을 사용합니다. print 함수와 같이 특별히 의미가 있는 반환값을 되돌리지 않는 함수는 None을 반환합니다.

```
>python func3.py
None
```

●키워드 인수와 위치 인수

그런데 print 함수에 end='ㅇ'라는 인수를 추가하면 줄바꿈 대신 지정한 문자열을 출력할 수 있었습니다(48쪽 참조). 이 '인수명=값'과 같은 형식의 인수를 **키워드 인수**라고 합니다. 한편 인수명을 적지 않고 값만을 건네는 형식의 인수는 **위치 인수**라고 합니다.

몇 개의 위치 인수를 사용할 수 있는지, 어떤 인수명의 키워드 인수를 사용할 수 있는지는 함수에 따라 다릅니다. 위치 인수와 키워드 인수를 병용하는 경우에는 위치 인수를 왼쪽에(먼저), 키워드 인수를 오른쪽에(나중에) 적습니다.

키워드 인수와 위치 인수

```
함수명(위치 인수, ···, 키워드 인수명=값, ···)
```

위치 인수와 키워드 인수의 순서에 대해 print 함수를 사용하여 실험해 봅시다. 'Python'이라고 표시한 후에 줄바꿈 대신 '!'를 표시합니다. 다음 프로그램을 실행해 보세요. 이것은 위치 인수를 왼쪽에, 키워드 인수를 오른쪽에 적고 있으므로 올바른 프로그램입니다.

▼ func4.py

```
print('Python', end='!')
```

실행 결과는 다음과 같습니다.

```
>python func4.py
Python!
```

일부러 키워드 인수를 왼쪽에 적고, 위치 인수를 오른쪽에 적은 잘못된 프로그램을 실행해 봅시다.

▼ func5.py

```
print(end='!', 'Python')
```

'Python'이라는 위치 인수의 앞에서 오류가 발생합니다. 오류 메시지의 의미는 '문법 오류: 위치 인수가 키워드 인수의 뒤에 있다'입니다.

```
>python func5.py
  File ···, line 1
    print(end = '!', 'Python')
                  ^
SyntaxError: positional argument follows keyword argument
```

이로써 함수를 호출하는 방법은 배웠습니다. 같은 방법으로 온갖 함수를 호출할 수 있으므로 꼭 여러 함수를 사용해서 편리한 함수를 찾아보세요.

프로그램은 위에서 아래로 실행한다

파이썬에서는 많은 프로그래밍 언어와 마찬가지로 여러 행의 프로그램에 대해서는 위에서 아래 행을 향해 프로그램을 실행해 나갑니다. 예를 들어 다음 프로그램은 '1', '2', '3'을 순서대로 표시합니다.

▼ statement1.py

```
print(1)
print(2)
print(3)
```

위의 행부터 순서대로 print 함수가 실행되고 있습니다.

```
>python statement1.py
1
2
3
```

일반적으로 프로그램은 여러 개의 구문(statement)으로 구성되어 있습니다. 구문이란 프로그램을 구성하는 기본 단위입니다. 파이썬에는 '식 구문', '대입문', 'if 문', 'for 문' 등 여러 종류의 구문이 있습니다. 구문에는 1행으로 적을 수 단순문과 여러 개에 걸치는 복합문이 있습니다.

파이썬에서 단순문을 쓸 때는 각 행에 하나의 구문을 적는 것이 기본입니다. 위의 프로그램에서는 print(1), print(2), print(3)이라는 3개의 구문을 3행으로 나눠서 적고 있습니다.

세미콜론(;)을 사용하면 여러 개의 구문을 1행으로 합쳐서 적을 수도 있습니다. 앞의 프로그램을 1행으로 합쳐서 적어 봅시다.

▼ statement2.py

```
print(1); print(2); print(3)
```

실행 결과는 다음과 같습니다.

```
>python statement2.py
1
2
3
```

1행에 여러 개의 구문을 적는 방법은 문법상 문제가 없지만 코딩 스타일로는 권장하지 않습니다. 별다른 이유가 없다면 각 행에 1개의 구문만을 적기를 권합니다.

들여쓰기는 프로그램의 구조를 정한다

들여쓰기(indent)는 프로그램의 행 앞에 공백이나 탭을 넣고 행 앞을 오른쪽으로 들여쓰는 것입니다. C, C++이나 자바 등 많은 프로그래밍 언어에서 들여쓰기는 프로그램을 읽기 쉽게 하려고 사용하며, 들여쓰기가 프로그램의 동작을 좌우하지는 않습니다. 그에 반해 파이썬에서는 들여쓰기가 프로그램의 구조를 정하기 때문에 들여쓰기가 바뀌면 프로그램의 동작도 바뀝니다.

프로그래밍 언어에서 들여쓰기를 사용하여 프로그램의 구조를 표현하는 방식을 오프사이드 룰이라고 합니다. 오프사이드 룰을 채택하는 언어는 프로그래밍 언어 전체에서 보면 소수파인데, 예를 들어 파이썬에 영향을 받은 교육용 언어인 ABC나 함수형 언어인 Haskell 등이 있습니다.

파이썬은 들여쓰기의 사용법이 정해져 있어서 어렵다고 생각할 수도 있지만, 들여쓰기의 사용법이 통일되어 있으므로 파이썬 프로그램은 오해가 잘 생기지 않고 읽기 쉽습니다. 또한 들여쓰기를 자유롭게 사용할 수 있는 언어에서는 어떤 방식으로 들여쓰기를 할지를 놓고 프로그래머 간에 비생산적인 논쟁이 일어나는 경우가 많지만, 파이썬에서는 그러한 논쟁의 염려도 덜합니다.

예를 들어, 'start'와 'stop'이라는 **문자열을 번갈아 3번 반복해서 표시**하는 프로그램을 작성해 봅시다. 파이썬과 비교하기 위해 먼저 C 언어로 코드를 작성합니다. start를 표시하는 printf("start\n");'와 stop을 표시하는 printf("stop\n");를 for 문을 사용하여 3회 반복합니다.

▼ C 언어로 작성한 예

```
for( int i=0; i<3; i++ ) {
    printf("start\n");
    printf("stop\n");
}
```

실행 결과는 다음과 같습니다.

```
start
stop
start
stop
start
stop
```

다음은 앞의 프로그램과 유사하나 다음은 올바르게 작동하지 않는 프로그램입니다. 언뜻 보면 printf("start\n");와 printf("start\n")';를 for 문을 사용하여 반복하는 것처럼 보이지만 실행하면 stop이 마지막에만 표시됩니다.

▼ C 언어로 작성한 잘못된 예

```
for (int i=0; i<3; i++)
    printf("start\n");
    printf("stop\n");
```

실행 결과는 다음과 같습니다.

```
start
start
start
stop
```

C 언어에서 들여쓰기는 프로그램의 구조를 알기 쉽게 보여주는 목적으로 사용하지만, 잘못 사용하면 오히려 프로그램의 구조를 착각하게 합니다. 위의 프로그램에서는 실제 구조는 다음과 같으며 printf("start\n");만을 for 문을 사용해서 반복합니다. printf("stop\n");는 마지막에 1번만 실행합니다.

▼ C 언어로 잘못 작성한 예의 구조

```
for (int i = 0; i < 3; i++)
    printf("start\n");
printf("stop\n");
```

이렇게 들여쓰기를 자유롭게 사용할 수 있는 언어에서는 들여쓰기와 프로그램의 구조가 연동되지 않아서 프로그래머의 실수 때문에 위와 같은 착각을 불러일으키는 프로그램을 만들 위험이 있습니다. 그래서 '어떤 경우에도 for 문에는 중괄호를 붙이자'와 같은 코딩 스타일을 정하게 되는데, 그러다 보면 'for 문의 중괄호를 생략하는 것은 예의가 없다'는 등 다른 프로그래머에 대한 공격과 논쟁으로 이어져 일이 제대로 진행되지 않을 수도 있습니다.

그런 점에서 파이썬에서는 들여쓰기의 사용법이 정해져 있기 때문에 오해나 논쟁이 생기기 어렵습니다. C 언어의 경우와 마찬가지로 'start'와 'stop'이라는 문자열을 번갈아 3회 반복해 표시하는 프로그램을 작성해 봅시다.

```
for i in range(3):
    print('start')
    print('stop')
```

2번째 행과 3번째 행은 공백 4개만큼의 들여쓰기를 넣고 있습니다. 이렇게 들여쓰기를 넣음으로써 1번째 행부터 3번째 행까지를 일련의 처리로서 실행할 수 있습니다.

들여쓰기로 나타낸 대로 start를 표시하는 print('start')와 stop을 표시하는 print('stop') 양쪽이 for 문에 의해 3번 반복됩니다. 중괄호가 없기 때문에 앞서 설명한 C 언어의 프로그램에 비해 적은 행 수로 끝난 것에도 주목해 주세요.

```
>python indent1.py
start
stop
start
stop
start
stop
```

stop을 마지막 1회만 표시하고 싶을 때는 다음과 같은 프로그램으로 합니다. 들여쓰기로 나타낸 대로 start를 표시하는 print('start')만이 for 문에 의해서 3회 반복됩니다.

▼indent2.py

```
for i in range(3):
    print('start')
print('stop')
```

실행 결과는 다음과 같습니다.

```
>python indent2.py
start
start
start
stop
```

이처럼 파이썬에서는 들여쓰기와 프로그램의 구조가 연동하고 있는 덕에 오해를 일으키는 프로그램을 만들 위험이 줄어듭니다. 또한 프로그램의 행 수를 줄일 수 있는 이점도 있습니다.

파이썬의 들여쓰기에는 공백과 탭 어느 것을 사용해도 되며, 공백과 탭을 조합해도 됩니다. 들여쓰기의 깊이(공백이나 탭의 개수)는 자유이지만 일련의 처리에 관해서는 들여쓰기의 깊이를 맞춰야합니다. 다음은 공백 3개를 사용한 적절한 들여쓰기의 예입니다.

▼ indent3.py

```
for i in range(3):
   print('start')
   print('stop')
```

실행 결과는 다음과 같습니다.

```
>python indent3.py
start
stop
start
stop
start
stop
```

다음은 각각 공백 3개와 공백 6개로 들여쓰기가 되어 있으며, for 문에 속하는 다른 코드와 들여쓰기의 깊이가 맞지 않는 부적절한 들여쓰기의 예입니다. 코드를 이렇게 작성하면 오류가 발생합니다.

▼ indent4.py

```
for i in range(3):
   print('start')
      print('stop')
```

실행 결과는 다음과 같습니다. 오류 메시지의 의미는 '들여쓰기의 오류: 예상하지 않는 들여쓰기'입니다.

```
>python indent4.py
  File ···, line 3
    print('stop')
```

```
              ^
    IndentationError: unexpected indent
```

뒤에서 설명하는 표준 코딩 스타일 PEP8에서는 들여쓰기로 공백 4개를 사용하기를 권장합니다. 특별한 이유가 없으면 공백 4개를 사용하는 것이 좋은데, 환경에 따라 공백 4개를 입력하는 것이 귀찮거나 공백 4개를 사용하면 프로그램을 편집하기 어려워지거나 하는 경우도 있습니다. 그 경우에는 일단 탭을 사용해 들여쓰기를 해 두고, 필요할 때 텍스트 편집기 등의 툴을 사용해서 탭을 공백 4개로 치환하는 방법도 추천합니다. 환경에 따라서는 탭을 사용해서 들여쓰기 하면 자동으로 공백 4개로 대체해 주기도 합니다.

파이썬의 들여쓰기는 불편하다는 소리를 듣지만 실제로 사용해 보면 이점이 있고 꽤 사용하기 좋습니다. 꼭 이점을 파악한 후에 파이썬의 들여쓰기에 익숙해져 보세요.

과거에는 프로그램의 기록 매체로 천공 카드(두꺼운 종이에 구멍을 뚫어 정보를 기록하는 매체)를 썼기 때문에 프로그래밍 언어에서는 프로그램의 각 행에서 몇 번째 자릿수에 무엇을 적을지가 정해져 있었습니다. 이런 방식을 '고정 형식'이라고 합니다. 고정 형식을 쓰는 언어로는 과학 기술 계산에 사용하는 **포트란**(FORTRAN), 금액 계산이나 사무 처리에 사용하는 **코볼**(COBOL) 등이 있습니다. 다른 프로그래밍 언어와 같이 유연한 표기가 가능한 것을 '자유 형식'이라고 합니다. 고정 형식으로 프로그래밍을 경험한 사람이라면 파이썬에서 들여쓰기의 사용법이 정해져 있는 것이 답답하게 느껴질지도 모르겠습니다.

#부터 행 끝까지는 주석

파이썬 프로그램에 주석(코멘트, 사람이 읽기 위한 설명문)을 적으려면 #(샵)을 사용합니다. #부터 행 끝까지가 주석입니다. 주석은 프로그램의 설명을 작성하기 위해서나 프로그램의 일부를 무효로 하기 위해서(코멘트 아웃한다) 사용합니다.

이 뒤에서 설명하는 표준 코딩 스타일(PEP8)에서는 설명을 적고 싶은 처리의 앞에 주석만의 행을 적는 방법을 권장합니다. 이 방법은 **블록 주석**이라고 합니다. 블록 주석에는 이후에 이어지는 처리문의 설명을 적습니다.

블록 주석

```
# 주석
처리문
...
```

다음은 블록 주석의 예입니다. #의 뒤에는 공백을 1개 두는 것을 권장합니다.

▼ comment1.py

```
# 합계 금액을 표시
print('total', 100+120+150)
```

실행 결과는 다음과 같습니다.

```
>python comment1.py
total 370
```

한편, 처리를 적는 행과 같은 행에 주석을 적는 방법도 있습니다. 이 방법은 **인라인 주석**이라고 합니다. 인라인 주석에는 같은 행에 있는 처리문의 설명을 적습니다.

인라인 주석

```
처리문  # 주석
```

다음은 **인라인 주석의 예**입니다. 처리문과 # 사이에는 공백을 2개 이상, # 뒤에는 공백을 1개 각각 두는 것을 권장합니다.

▼ comment2.py

```
print('total', 100+120+150)  # 합계 금액을 표시
```

실행 결과는 다음과 같습니다.

```
>python comment2.py
total 370
```

표준 코딩 스타일에서는 기본적으로 인라인 주석보다는 블록 주석을 더 권장합니다. 별다른 이유가 없다면 블록 주석을 사용하는 게 좋습니다.

또한 C, C++이나 자바에는 1행의 주석을 적기 위한 기법(//) 외에 여러 행의 주석을 적기 위한 기법(/*과 */)이 있지만 파이썬에는 없습니다. 여러 행에 걸치는 주석을 적고 싶을 때는 #을 사용한 1행의 주석을 여러 행 나열합니다.

여러 행의 주석

```
# 여러 행의 주석을 적으려면
# 1행의 주석을 여러 행 나열합니다
```

프로그램의 일부를 주석을 달고 싶을 때는 달고 싶은 행의 앞에 #을 삽입합니다.

▼ comment3.py

```
# print('total', 100+120+150)
```

여러 행의 프로그램을 주석을 달려면 조금 귀찮지만 수작업으로 각 행 앞에 #를 삽입해야 합니다.

▼ comment4.py

```
# print('total')
# print(100+120+150)
```

텍스트 편집기에 따라서는 간단한 조작으로 여러 행을 주석을 다는 기능이 있습니다. 예를 들어 비주얼 스튜디오 코드에서는 여러 행을 선택하고 나서 Ctrl + K 키와 Ctrl + C 키를 이어서 누르면 선택한 행에 한꺼번에 주석을 달 수 있습니다. 주석을 해제하려면 여러 행을 선택한 후 Ctrl + K 키와 Ctrl + U 키를 연속해 누릅니다.

텍스트 편집기에 주석을 다는 기능이 없는 경우에는 **삼중 따옴표 문자열**이라는 문법을 사용해서 주석을 다는 방법도 있습니다. 삼중 따옴표 문자열이란 '''(3개의 작은따옴표) 또는 """(3개의 큰따옴표)로 둘러싸인 문자열을 말합니다. 주석을 달고 싶은 범위를 하고 싶은 범위를 ''' 또는 """로 둘러쌈으로써 그 부분의 프로그램을 무효화할 수 있습니다. 다음의 삼중 따옴표 문자열의 예에서는 '''를 사용했는데 """를 사용해도 됩니다.

▼ comment5.py

```
'''
print('total')
print(100+120+150)
'''
```

삼중 따옴표 문자열은 원래 여러 행에 걸친 문자열을 적기 위한 문법입니다. 텍스트 편집기에 의한 주석 달기를 쓸 수 없을 때의 대체 수단으로 남겨 두는 것을 추천합니다.

표준 코딩 스타일 PEP8

프로그램의 겉모습을 작성하는 방식을 코딩 스타일이라고 합니다. 프로그램을 작동하기 위해서 지켜야 하는 문법과 달리 코딩 스타일은 지키지 않아도 됩니다. 그러나 적절한 코딩 스타일에 따라 프로그램을 작성함으로써 프로그램의 가독성(읽기 쉬움)을 향상시킬 수 있습니다.

코딩 스타일은 문법과는 달리 정답이 명확하게 정해지지 않습니다. 개인의 취향에 좌우되는 부분도 크기 때문에 코딩 스타일을 둘러싼 비생산적인 논쟁이 종종 일어납니다. 그래서 파이썬에서는 PEP8이라는 스타일 가이드에서 표준 코딩 스타일을 정하고 있습니다.

PEP(펩)은 'Python Enhancement Proposal'의 약어로 '파이썬의 기능을 향상하기 위한 제안'이라는 의미입니다. 다양한 개발자에 의해 수많은 PEP이 작성되고 그중 일부가 파이썬의 기능으로 채택되어 왔습니다. PEP8과 같이 각 PEP에는 번호가 붙어 있습니다. 파이썬의 공식 웹 사이트에는 PEP의 목록을 게재한 페이지가 있습니다.

PEP의 목록

`URL` https://www.python.org/dev/peps/

PEP8의 제목은 'Style Guide for Python Code'(파이썬 코드를 위한 스타일 가이드)입니다. PEP8은 들여쓰기 및 주석 작성법, 변수명이나 함수명의 명명 방법, 공백 넣는 법 등을 기술하고 있습니다. PEP8의 내용은 다방면에 걸치기 때문에 이 책에서는 한꺼번에 설명하는 것이 아니라 각 문법을 설명할 때 PEP8이 권장하는 코딩 스타일에 대해서도 소개합니다.

자신이 작성한 프로그램이 PEP8을 따르고 있는지를 알아보고 싶을 때에는 도구를 사용하는 것을 추천합니다. 예를 들어 pycodestyle이라는 도구는 프로그램 중 PEP8을 따르지 않은 부분을 이유와 함께 표시해 줍니다.

pycodestyle은 다음과 같이 명령 행 인터페이스에서 설치합니다. 맥이나 리눅스에서는 'pip' 대신에 'pip3'이나 'pip3.○'을 사용하세요.

pycodestyle의 설치(C 파이썬의 경우)

```
pip install pycodestyle
```

pycodestyle의 설치(아나콘다, 미니콘다의 경우)

```
conda install -y pycodestyle
```

pycodestyle은 명령 행 인터페이스에서 다음과 같이 실행합니다. PEP8을 따르고 있는가를 알아보고 싶은 파이썬 프로그램의 파일명을 지정하세요(cd 명령어로 파일을 저장한 디렉터리로 이동하거나 경로를 사용해서 파일의 위치를 지정하세요).

pycodestyle의 실행

```
pycodestyle 파일명
```

pycodestyle 실험용으로 굳이 PEP8을 따르지 않은 프로그램을 준비했습니다. 텍스트 편집기로 입력하여 'style1.py'라는 파일명으로 저장하세요. 이 책의 예제 파일을 이용해도 됩니다.

▼style1.py

```
for i in range(10):
  print(i,end=' ')
```

명령 행 인터페이스를 사용해서 pycodestyle style1.py를 실행하세요. 다음과 같은 오류가 표시됩니다.

```
>pycodestyle style1.py
style1.py:2:3: E111 indentation is not a multiple of 4
style1.py:2:10: E231 missing whitespace after ','
```

오류 메시지를 번역하면 'style1.py:2번째 행:3번째 자릿수: E111 들여쓰기가 4인 배수가 아니다', 'style1.py:2번째 행:10번째 자릿수: E231 ','의 뒤에 공백이 없다'는 의미입니다.

오류 메시지에 따라 수정한 것이 다음 프로그램입니다. 파일명은 'style2.py'로 했습니다. pycodestyle style2.py를 실행하면 아무것도 표시되지 않습니다. 이것은 프로그램이 PEP8에 따르고 있다는 뜻입니다.

▼style2.py

```
for i in range(10):
    print(i, end=' ')
```

PEP8을 따르고 있는지 여부를 조사하는 것뿐만 아니라 PEP8을 따르도록 자동으로 프로그램을 수정해 주는 도구도 있습니다. 예를 들어 autopep8이라는 도구를 사용해 봅시다. autopep8은 다음과 같이 명령 행 인터페이스에서 설치합니다. 맥이나 리눅스에서는 'pip' 대신에 'pip3'나 'pip3.○'을 사용하세요.

autopep8의 설치(C파이썬의 경우)

```
pip install autopep8
```

autopep8의 설치(아나콘다, 미니콘다의 경우)

```
conda install -y autopep8
```

autopep8은 명령 행 인터페이스에서 다음과 같이 실행합니다. PEP8에 맞게 작성하고 싶은 파이썬 프로그램의 파일명을 지정해 주세요. -i는 지정한 파일에 수정 후의 내용을 덮어쓰기 위한 옵션입니다. -i를 붙이지 않으면 수정 후의 프로그램을 화면에 표시합니다.

autopep8의 실행

```
autopep8 -i 파일명
```

PEP8을 따르지 않은 앞의 프로그램(style1.py)을 수정해 봅시다. autopep8 -i style1.py를 실행하고 프로그램을 수정한 후에 pycodestyle style1.py를 실행하세요. 오류가 표시되지 않게 되어서 프로그램이 수정되었음을 알 수 있습니다. 텍스트 편집기에서 'style1.py'를 열어서 내용을 확인해 보세요. 'style2.py'와 같은 내용으로 되어 있습니다.

별다른 이유가 없다면 PEP8에 따라 프로그램을 작성하는 것을 추천합니다. autopep8 등의 도구를 이용하여 나중에 수정하는 것도 괜찮습니다. PEP8을 따르면 다른 사람에게 프로그램을 보여 줄 때에도 지장 없이 읽을 가능성이 높아집니다.

이 책에 게재하고 있는 프로그램도 기본적으로는 PEP8에 따르고 있습니다. 다만 지면이나 설명의 사정상, 빈 행의 행 수를 줄이거나 연산자의 양쪽에 공백을 넣지 않는 등 일부 PEP8에 따르지 않는 부분이 있습니다.

모든 기본이 되는
문법을 배운다

파이썬의 형, 변수, 숫자, 문자열에 대해 배웁시다. 이것들은 매우 기본적인 문법이기 때문에 언뜻 간단해 보이지만 사실은 꽤 깊이가 있습니다. 이곳을 제대로 배워 두면 파이썬의 프로그램이 어떻게 작동하는지 보이게 되므로 자신감을 갖고 프로그램을 읽거나 작성할 수 있게 됩니다. 또한 다른 여러 문법을 배우는 것이 원활해지고 이해도 깊어집니다. 이 책에서는 겉으로 드러나는 문법 지식뿐만 아니라 문법의 배후에 있는 구조에 대해서도 다룹니다. 꼭 한번 찬찬히 배워 보세요.

이 장의 학습 내용

① 파이썬의 기본적인 형   ② 변수의 개념과 사용법

③ 숫자를 사용한 계산   ④ 문자열 다루는 법

다루고 있는 값의 형을 항상 의식한다

형(타입)이란 값의 종류를 말합니다. 파이썬에는 여러 가지 형이 있는데 여기에서는 가장 기본적인 형인 숫자, 문자열, 진위값에 대해 배웁니다. 파이썬 프로그래밍에서는 다루고 있는 값이 어떤 값인지 항상 의식해 두어야 합니다.

숫자에는 정수와 실수가 있다

파이썬의 숫자에는 정수와 실수(부동 소수점 수)가 있습니다. '123'이나 '456'처럼 소수 부분이 없는 값은 정수이고, '1.23'이나 '45.6'처럼 소수 부분이 있는 숫자는 실수입니다. 또한 소수 부분이 '0'일지라도 소수 부분이 있으면 실수가 됩니다. 예를 들어 '789'는 정수인데, '789.0'은 실수입니다.

C, C++, 자바 같은 프로그래밍 언어에서는 정수나 실수에 대해 각각 비트 수가 다른 여러 개의 형이 준비되어 있습니다. C, C++은 환경에 따라 비트 수가 변동하기 때문에 비트 수가 일정한 자바의 예를 소개합니다. 자바의 정수형에는 8 비트의 byte, 16 비트의 short, 32 비트의 int, 64 비트의 long이 있습니다. 실수형은 32 비트의 float와 64비트의 double입니다.

이렇게 형이 많은 이유는 프로그래머가 상황에 따라 형을 구분해 사용하기 위해서입니다. 비트 수가 적은 형을 사용하면 숫자를 기록하기 위해 필요한 메모리의 용량을 줄일 수 있습니다. 또한 하드웨어(CPU 등)가 처리하기에 알맞은 비트 수의 형을 사용하면 계산을 빠르게 실시할 수 있습니다.

한편 파이썬에서는 정수형은 int, 실수형은 float뿐입니다. 여기서 int는 integer(정수), float는 floating-point(부동 소수점)나 floating-point number(부동 소수점 수)에서 유래되었다고 생각됩니다.

int에는 자릿수의 상한이 없다

파이썬에서 정수형 int는 비트 수가 가변입니다. 다루는 값의 자릿수에 따라 비트 수가 자동으로 변화합니다. 메모리가 허락하는 한 비트 수를 늘릴 수 있어서 자릿수가 매우 많은 정수를 다룰 수 있습니다. 이와 같은 정수를 다배장 정수라고 합니다. C파이썬에서는 32 비트나 16 비트와 같은 보통

(고정 길이의) 정수를 필요한 자릿수에 따라 여러 개 나열(배열로 한다)함으로써 다배장 정수를 구현합니다.

다배장 정수에 따라 매우 자릿수가 많은 정수를 다룰 수 있는 것을 실제로 경험해 봅시다. 파이썬 인터프리터의 대화 모드(28쪽 참조)나 주피터 노트북(33쪽 참조)을 사용하여 다음과 같이 계산해 보세요(여기서는 파이썬 인터프리터의 대화 모드로 실행합니다). **는 거듭제곱의 연산자(계산을 하기 위한 기호)입니다.

우선 시험 삼아 2의 2제곱(4)과 2의 10제곱(1024)을 계산해 보세요. 2**2와 2**10을 입력합니다.

```
>>> 2**2
4
>>> 2**10
1024
```

식의 결과의 표시에 대해서는 30쪽을 참조해 주세요.

다음은 2의 31제곱(2147483648)과 2의 32제곱(4294967296)을 계산해 봅시다. C, C++, 자바 등에서 32비트의 정수형(부호가 있는 정수)을 사용하는 경우, 다룰 수 있는 값의 상한은 '2의 31제곱에서 1을 뺀 값(2147483647)'입니다. 파이썬에서는 다음과 같이 이 상한을 넘는 값도 문제없이 다룰 수 있습니다.

```
>>> 2**31
2147483648
>>> 2**32
4294967296
```

마지막으로 2의 100제곱, 2의 1000제곱, 2의 10000제곱을 계산해 보세요. 파이썬에서는 매우 자릿수가 많은 값을 다룰 수 있다는 것을 알 수 있습니다. 몇 행에 걸쳐서 결과가 표시되는 것은 꽤 장관입니다(2**1000과 2**10000의 결과는 중간을 생략합니다).

```
>>> 2**100
1267650600228229401496703205376
>>> 2**1000
10715086071862673209484250490 60...0429831652624386837205668069376
>>> 2**10000
19950631168807583848838374216 2683...0686391511681774304792596709376
```

다른 프로그래밍 언어에서 흔히 사용되는 32비트의 정수는 사실 10자리 정도의 정수까지만 다룰 수 있습니다. 따라서 금액, ID(사원 번호나 상품 번호 등), 게임의 점수 등을 다루는 경우에는 자릿수가 부족할 수 있습니다. 자릿수가 넘쳐버리면 오류가 발생하거나 오류가 발생하지 않고 부적절한 결과 그대로 처리를 계속하는 문제가 생깁니다.

파이썬의 int는 다배장 정수이므로 이런 문제가 생길 우려가 사실상(메모리를 전부 사용하지 않는 한) 없습니다. 정수에 대해서는 자릿수를 신경 쓰지 않고 다룰 수 있습니다.

덧붙여 프로그램에서 값을 적는 기법을 **리터럴**이라고 합니다. 프로그램 내에 정수값을 적는 기법은 **정수 리터럴**입니다. 정수 리터럴 앞에 아무것도 붙이지 않으면 10진수가 됩니다. 앞이 0과 b(0b 또는 0B)라면 2진수, 0과 o(0o 또는 0O)는 8진수, 0과 x(0x 또는 0X)는 16진수입니다. 10진수에는 0~9의 숫자, 2진수에는 0과 1, 8진수에는 0~7, 16진수에는 0~9와 a~f(또는 A~F)의 영문자를 사용할 수 있습니다.

시험 삼아 '123'의 정수값을 <u>10진수(123), 2진수(0b1111011), 8진수(0o173), 16진수(0x7b)의 정수 리터럴로서 입력</u>해 보세요. 어떤 경우라도 123이라고 표시되면 성공입니다.

```
>>> 123            ⇐ 10진수
123
>>> 0b1111011      ⇐ 2진수
123
>>> 0o173          ⇐ 8진수
123
>>> 0x7b           ⇐ 16진수
123
```

현실에서 자릿수가 큰 숫자를 표기할 때는 값을 보기 위해서 '1,000,000(백만)'과 같이 콤마(,)를 사용해 구분합니다. 파이썬에서는 언더스코어(_)를 사용해서 정수 리터럴을 구분할 수 있습니다. 구분하는 위치는 세 자릿수뿐만 아니라 임의의 위치로 구분할 수 있습니다.

예를 들어 **1조를 나타내는 정수 리터럴을 세 자릿수마다 구분하는 방법과 네 자릿수마다 구분하는 방법**으로 적어 보세요. 1000000000000(0이 12개)라고 표시되면 성공입니다.

```
>>> 1_000_000_000_000    ⇐ 세 자릿수 구분
1000000000000
>>> 1_0000_0000_0000     ⇐ 세 자릿수 구분
1000000000000
```

float는 단정밀도가 아니라 배정밀도이다

파이썬에서 실수형 float는 비트 수가 고정되어 있습니다. 많은 환경에서 C파이썬의 float는 64비트입니다. 이것은 C파이썬이 float, C 언어의 double을 사용해 구현하고 있기 때문입니다. 많은 환경에서 C 언어의 double은 64비트이기 때문에 C파이썬의 float도 64비트입니다.

int의 비트 수가 가변인데 float의 비트 수가 고정된 것은 하드웨어의 기능을 활용하기 위해서입니다. 실수의 연산 기능을 가진 많은 하드웨어는 IEEE 754라는 실수의 형식에 따라 설계되어 있습니다. IEEE 754에서는 **단정밀도**라는 32비트의 실수 및 **배정밀도**라는 64비트 실수의 형식을 정하고 있습니다. IEEE 754을 따르는 하드웨어는 단정밀도 및 배정밀도의 실수를 빠르게 처리할 수 있습니다.

이러한 하드웨어의 성능을 이끌어내기 위해 많은 프로그래밍 언어도 실수의 형식으로 IEEE 754를 채택하고 있습니다. 많은 C, C++ 처리계 및 자바에서는 float가 IEEE 754의 단정밀도, double이 IEEE 754의 배정밀도에 대응합니다. double은 double-precision(배정밀도)이라는 의미입니다. 한편 파이썬에서는 float가 IEEE 754의 배정밀도에 대응합니다.

C, C++, 자바에서는 속도나 메모리 절약을 중시하는 경우에는 단정밀도를 사용하고, 정밀도를 중시하는 경우에는 배정밀도를 사용합니다. 파이썬에서는 형의 사용 구분을 배정밀도로 한정함으로써 언어 사양을 단순하게 하여 프로그램의 부담을 줄였습니다. 파이썬의 언어 사양서에 따르면 단정밀도를 사용해서 처리 시간 및 사용 메모리를 줄여봐야 애초 파이썬에서는 각종 옵션을 다루는 부하가 크기 때문에 그다지 의미가 없고, 그렇다고 단정밀도와 배정밀도를 둘 다 채택하면 언어가 복잡해져서 바람직하지 않다고 합니다.

그리고 파이썬의 float는 비트 수가 고정되어 있어서 다룰 수 있는 값의 자릿수에 한계가 있습니다. float가 64 비트인 경우 **유효 자릿수**(올바르게 표현할 수 있는 자릿수)는 15 자릿수 정도입니다.

실험해봅시다. 파이썬 인터프리터의 대화 모드나 주피터 노트북에서 15 자릿수의 9를 나열한 '9.99999999999999'와 16 자릿수의 9를 '9.9999999999999999'를 입력해 보세요. 전자는 올바르게 표현할 수 있지만 후자는 '9.99999999999998'이 되어 올바르게 표현할 수 없습니다.

```
>>> 9.99999999999999
9.99999999999999
>>> 9.9999999999999999
9.99999999999998
```

float에서는 유효 자릿수가 부족한 경우에는 파이썬의 표준 라이브러리에 포함된 decimal(데시멀, 소수)이라는 기능을 사용하는 방법이 있습니다. decimal로는 프로그래머가 유효 자릿수를 지정할 수 있으며, float로는 다룰 수 없는 자릿수가 많은 값을 올바르게 표현할 수 있습니다. 여기서 라이브러리란 프로그램에서 사용하는 다양한 기능을 통합한 소프트웨어를 말합니다.

프로그램에서 실수 값을 적는 기법을 **실수 리터럴**이라고 합니다. 실수 리터럴에는 두 가지의 기법이 있습니다. 0.0123과 같은 일반적인 작성법과 1.23e-2와 같은 지수 표기라 불리는 작성법입니다. 지수 표기의 '○e□'는 '○x10□'라는 값이 됩니다. 여기서 ○는 가수부, □는 지수부라고 합니다.

예를 들어 '1234.5678'을 표시하는 실수 리터럴을 일반적인 작성법과 지수 표기 방법으로 입력해 보세요. 모두 '1234.5678'이라고 표시되면 성공입니다.

```
>>> 1234.5678
1234.5678
>>> 1.2345678e3
1234.5678
```

또한 숫자 리터럴의 끝에 j(j 또는 J)를 붙이면 허수를 나타낼 수 있습니다. 예를 들어 123j나 1.23j와 같이 씁니다. 이러한 기법을 **허수 리터럴**이라고 합니다. 123+456j나 1.23+4.56j처럼 정수나 실수와 허수를 조합해서 복소수를 나타낼 수도 있습니다. 수학에서는 허수 단위에 소문자 아이(i)를 사용하는데, 공학에서는 전류의 기호로 대문자 아이(I)를 사용하는 경우가 많기 때문에 허수 단위에는 i를 피하고 j를 사용합니다.

허수나 복소수를 표현하기 위해 파이썬은 실수를 이용합니다. 예를 들어 123j나 123+456j처럼 정수만을 사용해 기술해도 파이썬 내부에서는 실수로 변환됩니다. 그러므로 자릿수에 상한이 없는 정수와는 달리 허수나 복소수에는 실수와 마찬가지로 유효 자릿수의 상한이 있습니다.

복소수 계산을 해 봅시다. 예를 들어 (1+2j)*(3+4j)를 계산해 보세요. 애스터리스크(*)는 곱셈 연산자(계산을 실시하기 위한 기호)입니다. 손으로 계산하면 다음과 같습니다. j는 허수 단위이므로 j*j는 -1이 되는 것에 주의하세요.

```
(1+2j) * (3+4j)
=1*3 + 1*4j + 2j*3 + 2j*4j
= 3 + 4j + 6j + -8
= -5+10j
```

다음은 파이썬에 의한 계산입니다. 위와 같은 결과가 나왔네요. 복소수에 대해서는 다음과 같이 괄호로 둘러싸여 표시됩니다.

```
>>> (1+2j)*(3+4j)
(-5+10j)
```

문자열은 작은따옴표와 큰따옴표로 표현할 수 있다

문자열은 0개 이상의 문자를 나열한 값입니다. 문자열을 다루는 형이 문자열형입니다. 파이썬에서 문자열형은 str입니다. str은 string(문자열)을 의미합니다. C, C++, 자바 등의 언어에서는 문자열형과 문자형(1개의 문자를 다루기 위한 형)을 병용하는데 파이썬에는 문자열형 밖에 없습니다. 1개의 문자는 1문자의 문자열로 취급합니다.

문자열 리터럴(문자열 값)은 작은따옴표(') 또는 큰따옴표(")로 양쪽을 감싸서 나타냅니다. 어느 따옴표를 사용해도 됩니다. 빈 문자열을 적을 수도 있습니다.

문자열 작성법

```
'문자열의 내용'
"문자열의 내용"
```

빈 문자열의 작성법

```
''
""
```

예를 들어, 'Python'이라는 문자열 리터럴을 두 가지의 따옴표를 사용해서 입력해 보세요. 어느 따옴표를 사용한 경우에도 파이썬 인터프리터는 'Python'이라고 표시합니다.

```
>>> 'Python'    ⇦ 작은따옴표를 사용
'Python'
>>> "Python"    ⇦ 큰따옴표를 사용
'Python'
```

문자열의 안에 작은따옴표를 포함하고 있을 때는 문자열을 큰따옴표로 감싸는 걸 추천합니다. 반대로 큰따옴표가 포함되어 있을 때는 작은따옴표로 감쌉니다. 예를 들어 다음의 메시지를 문자열 리터럴로 해 보세요.

```
Can't open the file.
Loading "hello.py".
```

```
>>> "Can't open the file."     ⇦ 큰따옴표를 사용
"Can't open the file."
>>> 'Loading "hello.py".'       ⇦ 작은따옴표를 사용
'Loading "hello.py".'
```

다음과 같이 양쪽 따옴표가 포함되어 있는 메시지는 어떻게 적으면 좋을까요?

Can't run" hello.py".

₩(원화 기호)를 사용하여 ₩'과 같이 적으면 작은따옴표에 의한 문자열의 안에 작은따옴표를 포함할 수 있습니다. 마찬가지로 ₩"과 같이 적으면 더블 쿼터에 의한 문자열의 안에 큰따옴표를 포함할 수 있습니다. 환경에 따라서는 원화 기호(₩) 대신에 \(백슬래시)를 사용합니다.

위의 메시지를 **작은따옴표 및 큰따옴표를 사용해서 문자열 리터럴로 작성**해 보세요. 모두 파이썬 인터프리터는 작은따옴표와 ₩'를 사용해 문자열을 표시합니다.

```
>>> 'Can\'t run "hello.py".'     ⇦ 작은따옴표를 사용
'Can\'t run "hello.py".'
>>> "Can't run \"hello.py\"."    ⇦ 큰따옴표를 사용
'Can\'t run "hello.py".'
```

이처럼 원화 기호(또는 백슬래시)를 사용해서 보통은 문자열의 안에 넣기 어려운 문자를 적는 기법을 **이스케이프 시퀀스**라고 합니다. 다음은 자주 사용하는 이스케이프 시퀀스의 예입니다.

▼이스케이프 시퀀스의 예

기법	의미
₩₩	원화 기호 또는 백슬래시
₩'	작은따옴표
₩"	큰따옴표
₩n	줄바꿈
₩t	탭

● **문자열 리터럴의 연결**

여러 개의 문자열 리터럴을 나열하면 자동으로 **연결(결합)**됩니다. 문자열 리터럴의 사이에 공백, 줄바꿈을 넣어도 됩니다. 다음은 Hello,와 Python!을 연결하는 예입니다.

```
>>> 'Hello,' 'Python!'
'Hello,Python!'
```

위의 기능을 이용해서 1행으로 들어갈 것 같지 않은 긴 텍스트를 여러 개의 행으로 나눠서 적을 수 있습니다. 다음은 print 함수를 사용해 긴 텍스트를 표시하는 프로그램입니다. 이 예처럼 함수 호출의 인수가 긴 경우나 많은 경우에는 줄바꿈하면서 여러 개의 행에 걸쳐서 적을 수 있습니다.

▼ str_literals1.py

```
print(
'1행으로 들어갈 것 같지 않은 긴 텍스트를 적고 싶을 때는 '
'이렇게 여러 개의 문자열 리터럴을 나열하는 방법이 있습니다.'
)
```

실행 결과는 다음과 같습니다.

```
>python str_literals1.py
1행으로 들어갈 것 같지 않은 긴 텍스트를 적고 싶을 때는 이렇게 여러 개의 문자열
리터럴을 나열하는 방법이 있습니다.
```

또한 문자열끼리는 +로 연결할 수도 있습니다. +는 덧셈 연산자인데 문자열에 대해서는 연결 기능을 합니다.

문자열의 연결

문자열 + 문자열

예를 들어 Hello,와 Python!을 + 연산자로 연결해 보세요.

```
>>> 'Hello,' + 'Python!'
'Hello,Python!'
```

●여러 행의 텍스트

긴 1행의 텍스트가 아닌 여러 행에 걸치는 텍스트를 적고 싶을 때는 **삼중 따옴표 문자열**(triple quote string)을 사용하는 방법이 있습니다. 삼중 따옴표 문자열은 3개의 작은따옴표(''')나 3개의 큰따옴표(""")로 감싸 작성합니다.

▼ triple_quotes1.py

```
print('''
여러 행에 걸치는 텍스트를 적고 싶을 때는
삼중 따옴표 문자열을 사용하는 방법이 있습니다.
''')
```

삼중 따옴표 문자열의 안에서 줄바꿈하면 문자열에도 줄바꿈이 들어갑니다. 위 프로그램을 실행하면 다음과 같이 빈 행(줄바꿈뿐인 행)이 표시되므로 문자열에 줄바꿈이 포함됩니다.

```
>python triple_quotes1.py
                                                        ⇐ 빈 행
여러 행에 걸치는 텍스트를 적고 싶을 때는
삼중 따옴표 문자열을 사용하는 방법이 있습니다.
                                                        ⇐ 빈 행
```

프로그램상에서는 줄바꿈하고 싶어도 문자열에는 줄바꿈을 넣고 싶지 않은 경우에는 다음과 같이 행 끝에 ₩(원화 기호) 또는 \(백슬래시)를 적습니다. 이것은 이스케이프 시퀀스의 일종으로 행 끝의 줄바꿈을 무효로 할 수 있습니다.

▼ triple_quotes2.py

```
print('''₩
여러 행에 걸치는 텍스트를 적고 싶을 때는
삼중 따옴표 문자열을 사용하는 방법이 있습니다.₩
''')
```

실행해 보면 이번은 여분의 빈 행이 들어가지 않습니다. 앞의 실행 결과와 비교해 보세요.

```
>python triple_quotes2.py
여러 행에 걸치는 텍스트를 적고 싶을 때는
삼중 따옴표 문자열을 사용하는 방법이 있습니다.
```

● 경로 문자열 리터럴

이번은 'C:₩Users₩myname₩Desktop'과 같은 **윈도우의 경로(파일이나 디렉터리의 소재를 나타내는 문자열)을 문자열 리터럴로 출력**해 보세요. 경로에는 원화 기호(또는 백슬래시)가 포함되어 있으므로 이스케이프 시퀀스(₩₩ 또는 \\)를 사용해야 합니다.

```
>>> 'C:\\Users\\myname\\Desktop'
'C:\\Users\\myname\\Desktop'
```

파이썬 인터프리터가 표시하는 문자열에도 이스케이프 시퀀스가 사용되고 있습니다. 다음과 같이 print 함수를 사용하면 올바른 경로의 문자열로 작성된 것을 확인할 수 있습니다.

```
>>> print('C:\\Users\\myname\\Desktop')
C:\Users\myname\Desktop
```

경로에는 많은 원화 기호(또는 백슬래시)가 포함되어 있으므로 모든 것을 이스케이프 시퀀스로 쓰기가 번거롭습니다. 이럴 때는 날(raw) 문자열을 사용하는 방법이 있습니다. raw는 '날것' 또는 '미가공'이라는 뜻입니다.

보통 문자열 리터럴에서는 원화 기호(또는 백슬래시)를 이스케이프 시퀀스의 기호로 취급하므로 원화 기호는 ₩₩(백슬래시는 \\)로 해야 합니다. 날 문자열에서는 원화 기호(또는 백슬래시)를 이스케이프 시퀀스의 기호로 취급하지 않으므로 보통의 문자와 마찬가지로 그대로 적을 수 있습니다.

날 문자열을 적으려면 문자열 리터럴의 앞에 r 또는 R을 붙입니다(다음에서는 r을 사용하는 예를 나타냈습니다). 삼중 따옴표 문자열에도 적용할 수 있습니다.

날 문자열

```
r'문자열의 내용'
r"문자열의 내용"
```

날 문자열(삼중 따옴표 문자열)

```
r'''문자열의 내용'''
r"""문자열의 내용"""
```

날 문자열을 사용해서 다시 C:\Users\myname\Desktop이라는 경로를 문자열 리터럴로 출력해 봅시다. print 함수를 사용해서 올바른 경로의 문자열로 되어 있는 것을 확인해 보세요.

```
>>> r'C:\Users\myname\Desktop'
'C:\\Users\\myname\\Desktop'
>>> print(r'C:\Users\myname\Desktop')
C:\Users\myname\Desktop
```

지금까지 문자열 리터럴, 문자열 리터럴의 연결, 삼중 따옴표 문자열, 날 문자열에 대해서 배웠습니다. 이것만 알고 있으면 문자열이 필요한 대부분의 상황에 대처할 수 있습니다.

비교의 결과는 진위값이 된다

진위값은 **참**과 **거짓**이라는 두 가지의 값만을 취하는 형입니다. 진릿값이나 부울값형(Boolean data type)이라고도 합니다. 부울이라는 명칭은 부울 대수 등을 고안한 수학자인 조지 부울(George Boole)에서 유래되었습니다. 파이썬에서 진위값의 형도 철자는 다르지만 bool(부울)입니다.

참은 '예' 또는 '조건이 성립함'을 나타내는 값으로 파이썬에서는 True(트루)라고 적습니다. 거짓은 '아니오' 또는 '조건이 성립하지 않음'을 나타내는 값으로 파이썬에서는 False(폴스)라고 적습니다. True나 False는 파이썬의 키워드(프로그래밍 언어에서 특별한 의미를 가진 단어)입니다.

●비교 연산자를 사용한 비교

'같다', '같지 않다', '크다', '작다'와 같이 비교하는 계산을 **비교 연산**이라고 합니다. 비교 연산의 결과는 진위값이 됩니다. 파이썬에는 다음과 같은 **비교 연산자**(비교 연산을 실시하기 위한 기호)가 있습니다.

▼비교 연산자

연산자	사용법	결과가 True가 되는 조건(이 외에는 False가 된다)
==	A == B	A가 B와 같다
!=	A != B	A가 B와 같지 않다
<	A < B	A가 B보다 작다
>	A > B	A가 B보다 크다
<=	A <= B	A가 B 이하(B보다 작거나 같다)
>=	A >= B	A가 B 이상(B보다 크거나 같다)

파이썬 인터프리터의 대화 모드를 사용해서 비교 연산을 실행해 봅시다. **정수 '123'과 '456'에 대해 비교 연산자를 적용**해 보세요.

```
>>> 123 == 456
False
>>> 123 != 456
True
```

```
>>> 123 < 456
True
>>> 123 > 456
False
>>> 123 <= 456
True
>>> 123 >= 456
False
```

표준 코딩 스타일인 PEP8에서는 비교 연산자의 양쪽에 공백을 1개씩 넣기를 권장합니다. 위의 입력 예는 PEP8을 따르고 있으나 공백 입력이 귀찮다고 느껴지면 무리해서 입력하지 않아도 됩니다. 공백을 생략해도 문제없이 동작합니다.

문자열을 비교할 수도 있습니다. **문자열 'apple'과 'banana'에 대해서 비교 연산자를 적용**해 보세요. 문자열의 대소 관계는 사전순으로 정해집니다. 즉 사전의 앞쪽에 있는 문자열은 작고, 뒤쪽에 있는 문자열은 크다고 여깁니다. 문자열을 구성하는 각 문자의 대소 관계는 유니코드에서 문자별로 할당된 코드 포인트라는 번호를 사용해 정할 수 있습니다.

```
>>> 'apple' == 'banana'
False
>>> 'apple' != 'banana'
True
>>> 'apple' < 'banana'
True
>>> 'apple' > 'banana'
False
>>> 'apple' <= 'banana'
True
>>> 'apple' >= 'banana'
False
```

● **부울 연산자를 사용한 비교**

여러 개의 비교 연산을 조합해서 복잡한 조건을 기술하고 싶을 때는 **부울 연산자(논리 연산자)**를 사용합니다. 다음과 같이 부울 연산자에는 and, or, not이 있습니다. and는 논리곱, or은 논리합, not은 부정(또는 논리 부정)이라고도 합니다.

▼부울 연산자(논리 연산자)

연산자	사용법	결과가 True가 되는 조건(이 이외는 False가 된다)
and	A and B	A와 B의 양쪽이 True
or	A or B	A 또는 B가 True(양쪽이 True라도 좋음)
not	not A	A가 False

위의 'A'나 'B'에는 값뿐만 아니라 식도 적을 수 있습니다. 식을 적은 경우는 식의 결괏값이 비교의 대상이 됩니다. 예를 들어, 'A'에 '123 < 456', B에 '456 < 789'라는 식을 적용해 부울 연산자를 사용해 보세요.

```
>>> 123 < 456 and 456 < 789
True
>>> 123 < 456 or 456 < 789
True
>>> not 123 < 456
False
```

파이썬에서는 여러 개의 비교 연산자를 나열해서 123 < 456 < 789와 같은 식을 적을 수 있습니다. 이것은 위의 123 < 456 and 456 < 789와 같은 의미인데 더 간결하게 적을 수 있습니다.

```
>>> 123 < 456 < 789
True
```

C, C++, 자바 등의 언어에서는 123 < 456 and 456 < 789와 마찬가지로, 123 < 456 && 456 < 789와 같이 적어야 합니다. 파이썬에서 123 < 456 < 789와 같이 적을 수 있어 프로그램을 짧고 간결하게 쓸 수 있고, 같은 식(이 경우는 456)을 반복해서 적는 것을 피하는 효과도 있습니다.

그런데 파이썬의 부울 연산자를 학습할 때 단락(short-circuit)이라는 기능을 알아야 합니다. 단락은 전기 회로에서 일부가 저항체 없이 바로 연결되는 것을 말하는데, 부울 연산자에서는 일부 처리를 생략하는 것을 가리킵니다. 단락이 적용되는 것은 and와 or의 연산입니다. 'A and B'나 'A or B'에서는 처음에 A를 처리하는데 A의 값에 따라 B의 처리를 생략합니다.

'A and B'가 True가 되는 것은 A와 B가 모두 True일 때입니다. 만약 A가 False라면 B의 값에 관계없이 결과는 False가 되므로 B를 처리할 필요는 없습니다. 그래서 B 처리를 생략합니다.

또한 'A or B'가 True가 되는 것은 A 또는 B가 True일 때입니다. 만약 A가 True라면 B의 값에 관계없이 결과는 True가 되기 때문에 B를 처리할 필요가 없습니다. 그래서 B 처리를 생략합니다.

단락을 실험으로 알아 봅시다. 먼저 and입니다. 다음 프로그램을 실행해 보세요. **단락이 적용되지 않았던 경우만 print('B')가 처리되어 화면에 'B'가 표시됩니다.** 또한 print('B')와 같은 함수 호출이나 함수 호출을 포함하는 계산도 식의 일종으로 취급됩니다.

① 123 < 456 and print('B')

② 123 > 456 and print('B')

①은 '123 < 456'이 True이므로 print('B')도 처리됩니다. ②는 '123 < 456'이 False이므로 단락이 적용되어 print('B')는 처리되지 않습니다. 이 경우 파이썬 인터프리터는 식 전체를 계산한 결과인 False를 표시합니다.

```
>>> 123 < 456 and print('B')
B
>>> 123 > 456 and print('B')
False
```

or에 대해서도 실험해 봅시다. 다음 프로그램을 실행해 주세요.

③ 123 < 456 or print('B')

④ 123 > 456 or print('B')

③은 '123 < 456'이 True이므로 or이 성립해서 단락이 적용되어 print('B')는 처리되지 않습니다. 이 경우 파이썬 인터프리터는 식 전체를 계산한 결과인 True를 표시합니다. ④는 '123 > 456'이 False이므로 print('B')도 처리됩니다.

```
>>> 123 < 456 or print('B')
True
>>> 123 > 456 or print('B')
B
```

형 사이를 자유롭게 넘나든다

지금까지 정수(int), 실수(float), 문자열(str), 진위값(bool)이라는 4종류의 형을 배웠습니다. 이번은 이러한 형 사이에서 값의 형을 변환하는 방법에 대해서 알아 둡시다.

형 변환에는 내장 함수의 int, float, str, bool을 사용합니다. 정확히는 이것들은 내장 함수가 아닌 내장형(내장 클래스)인데 외형이나 사용법은 함수와 매우 비슷하기 때문에 내장 함수의 일종으로도 취급됩니다.

●int 함수를 사용한 변환

이러한 내장 함수를 실제로 사용해 봅시다. int 함수는 인수의 식을 정수로 변환하여 반환합니다. 식 부분에는 값을 지정할 수도 있습니다.

인수의 식을 정수로 변환(int 함수)

```
int(식)
```

예를 들어, **실수 '1.2'와 '-1.2'를 정수로 변환**해 보세요.

```
>>> int(1.2)
1
>>> int(-1.2)
-1
```

int(1.2)이나 int(-1.2)처럼 int 함수로 실수를 정수로 변환했을 때의 결과는 환경에 따라 다를 수 있습니다. 이것은 C파이썬의 구현에 사용되고 있는 C 언어에서 실수를 정수로 변환했을 때의 결과가 환경에 따라 다르기 때문입니다.

환경과 상관없이 결과를 일정하게 하고자 하려면 표준 라이브러리인 math에 포함되어 있는 floor 함수나 ceil 함수를 사용하는 것을 추천합니다. floor(플로어)는 바닥을 말하며, ceil(실링)은 천장 (ceiling)을 말합니다. floor 함수는 바닥 함수, ceil 함수는 천장 함수라고도 합니다.

이러한 함수를 사용하기 전에는 `import math`를 실행하고 math **라이브러리**(math 모듈)를 읽어둘 필요가 있습니다. import 문은 라이브러리를 프로그램에 읽어 들입니다. 또한 int 함수처럼 내장 함수(내장형)는 import 문으로 읽어 들이지 않아도 사용할 수 있습니다.

라이브러리 읽어 들이기(import 문)

```
import 라이브러리명
```

다음과 같이 함수를 호출합니다. floor 함수는 '식의 값보다 작은 최대 정수', 즉 내림한 값을 반환 하며, ceil 함수는 '식의 값보다 큰 최소 정수', 즉 올림한 값을 반환합니다.

식의 값보다 작은 값 중에서 가장 큰 정수를 반환한다(floor 함수)

```
math.floor(식)
```

식의 값보다 큰 값 중에서 가장 작은 정수를 반환한다(ceil 함수)

```
math.ceil(식)
```

먼저 import math를 실행해 보세요. 아무것도 표시되지 않으면 성공입니다. 계속해서 앞의 '1.2'나 '-1.2'에 대해서 floor 함수와 ceil 함수를 적용해 보세요.

```
>>> import math
>>> math.floor(1.2)
1
>>> math.ceil(1.2)
2
>>> math.floor(-1.2)
-2
>>> math.ceil(-1.2)
-1
```

다음은 문자열 '123'과 'abc'를 정수로 변환해 보세요. '123'은 변환할 수 있으나 'abc'는 변환할 수 없으므로 오류가 납니다. 오류 메시지의 내용은 '값 오류: int()에서 10진수로 변환하기에는 부적절한 리터럴: 'abc''입니다.

```
>>> int('123')

123

>>> int('abc')

Traceback (most recent call last):

  File "<stdin>", line 1, in <module>
ValueError: invalid literal for int() with base 10: 'abc'
```

마지막으로 진위값인 True와 False를 정수로 변환해 보세요. True는 1, False는 0이 됩니다.

```
>>> int(True)
1
>>> int(False)
0
```

● float 함수를 사용한 변환
이번은 float 함수를 사용해 봅시다. float 함수는 식의 값을 실수로 변환해서 반환합니다.

식의 값을 실수로 변환해서 반환한다(float 함수)

```
float(식)
```

정수 123, 문자열 '123', 진위값인 True와 False를 실수로 변환해 보세요. 어느 결과든 끝에 .0이 붙으므로 실수인 것을 알 수 있습니다.

```
>>> float(123)
123.0
>>> float('123')
123.0
>>> float(True)
1.0
>>> float(False)
0.0
```

●str 함수를 사용한 변환

다음은 str 함수입니다. str 함수는 식의 값을 문자열로 변환해서 반환합니다.

식의 값을 문자열로 변환해서 반환한다(str 함수)

```
str(식)
```

정수 123, 실수 1.23, 진위값인 True와 False를 문자열로 변환해 보세요. 다음과 같이 진위값은 'True'와 'False'라는 문자열이 됩니다.

```
>>> str(123)
'123'
>>> str(1.23)
'1.23'
>>> str(True)
'True'
>>> str(False)
'False'
```

문자열끼리는 플러스(+)로 연결할 수 있으나(73쪽 참조), 문자열과 숫자(또는 숫자와 문자열)를 연결하려면 str 함수로 숫자를 문자열로 변환해 두어야 합니다. **문자열 'Python'과 'Programming', 문자열 'Python'과 정수 3을 각각 연결**해 보세요.

```
>>> 'Python' + 'Programming'
'PythonProgramming'
>>> 'Python' + str(3)
'Python3'
```

● bool 함수를 사용한 변환

bool 함수는 식의 값을 진위값(True 또는 False)으로 변환해서 반환합니다.

식의 값을 진위값으로 변환해서 반환한다(bool 함수)

bool(식)

정수 123과 0, 실수 1.23과 0.0, 문자열 'abc'와 ''를 진위값으로 변환해 보세요. 변환 결과가 False가 되는 것은 정수나 실수의 경우는 0, 문자열의 경우는 빈 문자열일 때입니다. 그 외의 정수, 실수, 문자열은 True가 됩니다.

```
>>> bool(123)
True
>>> bool(0)
False
>>> bool(1.23)
True
>>> bool(0.0)
False
>>> bool('abc')
True
>>> bool('')
False
```

str(False)는 'False'가 되는데 bool('False')는 True가 됩니다. 'False'는 빈 문자열이 아니기 때문입니다. 주의해 주세요!

```
>>> str(False)
'False'
>>> bool('False')
True
```

나중에 필요한 값은 변수에 저장해 둔다

프로그래밍 언어에서 **변수**란 값을 저장해 두기 위한 이름이 붙은 영역을 말합니다. 변수명(변수의 이름)을 사용해 변수에 저장한 값을 읽어 내거나 새로운 값을 써넣을 수 있습니다. 변수에는 여러 가지 사용법이 있는데 나중에 필요한 값을 저장해 두는 것이 대표적인 사용법입니다.

파이썬에도 변수가 있습니다. 변수의 사용법은 위와 같으나 구조는 조금 다릅니다. 파이썬 변수는 '값을 저장해 두기 위한 영역'이 아닌 오히려 '값에 이름을 연결하는 기능'이라고 할 수 있습니다. 자세한 것은 실제로 변수를 사용하면서 배워 봅시다.

값을 대입하면 새로운 변수가 생긴다

파이썬에서 변수를 작성하려면 변수에 값을 **대입**합니다. 대입이라고 하면 변수에 대해서 값을 써넣는 것입니다. 값을 대입하려면 =을 사용해서 다음과 같이 작성합니다. 또한 C, C++, 자바 등의 언어에서는 =는 대입 연산자라고 합니다. 한편, 파이썬에서는 =는 연산자가 아닌 **구분자**(delimiter)의 일종으로 여겨집니다.

변수의 작성

```
변수명 = 식
```

이처럼 변수에 값을 저장하는 구문을 **대입문**이라고 합니다. 식 부분에는 값만을 적을 수도 있고, 연산자나 함수 호출 등을 조합한 식을 적을 수도 있습니다. 예를 들어 **변수 x에 123을 대입한 후에 x의 값을 표시**해 보세요. 값의 표시에는 print 함수를 사용하지만 파이썬 인터프리터의 대화 모드에서는 변수명만 입력해도 값을 표시할 수 있습니다.

```
>>> x = 123
>>> print(x)
123
>>> x
123
```

앞의 print(x)와 같이 변수는 함수의 인수로서 사용할 수도 있습니다. 또한 식의 안에서 변수를 사용하거나 변수에 식의 값이나 함수의 반환값 등을 대입할 수도 있습니다.

표준 코딩 스타일인 PEP8에서는 = 양쪽에 공백을 1개씩 넣게 되어 있습니다. 예를 들어 x=123이라고 써도 기능하지만 x = 123이라고 적기를 권장합니다.

여러 개의 변수에 대해 같은 값을 대입할 때는 다음과 같이 적을 수 있습니다. 여러 개의 대입문을 나열하는 것보다 간결하게 적을 수 있습니다.

여러 개의 변수에 같은 값을 대입

```
변수명 A = 변수명 B = ··· = 식
```

예를 들어 **변수 y와 변수 z에 4.56을 대입한 후 y와 z의 값을 표시**해 보세요. y와 z에 같은 값이 대입되어 있는 것을 확인할 수 있습니다.

```
>>> y = z = 4.56
>>> y
4.56
>>> z
4.56
```

여러 개의 변수에 대해 다른 값을 대입할 때에는 여러 개의 대입문을 나열해도 되지만, 다음과 같이 적을 수도 있습니다. 여러 개의 변수명과 식을 각각 콤마(,)로 구분합니다. 변수명 A에 식 A의 값을 대입하고 변수명 B에 식 B의 값을 대입하는 것과 같은 요령으로 변수별로 지정한 값을 대입할 수 있습니다.

여러 개의 변수에 다른 값을 대입

```
변수명 A, 변수명 B, ··· = 식 A, 식 B, ···
```

예를 들어 **변수 x에 123, 변수 y에 4.56, 변수 z에 '789'를 대입한 후 x, y, z의 값을 표시**해 보세요. 이 예와 같이 값의 형은 식마다 다르더라도 괜찮습니다.

```
>>> x, y, z = 123, 4.56, '789'
>>> x
123
>>> y
4.56
```

```
>>> z
'789'
```

이상과 같이 파이썬에서는 변수에 값을 대입하면 해당 변수가 생성됩니다. C, C++, 자바 같은 언어에는 예를 들어 int x나 double y처럼 미리 변수의 형과 이름을 정의(또는 선언)해 두기 위한 구문이 있는데 파이썬에는 없습니다.

또한 C, C++, 자바와는 달리 파이썬 변수는 형이 고정되어 있지 않습니다. 어떤 형의 값을 대입한 변수에 다른 형의 값을 대입해서 덮어쓸 수 있습니다. 예를 들어 **변수 x에 문자열 'Python'을 대입한 후에 같은 x에 정수 3을 대입**해 봅시다. 대입할 때마다 변숫값을 확인해 보세요. x 값이 문자열에서 정수로 바뀐 것을 알 수 있습니다.

```
>>> x = 'Python'
>>> x
'Python'
>>> x = 3
>>> x
3
```

변수는 값의 객체를 참조하고 있다

파이썬의 변수에 대해서 깊게 이해하기 위해서 C, C++과 파이썬에서 변수의 구조가 어떻게 다른지 비교해 봅시다. 다음과 같이 **변수 x에 123을, 변수 y와 변수 z에 4.56을 대입**한 상황을 생각합시다.

```
>>> x = 123
>>> y = z = 4.56
```

먼저 C, C++의 변수입니다. C와 C++에서 변수는 프로그램에서 사용되는 데이터를 저장하기 위한 메모리 공간(변수 영역)을 할당받습니다. 정수나 실수와 같은 형의 경우, 해당 변수의 영역에 직접 값을 저장할 수 있습니다.

프로그래머가 변수에 붙이는 이름인 변수명은 변수를 식별하는 역할을 합니다. 이 변수명은 프로그램을 빌드(컴파일이나 링크)할 때에만 메모리상에 존재하며, 프로그램을 실행할 동안에는 메모리상에 존재하지 않습니다(디버깅용 정보로서 존재하는 경우는 있습니다).

▼ C, C++에서 변수의 구조

파이썬에서는 정수나 실수를 비롯해 모든 형을 객체로 구현하고 있습니다. 객체란 데이터(값)와 데이터를 조작하는 함수를 함께 묶은 개념입니다(객체에 대해서는 Chapter7에서 설명합니다). 예를 들어, 정수 객체란 정수 데이터와 정수 데이터를 처리하는 함수를 함께 묶어 놓은 것입니다.

객체는 메모리에 저장됩니다. 이 말은 파이썬이 객체를 다루기 위해 메모리상의 일정한 공간을 할당한다는 뜻입니다. 이와 별도로 변수도 메모리에 저장되는데, 변수의 정보로 변수의 이름과 그 변수가 참조하는 객체의 주소가 메모리에 저장되는 것입니다. 프로그램에서 변수를 사용하면, 파이썬은 해당 변수명을 목록에서 찾아 그 변수가 참조하는 객체의 주소를 참조합니다. C 언어에서는 변수가 직접 메모리 주소를 가리키는 반면, 파이썬에서는 변수가 참조하는 객체의 주소를 가리킵니다. 즉, 파이썬에서 변수를 사용할 때는 객체를 통해 간접적으로 메모리에 접근합니다.

▼ 파이썬에서 변수의 구조

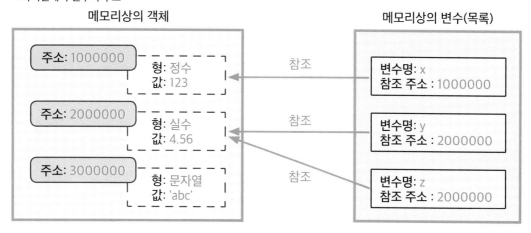

파이썬에서 x = 123과 같이 값을 대입하면 대략적으로 다음과 같은 처리가 이루어집니다.

① 정수 123의 객체를 메모리상에 생성합니다.

② 변수 목록에서 변수명 x를 찾고, 발견되지 않으면 x를 목록에 등록(추가)합니다.

③ x의 참조 주소로서 ①의 주소를 기록함으로써 x를 '123'에 연결합니다.

C파이썬에서 내장 함수의 id를 사용하면 객체가 배치되어 있는 메모리의 주소를 가져올 수 있습니다. id 함수는 객체를 유일하게 식별하는 번호(정수)를 반환하는 함수입니다. C파이썬에서는 모든 객체가 메모리상에서 고유한 주소를 가지는데, 객체의 식별 번호는 해당 객체가 저장되어 있는 메모리의 주소값을 말합니다. id 함수로 객체의 주소를 확인하면 객체가 어디에서 생성되었는지, 또는 같은 객체인지 여부 등을 확인하는데 사용될 수 있습니다.

id 함수는 다음과 같이 사용합니다. 식의 값에 대응하는 객체의 식별 번호(C파이썬에서는 주소)가 반환됩니다.

객체의 식별 번호를 반환한다(id 함수)

```
id(식)
```

앞의 값을 대입한 **변수 x, y, z에 대해 id 함수를 적용**해 보세요. 주소가 10진수로 표시됩니다. 주소는 상황에 따라 변환하므로 다음과는 다른 값이 표시될 수도 있습니다.

```
>>> id(x)
1739587408
>>> id(y)
17645264
>>> id(z)
17645264
```

id(y)와 id(z)가 같은 값을 반환하고 있는 것에 주목해 주세요. 이것은 변수 y와 z가 같은 객체를 참조하고 있다는 뜻입니다. 앞에서 살펴본 파이썬의 변수 구조 그림에도 나타나듯이 여러 개의 변수가 같은 객체를 참조하기도 합니다.

한편, 앞 그림의 문자열 'abc'와 같이 어디에서도 참조되지 않는 객체가 생길 수도 있습니다. 어디에서도 참조되지 않는 객체는 더 이상 저장해 둘 필요가 없으므로 파이썬 처리계가 자동으로 삭제하고, 다른 용도로 사용하기 위해서 메모리를 비웁니다. 이 구조를 **가비지 컬렉션**이라고 합니다. 다른 언어에서는 예를 들면 자바도 가비지 컬렉션을 실시합니다.

C파이썬의 경우 어떤 객체가 참조되어 있는지 여부를 **레퍼런스 카운트**(참조 카운트)라는 구조로 검출합니다. 레퍼런스 카운트에서는 객체를 참조할 때마다 카운트를 '+1'하고, 참조를 제외할 때마다

카운트를 '-1'합니다. 카운트가 '0'이 되면 해당 객체는 이미 참조되고 있지 않다고 판단합니다.

객체의 참조에 관련하는 기능을 하나 더 사용해 봅시다. 식의 값이 같은 객체를 참조하고 있는지 여부를 알아보는 is 연산자와 is not 연산자입니다.

```
A is B
```

```
A is not B
```

is 연산자는 'A는 B이다', is not 연산자는 'A는 B가 아니다'라는 의미입니다. A와 B가 같은 객체를 참조하고 있을 때 is 연산자는 True를 반환합니다. 반대로 A와 B가 다른 객체를 참조하고 있을 때 is not 연산자는 True를 반환합니다.

is 연산자와 is not 연산자는 == 연산자나 != 연산자와는 다릅니다. is 나 is not이 '같은 객체를 참조하고 있는지 여부'를 판단하는 것에 반해 ==나 !=는 '객체의 값이 동일한지 여부'를 판단합니다.

다음과 같은 예로 시험해 봅시다. <u>변수 x에 정수 123, 변수 y에 실수 123.0을 대입한 후에 x와 y에 대해 is 와 is not 그리고 ==와 !=를 적용</u>합니다. 결과를 비교해 보세요.

```
>>> x = 123
>>> y = 123.0
>>> x is y
False
>>> x is not y
True
>>> x == y
True
>>> x != y
False
```

정수 123과 실수 123.0과 같이 형이 다른 경우는 같은 객체는 되지 않습니다. 그 때문에 x is y는 False로, x is not y는 True가 됩니다.

한편, 값을 ==나 !=로 비교할 때는 파이썬 처리계가 자동으로 양쪽의 형을 합쳐서 값을 비교합니다. 정수와 실수를 비교하는 경우에는 정수를 실수로 자동으로 변환함으로써 실수끼리의 비교로 합니다. 이번 예에서는 정수 123을 실수로 변환하면 123.0이 되므로 x == y는 True로, x != y는 False

가 됩니다.

파이썬의 is와 is not은 자바의 ==와 !=과 비슷합니다. 또한 파이썬의 ==와 !=는 자바의 equals 메서드와 그 부정과 비슷합니다. 자바를 사용해 본 사람이라면 파이썬과 자바의 차이에 주의하시기 바랍니다.

변수와 정수는 이름으로 구별한다

프로그래밍 언어에서는 변수명이나 함수명 등의 이름을 식별자라고 합니다. 식별자에는 영문자, 숫자, 그리고 일부 기호를 사용하는 것이 일반적인데 파이썬에서는 한국어 문자를 포함하여 유니코드에 포함되어 있는 다양한 문자를 사용할 수 있습니다.

예를 들어 변수 number에 123, 변수 text에 'hello', 변수 합계에 100+200+300을 각각 대입해 봅시다. 대입 후 각 변수의 값을 표시해 보세요.

```
>>> number = 123
>>> number
123
>>> text = 'hello'
>>> text
'hello'
>>> 합계 = 100+200+300
>>> 합계
600
```

표준 코딩 스타일인 PEP8에서는 변수명과 함수명으로 영문 소문자로 쓰기를 것을 권장합니다. 이름이 여러 개의 단어로 구성되어 있다면 단어 사이를 언더스코어(_)로 구분합니다. 예를 들어 변수 error_message에 문자열 'File not found.'를 대입하고, 변수의 값을 표시해 보세요.

```
>>> error_message = 'File not found.'
>>> error_message
'File not found.'
```

식별자의 1번째 문자에 숫자를 사용할 수 없습니다. 예를 들어 321zero는 무효한 식별자입니다. 또한 앞에 _(언더스코어 1개)나 __(언더스코어 2개)를 입력한 식별자는 특정 목적(Chapter7에서 배우듯이 객체의 속성을 외부에 대해 숨기기 위해서 등)에 사용합니다. 일반적인 식별자를 입력할 때는 앞에 언더스코어를 쓰지 않기를 권장합니다.

파이썬의 키워드(문법상 특별한 의미를 가진 단어)와 동일한 식별자는 사용할 수 없습니다. 이 책 집필 시(2020년 12월)의 파이썬에는 다음의 그림과 같이 35개의 키워드가 있습니다.

▼파이썬의 키워드

False	await	else	import	pass
None	break	except	in	raise
True	class	finally	is	return
and	continue	for	lambda	try
as	def	from	nonlocal	while
assert	del	global	not	with
async	elif	if	or	yield

프로그램을 적다 보면 상수(변경하지 않는 값에 대해 이름을 붙인 것)를 사용해야 할 때가 있습니다. C, C++에서는 변수를 정의할 때에 const, 자바에서는 변수를 선언할 때 final을 붙이면 해당 변수의 값을 변경하는 것을 금지해서 상수로 할 수 있습니다.

반면 파이썬에서는 상수를 작성하는 방법이 없으며 일반적인 변수를 사용합니다. 그래서 상수 값도 변경하려고 하면 변경할 수 있습니다. 그래서 PEP8에서는 변수에 영문 소문자를 쓰고, 상수에 영문 대문자를 쓰기를 권장합니다. 단어를 구분할 때는 모두 언더스코어(_)를 사용합니다. 영문 대문자를 사용함으로써 변수와 상수를 쉽게 구별하게 있게 되어 부주의하게 상수를 변경해 버리는 것을 방지하는 효과가 있습니다.

상수를 작성해 봅시다. **상수 MAX_LENGTH(최대 길이)에 10000을 대입하고 MAX_LENGTH 값을 표시해 보세요.**

```
>>> MAX_LENGTH = 10000
>>> MAX_LENGTH
10000
```

이와 같이 파이썬에서는 다른 언어와 달리 상수를 작성하기 위한 문법이 생략되어 있습니다. 이렇게 가능한 한 문법을 간결하게 하고, 배우고 쓰기 쉽다는 점이 파이썬의 특색입니다.

불필요해진 변수를 삭제하고 싶을 때

불필요해진 변수는 방치해도 프로그램이 종료되면 자동으로 삭제되기 때문에 문제는 없지만 수동으로 삭제하는 방법도 알아 두는 게 좋습니다. 다음과 같은 del(델) 문을 사용합니다. del은 delete(삭제하다)를 의미합니다.

변수의 삭제(del 문)

```
del 대상
```

대상에는 변수명이나 함수명 등의 식별자를 지정합니다. 나중에 배우듯이 인덱스나 슬라이스를 지정(Chapter 4)하거나, 속성을 지정(Chapter 7)할 수도 있습니다. 또한 다음과 같이 콤마(,)로 구분하여 한 번에 여러 개의 대상을 지정할 수도 있습니다.

여러 개의 대상을 삭제한다

```
del 대상, ···
```

del 문을 사용해 봅시다. 먼저 변수 x에 123을 대입하여 x 값을 표시하고, 다음에 del 문으로 x를 삭제하고 나서 다시 x 값을 표시해 보세요.

```
>>> x = 123
>>> x
123
>>> del x
>>> x
Traceback (most recent call last):
  File "<stdin>", line 1, in <module>
NameError: name 'x' is not defined
```

마지막의 오류 메시지는 '이름 오류: x라는 이름이 정의되어 있지 않다'라는 의미입니다. del 문으로 식별자를 삭제하면 그 식별자는 정의되지 않은 상태가 됩니다.

숫자를 사용해서 계산을 실시한다

숫자를 사용해서 여러 가지 계산을 하는 방법을 배워 봅시다. 계산을 하기 위한 기호를 **연산자**라고 합니다. 리터럴이나 변수에 연산자를 조합하면 다양한 식을 적어서 값을 계산할 수 있습니다.

연산자에는 종류가 많은데, 여기에서는 주로 숫자의 계산을 하는 연산자를 소개합니다. 올바르게 식을 적거나 이해하기 위해서 중요한 우선 순위의 개념이나 함수 호출을 조합해서 더욱 복잡한 식을 적는 방법에 대해서도 배웁니다.

연산자를 사용해 덧셈이나 곱셈을 실시한다

덧셈이나 곱셈 등을 실시하는 연산자를 **산술 연산자**라고 합니다. 파이썬에는 다음과 같은 산술 연산자가 있습니다.

▼ 이항 산술 연산자

연산자	사용법	기능
+	A + B	덧셈
–	A – B	뺄셈
*	A * B	곱셈
@	A @ B	행렬곱
/	A / B	나눗셈
//	A // B	나눗셈(결과에 floor 함수를 적용한다)
%	A % B	나머지(나눗셈의 나머지)
**	A ** B	거듭제곱(A의 B제곱)

계산의 대상이 되는 항(값이나 식 등)이 2개인 연산자를 **이항 연산자**라고 합니다. 위의 연산자는 이항 연산자이면서 산술 연산자이므로 **이항 산술 연산자**라고 합니다. 위의 표에서는 2개의 항을 A와 B로 나타냈습니다. 한편, 항이 1개뿐인 연산자를 **단항 연산자**라고 합니다. 파이썬의 **단항 산술 연산자**는 부호를 나타내는 -와 +입니다.

산술 연산자 중에서 사용할 때 주의가 필요한 것을 소개하겠습니다. 먼저 행렬곱을 구하는 @은 파이썬의 내장형(파이썬 인터프리터에 내장되어 있는 형)에서는 사용할 수 없습니다. 예를 들어 NumPy 등의 외부 라이브러리에서 지원합니다(Chapter13).

다음으로 나눗셈에 대해서는 /(슬래시 1개)가 보통의 나눗셈인데 반해, //(슬래시 2개)는 나눗셈의 결과에 floor 함수(식의 값보다 작은 최대 정수를 반환한다)를 적용합니다. /의 결과는 항상 실수가 되지만 정수 사이에 //를 적용한 경우에는 결과가 정수가 됩니다.

실제로 시도해 봅시다. 먼저 **'/'를 사용해서 '5/2'와 '4/2'를 계산**해 보세요.

```
>>> 5/2
2.5
>>> 4/2
2.0
```

4/2의 결과는 2로도 나타낼 수 있는데, 결과는 실수의 2.0이 됩니다. 이처럼 정수로 나타낼 수 있는 경우라도 /의 결과는 항상 실수가 됩니다.

이번은 //를 사용해 봅시다. **'//'를 사용해서 '5//2'와 '4//2'를 계산**해 보세요.

```
>>> 5//2
2
>>> 4//2
2
```

5//2의 결과는 2.5인데 floor 함수로 식의 값 이하의 최대 정수를 구함으로써 결과는 정수 2가 됩니다. 4//2의 결과도 정수 2입니다.

실수에 대해서도 //를 적용해 봅시다. **'5.0//2.0'과 '4.0//2.0'을 계산**해 보세요.

```
>>> 5.0//2.0
2.0
>>> 4.0//2.0
2.0
```

이처럼 실수에 대해서 적용하면 //의 결과는 실수가 됩니다. floor 함수가 적용되므로 5//2는 2.5 가 아닌 2.0입니다. 또한 다음과 같이 **정수와 실수의 조합에 대해서 //를 사용한 경우**에도 결과는 실수가 됩니다.

```
>>> 5.0//2
2.0
>>> 5//2.0
2.0
>>> 4.0//2
2.0
>>> 4//2.0
2.0
```

음수에 대하여 //를 사용할 때에는 결과에 주의하세요. 예를 들어 -3/2는 -1.5인데 -3//2는 -2가 됩니다. floor 함수는 식의 값보다 작은 최대 정수를 반환하므로 floor(-1.5)는 -2가 되기 때문입니다.

```
>>> -3/2
-1.5
>>> -3//2
-2
```

나눗셈을 구하는 %도 사용해 봅시다. %는 정수에도 실수에도 적용할 수 있습니다. '정수 % 정수'의 결과는 정수로, '실수 % 실수', '정수 % 실수', '실수 % 정수'의 결과는 실수가 됩니다. 예를 들어 '3을 2로 나눈 나머지'와 '3.5를 1.5로 나눈 나머지'를 구해 보세요.

```
>>> 3%2
1
>>> 3.5%1.5
0.5
```

//과 %에는 A == (A//B)*B + (A%B)의 관계가 있습니다. 즉, '나눗셈의 결과(A//B)에 나누는 수(B)를 곱해 나머지(A%B)를 더하면 나눠지는 수(A)로 돌아간다'라는 것입니다. 이 관계를 바탕으로 **-3%2와 -3%-2의 결과**를 예상하고 나서 실행해 보세요. 예상과 맞았나요?

```
>>> -3%2
1
>>> -3%-2
-1
```

-3%2에 대해서는 먼저 -3/2가 -1.5이므로 -3//2는 '-2'입니다(-1.5 이하의 최대 정수). A == (A//B)*B + (A%B)에 적용하면 -3 == -2*2 + (-3%2)이기 때문에 -3%2는 1이 됩니다.

-3%-2에 대해서는 -3/-2가 1.5이므로 -3//-2는 1입니다(1.5 이하의 최대 정수). A ==(A//B)*B + (A%B)에 적용하면 -3 == 1*-2 + (-3%-2)이므로 -3%-2는 -1이 됩니다.

이처럼 음수에 대한 //나 %의 결과에는 주의가 필요합니다. 실제 결과와는 다른 결과를 예상해서 프로그램을 적어 버리면 원인을 알기 어려운 오류가 될 위험성이 있습니다. X가 피제수(나뉘는 수), Y가 제수(나누는 수)일 때 나머지 'X%Y'의 부호는 다음과 같습니다. 또한 나누어 떨어질 때 나머지는 0이 됩니다.

▼나머지의 부호

X	Y	X%Y
+	+	+
+	-	-
-	+	+
-	-	-

연산자의 우선 순위를 기억해서 식을 올바르게 이해한다

식의 값을 계산하는 것을 **식을 평가한다**라고 합니다. 연산자를 사용한 식을 평가할 때에는 연산자의 **우선 순위**가 매우 중요합니다. 우선 순위를 익혀야 식을 올바르게 읽거나 올바르고 간결한 식을 적을 수 있게 됩니다. 연산자의 우선 순위는 2개의 연산자가 인접하고 있을 때 어느 연산자를 먼저 평가할지 정합니다. 예를 들어 식 '2+3*4'를 생각해 봅시다. 2+3과 3*4의 어느 쪽을 먼저 평가할까요?

```
>>> 2+3*4
14
```

수학과 마찬가지로 파이썬도 덧셈(+)보다 곱셈(*)을 우선합니다. 그 때문에 3*4를 먼저 평가해서 결과는 14가 됩니다. 만약 2+3을 먼저 평가하고 싶은 경우에는 다음과 같이 소괄호 '('와 ')'를 사용합니다.

```
>>> (2+3)*4
20
```

파이썬에서 연산자 우선 순위는 다음과 같습니다. 한 번에 기억하기는 힘들 수도 있으나 자주 사용하는 연산자부터 기억해 보세요. 우선 순위에 자신이 없을 때는 무리하지 말고 소괄호를 사용해 식을 적기를 추천합니다.

▼ 연산자의 우선 순위

우선 순위	연산자	기능
높은 우선 순위	(···), [···], {···}, {···:···}	괄호식, 리스트, 집합, 사전
	x[···], x[···:···], x(···), x.···	인덱스, 슬라이스, 호출, 속성 참조
	await x	await 식
	**	거듭제곱
	단항+, 단항-, ~	정부호, 음부호, 비트 단위의 NOT(부정)
	*, @, /, //, %	곱셈, 행렬곱, 나눗셈, 나눗셈(floor), 나머지
	+, -	덧셈, 뺄셈
	<<, >>	왼쪽 시프트, 오른쪽 시프트
	&	비트 단위의 AND(논리곱)
	^	비트 단위의 XOR(배타적 논리합)
	¦	비트 단위의 OR(논리합)
	in, not in, is, is not, <, <=, >, >=, !=, ==	소속 검사(멤버십 테스트) 동일성 테스트, 비교
	not	부울 연산의 NOT(부정)
	and	부울 연산의 AND(논리곱)
	or	부울 연산의 OR(논리합)
	if ··· else	조건식(삼항 연산자)
	lambda	람다식
낮은 우선 순위	:=	대입식

우선 순위와 관련하여 **결합성**에 대해서도 의식해야 합니다. 결합성은 같은 우선 순위를 가진 2개의 연산자가 인접하고 있을 때 어느 연산자를 먼저 평가할지를 정합니다. 예를 들어 식 '2/3*4'를 생각해 봅시다. 2/3과 3*4의 어느 쪽을 먼저 평가할까요?

실은 파이썬에서는 **(거듭제곱) 이외의 연산자에 대해서는 왼쪽부터 평가합니다. 이것을 **왼쪽 결합**이라고 합니다. 2/3*4에 대해서는 2/3을 먼저 평가합니다. 2/3*4는 (2/3)*4와 같은 결과가 되며, 2/(3*4)와는 결과가 다르다는 점에 주목하세요.

    >>> 2/3*4

```
2.6666666666666665
>>> (2/3)*4
2.6666666666666665
>>> 2/(3*4)
0.16666666666666666
```

는 오른쪽 결합이므로 오른쪽부터 평가합니다. 예를 들어 '23**4'를 계산해 보세요. 만약 왼쪽 결합이라면 (2**3)**4와 같은 결과가 될 것인데 오른쪽 결합이므로 2**(3**4)와 같은 결과가 됩니다.

```
>>> 2**3**4
2417851639229258349412352
>>> (2**3)**4
4096
>>> 2**(3**4)
2417851639229258349412352
```

'파이썬의 연산자는 왼쪽 결합이지만 **만 오른쪽 결합이다'라고 기억해 두는 게 좋습니다.

복합 대입문으로 계산과 대입을 통합한다

복합 대입문이란 이항 연산자에 의한 계산과 대입문을 함께 하는 구문입니다. 변수에 대입된 값에 대해서 계산을 실시하고 계산 결과를 다시 변수에 대입하고 싶을 때 유용합니다.

예를 들어 **변수 x에 100을 대입하고 나서 x에 1을 더해** 봅시다. 우선은 + 연산자와 보통의 대입문을 사용해 보세요. 마지막에 x 값을 표시하면 101이 될 것입니다.

```
>>> x = 100
>>> x
100
>>> x = x+1
>>> x
101
```

위의 예에서 x = x+1 대신에 x += 1이라고 써보세요. 위와 마찬가지로 x에 1이 더해집니다.

```
>>> x = 100
```

```
>>> x
100
>>> x += 1
>>> x
101
```

이와 같이 x = x+1과 같은 이항 연산자와 대입문의 조합은 x += 1과 같은 복합 대입문으로 적을 수 있습니다. 복합 대입문의 이점은 프로그램이 간결해지는 것입니다. 또한 형에 따라서는 복합 대입문을 쓰면 실행할 때 효율도 좋아지기도 합니다. 이항 연산자와 대입문을 조합할 때 계산 결과의 새로운 객체가 생성되어 이 객체가 변수에 연결(바인드)됩니다. 복합 대입문에서는 형에 따라서는 변수에 연결된 객체 자체를 변경하고 새로운 객체는 생성하지 않습니다. 이렇게 객체의 생성을 생략할 수 있으므로 복합 대입문의 효율이 더 좋습니다.

따라서 특별한 이유가 없다면 이항 연산자와 대입문을 조합하는 대신에 복합 대입문을 추천합니다. 합계 대입문에서는 덧셈을 실시하는 +=도 포함해서 다음과 같은 **구분자(delimiter)**를 사용할 수 있습니다.

▼복합 대입문으로 사용할 수 있는 구분자

구분자	기능
+=	덧셈
-=	뺄셈
*=	곱셈
@=	행렬곱
/=	나눗셈
//=	나눗셈(floor)
%=	나머지
**=	거듭제곱
<<=	왼쪽 시프트
>>=	오른쪽 시프트
&=	비트 단위의 AND(논리곱)
^=	비트 단위의 XOR(배타적 논리합)
¦=	비트 단위의 OR(논리합)

또한 C, C++, 자바 등의 언어에서는 +=나 -=와 같은 기호를 복합 대입 연산자라고 합니다. 파이썬에서는 이러한 기호는 연산자가 아닌 대입문 =와 마찬가지로 구분자로 취급됩니다.

Section
04
문자열을 자르거나 연결한다

문자열은 매우 사용 빈도가 높은 형입니다. 여기에서는 문자열의 대표적인 조작 방법을 배워 봅시다. 연산자를 사용해서 문자열을 연결하는 방법, 인덱스나 슬라이스를 사용해서 문자나 부분 문자열을 추출하는 방법, 인덱스나 슬라이스를 사용해서 문자나 부분 문자열을 추출하는 방법, 메서드를 사용하여 문자열을 가공하는 방법을 배웁니다.

인덱스나 슬라이스는 리스트(Chapter4) 등의 데이터 구조에서도 사용하는 중요한 기능입니다. 또한 파이썬에는 이뮤터블한(변경할 수 없는) 객체와 뮤터블한(변경할 수 있는) 객체가 있고 문자열은 이뮤터블한 객체의 대표 예입니다. 문자열을 예로 인덱스와 슬라이스의 사용법이나 이뮤터블과 뮤터블이라는 사고 방식에 꼭 익숙해지세요.

문자열을 연결하는 연산자

이미 여러 번 사용했는데 문자열은 + 연산자로 **연결**할 수 있습니다. + 연산자를 숫자에 적용하면 가산되지만 문자열에 적용하면 연결됩니다. 이와 같이 같은 연산자라도 적용하는 형에 따라 기능이 달라지므로 항상 형을 의식하면서 프로그래밍하기를 추천합니다.

문자열의 연결

문자열+문자열

+ 연산자를 사용해 보세요. <u>문자열 'hello'와 '.txt'를 연결하고 문자열 'hello.txt'를 작성</u>해 보세요.

```
>>> 'hello'+'.txt'
'hello.txt'
```

문자열과 숫자(또는 숫자와 문자열)를 연결하는 경우에는 str 함수 등을 사용해서 숫자를 문자열로 변환해야 합니다(82쪽 참조).

예를 들어 <u>문자열 'version'과 숫자 1.0을 연결</u>해 보세요.

```
>>> 'version'+str(1.0)
'version1.0'
```

복합 대입문도 사용할 수 있습니다. **변수 x에 문자열 'hello'를 대입하고 나서 +=를 사용해서 문자열 '.txt'를 연결**해 보세요.

```
>>> x = 'hello'
>>> x
'hello'
>>> x += '.txt'
>>> x
'hello.txt'
```

같은 문자열을 반복해 연결하는 경우에는 * 연산자를 추천합니다. 문자열과 정수(또는 정수와 문자열)에 * 연산자를 적용하면 문자열을 정수가 나타내는 개수만큼 반복해 연결할 수 있습니다.

같은 문자열을 반복해 연결

문자열*정수
정수*문자열

예를 들어 **20개의 문자열 '-+-'를 연결**해 보세요. 눈금이 들어간 가로선 같은 문자열이 생깁니다.

```
>>> '-+-'*20
'-+--+--+--+--+--+--+--+--+--+--+--+--+--+--+--+--+--+--+--+-'
>>> 20*'-+-'
'-+--+--+--+--+--+--+--+--+--+--+--+--+--+--+--+--+--+--+--+-'
```

*에 대해서도 복합 대입문이 사용됩니다. **변수 x에 문자열 '-+-'를 대입하고 나서 *=를 사용해서 20회 반복**해 보세요.

```
>>> x = '-+-'
>>> x
'-+-'
>>> x *= 20
>>> x
'-+--+--+--+--+--+--+--+--+--+--+--+--+--+--+--+--+--+--+--+-'
```

문자열은 이뮤터블

숫자나 문자열과 같은 파이썬의 내장형은 모두 객체(Chapter7)로 구현되어 있습니다. 이 중에는 이뮤터블(변경 불가능)한 객체와 뮤터블(변경 가능)한 객체가 있습니다. 문자열은 이뮤터블한 객체이므로 변경할 수 없습니다.

문자열은 변경할 수 없을 텐데, + 연산자나 * 연산자나 복합 대입문을 사용하여 연결할 수 있는 것은 조금 이상하게 느껴질 수도 있습니다. 실은 이러한 문자열의 조작에서는 원래 문자열은 변경되지 않으며, 결과의 문자열이 새롭게 생성되는 것입니다.

변수 x에 문자열 'Answer:'를 대입하고 나서 +=를 사용하여 문자열 'Yes'를 연결하는 예로 설명하겠습니다. 먼저 프로그램을 작성해 보세요. 결과는 'Answer:Yes'가 됩니다.

```
>>> x = 'Answer:'
>>> x
'Answer:'
>>> x += 'Yes'
>>> x
'Answer:Yes'
```

다음은 x = 'Answer:'를 실행한 상태입니다. 'Answer:'라는 문자열의 객체에 변수 x가 연결되어 있습니다. 말을 바꾸면 변수 x가 'Answer:'라는 문자열을 참조합니다. 또한 그림에 나타낸 주소는 설명을 위한 예시로 실제 주소와는 다릅니다.

▼문자열의 연결 전

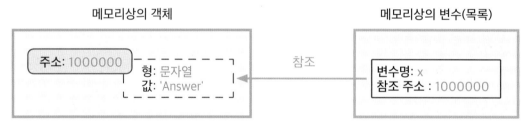

다음은 x += 'Yes'를 실행한 상태입니다. 'Answer:Yes'라는 문자열의 객체가 새롭게 생성되어 변수 x가 연결되었습니다. 앞의 문자열 'Answer:'는 어디에서도 참조되지 않게 되므로 가비지 컬렉션의 대상이 되어 머지않아 파기될 것입니다.

▼ 문자열의 연결 후

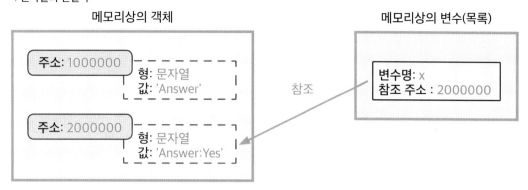

이렇게 문자열은 이뮤터블이므로 연결 등의 조작을 실시하면 결과의 문자열을 나타내는 새로운 객체가 생성됩니다. 새로운 객체를 생성하려면 처리 시간과 메모리가 소비됩니다. 보통 사용할 때는 별로 신경 쓸 필요가 없으나 몇 번이고 문자열을 조작하는 프로그램에서는 처리가 매우 늦어질 수 있습니다.

예를 들어 다음의 프로그램을 실행해 보세요. 이 프로그램은 **변수 x에 빈 문자열 ''을 대입한 후에 +=을 사용하여 '-+-'를 연결하는 조작을 1000만 회 반복**합니다. 환경에 따라 다르지만, 이 프로그램을 실행하는 데는 시간이 오래 걸릴 수 있습니다. 실행을 중지하려면 **Ctrl** + **C** 키를 누르세요.

▼ str_concat1.py

```
x = ''
for i in range(10000000):
    x += '-+-'
print(x)
```

위 프로그램이 느린 것은 문자열을 연결할 때마다 새로운 문자열의 객체를 생성하고 있기 때문입니다. 연결이 진행되어 문자열이 길어질수록 새로운 객체를 생성할 때 소비하는 처리 시간 및 메모리도 늘어납니다.

이렇게 문자열 연결을 여러 번 반복하는 것은 가능한 한 피해야 합니다. 위 경우에는 대신에 * 연산자를 사용하기를 추천합니다. +=에 의한 연결 반복과는 달리 * 연산자는 한 번의 처리로 최종적으로 문자열을 작성하므로 매우 고속입니다.

다음의 프로그램을 실행해 보세요. *** 연산자를 사용해 1000만 개의 문자열 '-+-'를 연결하고 변수 x에 대입**합니다. x의 값을 표시하면 매우 많은 '-+-'가 표시됩니다. 표시를 중지하고 싶은 경우에는 **Ctrl** + **C** 키를 누르세요.

```
>>> x = '-+-'*10000000
>>> x
'-+--+--+--|--+--+--+--+--+--+--+--+--+--+--+--+--+--+--+--...
```

인덱스를 사용해 문자를 꺼낸다

인덱스(index)는 정수를 사용하여 요소를 지정하는 기능입니다. C, C++, 자바 등의 언어에서는 인덱스에 해당하는 기능은 첨자라고 합니다.

문자열에 인덱스를 적용하면 지정한 위치의 문자를 꺼낼 수 있습니다. 또한 리스트나 튜플에 적용하면 지정한 위치의 요소를 꺼낼 수 있습니다(Chapter4). 문자열, 리스트, 튜플처럼 인덱스에서 요소의 위치를 지정할 수 있는 객체를 **시퀀스**라고 합니다.

인덱스는 다음과 같이 작성합니다. 문자열 부분에는 값이 문자열이 되는 식(예를 들면 리터럴이나 변수 등)을 적을 수 있습니다. 인덱스 부분에는 값이 정수가 되는 식을 적을 수 있습니다.

지정한 위치의 문자를 꺼낸다

문자열[인덱스]

실제로 인덱스를 사용해 봅시다. 먼저 변수 x에 문자열 'hello.txt'를 대입하세요. 변수 x에 대해서 인덱스를 적용하고 지정한 위치의 문자를 꺼냅니다.

```
>>> x = 'hello.txt'
>>> x
'hello.txt'
```

다음은 문자열 내의 위치와 인덱스의 대응 관계입니다. 맨 앞의 문자는 인덱스 0에 대응하고 다음 문자는 인덱스 1에 대응합니다. 이후는 2, 3, 4 …과 같이 문자마다 인덱스가 하나씩 증가합니다. 끝의 문자는 '문자 수-1'의 인덱스에 대응합니다. 'hello.txt'의 문자 수는 9이므로 끝의 t에 대응하는 인덱스는 8(9-1)입니다.

인덱스에는 음수도 사용할 수 있습니다. 음수의 인덱스는 문자열 끝부터 셀 때 편리합니다. 끝의 문자는 인덱스 -1에 대응하고 다음은 -2, -3, -4…처럼 문자마다 인덱스가 하나씩 줄어듭니다. 앞의 문자는 '-문자 수'의 인덱스에 대응합니다.

음수의 인덱스는 '보통의 인덱스 - 문자 수'와 같습니다. 반대로 보통의 인덱스는 '음수의 인덱스 +

문자 수'와 같습니다.

▼인덱스

문자열(문자 수 9)		h	e	l	l	o	.	t	x	t		
인덱스		0	1	2	3	4	5	6	7	8	9	⋯
음수의 인덱스	⋯ -10	-9	-8	-7	-6	-5	-4	-3	-2	-1		

위의 그림에는 문자열의 범위를 넘는 인덱스도 나타냈습니다. 이러한 인덱스를 사용해 문자열 내의 문자를 꺼내려고 하면 오류가 나는데 뒤에서 설명하는 슬라이스에서는 이러한 문자열의 범위를 넘는 인덱스를 사용하기도 합니다.

그럼 인덱스를 사용해 **문자열 'hello.txt'로부터 '.'를 꺼내 봅시다.** 보통과 음수의 인덱스를 둘 다 사용해 보세요.

```
>>> x = 'hello.txt'
>>> x[5]
'.'
>>> x[-4]
'.'
```

인덱스로 하나의 문자를 꺼낸 경우에도 결과는 한 문자만의 문자열이 됩니다. 파이썬에는 한 문자를 다루기 위한 전용 형은 없으며 한 문자라도 문자열로 취급합니다.

앞서 설명했듯이 문자열은 이뮤터블(변경 불가능)입니다. 그 때문에 문자열 내의 문자를 변경하려고 하면 오류가 납니다. 예를 들어 다음에서는 **문자열 'hello.txt'내의 문자 '.'를 '-'로 변경**하려고 합니다.

```
>>> x = 'hello.txt'
>>> x[5] = '-'
Traceback (most recent call last):
  File "<stdin>", line 1, in <module>
TypeError: 'str' object does not support item assignment
```

오류 메시지의 내용은 '형 오류: str 객체는 요소의 대입을 지원하지 않는다'입니다. 이처럼 문자열의 일부를 변경할 수 없습니다. 문자열의 일부를 변경하고 싶은 경우에는 기존의 문자열을 변경하는 게 아니라 변경 후의 문자열을 새롭게 생성해야 합니다. 문자열 'hello.txt'의 '.'을 '-'로 바꿔 놓는 예는 다음 슬라이스를 사용해서 실현합니다.

슬라이스를 사용해 부분 문자열을 꺼낸다

슬라이스(slice)는 여러 개의 정수를 사용해 요소의 범위를 지정하는 기능입니다. 빵이나 치즈, 햄 등을 슬라이스로 자르듯이 일부 요소만 꺼낼 수 있습니다. 슬라이스는 시퀀스(문자열, 리스트, 튜플)에 적용할 수 있습니다. 슬라이스를 문자열에 적용하면 부분 문자열(문자열의 일부)을 꺼낼 수 있습니다.

슬라이스에는 몇 가지 기능이 있는데 다음이 기본적인 사용법입니다. 범위의 시작 인덱스와 종료 인덱스를 지정합니다. 다만 종료 인덱스에 대응하는 요소는 제외(꺼낼 수 없다)되므로 주의하세요.

문자열의 일부를 꺼낸다

> 문자열[시작 인덱스:종료 인덱스]

실제로 슬라이스를 사용해 봅시다. **변수 x에 문자열 'hello.txt'가 대입**되어 있다고 합시다. **x에 슬라이스를 적용해서 문자열 'hello'와 'txt'를 꺼내 보세요.** '파일명.확장자'에서 파일명과 확장자를 추출하는 것 같은 느낌입니다. 앞서 설명한 그림으로 인덱스를 확인하면서 시작 인덱스와 종료 인덱스를 생각해 주세요.

```
>>> x = 'hello.txt'
>>> x[0:5]
'hello'
>>> x[6:9]
'txt'
```

종료 인덱스에 대응하는 문자는 꺼낼 수 없는 것에 주의하세요. 예를 들어 x[0:4]라고 적으면 x[4]에 대응하는 문자 o는 꺼내 지지 않으므로 결과는 'hell'이 되어 버립니다. x[6:8]도 마찬가지로 x[8]에 대응하는 문자 t가 제외되므로 결과는 'tx'가 됩니다.

```
>>> x = 'hello.txt'
>>> x[0:4]
'hell'
>>> x[6:8]
'tx'
```

다음과 같이 시작 인덱스나 종료 인덱스를 생략할 수도 있습니다. 시작 인덱스를 생략하면 앞부터, 종료 인덱스를 생략하면 끝까지, 양쪽을 생략하면 앞부터 끝까지(즉 전체)를 지정한 것이 됩니다.

앞부터 종료 인덱스까지를 지정

```
문자열[:종료 인덱스]
```

시작 인덱스부터 종료까지를 지정

```
문자열[시작 인덱스:]
```

앞부터 끝까지를 지정

```
문자열[:]
```

인덱스의 생략을 사용해서 다시 문자열 'hello'와 'txt'를 꺼내 보세요. 'txt'에 대해서는 음수 인덱스도 사용해 봅시다. 시작과 종료 둘 다 생략하는 것도 시험해 보세요.

```
>>> x = 'hello.txt'
>>> x[:5]      ⇐ 앞부터
'hello'
>>> x[6:]      ⇐ 끝까지
'txt'
>>> x[-3:]     ⇐ 끝까지, 음수 인덱스
'txt'
>>> x[:]       ⇐ 앞부터 끝까지(전체)
'hello.txt'
```

인덱스에서는 실현할 수 없는 예로 소개했던 **문자열 'hello.txt'의 '.'를 '-'로 바꿔 놓는 처리**를 슬라이스를 사용하여 실현해 봅시다. 먼저 위와 같이 'hello'와 'txt'를 꺼냅니다. 그 사이에 '-'를 연결함으로써 'hello-txt'라는 문자열로 해 보세요. 보통과 음수 중 어느 인덱스를 사용해도 됩니다.

```
>>> x = 'hello.txt'
>>> x[:5]+'-'+x[6:]      ⇐ 보통의 인덱스
'hello-txt'
>>> x[:5]+'-'+x[-3:]     ⇐ 음수의 인덱스
'hello-txt'
```

문자열은 이뮤터블이므로 문자열 내의 문자를 바꿔 놓을 수 없습니다. 그러나 앞과 같이 바꿔 놓은 후의 문자열을 새로운 문자열로 생성하는 것은 가능합니다.

슬라이스에는 이 밖에도 요소를 지정한 개수마다 꺼내기 위한 **스트라이드**(stride, 보폭)라는 기능이 있습니다. 스텝이라고도 합니다. 스트라이드는 다음과 같이 작성합니다. 인덱스와 마찬가지로 스트라이드도 정수이고, 음수도 사용할 수 있습니다. 또한 시작 인덱스, 종료 인덱스, 스트라이드를 모두 생략할 수 있습니다.

지정한 수마다 문자열을 꺼낸다

```
문자열[시작 인덱스:종료 인덱스:스트라이드]
```

스트라이드를 사용해 봅시다. <u>변수 x에 문자열 '-W-E-L-C-O-M-E-'을 대입합니다. 그리고 <u>스트라이드를 사용해서 x에서 'WELCOME'이라는 문자열을 꺼내세요.</u>

```
>>> x = '-W-E-L-C-O-M-E-'
>>> x
'-W-E-L-C-O-M-E-'
>>> x[1::2]
'WELCOME'
```

x[1::2]에서는 시작 인덱스가 1, 종료 인덱스는 생략, 스트라이드는 2입니다. 인덱스 1에 대응하는 W부터 시작해서 2문자마다 문자를 꺼냅니다.

이번에는 음수의 스트라이드를 사용해 봅시다. 어떤 문자열이 회문(앞부터 읽어도 끝부터 읽어도 같은 구문)인지 여부를 판정하는 식을 적어 봅시다. <u>변수 x에 문자열이 대입되어 있을 때, x가 회문이면 True가 되고, 회문이 아니면 False가 되는 식을 적어 주세요.</u> 그리고 x가 '토마토'일 때는 True, '파이썬'일 때는 False가 되는 것을 확인해 보세요.

```
>>> x = '토마토'
>>> x == x[::-1]
True
>>>
>>> x = '파이썬'
>>> x == x[::-1]
False
```

원본 문자열 x와, 반대로 읽은 문자열 x[::-1]를 == 연산자로 비교합니다. 이처럼 스트라이드가 음수일 때, 시작 인덱스를 생략하면 문자열의 끝부터, 종료 인덱스를 생략하면 문자열의 앞까지, 양쪽을 생략하면 끝부터 앞까지(즉 전체)를 지정한 것이 됩니다.

'토마토'는 눈으로 봐도 바로 회문이라고 판정할 수 있는데 조금 긴 회문으로도 시도해 보세요. 예를 들어 '무임의 문자 전보 발신자인 살인자 신발 보전 자문의 임무'나 '다 큰 도라지라도 큰다' 등에 위의 식을 적용해 보세요. 모두 결과는 True가 됩니다.

인덱스와 슬라이스에서는 범위 외(대응하는 요소가 없음)의 인덱스를 지정했을 때의 동작이 다릅니다. 먼저 인덱스에 대해서는 범위 외의 경우에는 오류가 발생합니다. 예를 들어 **변수 x에 문자열 'ABC'를 대입하고, 문자열의 범위 외에 있는 x[3]나 [-4]를 지정**해 보세요. 어느 경우든 '인덱스 오류: 문자열의 인덱스가 범위 외'라고 오류 메시지가 표시됩니다.

```
>>> x = 'ABC'
>>> x[3]
Traceback (most recent call last):
  File "<stdin>", line 1, in <module>
IndexError: string index out of range
>>> x[-4]
Traceback (most recent call last):
  File "<stdin>", line 1, in <module>
IndexError: string index out of range
```

한편 슬라이스에서는 시작 인덱스나 종료 인덱스가 범위 외라도 오류는 나지 않습니다. 다음에 몇 가지의 예를 나타냅니다. 마지막 예에서는 인덱스는 범위 내에 있으나 시작 인덱스가 종료 인덱스보다도 뒤에 있습니다.

```
>>> x = 'ABC'
>>> x[1:4]   ← 종료 인덱스가 범위 외(x[1:3]과 같은 결과)
'BC'
>>> x[-4:2]  ← 시작 인덱스가 범위 외(x[0:2]와 같은 결과)
'AB'
>>> x[-4:4]  ← 양쪽 인덱스가 범위 외(x[0:3]과 같은 결과)
'ABC'
>>> x[3:]    ← 시작 인덱스가 범위 외(끝보다 뒤)
''
```

```
>>> x[:-4]      ⬅ 종료 인덱스가 범위 외(맨 앞보다 전)
''
>>> x[2:0]      ⬅ 시작 인덱스가 종료 인덱스보다 뒤
''
```

메서드를 사용해서 여러 가지 문자열을 조작한다

메서드는 객체에 대한 처리를 재사용하기 쉬운 형으로 통합한 것입니다. 함수와 비슷하지만 조작 대상이 되는 객체를 지정하여 호출하는 것이 메서드의 특징입니다.

파이썬의 문자열형(str 클래스)에는 문자열을 조작하기 위한 여러 가지 메서드가 준비되어 있습니다. 메서드의 목록은 표준 라이브러리 문서 '내장형' 페이지(https://docs.python.org/ko/3/library/stdtypes.html#string-methods)에 기재되어 있습니다. 이 책에서는 이 중에서 편리한 메서드를 몇 가지 소개합니다.

문자열 메서드는 다음과 같이 호출합니다. 함수의 호출과 비슷하지만 '문자열.'과 같이 조작의 대상이 되는 문자열을 지정하는 점이 다릅니다. 이 문자열의 부분에는 문자열 리터럴, 문자열을 대입한 변수, 값이 문자열이 되는 식 등을 적을 수 있습니다.

메서드 호출

```
문자열.메서드명(인수, ···)
```

그럼 실제로 문자열을 조작하는 메서드를 사용해 봅시다. 처음에는 문자열을 대문자로 하는 upper 메서드와 소문자로 하는 lower 메서드입니다. 문자열은 이뮤터블이기 때문에 upper 메서드는 대문자로 한 새로운 문자열을 반환하고, lower 메서드는 소문자로 한 새로운 문자열을 반환합니다. 원본 문자열은 변화하지 않습니다.

문자열을 대문자로 한다(upper 메서드)

```
문자열.upper()
```

문자열을 소문자로 한다(lower 메서드)

```
문자열.lower()
```

예를 들어 **문자열 'Python'에 upper와 lower 메서드를 적용**해 보세요. 이러한 메서드는 영문자의 대소 문자를 통일하고 나서 문자열을 비교할 때 유용합니다.

```
>>> 'Python'.upper()
'PYTHON'
>>> 'Python'.lower()
'python'
```

다음은 문자열의 앞이 지정한 접두사로 시작할 때 True를 반환하는 startswith 메서드와 끝이 지정한 접미사로 끝날 때 True를 반환하는 endswith 메서드입니다. 'starts with'는 '…부터 시작한 다', 'ends with'는 '…에서 끝난다'를 의미합니다.

앞이 지정한 접두사부터 시작할 때 True를 반환한다(startswith 메서드)

```
문자열.startswith(접두사의 문자열)
```

끝이 지정한 접미사로 끝날 때 True를 반환한다(endswith 메서드)

```
문자열.endswith(접미사의 문자열)
```

startswith를 사용해서 **문자열 'pycodestyle'과 'Python'이 접두사 'py'로 시작하는지 여부를 알아보세요.** startswith는 문자의 대소를 구별하므로 `'Python'`에 대한 결과는 `False`입니다.

```
>>> 'pycodestyle'.startswith('py')
True
>>> 'Python'.startswith('py')
False
```

문자의 대소에 관계없이 접두사와의 일치를 알아보고 싶을 때는 앞서 설명한 upper나 lower 메서 드를 사용해서 문자의 대소를 통일하고 나서 startswith 메서드를 적용하는 게 좋습니다.

예를 들면 **문자열 'Python'에 lower 메서드를 적용하여 소문자로 바꾸고 나서 startswith 메서드를 사용하여 접두사 'py'와 일치하는지를 알아보세요.**

```
>>> 'Python'.lower().startswith('py')
True
```

이처럼 메서드의 반환값에 대해 다른 메서드를 호출하는 경우에는 다음과 같이 적을 수 있습니다. 메서드 A의 반환값을 변수에 저장하고, 그 변수에 대해 메서드 B를 호출해도 되지만 다음의 작성법이 간결합니다.

메서드의 반환값에 대해서 다른 메서드를 호출한다

```
객체.메서드 A(인수, ⋯).메서드 B(인수, ⋯) ⋯
```

endswith 메서드도 사용해 보세요. 변수 file에 문자열 'hello.py' 및 'hello.txt'를 대입하고 각각이 접미사 '.py'로 끝나는지 여부를 알아보세요. 이렇게 endswith 메서드는 파일이 특정 확장자를 갖는지 여부를 알아보기 위해 사용할 수 있습니다.

```
>>> file = 'hello.py'
>>> file.endswith('.py')
True
>>> file = 'hello.txt'
>>> file.endswith('.py')
False
```

계속해서 문자열의 일부를 바꿔 놓는 replace 메서드입니다. 다음과 같이 적으면 문자열에 포함되는 모든 기존 문자열을 새 문자열로 변환해 새로운 문자열을 반환합니다. 3번째 인수를 사용하면 바꿔 놓는 개수의 상한을 지정할 수 있습니다.

문자열의 일부를 바꿔 놓는다(replace 메서드)

```
문자열.replace(기존 문자열, 새 문자열)
```

바꿔 놓는 개수의 상한을 지정

```
문자열.replace(기존 문자열, 새 문자열, 개수)
```

replace 메서드를 사용해서 파일의 확장자를 변경해 봅시다. 변수 file에 문자열 'image.jpg'를 대입한 후에 '.jpg'를 '.jpeg'로 바꿔 보세요.

```
>>> file = 'image.jpg'
>>> file.replace('.jpg', '.jpeg')
'image.jpeg'
```

3번째 인수도 사용해 봅시다. **문자열 'anaconda'에 replace 메서드를 적용하고 모든 'a'를 'A'로 바꿔보세요. 다음에 3번째 인수에 1을 지정해서 첫 'a'만 바꿔 보세요.**

```
>>> 'anaconda'.replace('a', 'A')
'AnAcondA'
>>> 'anaconda'.replace('a', 'A', 1)
'Anaconda'
```

문자열에서 검색 문자열을 찾는 메서드는 find, rfind, index, rindex가 있습니다. 문자열에서 검색을 시작하는 위치가 앞인 경우에는 find 메서드를 사용하면 됩니다. 검색 문자열을 찾을 수 없는 경우 rfind 메서드는 -1을 반환합니다. 따라서 반환값을 이용해서 처리할 수 있습니다. 반면에 검색을 시작하는 위치가 뒤인 경우에는 rfind 메서드를 사용하면 됩니다. 이 메서드는 문자열의 끝에서부터 검색을 시작하며, 검색 문자열을 찾을 수 없는 경우에도 -1을 반환합니다.

또한 검색한 문자열을 찾을 수 없는 경우 find와 rfind 메서드 대신 index와 rindex 메서드를 사용할 수도 있습니다. index와 rindex 메서드는 검색 문자열을 찾지 못할 경우 ValueError 예외를 발생시킵니다. 따라서 예외 처리(Chapter8)를 이용하고 싶은 경우에는 이 메서드를 사용하면 됩니다.

▼문자열을 검색하는 메서드

사용법	검색 시작 위치	찾을 수 없는 경우의 동작
문자열.find(검색 문자열)	앞	-1을 반환한다
문자열.rfind(검색 문자열)	뒤	-1을 반환한다
문자열.index(검색 문자열)	앞	예외(ValueError)를 발생
문자열.rindex(검색 문자열)	뒤	예외(ValueError)를 발생

이러한 메서드와 슬라이스를 사용하여 **이름에서 퍼스트 네임, 미들 네임, 라스트 네임을 꺼내는 프로그램을 작성**해 봅시다. 이름의 문자열은 변수 name에 대입해 둡니다. 처음은 'Guido van Rossum'을 대입해 보세요. 'Guido', 'van', 'Rossum'을 꺼낼 수 있으면 성공입니다.

```
>>> name = 'Guido van Rossum'
>>> name[:name.find(' ')]  ⇐ 문자열의 처음부터 첫 번째 공백을 찾기 전까지 문자열을 추출
'Guido'
>>> name[name.find(' ')+1:name.rfind(' ')]
⇐ 첫 번째 공백 다음부터 마지막 공백 이전까지 문자열을 추출
'van'
```

```
>>> name[name.rfind(' ')+1:]      ⇐ 마지막 공백 다음부터 문자열의 끝까지의 문자열을 추출
'Rossum'
```

위에서는 find와 rfind 메서드를 사용했는데 index와 rindex 메서드를 사용해도 같은 결과가 됩니다. 다음은 변수 name에 여러분의 이름을 대입해서 같은 프로그램을 실행해 보세요. 미들 네임이 없는 경우는 ' '(빈 문자열)이 나오면 성공입니다.

```
>>> name = '홍 길동'
>>> name[:name.find(' ')]
'홍'
>>> name[name.find(' ')+1:name.rfind(' ')]
''
>>> name[name.rfind(' ')+1:]
'길동'
```

문자열 내에 검색 문자열이 출현하는 횟수를 알아보려면 count 메서드를 사용합니다. 반환값은 출현 횟수(정수)입니다.

문자열 내에 검색 문자가 출현하는 횟수를 알아본다(count 메서드)

문자열.count(검색 문자열)

예를 들어 문자열 'internationalization'의 안에 문자열 'i'와 'tion'이 각각 몇 번 출현하는지 알아보세요.

```
>>> 'internationalization'.count('i')
4
>>> 'internationalization'.count('tion')
2
```

문자열에는 이 외에도 유용한 메서드가 있습니다. 앞서 설명한 표준 라이브러리 문서를 참조해서 편리한 메서드를 찾아보세요.

Chapter 04

파이썬을 지탱하는
네 가지 데이터 구조

데이터 구조는 데이터를 저장하는 형식을 말합니다. 파이썬에는 리스트, 튜플, 집합, 사전이라는 네 가지 기본적인 데이터 구조가 있습니다. 이것들은 파이썬 이외의 프로그래밍 언어에서도 사용되는데, 특히 파이썬에서는 간단하게 이용할 수 있도록 문법이 고안되어 있습니다.

데이터 구조별로 '랜덤 액세스에 강하다'라든가 '검색에 강하다'는 특징이 있습니다. 목적에 따라 적절한 데이터 구조를 선택함으로써 프로그램의 처리 속도나 메모리의 사용 효율을 높일 수 있습니다. 반드시 데이터 구조별 특징에 주목해서 정확하게 구분해 사용하세요.

이 장의 학습 내용

① 리스트의 개념과 사용법   ② 튜플의 개념과 사용법

③ 집합의 개념과 사용법   ④ 사전의 개념과 사용법

여러 개의 데이터를 저장한다면 리스트를 사용한다

대부분의 경우, 데이터 구조에는 여러 개의 데이터를 저장합니다. 저장된 각 데이터를 요소라고 합니다.

파이썬의 데이터 구조 중에서도 리스트는 사용할 일이 가장 많은 데이터 구조입니다. 리스트에는 다음과 같은 특징이 있습니다.

- 시퀀스이므로 인덱스나 슬라이스를 사용할 수 있다
- 뮤터블이므로 요소의 변경·추가·삭제할 수 있다

어떤 데이터 구조를 사용하면 좋을지 헷갈리면 일단 리스트를 사용해도 됩니다. 상품의 리스트, 고객의 리스트, 측정값의 리스트, 파일명 리스트 등 모든 종류의 데이터를 리스트에 저장할 수 있습니다. 한편, 이뮤터블로 한다면 '튜플', 검색을 빠르게 하고 싶으면 '집합'이나 '사전'을 추천합니다. 튜플, 집합, 사전에 대해서는 이 다음 페이지에서 설명합니다.

리스트는 대괄호로 작성한다

리스트를 작성하려면 [ ](대괄호) 사이에 저장하는 값을 콤마(,)로 구분하여 나열합니다. 값 부분에 변수나 식을 적을 수도 있습니다. 또한 빈 리스트를 작성할 수도 있습니다.

리스트의 작성(값이 2개 이상인 경우)

```
[값, ...]
```

리스트의 작성(값이 1개인 경우)

```
[값]
```

리스트의 작성(값이 0개(빈 리스트)인 경우)

```
[]
```

작성한 리스트를 나중에 이용하고 싶은 경우에는 다음과 같이 변수에 대입하는 게 좋습니다.

리스트를 변수에 대입한다

```
변수 = [값, …]
```

아이스크림 맛(flavor) 종류를 리스트로 관리하는 예를 생각해 봅시다. 'vanilla', 'chocolate', 'strawberry'라는 3개의 문자열을 저장한 리스트를 작성해 변수 flavor에 대입합니다. 그리고 변수 flavor의 값을 표시해서 리스트가 올바르게 작성되었는지 확인해 보세요.

```
>>> flavor = ['vanilla', 'chocolate', 'strawberry']
>>> flavor
['vanilla', 'chocolate', 'strawberry']
```

리스트에 저장하는 값의 형은 임의입니다. 같은 형의 값을 저장하는 경우가 많으나 다른 형의 값을 섞을 수도 있습니다. 예를 들어 문자열 'one', 정수 2, 실수 3.0을 저장한 리스트를 작성해 보세요.

```
>>> ['one', 2, 3.0]
['one', 2, 3.0]
```

파이썬 인터프리터의 대화 모드에서 리스트를 작성하면 위와 같이 리스트의 내용이 표시됩니다. 작성한 리스트를 나중에 이용하고 싶은 경우에는 앞서 설명한 것처럼 변수에 대입합니다.

list(리스트) 함수를 사용하면 이터러블(반복 가능한 객체)로부터 리스트를 작성할 수 있습니다. 여기서 이터러블이란 for 문과 같은 반복문에서 반복 가능한 객체를 말합니다. 이터러블의 예로는 리스트 외에도 문자열, range 객체 등이 있습니다. 엄밀하게는 list는 함수가 아닌 클래스(Chapter7)입니다. 다음은 list 객체를 생성하는 방법입니다.

리스트의 작성(list 함수)

```
list(이터러블)
```

예를 들어 0부터 9까지의 정수를 저장한 리스트를 작성해 봅시다. 0에서 9까지를 나열해 적는 방법도 있으나, 다음과 같이 list 함수와 range 함수를 조합한 쪽이 간단합니다. list와 마찬가지로 엄밀하게는 range는 함수가 아닌 클래스입니다. 그리고 range 함수의 호출에 의해 생성되는 range 객체는 이터러블의 일종입니다.

```
>>> [0, 1, 2, 3, 4, 5, 6, 7, 8, 9]
[0, 1, 2, 3, 4, 5, 6, 7, 8, 9]
>>> list(range(10))
```

```
[0, 1, 2, 3, 4, 5, 6, 7, 8, 9]
```

계속해서 'A'부터 'G'까지의 문자를 저장한 리스트를 작성해 봅시다. 'A'부터 'G'까지를 나열해도 좋지만 다음과 같이 list 함수와 문자열을 조합한 쪽이 간단합니다. 문자열도 이터러블의 일종입니다.

```
>>> ['A', 'B', 'C', 'D', 'E', 'F', 'G']
['A', 'B', 'C', 'D', 'E', 'F', 'G']
>>> list('ABCDEFG')
['A', 'B', 'C', 'D', 'E', 'F', 'G']
```

인덱스와 슬라이스를 리스트에 사용한다

리스트는 시퀀스의 일종이므로 문자열이나 튜플과 마찬가지로 인덱스나 슬라이스를 적용할 수 있습니다. 인덱스, 시작 인덱스, 종료 인덱스, 스트라이드의 사용법은 문자열의 경우(106쪽 참조)와 같습니다. 다음의 리스트 부분에는 값이 리스트가 되는 변수나 식을 적습니다.

리스트로부터 지정한 위치의 요소를 꺼낸다(인덱스)

> **리스트[인덱스]**

리스트의 일부를 꺼낸다(슬라이스)

> **리스트[시작 인덱스:종료 인덱스]**
> **리스트[시작 인덱스:종료 인덱스:스트라이드]**

리스트에 대해서 인덱스나 슬라이스를 사용해 봅시다. 소재는 음료의 목록입니다. 처음으로 리스트를 작성합니다. 'coffee', 'tea', 'milk', 'water'를 저장한 리스트를 작성하고 변수 drink에 대입하세요. 그리고 drink의 값을 표시하고 리스트가 생겼는지 확인해 주세요.

```
>>> drink = ['coffee', 'tea', 'milk', 'water']
>>> drink
['coffee', 'tea', 'milk', 'water']
```

그럼 인덱스를 사용해서 'milk'를 출력해 보세요. 'milk'는 3번째인데 인덱스는 [0]부터 시작하는 것에 주의합니다. 또한 음수 인덱스도 사용해 보세요.

```
>>> drink[2]
'milk'
>>> drink[-2]
'milk'
```

리스트는 뮤터블이므로 요소를 읽어 낼 뿐만 아니라 요소에 써넣을 수도 있습니다. 다음과 같이 적으면 인덱스로 지정한 요소에 식의 값을 적어 넣을 수 있습니다.

리스트의 요소에 값을 써넣는다

```
리스트[인덱스] = 식
```

drink 리스트에서 'water'를 'soda'로 변경해 보세요. 여기에서는 음수의 인덱스를 사용해 봅시다. 변경 후에 drink 값을 표시하고 변경할 수 있는 것을 확인해 보세요.

```
>>> drink
['coffee', 'tea', 'milk', 'water']  ⇐ 원본은 'water'
>>> drink[-1] = 'soda'
>>> drink
['coffee', 'tea', 'milk', 'soda']  ⇐ 'soda'로 변경되었다
```

다음은 슬라이스를 사용하여 'tea'와 'milk'를 출력해 보세요. 'tea'의 인덱스는 1, 'milk'의 인덱스는 2이지만, 슬라이스에서는 종료 인덱스에 대응하는 요소(여기에서는 3의 'soda')는 제외(꺼내지 않는다)된다는 점에 주의하세요.

```
>>> drink[1:3]
['tea', 'milk']
```

슬라이스를 사용하여 요소를 변경할 수도 있습니다. 다음과 같이 적으면 슬라이스에서 지정한 범위의 요소에 이터러블에서 가져온 값을 써넣을 수 있습니다.

지정한 범위의 요소에 값을 써넣는다

```
리스트[시작 인덱스:종료 인덱스] = 이터러블
리스트[시작 인덱스:종료 인덱스:스트라이드] = 이터러블
```

drink 리스트에 대해서 'tea'와 'milk'를 'juice'와 'cocoa'로 바꿔 넣어 보세요. 먼저 drink 값을 표시하고 나서 슬라이스를 사용하여 요소를 변경하고, 다시 drink를 표시하여 결과를 확인합니다.

```
>>> drink
['coffee', 'tea', 'milk', 'soda']      ⇐ 원본은 'tea'와 'milk'
>>> drink[1:3] = ['juice', 'cocoa']
>>> drink
['coffee', 'juice', 'cocoa', 'soda']   ⇐ 'juice'와 'cocoa'로 변경되었다
```

리스트를 대입할 때는 주의해야 한다

어떤 변수에 대입된 리스트를 다른 변수에 대입했을 때에는 동작에 주의해야 합니다. 대입 방법에 따라 여러 개의 변수가 동일한 리스트를 참조하는 경우와 리스트의 복사본이 작성되는 경우가 있기 때문입니다.

이런 예를 들어 봅시다. 'coffee', 'tea', 'milk', 'water'를 저장한 리스트를 작성하고, 변수 a에 대입하고 나서 a의 값을 표시해 보세요. 변수 a를 점포 A의 음료 목록으로 합니다.

```
>>> a = ['coffee', 'tea', 'milk', 'water']
>>> a
['coffee', 'tea', 'milk', 'water']
```

다음으로 점포 A의 음료 목록을 사용해서 다른 점포 B의 음료 목록을 만들기로 합니다. 변수 b에 a를 대입하고 나서 b의 값을 표시해 보세요. 이 b가 점포 B의 음료 목록입니다.

```
>>> b = a
>>> b
['coffee', 'tea', 'milk', 'water']
```

점포 B에서는 물(water)이 아닌 탄산수(soda)를 제공하기로 합니다. 변수 b에 대해서 'water'를 'soda'로 변경하세요. 인덱스를 사용합니다. 변경 후에 b 값도 확인해 보세요.

```
>>> b[-1] = 'soda'
>>> b
['coffee', 'tea', 'milk', 'soda']
```

여기에서 다시 점포 A의 음료 목록을 확인해 보세요. 점포 B에서 'water'를 'soda'로 변경했는데 점포 A에서도 'water'가 'soda'로 변경되어 있습니다.

```
>>> a
['coffee', 'tea', 'milk', 'soda']
```

이것은 변수 a와 변수 b가 같은 리스트를 참조하고 있기 때문입니다. 참조 주소의 리스트를 변경하면 어느 변수로부터 참조했을 때에도 변경 후의 상태가 됩니다.

▼여러 개의 변수가 같은 리스트를 참조하고 있다

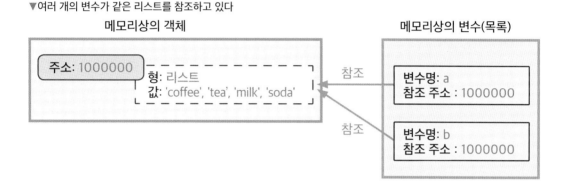

id 함수(Chapter3)를 사용하면 변수가 어느 객체를 참조하는지 알 수 있습니다. id(a)와 id(b)를 실행하여 같은 값이 표시되는 것을 확인해 보세요(표시되는 주소는 환경에 따라 다릅니다).

```
>>> id(a)
54450024
>>> id(b)
54450024
```

여러 개의 변수로부터 같은 리스트를 참조하고 싶은 경우에는 위의 방법을 사용하는 게 좋습니다. 한편, 각 변수로부터 다른 리스트를 참조하고 싶은 경우에는 리스트의 복사를 작성해야 합니다. 리스트의 복사를 작성해서 변수에 대입하려면 다음의 방법을 사용합니다. [:]라는 슬라이스를 사용하는 방법과 copy 메서드를 사용하는 방법이 있습니다.

리스트의 복사(슬라이스)

```
변수 = 리스트[:]
```

리스트의 복사(copy 메서드)

```
변수 = 리스트.copy()
```

리스트의 복사를 사용해서 다시 점포 A와 점포 B의 음료 목록을 만들어 봅시다. 먼저 'coffee', 'tea', 'milk', 'water'를 저장한 리스트를 작성하고, 변수 a에 대입하고 나서 a의 값을 표시해 보세요.

```
>>> a = ['coffee', 'tea', 'milk', 'water']
>>> a
['coffee', 'tea', 'milk', 'water']
```

다음에 점포 A의 음료 목록을 복사해서 점포 B의 음료 목록을 만듭니다. 슬라이스를 사용해 봅시다. 변수 b에 a[:]를 대입하고 나서, b의 값을 표시해 보세요.

```
>>> b = a[:]
>>> b
['coffee', 'tea', 'milk', 'water']
```

점포 B의 음료 목록을 변경하기 위해 변수 b에 대해서 'water'를 'soda'로 변경하고 나서, b의 값을 표시하세요.

```
>>> b[-1] = 'soda'
>>> b
['coffee', 'tea', 'milk', 'soda']
```

점포 A의 음료 목록은 어떻게 되었나요? 변수 a의 값을 표시해 보세요.

```
>>> a
['coffee', 'tea', 'milk', 'water']
```

점포 A의 음료 목록은 바뀌지 않고 'water'가 그대로 남아 있습니다. 이것은 변수 a와 변수 b가 다른 리스트를 참조하고 있기 때문입니다.

▼각 변수가 다른 리스트를 참조하고 있다

id 함수로 확인해 보세요. id(a)와 id(b)를 실행하면 같은 값이 나와야 합니다.

```
>>> id(a)
54450024
>>> id(b)
54449960
```

리스트의 요소를 추가하거나 삭제한다

리스트에 요소를 추가해 봅시다. 리스트 끝에 요소를 추가하려면 다음과 같이 몇 가지 방법이 있습니다. 위에서부터 append 메서드, 복합 대입문, extend 메서드, 슬라이스를 사용하고 있습니다. 이 가운데 원하는 방법을 사용해도 됩니다.

리스트에 요소를 추가(append 메서드)

```
리스트.append(값)
```

리스트에 요소 추가(복합 대입문)

```
리스트 += 이터러블
```

리스트에 요소를 추가(extend 메서드)

```
리스트.extend(이터러블)
```

리스트에 요소를 추가(슬라이스)

```
리스트[len(리스트):] = 이터러블
```

실제로 사용해 봅시다. **변수 drink에 빈 리스트를 대입**해 주세요. 다음으로 **앞의 방법을 순서대로 사용하여 'coffee', 'tea', 'milk', 'water'를 추가**해 보세요. 이터러블 부분에는 값을 그대로 적는 것이 아니라 [값]과 같은 리스트를 적습니다.

```
>>> drink = []                      ← 추가 전의 리스트(빈 리스트)
>>> drink.append('coffee')          ← append 메서드
>>> drink += ['tea']                ← 복합 대입문
>>> drink.extend(['milk'])          ← extend 메서드
>>> drink[len(drink):] = ['water']  ← 슬라이스
>>> drink
['coffee', 'tea', 'milk', 'water']  ← 추가 후의 리스트
```

append 메서드는 요소를 1개만 추가하는 경우에 편리합니다. 한 번에 여러 개의 요소를 추가하는 경우에는 이터러블을 지정할 수 있는 다른 3종류의 방법이 편리합니다.

요소의 추가에 관련해서 **리스트를 연결**(결합)하는 방법도 알아 둡시다. 리스트 A와 리스트 B를 연결하여 변수에 대입하려면 + 연산자와 대입문을 사용하여 다음과 같이 작성합니다.

리스트의 연결

```
변수 = 리스트 A + 리스트 B
```

변수에 리스트 A가 대입되어 있는 경우에는 다음과 같이 복합 대입문을 사용하는 게 좋습니다.

리스트의 연결(복합 대입문)

```
변수 += 리스트 B
```

'soda'와 'juice'를 저장한 리스트와 'cocoa'와 'cola'를 저장한 리스트를 연결하고, 변수 new_drink에 대입해 보세요. 또한 앞서 설명한 **변수 drink에 대해 new_drink를 연결**해 주세요.

```
>>> drink
['coffee', 'tea', 'milk', 'water']
>>> new_drink = ['soda', 'juice'] + ['cocoa', 'cola']
>>> new_drink
['soda', 'juice', 'cocoa', 'cola']
>>> drink += new_drink
>>> drink
['coffee', 'tea', 'milk', 'water', 'soda', 'juice', 'cocoa', 'cola']
```

이번은 **요소를 삭제**해 봅시다. 지정한 위치의 요소를 삭제하려면 다음과 같이 del 문을 사용하는 방법과 pop 메서드를 사용하는 방법이 있습니다.

```
del 리스트[인덱스]
```

```
리스트.pop(인덱스)
```

위의 방법을 순서대로 사용해서 <u>변수 drink의 리스트에서 'cocoa'와 'milk'를 삭제</u>합니다. 마지막에 drink 값을 표시해서 올바르게 삭제된 것을 확인해 보세요.

```
>>> drink
['coffee', 'tea', 'milk', 'water', 'soda', 'juice', 'cocoa', 'cola']
>>> del drink[-2]
>>> drink.pop(2)
'milk'
>>> drink
['coffee', 'tea', 'water', 'soda', 'juice', 'cola']
```

위에서 pop 메서드를 호출한 후에 'milk'라고 표시되어 있는 것은 pop 메서드가 'milk'를 반환한 것을 나타냅니다. 이처럼 pop 메서드는 삭제한 요소를 반환값으로서 반환합니다.

지정한 위치의 요소가 아닌 지정한 값의 요소를 삭제하려면 remove 메서드를 사용합니다. remove 메서드는 리스트의 앞부분부터 지정한 값의 요소를 찾고, 찾으면 삭제합니다. 찾을 수 없는 경우는 ValueError라는 예외(Chapter8)를 발생시킵니다.

```
리스트.remove(값)
```

remove 메서드를 사용해 봅시다. <u>변수 drink의 리스트에서 'juice'를 삭제</u>하고 결과를 확인해 주세요. 다음으로 <u>drink에서 리스트에 애초에 포함되어 있지 않은 'wine'을 삭제</u>해 보세요.

```
>>> drink
['coffee', 'tea', 'water', 'soda', 'juice', 'cola']    ⇦ 원본 리스트
>>> drink.remove('juice')
>>> drink
```

```
['coffee', 'tea', 'water', 'soda', 'cola']          ← 'juice'가 삭제되었다
>>> drink.remove('wine')
Traceback (most recent call last):
  File "<stdin>", line 1, in <module>
ValueError: list.remove(x): x not in list           ← 예외가 발생
>>> drink
['coffee', 'tea', 'water', 'soda', 'cola']          ← 리스트는 변화하지 않는다
```

예외 내용은 '값 오류: list.remove(x)에서 x가 리스트에 포함되어 있지 않다'입니다. 예외가 발생한 경우 drink 리스트는 변화하지 않습니다.

지정한 범위의 요소를 삭제할 수도 있습니다. del 문을 사용하는 방법과 빈 리스트를 대입하는 방법이 있습니다.

지정한 범위의 요소를 삭제(del 문)

```
del 리스트[시작 인덱스:종료 인덱스]
```

지정한 범위의 요소를 삭제(빈 리스트를 대입)

```
리스트[시작 인덱스:종료 인덱스] = []
```

슬라이스와 del 문을 사용해서 변수 drink의 리스트에서 'water'와 'soda'를 삭제하세요. 결과를 확인하고 나서, 이번에는 빈 리스트를 사용해서 'coffee' 이외의 다른 요소를 삭제하세요.

```
>>> drink
['coffee', 'tea', 'water', 'soda', 'cola']
>>> del drink[2:4]                  ← del 문
>>> drink
['coffee', 'tea', 'cola']
>>> drink[1:] = []                  ← 빈 리스트를 대입
>>> drink
['coffee']
```

이로써 리스트의 요소를 추가 및 삭제하는 방법을 알게 되었습니다. 이제는 요소를 리스트의 끝에 추가하는 것뿐만 아니라 리스트의 도중에 삽입하는 방법도 알아두면 편리합니다. 요소의 삽입은 다음과 같이 insert 메서드나 슬라이스를 사용해서 실시할 수 있습니다.

리스트에 요소를 삽입(insert 메서드)

```
리스트.insert(인덱스, 값)
```

리스트에 요소를 삽입(슬라이스)

```
리스트[시작 인덱스:종료 인덱스] = 이터러블
```

변수 drink의 리스트에 요소를 삽입해 봅시다. 먼저 insert 메서드를 사용해서 리스트의 끝에 'tea'를 삽입하세요. 결과를 확인하고 난 다음에는 <u>슬라이스를 사용해서 'tea'와 'coffee' 사이에 'milk'와 'water'를 삽입</u>하세요.

```
>>> drink
['coffee']
>>> drink.insert(0, 'tea')          ⇐ insert 메서드
>>> drink
['tea', 'coffee']
>>> drink[1:1] = ['milk', 'water']  ⇐ 슬라이스
>>> drink
['tea', 'milk', 'water', 'coffee']
```

이 예와 같이 insert 메서드는 1개의 요소를 추가할 때 사용합니다. 슬라이스는 이터러블을 지정할 수 있기 때문에 한 번에 여러 개의 요소를 추가할 수 있습니다.

마지막으로 리스트로부터 모든 요소를 삭제하고 비워 보세요. clear 메서드를 사용합니다.

리스트의 모든 요소를 삭제(clear 메서드)

```
리스트.clear()
```

리스트가 변수에 대입되어 있을 때는 빈 리스트를 대입하는 방법도 있습니다.

리스트의 모든 요소를 삭제

```
변수 = [ ]
```

변수 drink의 리스트를 비워 봅시다. clear 메서드를 호출한 후에 리스트가 비었음을 확인해 보세요.

```
>>> drink
['tea', 'milk', 'water', 'coffee']   ⇐ 원본 리스트
>>> drink.clear()
```

```
>>> drink
[]                                                    ⇐ 리스트가 비었다
```

문자열과 리스트를 자유롭게 오간다

문자열과 리스트 사이를 간단하게 오가기 위한 메서드를 소개합시다. 문자열을 리스트로 변환하거나 반대로 리스트를 문자열로 변환할 수 있습니다. 예를 들어 CSV(Comma-Separated Value) 형식의 데이터를 다룰 때 파일로부터 읽어 들여온 문자열을 리스트로 변환해서 프로그램으로 처리하고, 처리 후의 리스트를 문자열로 변환해서 파일에 써넣을 수 있습니다. 또한 CSV를 다루는 방법으로서는 csv 모듈(Chapter11)이나 Pandas(Chapter13)가 있습니다.

문자열을 리스트로 변환하려면 문자열(str 클래스)의 split 메서드를 사용합니다. 지정한 구분자(구획 문자)로 문자열을 분할하고 결과를 리스트로 반환합니다. 구분자는 문자열로 지정합니다. 구분자는 ',' 와 같이 1 문자라도 '::' 와 같이 2문자 이상이어도 괜찮습니다.

문자열을 리스트로 변환(split 메서드)

> 문자열.split(구분자)

예를 들어 'burger, potato, shake'와 같은 문자열을 ','를 구분자로 분할해서 리스트로 변환해 봅시다. 이것은 CSV에서 1 행의 데이터를 리스트로 변환하는 것에 해당합니다. 결과 리스트는 변수 menu에 대입하고 menu 값을 표시해 보세요.

```
>>> menu = 'burger,potato,shake'.split(',')
>>> menu
['burger', 'potato', 'shake']
```

리스트를 문자열로 변환하려면 문자열(str 클래스)의 join 메서드를 사용합니다. 이터러블에서 가져온 값을 지정한 구분자를 사용하여 연결하고 결과를 문자열로 반환합니다. split 메서드와 마찬가지로 구분자는 문자열로 지정합니다.

리스트를 문자열로 변환(join 메서드)

> 구분자.join(이터러블)

변수 menu의 리스트를 ','를 구분자로서 연결하여 문자열로 변환해 보세요. 이것은 리스트를 CSV에서 1 행의 데이터로 변환하는 것에 해당합니다. 계속해서 ':::'를 구분자로 연결하세요. 이와 같이 2문자 이상의 구분자도 사용할 수 있습니다.

```
>>> ','.join(menu)
'burger,potato,shake'
>>> '::'.join(menu)
'burger::potato::shake'
```

join 메서드는 반환값으로서 변환 후의 문자열을 반환합니다. 위의 예에서는 join 메서드의 반환값이 표시되고 있습니다.

리스트를 편리하게 조작하는 또 다른 방법

리스트에 적용할 수 있는 편리한 조작은 이 밖에도 더 있습니다. 대표적인 함수, 연산자, 메서드를 소개합니다.

문자열의 문자 수를 반환하는 len 함수(Chapter2)는 리스트에 적용하면 리스트의 **요소** 수를 반환합니다. 실은 len 함수는 리스트 이외의 데이터 구조(튜플, 집합, 사전)에도 적용할 수 있습니다.

리스트의 요소 수를 출력(len 함수)

```
len(리스트)
```

len 함수를 사용해 봅시다. 'burger', 'potato', 'shake'를 저장한 리스트를 작성하여 변수 menu에 대입하고, len 함수를 적용하세요.

```
>>> menu = ['burger', 'potato', 'shake']
>>> menu
['burger', 'potato', 'shake']          ⇦ 리스트
>>> len(menu)
3                                       ⇦ 요소는 3개
```

* 연산자를 사용하면 리스트의 요소를 **복제**할 수 있습니다. 리스트의 요소를 정수의 횟수만큼 복제한 새로운 리스트를 작성합니다. 0 이하의 정수를 지정하면 결과는 빈 리스트가 됩니다.

리스트의 요소를 복제

```
리스트*횟수
```

리스트의 요소를 복제(정수를 왼쪽에 적은 경우)

```
횟수*리스트
```

변수 menu의 리스트에 대해서 2를 곱하고, 계속해서 0 또는 -1을 곱합니다.

```
>>> menu = ['burger', 'potato', 'shake']
>>> menu
['burger', 'potato', 'shake']                          ⇐ 원본 리스트
>>> menu*2
['burger', 'potato', 'shake', 'burger', 'potato', 'shake']   ⇐ 2회 복제
>>> menu*0
[]                                                     ⇐ 빈 리스트
>>> menu*-1
[]                                                     ⇐ 빈 리스트
```

리스트가 변수에 대입되어 있을 때는 *=에 의한 복합 대입문도 사용할 수 있습니다. 리스트의 요소를 정수의 횟수만큼 복제합니다.

리스트의 요소를 복제(복합 대입문)

> 변수 *= 정수

*=에 의한 복합 대입문을 사용해서 **변수 menu에 대해서 2를 곱합니다**. 그리고 menu를 표시하고, 결과를 확인해 보세요.

```
>>> menu = ['burger', 'potato', 'shake']
>>> menu
['burger', 'potato', 'shake']                          ⇐ 원본 리스트
>>> menu *= 2
>>> menu
['burger', 'potato', 'shake', 'burger', 'potato', 'shake']   ⇐ 2회 복제
```

count 메서드를 사용하면 지정한 값에 일치하는 요소의 개수를 알 수 있습니다. 일치하는 요소가 없는 경우에는 0이 반환됩니다.

지정한 값에 일치하는 요소의 개수를 출력(count 메서드)

> 리스트.count(값)

count 메서드를 사용해서 **변수 menu의 리스트에 포함되어 있는 'potato'의 개수**를 알아보세요. 마찬가지로 **'nugget'의 개수**도 알아보세요.

```
>>> menu = ['burger', 'potato', 'shake', 'burger', 'potato', 'shake']
>>> menu
['burger', 'potato', 'shake', 'burger', 'potato', 'shake']
>>> menu.count('potato')
2
>>> menu.count('nugget')
0
```

index 메서드를 사용하면 지정한 값에 일치하는 요소 중 가장 맨 앞에 가까운 요소의 인덱스를 알수 있습니다. 일치하는 요소가 없는 경우에는 ValueError라는 예외(Chapter8)가 발생합니다. 시작인덱스나 종료 인덱스를 지정하면 검색 범위를 지정할 수 있습니다. 종료 인덱스의 요소는 검색 범위에 포함되어 있지 않습니다.

요소의 인덱스를 출력(index 메서드)

```
리스트.index(값)
```

요소의 인덱스를 출력(시작 위치를 지정)

```
리스트.index(값, 시작 인덱스)
```

요소의 인덱스 출력(시작 위치와 종료 위치를 지정)

```
리스트.index(값, 시작 인덱스, 종료 인덱스)
```

변수 menu의 리스트에 index 메서드를 적용하여 **가장 맨 앞에 가까운 'shake'의 인덱스**를 알아보세요. 계속해서 시작 인덱스를 지정함으로써 **다음에 맨 앞에 가까운 'shake' 인덱스**를 알아보세요.

```
>>> menu = ['burger', 'potato', 'shake', 'burger', 'potato', 'shake']
>>> menu
['burger', 'potato', 'shake', 'burger', 'potato', 'shake']
>>> menu.index('shake')
2
>>> menu.index('shake', 3)
5
```

1번째로 조사한 인덱스가 2였기 때문에 이 인덱스에 1을 더한 3을 2번째의 시작 인덱스로 지정했습니다. 같은 절차를 반복하면 값에 일치하는 요소의 인덱스를 앞부터 순서대로 알아볼 수 있습니다.

리스트의 요소를 일정한 순서로 **정렬**하려면 sort 메서드를 사용합니다. 역순으로 정렬하려면 키워드 인수의 reverse에 True를 지정합니다.

리스트의 정렬(sort 메서드)

```
리스트.sort()
```

리스트의 정렬(역순)

```
리스트.sort(reverse=True)
```

sort 메서드를 사용하여 **변수 menu의 리스트를 정렬**하세요. menu를 표시해서 결과를 확인하고 나서 이번은 **역순으로 정렬**해 보세요.

```
>>> menu = ['burger', 'potato', 'shake', 'burger', 'potato', 'shake']
>>> menu
['burger', 'potato', 'shake', 'burger', 'potato', 'shake']      ⇐ 원본 리스트
>>> menu.sort()
>>> menu
['burger', 'burger', 'potato', 'potato', 'shake', 'shake']      ⇐ 정렬
>>> menu.sort(reverse=True)
>>> menu
['shake', 'shake', 'potato', 'potato', 'burger', 'burger']      ⇐ 역순으로 정렬
```

sort 메서드는 리스트의 내용을 변경합니다. 한편 sorted 함수를 사용하면 리스트의 내용은 변경하지 않고 정렬된 새로운 리스트를 작성할 수 있습니다. sorted 함수는 리스트 이외의 이터러블로도 적용할 수 있습니다. 역순으로 정렬하려면 키워드 인수의 reverse에 True를 지정합니다.

정렬된 리스트의 작성(sorted 함수)

```
sorted(이터러블)
```

정렬된 리스트의 작성(역순)

```
sorted(이터러블, reverse = True)
```

sorted 함수를 사용해서 **변수 menu를 정렬한 리스트를 작성**하세요. 또한 정렬 후에 menu의 값을 표시하고, 정렬하기 전에서 변화하지 않은 것을 확인해 보세요.

```
>>> menu =['shake', 'shake', 'potato', 'potato', 'burger', 'burger']
>>> menu
['shake', 'shake', 'potato', 'potato', 'burger', 'burger']  ⇐ 원본 리스트
>>> sorted(menu)
['burger', 'burger', 'potato', 'potato', 'shake', 'shake']  ⇐ 새로운 리스트
>>> menu
['shake', 'shake', 'potato', 'potato', 'burger', 'burger']  ⇐ 변화하지 않는다
```

sorted 함수는 반환으로서 작성한 정렬이 끝난 리스트를 반환합니다. 위의 예에서는 sorted 함수의 반환값이 표시되어 있습니다.

마지막으로 min 함수와 max 함수를 소개합니다. 이터러블에 포함되는 요소 중에서 min 함수는 **최솟값**을 반환하고, max 함수는 **최댓값**을 반환합니다. 이러한 함수는 리스트 이외의 이터러블(문자열, 튜플, range 객체 등)에도 적용할 수 있습니다.

최소 요소를 출력(min 함수)

```
min(이터러블)
```

최대 요소를 출력(max 함수)

```
max(이터러블)
```

min 함수와 max 함수를 변수 menu의 리스트에 적용해 보세요. 문자열의 대소를 사전 순으로 비교했을 때 최소가 되는 'burger'와 최대가 되는 'shake'가 표시됩니다.

```
>>> menu
['shake', 'shake', 'potato', 'potato', 'burger', 'burger']
>>> min(menu)                    ⇐ 최솟값
'burger'
>>> max(menu)                    ⇐ 최댓값
'shake'
```

또한 sort 메서드, sorted 함수, min 함수, max 함수에는 람다식(Chapter8)을 조합할 수 있습니다. 람다식을 사용하면 요소의 크기를 비교하는 방법을 자세하게 지정할 수 있습니다.

데이터를 튜플로 손쉽게 통합한다

튜플은 여러 개의 데이터를 저장하거나 꺼내는 데 적합한 데이터 구조입니다. 튜플에는 다음과 같은 특징이 있습니다.

· 시퀀스이므로 인덱스나 슬라이스를 사용할 수 있다.
· 이뮤터블이므로 요소의 변경·추가·삭제는 할 수 없다.

튜플은 리스트와 비슷하지만 이뮤터블이라는 점이 큰 차이점입니다. 튜플의 내용을 변경하고 싶을 때는 변경하는 것이 아닌 새로운 튜플을 통째로 다시 만듭니다. 그 때문에 비교적 소수의 데이터를 관리하는 데 적합합니다. 예를 들어 상품의 이름, 가격, 칼로리를 튜플로 합치거나 고객의 사용자 이름과 비밀번호를 튜플로 합칠 수 있습니다.

이뮤터블인 것은 이점도 있습니다. 집합(145쪽 참조)에 저장하는 값이나 사전에 저장하는 키는 이뮤터블이어야 합니다. 튜플은 이뮤터블이므로 이러한 용도에 사용할 수 있습니다.

튜플은 소괄호로 작성한다

튜플을 작성하려면 ()(소괄호)의 사이에 값을 콤마(,)로 구분해 나열합니다. 값 부분에 변수나 식을 적을 수 있습니다.

튜플의 작성(값이 2개 이상인 경우)

```
(값, ···)
```

튜플의 작성(값이 1개인 경우)

```
(값, )
```

튜플의 작성(값이 0개인 경우(빈 튜플))

```
()
```

값이 2개 이상인 경우 값의 형은 같아도 달라도 됩니다. 리스트의 경우는 같은 형의 값을 저장하는 경우가 많은데 튜플의 경우는 다른 형의 값을 저장하는 경우도 많이 있습니다.

값이 1개인 경우에는 값의 뒤에 콤마가 필요한 것에 주의하세요. 콤마가 없으면 튜플이 아닌 보통의 값을 소괄호로 감싼 식과 구별되지 않기 때문입니다.

실제로 튜플을 작성해 봅시다. 상품의 이름과 가격을 튜플을 사용해서 관리하는 예를 생각합시다. **문자열 'burger'와 정수 110을 저장한 튜플을 작성**해 보세요.

```
>>> ('burger', 110)
('burger', 110)
```

파이썬 인터프리터의 대화 모드로 튜플을 작성하면 위와 같이 튜플의 내용이 표시됩니다. 작성한 튜플을 나중에 이용하고 싶은 경우에는 뒤에서 설명하는 바와 같이 변수에 대입합니다.

튜플을 작성할 때 소괄호는 생략할 수 있습니다. 튜플을 작성할 때에 중요한 역할을 하고 있는 것은 소괄호가 아니라 오히려 콤마입니다. 또한 빈 튜플을 작성할 때에는 소괄호를 생략하면 아무것도 없어져 버리므로 소괄호가 필요합니다.

소괄호를 생략한 튜플의 작성(값이 2개 이상인 경우)

```
값, …
```

소괄호를 생략한 튜플의 작성(값이 1개인 경우)

```
값,
```

문자열 'potato'와 정수 150을 저장한 튜플을 소괄호를 생략하고 작성해 보세요. 결과에 소괄호가 붙어 있기 때문에 튜플이 작성된 것을 알 수 있습니다.

```
>>> 'potato', 150
('potato', 150)
```

소괄호가 없으면 다른 기법과 구별할 수 없는 경우에는 튜플을 소괄호로 감싸야 합니다. 예를 들어 **문자열 'shake'와 정수 120을 저장한 튜플을 print 함수를 사용해 표시**해 봅시다. 소괄호로 감싸는 경우와 소괄호로 감싸지 않는 경우를 둘 다 시험해 보세요.

```
>>> print(('shake', 120))        ⇽ 소괄호로 감싼다
('shake', 120)                    ⇽ 튜플이 된다
>>> print('shake', 120)           ⇽ 소괄호로 감싸지 않는다
shake 120                         ⇽ 튜플이 되지 않는다
```

전자는 튜플이 되지만 후자는 튜플이 되지 않습니다. 전자는 튜플 ('shake', 120)을, 후자는 문자열 'shake'와 정수 120을 print 함수의 인수로 지정한 것이 됩니다.

그런데 작성한 튜플을 나중에 이용하고 싶은 경우에는 다음과 같이 변수에 대입하는 게 좋습니다. 소괄호는 생략하고 적어도 됩니다.

튜플을 변수에 대입

```
변수 = 값, ···
변수 = (값, ···)
```

<u>문자열 'nugget'과 정수 200을 저장한 튜플을 작성하여 변수 food에 대입</u>하세요. 다음에 food의 값을 표시해서 튜플이 올바르게 작성되었는지 확인해 보세요.

```
>>> food = 'nugget', 200
>>> food
('nugget', 200)
```

tuple(튜플) 함수를 사용하면 이터러블로부터 **튜플을 작성**할 수 있습니다. 엄밀하게 따지자면 tuple은 함수가 아니라 클래스(Chapter7)입니다. tuple 함수는 작성한 튜플(의 객체)을 반환합니다.

튜플의 작성(tuple 함수)

```
tuple(이터러블)
```

예를 들어 <u>0부터 9까지의 정수를 저장한 튜플을 작성</u>해 봅시다. range 함수를 조합하면 간결하게 적을 수 있습니다.

```
>>> tuple(range(10))
(0, 1, 2, 3, 4, 5, 6, 7, 8, 9)
```

인덱스와 슬라이스는 튜플에서도 사용할 수 있다

튜플은 시퀀스의 일종이므로 문자열이나 리스트와 마찬가지로 **인덱스**나 **슬라이스**를 적용할 수 있습니다(Chapter3). 다음 튜플의 부분에는 값이 튜플이 되는 식을 적습니다.

튜플의 요소를 꺼낸다(인덱스)

> 튜플[인덱스]

튜플의 요소를 꺼낸다(슬라이스)

> 튜플[시작 인덱스:종료 인덱스]
> 튜플[시작 인덱스:종료 인덱스:스트라이드]

튜플에 대해서 인덱스나 슬라이스를 사용해 봅시다. 상품의 이름, 가격, 칼로리를 튜플에 저장하는 예를 생각합시다. 먼저 'burger', 110, 234.5를 저장한 튜플을 작성하고 변수 food에 대입하세요.

```
>>> food = 'burger', 110, 234.5
>>> food
('burger', 110, 234.5)
```

인덱스를 사용해서 상품의 이름, 가격, 칼로리를 꺼내 보세요. 문자열이나 리스트와 마찬가지로 음수의 인덱스도 사용할 수 있습니다.

```
>>> food[0]
'burger'          ⇐ 이름
>>> food[1]
110               ⇐ 가격
>>> food[2]
234.5             ⇐ 칼로리
>>> food[-1]
234.5             ⇐ 칼로리(음수의 인덱스)
>>> food[-2]
110               ⇐ 가격(음수의 인덱스)
>>> food[-3]
'burger'          ⇐ 이름(음수의 인덱스)
```

다음은 슬라이스를 사용해서 **상품의 이름과 가격 및 가격과 칼로리를 꺼내** 보세요. 문자열이나 리스트와 같이, 시작 인덱스나 종료 인덱스를 생략할 수도 있습니다.

```
>>> food[:2]
('burger', 110)    ⇦ 이름과 가격
>>> food[1:]
(110, 234.5)    ⇦ 가격과 칼로리
```

튜플은 이뮤터블이므로 인덱스나 슬라이스를 사용하여 요소를 변경할 수는 없습니다. 예를 들어 상품의 가격을 변경해 봅시다. food[1]에 100을 대입해 보세요.

```
>>> food[1] = 100
Traceback (most recent call last):
  File "<stdin>", line 1, in <module>
TypeError: 'tuple' object does not support item assignment
```

위와 같이 오류가 발생합니다. 오류의 내용은 '튜플의 객체는 요소의 대입을 지원하지 않습니다'입니다.

이렇게 요소를 변경하고 싶은 경우에는 튜플이 아닌 리스트를 사용합니다(116쪽 참조). 튜플로는 일부 요소를 변경하는 것이 아니라 변경 후의 튜플을 새로 작성합니다. 예를 들어 **'burger'와 100과 234.5를 저장한 튜플을 작성하고 변수 food에 대입**해 보세요. 그리고 food 값을 표시하고 결과를 확인해 주세요.

```
>>> food = 'burger', 110, 234.5
>>> food
('burger', 110, 234.5)    ⇦ 원본 튜플
>>> food = 'burger', 100, 234.5
>>> food
('burger', 100, 234.5)    ⇦ 새로운 튜플
```

인덱스나 슬라이스를 사용하면 튜플의 요소를 꺼낼 수 있는데 실은 더욱 추천하는 방법이 있습니다. 다음에 소개하는 언패킹을 사용하면 튜플의 요소를 여러 개의 변수에 대해서 간단하게 대입할 수 있습니다.

패킹과 언패킹으로 튜플을 만들거나 분해한다

여러 개의 값을 튜플로 합치는 조작을 패킹(또는 팩)이라고 합니다. 여러 개의 값을 콤마(,)로 구분해서 나열하는 것만으로 패킹을 할 수 있는 것은 이미 배웠습니다.

반대로 튜플에 합치는 여러 개의 값을 분해하는 조작을 언패킹(또는 언팩)이라고 합니다. 언패킹은 다음과 같이 작성합니다. 튜플의 각 요소를 여러 개의 변수에 대해서 대입할 수 있습니다.

언패킹

```
변수, ⋯ = 튜플
```

실은 언패킹은 이터러블에 대해서 적용할 수 있습니다. 따라서 튜플 말고 문자열, 리스트, range 객체 등에도 적용할 수 있습니다.

이터러블의 언패킹

```
변수, ⋯ = 이터러블
```

'burger', 100, 234.5를 저장한 튜플이 변수 food에 대입되어 있다고 합시다. 변수 food에 언패킹을 적용하여 name, price, calorie라는 3개의 변수에 튜플 요소를 꺼내세요. 그리고 각 변수의 값을 표시하고 결과를 확인해 보세요.

```
>>> food = 'burger', 100, 234.5     ⇐ 패킹
>>> food
('burger', 100, 234.5)
>>> name, price, calorie = food     ⇐ 언패킹
>>> name
'burger'                            ⇐ 이름
>>> price
100                                 ⇐ 가격
>>> calorie
234.5                               ⇐ 칼로리
```

튜플의 요소를 꺼내는 방법으로서는 앞서 설명한 인덱스나 슬라이스를 사용하는 방법과 위와 같이 언패킹을 사용하는 방법이 있습니다. 언패킹은 꺼내는 곳의 변수에 알기 쉬운 이름(예를 들어 name, price, calorie 등)을 붙일 수 있기 때문에 프로그램을 읽기 쉬워진다는 이점이 있습니다.

요소의 개수가 많은 경우에는 맨 앞이나 맨 뒤의 요소만을 꺼내고 싶은 경우가 있습니다. 그럴 때는 대입할 곳 안에 *(애스터리스크)가 붙은 변수를 포함합니다.

맨 앞의 요소를 출력

```
변수, *변수 = 이터러블
```

맨 끝의 요소를 출력

```
*변수, 변수 = 이터러블
```

맨 앞과 맨 뒤의 요소를 출력

```
변수, *변수, 변수 = 이터러블
```

*가 붙은 변수는 1개만 포함할 수 있습니다. 그 앞뒤에 임의 개의 *가 붙지 않는 변수를 나열합니다 (생략할 수도 있습니다). 먼저 *가 붙지 않는 변수에 대해서 이터러블의 맨 앞이나 맨 뒤의 요소가 대입됩니다. 그리고 남은 요소가 * 붙은 변수에 대입됩니다.

*가 붙은 변수를 실제로 사용해 보세요. 우선 'A'에서 'G'까지의 7개의 문자를 저장한 튜플을 작성하고, 변수 alphabet에 대입하세요. tuple 함수를 사용하면 간단합니다. 다음으로는 언패킹을 사용해서 변수 first에 앞의 요소를, 변수 second에 앞에서 2번째 요소를, 변수 last에 끝의 요소를, 변수 rest에 나머지 요소를 대입하세요.

```
>>> alphabet = tuple('ABCDEFG')          ⇐ 튜플의 작성
>>> first, second, *rest, last = alphabet  ⇐ 언패킹
>>> first
'A'                                       ⇐ 맨 앞의 요소
>>> second
'B'                                       ⇐ 맨 앞부터 2번째의 요소
>>> rest
['C', 'D', 'E', 'F']                      ⇐ 나머지의 요소
>>> last
'G'                                       ⇐ 맨 끝의 요소
```

나머지의 요소가 대괄호로 감싸여 있다는 것에 주목해 주세요. 이러한 요소는 리스트로 합쳐져 있다는 것을 알 수 있습니다.

튜플을 편리하게 조작하는 또 다른 방법

튜플에 적용할 수 있는 대표적인 연산자, 함수, 메서드를 소개합니다. 이것들은 다른 시퀀스(문자열, 리스트)와 조작이 같습니다. 뮤터블한 리스트와는 달리, 튜플은 이뮤터블이므로 요소를 변경·추가·삭제할 일이 없습니다.

▼튜플에 적용할 수 있는 대표적인 연산자, 함수, 메서드

사용법	결과
튜플 A + 튜플 B	튜플 A와 튜플 B를 연결한 튜플
튜플 * 정수	요소를 복제한 튜플
정수 * 튜플	요소를 복제한 튜플
len(튜플)	요소의 개수
min(튜플)	요소의 최솟값
max(튜플)	요소의 최댓값
튜플.count(값)	지정한 값에 지정하는 요소의 개수
튜플.index(값)	지정한 값에 일치하는 앞의 가장 가까운 요소의 인덱스

리스트와 마찬가지로 index 메서드에는 시작 인덱스나 종료 인덱스를 지정할 수 있습니다(118쪽 참조). 일치하는 요소가 없는 경우에는 ValueError라는 예외(Chapter8)가 발생합니다.

데이터 구조를 조합해서 복잡한 구조를 만든다

어떤 데이터 구조 안에 다른 데이터 구조를 넣는 **계층 구조**를 만듦으로써 복잡한 구조의 데이터를 관리할 수 있습니다. 예를 들면 리스트 안에 튜플을 넣은 구조 등을 많이 사용합니다. 리스트 안에 리스트를 넣거나 튜플 안에 튜플을 넣는 식으로 쓸 수도 있습니다. 임의의 데이터 구조를 몇 계층이라도 필요한만큼 조합할 수 있습니다.

예를 들어 레스토랑의 메뉴를 데이터 구조를 조합해서 표현해 봅시다. 각각의 상품은 튜플로 나타냅니다. 상품의 이름, 가격, 칼로리를 저장한 다음과 같은 2개의 튜플을 작성해 주세요.

```
'burger', 110, 234.5
'potato', 150, 226.7
```

메뉴 전체는 리스트로 나타냅니다. **위의 튜플을 저장한 리스트를 작성하고 변수 menu에 대입**하세요. 튜플과 리스트는 한 번에 작성할 수 있어서 각각의 튜플을 일단 변수에 대입할 필요는 없습니다. 마지막으로 menu의 값을 표시하고 결과를 확인해 주세요.

```
>>> menu = [('burger', 110, 234.5), ('potato', 150, 226.7)]
>>> menu
[('burger', 110, 234.5), ('potato', 150, 226.7)]
```

튜플을 작성할 때는 일반적으로 대괄호를 생략할 수 있는데 위의 경우는 대괄호가 필요합니다. 대괄호가 없으면 위와 같이 2개의 튜플을 저장한 리스트가 아닌 다음과 같이 6개의 값을 저장한 리스트가 되고 말기 때문입니다.

```
>>> ['burger', 110, 234.5, 'potato', 150, 226.7]
['burger', 110, 234.5, 'potato', 150, 226.7]
```

메뉴 전체는 리스트로 나타내고 있으므로 요소의 변경·추가·삭제를 할 수 있습니다. 실제 레스토랑에서도 메뉴를 수정하는 경우가 있기 때문에 이 쪽이 편리합니다. 각각의 상품은 튜플이므로 수정하는 경우에는 새로운 튜플로 교체합니다.

메뉴에 상품을 추가합시다. 'shake', 120, 218.9를 저장한 튜플을 작성하고 변수 menu 리스트에 추가하세요. 리스트에 요소를 추가하는 방법은 몇 가지가 있는데 예를 들어 append 메서드를 사용하는 게 좋습니다. 추가 후에 menu 값을 표시하고 결과를 확인해 주세요.

```
>>> menu.append(('shake', 120, 218.9))
>>> menu
[('burger', 110, 234.5), ('potato', 150, 226.7), ('shake', 120, 218.9)]
```

위에서 append 메서드의 인수에 튜플을 건넬 때 소괄호로 감싸고 있는 것에 주의하세요. 소괄호로 감싸지 않으면 다음과 같은 오류가 납니다.

```
>>> menu.append('shake', 120, 218.9)
Traceback (most recent call last):
  File "<stdin>", line 1, in <module>
TypeError: append() takes exactly one argument (3 given)
```

오류 메시지의 내용은 'append()는 1개의 인수만 받는다(3개가 주어져 있다)'입니다. 소괄호가 없으면 1개의 튜플을 건네는 것이 아닌 3개의 인수를 건넸다고 해석되고 맙니다.

자, 이렇게 여러 개의 데이터 구조를 조합했을 때에 필요한 요소는 어떻게 꺼내면 될까요? 실은 지금까지 배운 인덱스나 슬라이스, 혹은 언패킹을 사용해서 꺼낼 수 있습니다. 이번에는 깊은 계층에 있는 요소를 꺼낼 때에는 인덱스·슬라이스·언패킹을 여러 번 사용한다는 점이 다를 뿐입니다.

예를 들어 위의 메뉴에서 감자 튀김의 칼로리를 출력해 봅시다. 먼저 **인덱스를 사용해서 'potato'가 포함되는 튜플을 출력**해 보세요.

```
>>> menu
[('burger', 110, 234.5), ('potato', 150, 226.7), ('shake', 120, 218.9)]
>>> menu[1]
('potato', 150, 226.7)
```

다음에 **언패킹을 사용해서 가져온 튜플을 name, price, calorie라는 3개의 변수에 대입**합니다. 마지막에 calorie 값을 표시해서 감자 튀김의 칼로리(226.7)를 출력할 수 있는 것을 확인하세요.

```
>>> name, price, calorie = menu[1]
>>> calorie
226.7
```

이처럼 여러 개의 데이터 구조를 조합함으로써 복잡한 구조를 표현할 수 있습니다. 각 데이터 구조의 특징을 살리는 것을 의식해서 어디에 어느 데이터 구조를 사용하면 좋을지를 정하세요.

예를 들어 위의 경우는 메뉴에는 변경·추가·삭제가 가능한 리스트를 사용하고, 각각의 상품에는 튜플을 사용하고 있습니다.

튜플은 빠른 처리를 기대할 수 있다

상품과 같이 몇 가지 요소(예를 들어 이름, 가격, 칼로리)로 구성된 데이터에는 튜플을 사용하는 것을 추천합니다. 실수로 요소를 추가·삭제해 버리는 위험을 막을 수 있으며 리스트에 비해 처리 속도가 빠르기 때문입니다.

리스트에 비해 튜플의 처리 속도가 정말 빠른지는 실행 시간을 측정하는 timeit 모듈을 사용하여 확인할 수 있습니다. timeit 모듈은 지정된 프로그램을 자동으로 여러 번 실행하고, 결과 시간을 실행 횟수로 나누는 것으로 실행 시간을 계산합니다. 실행 시간이 매우 짧은 처리에 대해서도 실행 시간을 측정할 수 있는 이점이 있습니다.

프로그램의 실행 시간을 측정(timeit 모듈)

```
python -m timeit "프로그램"
```

레스토랑의 메뉴를 작성하는 프로그램의 실행 시간을 측정해 봅시다. 다음과 같이 **상품을 튜플로 표현한 경우와 상품을 리스트로 표현한 경우에 대해서 timeit으로 실행 시간을 측정하여 비교**하세요.

· 상품을 튜플로 표현

[('burger', 110, 234.5), ('potato', 150, 226.7)]

· 상품을 리스트로 표현

[['burger', 110, 234.5], ['potato', 150, 226.7]]

timeit 모듈은 파이썬 인터프리터의 대화 모드가 아니라 명령 행 인터페이스(명령 프롬프트, 아나콘다 프롬프트, 터미널)에서 사용합니다. 대화 모드에 들어가 있다면 `Ctrl` + `Z` 키(맥이나 리눅스에서는 `Ctrl` + `D` 키)를 눌러 명령 행 인터페이스로 이동하고 나서 사용하세요.

```
>python -m timeit "[('burger', 110, 234.5), ('potato', 150, 226.7)]"
5000000 loops, best of 5: 38.2 nsec per loop
>python -m timeit "[['burger', 110, 234.5], ['potato', 150, 226.7]]"
2000000 loops, best of 5: 100 nsec per loop
```

저자의 환경에서는 튜플의 실행 시간은 38.2나노초(nsec), 리스트의 실행 시간은 100나노초이며, 튜플이 2.6배 정도 빠르다는 결과가 되었습니다. 여러분의 환경에서도 시험해 보세요. timeit 모듈이 표시하는 메시지의 의미는 예를 들어 '5000000 loops, best of 5: 38.2 nsec per loop' 라면 '50000회의 반복을 5세트 실행한 중의 가장 빠른 기록: 1회 반복당 38.2나노초'라는 의미입니다.

Section 03 값의 유무를 순식간에 판정하려면 집합을 이용한다

집합은 지정한 값이 포함되어 있는지 여부를 순식간에 판정할 수 있는 데이터 구조입니다. 집합에는 다음과 같은 특징이 있습니다.

· 뮤터블이므로 요소의 추가나 삭제를 할 수 있다.
· 같은 값을 중복하여 저장할 수 없다.
· 값을 꺼낼 때의 순서는 보장되어 있지 않다.
· 이뮤터블한 값만을 저장할 수 있다.

리스트나 튜플에 비하면 제약이 많이 느껴질 수 있지만 어떤 값이 포함되고 있는지 여부를 빠르게 판정하고 싶을 때는 꼭 집합을 사용해 보세요. 몇 번이나 판정을 실시하는 프로그램에서는 리스트나 튜플 대신에 집합을 사용함으로써 실행 속도의 향상을 체감할 수 있을 정도의 차이가 납니다. 예를 들어 상품의 색의 목록(빨강, 초록, 파랑, 노랑, 검정, 흰색…)이나 크기(S, M, L, XL, …) 등의 중복되지 않는 값을 저장하는 데 적합합니다.

집합은 중괄호로 작성한다

집합을 작성하려면 {}(중괄호)의 사이에 값을 콤마(,)로 구분하여 나열합니다. 값 부분에 변수나 식을 적을 수도 있습니다.

집합의 작성(값이 2개 이상인 경우)

```
{값, …}
```

값이 1개인 경우

```
{값}
```

값이 0개인 경우(빈 집합)

```
set()
```

값이 2개 이상인 경우, 값의 데이터 형은 같거나 달라도 됩니다. 실제 프로그램에서는 같은 데이터 형의 값을 저장하는 경우가 많을 것입니다.

값이 0개인 경우에는 { }가 아닌 set( )라고 적는 것에 주의하세요. set(세트, 집합)은 집합의 기능을 제공하는 함수(엄밀하게는 클래스)로, set( )은 set 클래스의 객체를 생성합니다. 또한 { }라고 쓰면 빈 집합이 아닌 빈 사전이 됩니다. 사전에 대해서는 뒤에서 설명합니다.

그럼 실제로 집합을 작성해 봅시다. 상품 등의 색을 집합을 사용하여 관리하는 예를 생각합시다. **문자열 'blue', 'red', 'green'을 저장한 집합을 작성**해 주세요.

```
>>> {'blue', 'red', 'green'}
{'green', 'blue', 'red'}
```

파이썬 인터프리터의 대화 모드로 집합을 작성하면 위와 같이 집합의 내용이 표시됩니다.

'blue', 'red', 'green'의 순서로 값을 나열해서 집합을 작성했는데 작성한 집합에서는 'green', 'blue', 'red'처럼 요소가 다른 순서로 되어 있다는 점에 주목하세요. 이 순서는 파이썬 버전 등 환경 차이에 따라 변동할 가능성이 있으며, 같은 환경에서도 프로그램을 실행할 때마다 (혹은 파이썬 인터프리터를 재시작할 때마다) 변동할 가능성이 있습니다. 이렇게 집합에서는 저장되는 값의 순서는 보장되지 않으므로 값의 순서가 중요한 프로그램에서 사용하면 안 됩니다.

작성한 집합을 나중에 이용하고 싶은 경우에는 뒤에서 설명하는 바와 같이 변수에 대입합니다.

집합을 값에 대입

```
변수 = {값, ⋯}
```

조금 전과 마찬가지로 **문자열 'blue', 'red', 'green'을 저장한 집합을 작성**하고, 변수 color에 대입하세요. 다음에 color 값을 표시해서 집합이 올바르게 만들어진 것을 확인해 주세요.

```
>>> color = {'blue', 'red', 'green'}
>>> color
{'green', 'blue', 'red'}
```

set 함수(엄밀하게는 set 클래스)를 사용하면 이터러블로부터 집합을 작성할 수 있습니다.

이터러블로부터 집합을 작성

```
set(이터러블)
```

예를 들어 **0부터 15까지의 정수를 저장한 집합을 작성**해 보세요. set 함수에 range 함수를 조합합니다.

```
>>> set(range(16))
{0, 1, 2, 3, 4, 5, 6, 7, 8, 9, 10, 11, 12, 13, 14, 15}
```

문자열도 이터러블이므로 set 함수에 건넬 수 있습니다. 이 경우는 문자열에 포함되는 문자가 집합의 요소로서 저장됩니다. 예를 들어 **set 함수에 문자열 'abcde'를 건네서 집합을 작성**해 보세요.

```
>>> set('abcde')
{'b', 'e', 'd', 'a', 'c'}
```

집합에는 같은 값을 중복하여 저장할 수 없으므로 문자열 내에 같은 문자가 여러 개 있는 경우에는 1개만이 저장됩니다. 예를 들어 **set 함수에 문자열 'anaconda'를 건네서 집합을 작성**해 보세요. 'anaconda'에는 'a'나 'n'이 여러 개 있는데 집합에는 각각 1개씩만이 저장됩니다.

```
>>> set('anaconda')
{'o', 'd', 'a', 'n', 'c'}
```

in과 not in으로 값의 유무를 알아본다

앞서 설명한 바와 같이 집합은 지정한 값이 포함되어 있는지를 순식간에 판정할 수 있는 것이 특징입니다. 이 판정을 실시하는 연산을 소속 검사 연산(멤버십 검사 연산)이라고 합니다. 소속 검사 연산에는 in 및 not in이라는 연산자를 사용합니다. in은 값이 집합에 포함되어 있을 때에 True가 되며, not in은 값이 집합에 포함되어 있지 않을 때 True가 됩니다.

값이 포함되어 있는 것을 판정(in 연산자)

```
값 in 집합
```

값이 포함되어 있지 않은 것을 판정(not in 연산자)

```
값 not in 집합
```

실은 in과 not in은 집합 이외의 데이터 구조(리스트, 튜플, 사전)나 문자열에 대해서도 사용할 수 있습니다. 사용법은 집합의 경우와 같습니다. 위의 집합 부분에는 리스트, 튜플, 사전, 문자열 등을 지정할 수 있습니다.

이렇게 in과 not in은 여러 가지 데이터 구조나 문자열에 대해서 사용할 수 있는데 특히 in과 not in을 빠르게 실행할 수 있는 것은 집합과 사전입니다. 집합과 사전은 모두 해시(hash)법이라는 방법을 사용해 요소를 관리하고 있습니다. 해시법은 지정한 값의 요소를 빠르게 찾아내는 데 적합한 방법입니다.

나중에 해시법의 구조를 배우는데, 우선은 in이나 not in을 사용해 봅시다. 변수 color에 대입한 집합을 사용합니다. <u>in을 사용하여 color 집합에 'red' 및 'white'가 포함되어 있는지 여부</u>를 알아보세요.

```
>>> color = {'blue', 'red', 'green'}
>>> color
{'green', 'blue', 'red'}          ⇐ color에 대입한 집합
>>> 'red' in color
True                              ⇐ 'red'는 포함되어 있다
>>> 'white' in color
False                            ⇐ 'white'는 포함되어 있지 않다
```

이번은 not in을 사용해 '<u>green' 및 'black'이 포함되어 있지 않은지 여부</u>를 알아봅시다. not in은 '값이 포함되어 있지 않다'일 때에 True, '값이 포함되어 있다'일 때에 False가 되는 것에 주의하세요.

```
>>> color = {'blue', 'red', 'green'}
>>> color
{'green', 'blue', 'red'}          ⇐ color에 대입한 집합
>>> 'green' not in color
False                            ⇐ 'green'은 포함되어 있다
>>> 'black' not in color
True                             ⇐ 'black'은 포함되어 있지 않다
```

in이나 not in을 다른 용도로도 사용해 봅시다. 예를 들면, 입력된 사용자명과 비밀번호에 대해서 로그인 여부를 판정하는 처리를 구현합니다. 처음으로 <u>다음과 같은 **사용자명과 비밀번호를 각각 튜플로 합쳐서 집합에 저장**</u>하세요.

사용자명 'admin', 패스워드 'abc123'
사용자명 'guest', 패스워드 'ghi456'

작성한 집합은 변수 login에 대입합니다. login 값을 표시하여 집합이 올바르게 만들어진 것을 확인해 주세요.

```
>>> login = {('admin', 'abc123'), ('guest', 'ghi456')}
>>> login
```

```
{('guest', 'ghi456'), ('admin', 'abc123')}
```

사용자명에 'guest', 비밀번호에 'ghi456'을 지정하여 로그인 여부를 판정해 봅시다. 이 사용자명과 비밀번호를 튜플로 통합한 후 in을 사용해서 변수 login의 집합에 이 튜플이 포함되어 있는지 여부를 알아봅니다. 포함되어 있으면 로그인은 가능하다고, 포함되어 있지 않으면 로그인을 불가능하다고 판정할 수 있습니다.

```
>>> ('guest', 'ghi456') in login
True
```

결과는 True(포함되어 있음)이므로 로그인은 가능하다고 판정할 수 있습니다.

다음과 같이 사용자명이나 비밀번호가 잘못된 경우도 시험해 봅시다. 또한 root(루트)는 리눅스 등 유닉스(UNIX) 계열 OS에서 관리자를 나타냅니다.

올바른 사용자명 'guest'와 잘못된 비밀번호 'xyz789'

존재하지 않는 사용자명 'root'와 존재하는 비밀번호 'abc123'

존재하지 않는 사용자명 'root'와 존재하지 않는 비밀번호 'xyz789'

앞의 사용자명과 비밀번호의 조합이 변수 login의 집합에 포함되어 있는지 여부를 알아보세요.

```
>>> login = {('admin', 'abc123'), ('guest', 'ghi456')}
>>> login
{('guest', 'ghi456'), ('admin', 'abc123')}
>>> ('guest', 'xyz789') in login
False                          ⇐ 포함되어 있지 않다(로그인 불가능)
>>> ('root', 'abc123') in login
False                          ⇐ 포함되어 있지 않다(로그인 불가능)
>>> ('root', 'xyz789') in login
False                          ⇐ 포함되어 있지 않다(로그인 불가능)
```

결과는 모두 False(포함되어 있지 않다)이므로 로그인은 불가능하다고 판정할 수 있습니다. 이처럼 in(또는 not in)은 로그인 기능을 실현하기 위해서도 사용할 수 있습니다.

마지막으로 in이나 not in을 집합 이외에도 사용해 봅시다. 예를 들어 문자열 'python'에 대해서 문자 't' 또는 's'가 포함되어 있는지 여부를 in이나 not in을 사용해서 알아보세요.

```
>>> 't' in 'python'
True                         ⇦ 't'는 포함되어 있다
>>> 's' in 'python'
False                        ⇦ 's'는 포함되어 있지 않다
>>> 't' not in 'python'
False                        ⇦ 't'는 포함되어 있다
>>> 's' not in 'python'
True                         ⇦ 's'는 포함되어 있지 않다
```

in이나 not in의 실행 속도를 비교해 본다

집합(또는 사전)은 다른 데이터 구조나 문자열에 비해 in이나 not in을 빠르게 실행할 수 있다고 소개했습니다. 실제로 고속인지 여부, 실행 시간을 측정해 봅시다. 리스트와 튜플의 속도를 비교할 때에 사용한 timeit 모듈을 사용합니다. 여기에서는 집합과 리스트에 대해서 in의 실행 시간을 비교해 봅시다.

in의 실행 시간을 비교하려면 먼저 집합이나 리스트를 작성해 두어야 합니다. 집합이나 리스트를 작성하기 위한 시간은 측정에 포함하지 않습니다. 이처럼 측정에 포함시키고 싶지 않은 표준 처리가 있는 경우에는 timeit 모듈을 다음과 같이 사용합니다.

실행 시간의 측정(불필요한 처리를 생략)

```
python -m timeit -s "준비 처리" "프로그램"
```

위의 명령어는 파이썬 인터프리터의 대화 모드가 아니라 명령 행 인터페이스(명령 프롬프트, 아나콘다 프롬프트, 터미널)에서 실행하세요. 대화 모드에 들어가 있는 경우는 Ctrl + Z 키(맥이나 리눅스에서는 Ctrl + D 키)를 누르고 명령 행 인터페이스로 나온 후 사용하세요.

그럼 in의 실행 시간을 측정해 봅시다. 여기에서는 0부터 99까지의 정수 중에 50이 포함되어 있는지 여부를 알아보는 데 시간을 집합과 리스트에 대해서 측정합니다.

우선 집합부터 측정합니다. 준비의 처리에서는 **0부터 99까지의 정수를 포함하는 집합을 작성하고, 변수 x에 대입**해 주세요. set 함수와 range 함수를 사용합니다. 다음으로 in을 사용해서 50이 포함되어 있는지 여부를 조사하는 처리의 실행 시간을 측정하세요.

```
>python -m timeit -s "x = set(range(100))" "50 in x"
10000000 loops, best of 5: 26.8 nsec per loop        ⇦ 26.8나노초
```

다음은 리스트에 대해서 측정합니다. 준비의 처리에서는 0부터 99까지의 정수를 포함하는 리스트를 작성하고, 변수 x에 대입하세요. list 함수와 range 함수를 사용합니다. 다음으로 in을 사용해서 50이 포함되어 있는지 여부를 알아보는 처리의 실행 시간을 측정합니다.

```
>python -m timeit -s "x = list(range(100))" "50 in x"
500000 loops, best of 5: 584 nsec per loop          ⇦ 584나노초
```

저자의 환경에서는 집합은 26.8나노초, 리스트는 584나노초였습니다. 여기에서는 집합의 검색 시간이 리스트의 검색 시간보다 21.8배 빠릅니다.

집합이나 사전에 사용되고 있는 해시법에서는 요소의 총 수에 관계없이 1개에서 몇 개 정도의 요소를 비교하는 것만으로 지정된 값을 찾을 수 있습니다. 그에 반해서 리스트 등에 대한 검색에서는 모든 요소를 비교해야 하므로 평균적으로 총 수의 절반 정도의 요소를 비교해야 합니다. 이것이 조금 전과 같은 실행 시간의 차이를 만듭니다.

집합에 대한 요소의 추가와 삭제

집합은 뮤터블이므로 요소의 추가나 삭제를 할 수 있습니다. 집합에 요소를 추가하는 데에는 다음과 같은 방법이 있습니다. 어느 방법을 사용해도 됩니다. add 메서드는 1개의 값을 추가할 때, 복합 대입문은 여러 개의 값을 동시에 추가할 때 편리합니다. 값의 부분에는 식을 지정할 수도 있습니다.

집합에 값을 추가(add 메서드)

```
집합.add(값)
```

집합에 값을 추가(복합 대입문)

```
집합 |= {값, ···}
```

실제로 사용해 봅시다. 변수 color에 빈 집합을 대입하세요. 변수 color에 대해 **add 메서드를 사용하여 'blue'를 추가하고, 복합 대입문을 사용하여 'red'와 'green'을 추가**해 봅시다. 마지막으로 color 값을 표시하고 결과를 확인해 주세요.

```
>>> color = set()               ⇦ 추가 전의 집합(빈 집합)
>>> color.add('blue')           ⇦ add 메서드
>>> color |= {'red', 'green'}   ⇦ 복합 대입문
>>> color
{'green', 'red', 'blue'}        ⇦ 추가 후의 집합
```

이미 집합에 포함되어 있는 값을 추가하려고 한 경우에는 아무 일도 일어나지 않습니다. 중복한 값을 추가할 수는 없지만 오류가 발생하진 않습니다. 시험 삼아 위의 color에 대해서 add 메서드를 사용해 'blue'를 추가해 보세요.

```
>>> color
{'green', 'red', 'blue'}          ← 추가 전의 집합
>>> color.add('blue')
>>> color
{'green', 'red', 'blue'}          ← 추가 후의 집합(변화하지 않는다)
```

복합 대입문을 사용해서 여러 개의 값을 추가하려고 한 경우에 일부 값이 이미 집합에 포함되어 있는 경우에는 집합에 포함되어 있지 않은 값만이 추가됩니다. 예를 들어 위의 color에 대해서 복합 대입문을 사용해 'green'과 'yellow'를 추가해 보세요.

```
>>> color
{'green', 'red', 'blue'}                ← 추가 전의 집합
>>> color |= {'green', 'yellow'}
>>> color
{'green', 'yellow', 'red', 'blue'}    ← 추가 후의 집합('yellow'가 추가되었다)
```

이번은 요소를 삭제해 봅시다. 지정한 값을 집합에서 삭제하는 데는 다음과 같은 방법이 있습니다. remove와 discard 메서드는 지정한 값이 집합에 포함되어 있지 않을 때의 동작이 다릅니다. remove 메서드는 KeyError(키 오류)라는 예외(Chapter8)를 발생시키지만 discard 메서드는 아무것도 발생하지 않습니다.

집합에서 요소를 삭제(remove 메서드)

```
집합.remove(값)
```

집합에서 요소를 삭제(discard 메서드)

```
집합.discard(값)
```

집합에서 요소 삭제(복합 대입문)

```
집합 -= {값, …}
```

앞서 설명한 color에 대해서 remove 메서드를 사용해서 'blue'를, discard 메서드를 사용해서 'red'를 삭제해 보세요. 마지막으로 color 값을 표시하고 올바르게 삭제된 것을 확인합니다.

```
>>> color
{'green', 'yellow', 'red', 'blue'}      ⇦ 삭제 전의 집합
>>> color.remove('blue')                ⇦ remove 메서드
>>> color.discard('red')                ⇦ discard 메서드
>>> color
{'green', 'yellow'}                      ⇦ 삭제 후의 집합
```

remove 메서드와 discard 메서드의 동작 차이를 확인해 봅시다. 위의 color에 대해서 remove 메서드를 사용해서 'blue'를, dicard 메서드를 사용해서 'red'를 삭제해 보세요. 모두 집합에 포함되어 있지 않은 값을 삭제하려고 하는데 remove 메서드는 예외를 발생시키고, discard 메서드는 아무것도 하지 않습니다.

```
>>> color
{'green', 'yellow'}                      ⇦ 삭제 전의 집합
>>> color.remove('blue')                 ⇦ remove 메서드(예외를 발생시킨다)
Traceback (most recent call last):
  File "<stdin>", line 1, in <module>
KeyError: 'blue'
>>> color.discard('red')                 ⇦ discard 메서드(아무것도 하지 않는다)
>>> color
{'green', 'yellow'}                      ⇦ 삭제 후의 집합(변화하지 않는다)
```

복합 대입문을 사용하면 여러 개의 값을 동시에 삭제할 수 있습니다. 일부 값이 집합에 포함되어 있지 않은 경우에는 집합에 포함되어 있는 값만이 삭제됩니다. 예를 들어 위의 color에 대해서 복합 대입문을 사용해서 'yellow'와 'white'를 삭제해 보세요.

```
>>> color
{'green', 'yellow'}                      ⇦ 삭제 전의 집합
>>> color -= {'yellow', 'white'}
>>> color
{'green'}                                ⇦ 삭제 후의 집합('yellow'가 삭제되었다)
```

요소의 삭제에 대해서는 다음과 같은 방법도 있습니다. 임의의 요소 1개를 삭제하는 pop 메서드와 모든 요소를 삭제하는 clear 메서드입니다.

집합의 임의의 요소를 삭제(pop 메서드)

```
집합.pop()
```

집합의 모든 요소를 삭제(clear 메서드)

```
집합.clear()
```

pop 메서드와 clear 메서드를 사용해 봅시다. 처음에 set 함수를 사용해서 'a'부터 'g'까지의 문자를 포함하는 집합을 작성하고, 변수 alphabet에 대입하세요. 다음에 pop 메서드를 2회 호출해서 2개의 요소를 삭제합니다. 마지막으로 clear 메서드를 호출해서 모든 요소를 삭제해 주세요.

```
>>> alphabet = set('abcdefg')
>>> alphabet
{'c', 'd', 'a', 'b', 'e', 'f', 'g'}      ⇐ 삭제 전의 집합
>>> alphabet.pop()                        ⇐ pop 메서드(1번째 회)
'c'
>>> alphabet.pop()                        ⇐ pop 메서드(2번째 회)
'd'
>>> alphabet
{'a', 'b', 'e', 'f', 'g'}                 ⇐ 2개의 요소가 삭제되었다
>>> alphabet.clear()                      ⇐ clear 메서드
>>> alphabet
set()                                     ⇐ 모든 요소가 삭제되었다(빈 집합)
```

pop 메서드를 실행하면 삭제한 요소를 반환값으로서 반환합니다. 1번째 회의 pop 메서드에서는 'c'가, 2번째 회의 pop 메서드에서는 'd'가 삭제되었습니다. 위의 경우는 모두 집합의 맨 앞에 있는 요소가 삭제되었는데 pop 메서드는 임의의 요소를 삭제하는 기능이므로 맨 앞의 요소가 삭제된다는 전제로 프로그램을 작성해서는 안 됩니다.

집합 특유의 연산을 안다

집합에 특유의 연산을 사용하여 여러 개의 집합에서 새로운 집합을 만들어낼 수 있습니다. 다음과 같은 연산이 있습니다.

▼여러 개의 집합에서 새로운 집합을 작성하는 연산

사용법	결과
집합A | 집합B	집합 A 또는 집합 B에 포함되는 요소의 집합(합집합)
집합A & 집합B	집합 A 그리고 집합 B에 포함되는 요소의 집합(곱집합)
집합A - 집합B	집합 A로부터 집합 B에 포함되는 요소를 삭제한 집합(차집합)
집합A ^ 집합B	집합 A 또는 집합 B의 한쪽만 포함되는 요소의 집합(대칭차)

위의 연산에 대응하는 다음과 같은 **복합 대입문**이 있습니다. 연산에 따라 새로운 집합을 만드는 것이 아니라 연산의 결과를 집합 A에 반영하고 싶을 때에는 이쪽을 사용하는 게 좋습니다.

▼여러 개의 집합에서 새로운 집합을 삭제하는 연산

사용법	결과
집합A |= 집합B	집합 A에 집합 B의 요소를 추가
집합A &= 집합B	집합 A로부터 집합 B에 포함되지 않은 요소를 삭제
집합A -= 집합B	집합 A로부터 집합 B에 포함되는 요소를 삭제
집합A ^= 집합B	집합 A에 집합 B의 요소를 추가하고 양쪽에 공통하는 요소를 삭제

위의 연산을 사용해 봅시다. 우선 다음과 같은 값을 포함하는 집합 A와 집합 B를 작성하고 각각 변수 a와 변수 b에 대입해 주세요.

집합 A(변수 a): 'blue', 'red', 'green', 'white'

집합 B(변수 b) : 'blue', 'red', 'yellow', 'black'

```
>>> a = {'blue', 'red', 'green', 'white'}
>>> a
{'red', 'green', 'blue', 'white'}        ⇦ 집합 A
>>> b = {'blue', 'red', 'yellow', 'black'}
>>> b
{'red', 'yellow', 'blue', 'black'}       ⇦ 집합 B
```

앞의 집합 A와 집합 B에 대하여 **연산(합집합, 곱집합, 차집합, 대칭차)을 적용**해 보세요. 차집합에 대해서는 '집합A - 집합B'와 '집합B - 집합A'의 양쪽 모두를 구하세요.

```
>>> a¦b
{'red', 'green', 'yellow', 'white', 'blue', 'black'}      ← 합집합
>>> a&b
{'red', 'blue'}                                           ← 곱집합
>>> a-b
{'green', 'white'}                                        ← 차집합
>>> b-a
{'yellow', 'black'}                                       ← 차집합
>>> a^b
{'green', 'yellow', 'white', 'black'}                     ← 대칭차
```

마지막으로 다른 데이터 구조를 적용할 수 있는 조작으로 집합에도 적용할 수 있는 조작을 몇 가지 소개합니다. 먼저 요소 수를 반환하는 len 함수입니다. len 함수를 사용하면 집합에 포함되는 요소의 개수를 얻을 수 있습니다.

집합의 요소 수를 출력(len 함수)

> len(집합)

앞서 설명한 집합 A와 집합 B에 대해서 **집합 A의 요소 수 및 집합 A와 집합 B의 합집합의 요소 수**를 각각 len 함수를 사용해서 구해 보세요.

```
>>> a
{'red', 'green', 'blue', 'white'}                          ← 집합 A
>>> len(a)
4                                                          ← 집합 A의 요소 수는 4
>>> a¦b
{'green', 'yellow', 'white', 'black', 'blue', 'red'}      ← A와 B의 합집합
>>> len(a¦b)
6                                                          ← 합집합의 요소 수는 6
```

집합도 이터러블입니다. 따라서 이터러블을 지정할 수 있는 상황(문자열의 join 메서드나 리스트를 작성하는 list 함수 등)에서 집합을 지정할 수 있습니다.

예를 들어 위의 **집합 A를 문자열의 join 메서드에 건네고, '/'를 구분자로 연결해 문자열**로 하세요. 다음으로 **집합 A를 list 함수에 건네서 리스트**로 해 봅시다.

```
>>> a
{'red', 'green', 'blue', 'white'}    ⇐ 집합 A
>>> '/'.join(a)
'red/green/blue/white'               ⇐ 문자열
>>> list(a)
['red', 'green', 'blue', 'white']    ⇐ 리스트
```

이와 같이 집합을 이터러블로 취급하면 집합을 문자열이나 다른 데이터 구조로 변환할 수 있습니다. 또한 for 문(Chapter5)과 조합하면 집합의 요소를 1개씩 꺼내서 처리할 수도 있습니다.

집합을 실현하는 해시법의 구조

집합이나 사전에서는 **해시법**을 사용해 요소를 관리함으로써 지정한 값의 요소를 빠르게 찾을 수 있도록 합니다. 여기에서는 리스트와 집합의 요소 관리 방법을 비교하면서 해시법의 구조에 대해서 배워 봅시다. 해시법은 파이썬에 국한하지 않고, 많은 프로그래밍 언어에서 사용되고 있으므로 구조를 알아 두면 여러 언어에 대한 이해를 높일 수 있습니다.

예를 들어 'blue', 'red', 'green', 'yellow'라는 4개의 값을 리스트 및 집합에 추가하는 것을 생각해 봅니다. 먼저 리스트의 경우에는 값을 추가한 순서대로 앞에서 끝까지 나열합니다.

▼리스트에 값을 저장한다

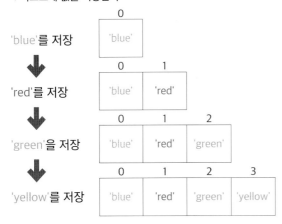

집합의 경우에는 해시 함수라는 함수를 사용하여 저장하는 값에서 해시(또는 해시값)이라는 값을 계산하고 이 해시를 사용해서 값을 저장하는 위치를 정합니다. 값을 저장한 곳은 해시 테이블(또는 해시표)이라고 합니다. 일반적으로 해시 테이블에는 저장할 값의 개수보다 많은 개수의 영역을 준비해 둡니다.

여기에서는 해시 테이블의 영역을 8개로 하고, 각 영역을 0부터 7까지의 번호로 나타내 보겠습니다. 여기에서는 해시 함수는 '저장하는 문자열의 문자 수를 해시로 한다'라는 매우 간단한 함수로 만듭니다. 예를 들어 'blue'는 4문자이므로 해시는 4가 되고, 저장되는 곳은 영역 4입니다. 다음의 'red'는 3문자이므로 해시는 3으로, 저장되는 곳은 영역 3이 됩니다. 마찬가지로 'green'은 영역 5, 'yellow'는 영역 6에 저장합니다.

해시가 영역 수를 초과한 경우에는 <u>해시를 영역 수로 나눈 나머지를 저장한 곳의 번호</u>로 합니다. 예를 들어 해시가 9일 때에는 9를 영역 수인 8로 나눈 나머지는 1이므로 저장 장소는 영역 1입니다.

▼집합에 값을 저장한다

	0	1	2	3	4	5	6	7
'blue'를 저장					'blue'			

	0	1	2	3	4	5	6	7
'red'를 저장				'red'	'blue'			

	0	1	2	3	4	5	6	7
'green'을 저장				'red'	'blue'	'green'		

	0	1	2	3	4	5	6	7
'yellow'를 저장				'red'	'blue'	'green'	'yellow'	

이로써 리스트와 집합의 양쪽에 대해서 4개의 값을 추가되었습니다. 파이썬의 집합에서는 영역의 수가 좀 더 많은 해시 테이블과 조금 더 복잡한 함수를 사용하는데 기본적인 구조는 같습니다.

●해시로 값을 알아본다

다음은 in이나 not in과 같이 지정한 값이 포함되어 있는지 여부를 알아보는 방법을 생각해 봅시다. 예를 들어 값 'green'이 포함되어 있는지 여부를 알아봅니다. 리스트의 경우에는 앞부터 순서대로 값을 찾아 나갑니다. 여기에서는 'blue', 'red'라고 찾아서 3번째에 'green'이 발견됩니다.

▼리스트에 지정한 값이 포함되어 있는지 여부를 알아본다

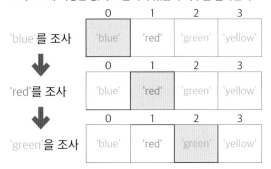

집합의 경우에는 해시 함수를 사용하여 지정한 값의 해시를 계산하여 대응하는 저장 장소를 알아봅니다. 여기에서는 'green'의 해시가 5이므로 저장 장소인 영역 5를 찾으면 'green'이 발견됩니다.

▼집합에 지정한 값이 포함되어 있는지 여부를 알아본다

'green'의 해시를 계산해서 대응하는 저장된 곳을 알아본다

0	1	2	3	4	5	6	7
			'red'	'blue'	'green'	'yellow'	

리스트의 경우에는 지정된 값을 3번째로 찾았지만 집합의 경우는 1번째로 찾았습니다. 이처럼 해시법으로는 저장되는 요소 수에 대한 해시 테이블의 영역 수가 충분하다면 대부분의 경우에 지정한 값을 1번째로 찾을 수 있습니다. 이것이 리스트에 비해 집합의 in이나 not in이 빠른 이유입니다.

●해시의 충돌

그러면 조금 전의 리스트와 집합에 'black'을 추가하면 어떻게 될까요? 먼저 리스트의 경우에는 끝에 'black'을 추가할 뿐입니다.

▼리스트에 값을 추가한다

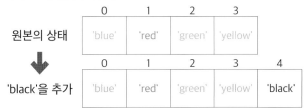

집합의 경우에는 'black'의 해시가 5이므로 저장 장소는 영역 5입니다. 그러나 영역 5에는 이미 'green'이 저장되어 있습니다. 이처럼 여러 개의 값에 대해서 해시 함수를 적용했을 때에 해시가 같은 값이 되는 것을 **충돌**이라고 합니다. 실제 해시 함수는 가능한 한 충돌이 일어나지 않도록 설계 되지만 그래도 완전히 충돌을 막을 수는 없습니다.

▼해시의 충돌

해시가 충돌한 경우의 대처법으로서는 **오픈 주소법**이나 **연쇄법**(체인법) 등이 알려져 있습니다. 현재 의 C파이썬이 채택하고 있는 것은 오픈 주소법입니다. 오픈 주소법으로는 어떠한 방법으로 새로 저 장할 장소의 번호를 계산해서 거기에 값을 저장합니다. 새로운 저장 장소에도 이미 값이 저장되어 있다면 비어 있는 영역이 발견될 때까지 새로운 저장 장소의 번호를 계속해서 계산합니다.

여기에서는 단순히 **해시가 충돌하면 5개 앞의 영역을 새로운 저장 장소로 정합시다.** 'green'이 저장되어 있던 영역 5의 5개 앞은 영역 10이지만 영역은 8개 밖에 없으므로 10을 8로 나눈 나머지 2를 사용 하여 영역 2를 새로운 저장 장소가 됩니다.

영역 2는 비어 있으므로 여기에 'black'을 저장합니다.

▼집합에 값을 추가한다(오픈 주소법)

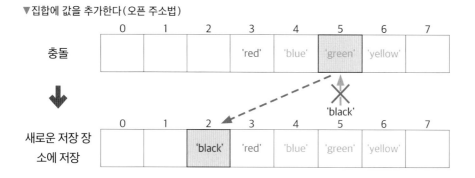

프로그래밍 언어에 따라서는 연쇄법을 채택하고 있습니다. 연쇄법에서 해시가 충돌한 경우에는 같 은 영역에 여러 개의 값을 저장합니다. 일반적으로 연결 리스트라는 기능을 사용해서 여러 개의 값 을 사슬 모양으로 연결해서 저장합니다.

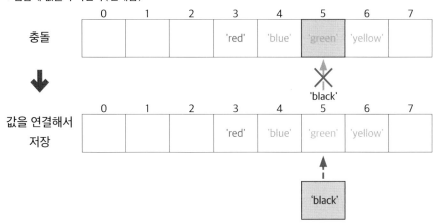
▼집합에 값을 추가한다(연쇄법)

충돌

| 0 | 1 | 2 | 3 | 4 | 5 | 6 | 7 |

'red' 'blue' 'green' 'yellow'

'black'

값을 연결해서 저장

| 0 | 1 | 2 | 3 | 4 | 5 | 6 | 7 |

'red' 'blue' 'green' 'yellow'

'black'

해시의 충돌이 일어나면 오픈 주소법과 연쇄법 중 어느 것을 사용해도, 지정한 값을 찾기 위해서 여러 개의 값을 조사해야 합니다. 너무 많은 값을 조사하면 해시법의 빠른 장점이 상실되므로 충분한 넓이의 해시 테이블을 준비하거나 충돌이 적은 해시 함수를 사용하는 등의 궁리가 이뤄집니다.

게다가 파이썬에서는 해시를 계산할 때에 **난수**도 사용합니다. 이것은 웹상에서 동작하는 프로그램에 대해 해시를 고의로 충돌시켜 성능을 저하시키는 공격이 존재하므로 난수를 사용함으로써 공격자가 해시를 추측하기 어렵게 하기 위해서입니다. 이것은 해시 플러딩(hash flooding, 해시의 범람)이는 공격으로 파이썬을 포함한 여러 프로그래밍 언어에 취약성이 존재했기 때문에 대책이 이뤄졌습니다.

●해시의 계산

집합에는 '이뮤터블한 값'만을 저장할 수 있다고 설명했는데, 엄밀하게는 '해시를 계산할 수 있는 값'만을 저장할 수 있습니다. 보통 해시는 자동으로 계산되지만 다음의 hash 함수를 사용하여 명시적으로 계산할 수도 있습니다. hash 함수에는 숫자, 문자열, 데이터 구조 등 모든 형의 값을 건넬 수 있습니다(식을 적을 수도 있습니다).

해시 계산

```
hash(값)
```

예를 들어 **문자열 'green'의 해시를 계산**해 보세요. hash 함수가 반환하는 정수가 해시입니다. 해시는 프로그램을 실행할 때마다(혹은 파이썬 인터프리터를 재시작할 때마다) 변화하므로 아마 다음의 실행 예와는 다른 값이 표시될 것입니다.

```
>> hash ('green')
454342017332305413
```

이번에는 **튜플(1, 2, 3)과 리스트 [1, 2, 3]에 대해 해시를 계산**해 보세요. 튜플의 해시는 계산할 수 있지만 리스트의 해시는 계산할 수 없고 오류가 납니다. 오류 메시지의 내용은 '타입 오류: 해시할 수 없는 형: 리스트'입니다.

```
>>> hash((1, 2, 3))
529344067295497451                    ⬑ 튜플의 해시는 계산할 수 있다
>>> hash([1, 2, 3])
Traceback (most recent call last):
   File "<stdin>", line 1, in <module>
TypeError: unhashable type: 'list'    ⬑ 리스트의 해시는 계산할 수 없다
```

집합에 저장하는 값은 해시를 계산할 수 있어야 합니다. 집합은 해시법을 사용하므로 저장하는 값의 해시가 필요하기 때문입니다. 그러므로 집합에 튜플은 저장할 수 있지만 리스트는 저장할 수 없습니다. 예를 들어 **튜플(1, 2, 3)과 리스트 [1, 2, 3]을 각각 집합에 저장**해 보세요. 튜플은 저장할 수 있지만 리스트는 저장할 수 없으며, hash 함수의 경우와 같은 예외(TypeError)가 발생합니다.

```
>>> {(1, 2, 3)}
{(1, 2, 3)}
>>> {[1, 2, 3]}
Traceback (most recent call last):
   File "<stdin>", line 1, in <module>
TypeError: unhashable type: 'list'
```

집합과 마찬가지로 다음에 배우는 사전도 해시법을 사용합니다. 그러므로 사전에 저장할 수 있는 (사전의 키로서 사용할 수 있다) 것은 해시를 계산할 수 있는 값뿐입니다.

키에 대한 값을 빠르게 얻으려면 사전을 사용한다

사전(딕셔너리)은 키와 값의 쌍을 저장할 수 있는 데이터 구조입니다. 매핑형이라고도 합니다. 사전의 키는 집합의 값과 마찬가지로 해시법을 사용하여 관리되고 있으므로 지정한 키를 순식간에 찾을 수 있고, 그 키에 대응하는 값을 가져올 수 있습니다. 사전에는 다음과 같은 특징이 있습니다.

· 뮤터블이므로 요소의 추가나 삭제를 할 수 있다.
· 같은 키를 중복하여 저장할 수 없다(값은 중복해도 됨).
· 이뮤터블한 키만 저장할 수 있다(값은 뮤터블이어도 됨).
· 키를 꺼낼 때의 순서는 키를 저장한 순서에 일치한다.

파이썬의 사전은 그 이름대로 실제 사전과 비슷한 사용법이 가능합니다. 사전의 키는 사전의 표제어에 상당하며, 사전의 값은 표제어에 대한 설명에 해당합니다. 실제 사전에서 표제어에 대한 설명을 알아보는 것과 같은 방식으로 파이썬의 사전을 사용하여 키에 대한 값을 가져올 수 있습니다.

사전은 리스트나 튜플에 비해 검색이 빠르므로 검색을 많이 사용한다면 사전을 사용해 보세요. 또한 집합에는 값만을 저장하지만 사전에는 키와 값의 쌍을 저장합니다. 값의 유무를 빠르게 조사하고 싶을 때는 집합을 사용하고, 키를 빠르게 발견한 후에 대응하는 값을 가져오고 싶을 때에는 사전을 사용하는 것을 추천합니다.

예를 들어, 상품명을 키, 상품 코드를 값으로서 사전에 저장하면 상품명에서 상품 코드를 빠르게 조사할 수 있습니다. 반대로 상품 코드로부터 상품 정보를 재빠르게 조사하고 싶을 때는 상품 코드를 키로 상품 정보(이름이나 가격 등)을 통합한 튜플 등을 값으로 해서 사전에 저장하는 게 좋습니다.

사전도 집합과 같은 중괄호로 작성한다

사전을 작성하려면 {}(중괄호)의 안에 키:값이라는 쌍을 콤마(,)로 구분해서 나열합니다. 키나 값의 부분에 변수나 식을 적을 수도 있습니다. 중괄호를 사용하는 것은 집합과 같지만 값만을 적으면 집합이 되며 키와 값의 쌍을 적으면 사전이 됩니다.

사전의 작성(키와 값이 2쌍 이상인 경우)

```
{키: 값, ···}
```

사전의 작성(키와 값이 1쌍인 경우)

```
{키: 값}
```

사전의 작성(빈 사전)

```
{}
```

표준 코딩 스타일인 PEP8에서는 위의 콜론(:)의 뒤와 콤마(,)의 뒤에 각각 공백을 넣는 것을 권장합니다. 넣지 않아도 올바르게 동작하지만 특별한 이유가 없다면 넣어 두는 것을 추천합니다.

키와 값이 2쌍 이상인 경우 키의 데이터 형은 모두 같아도, 각각 달라도 상관없습니다. 실제 프로그램에서는 같은 데이터 형의 키로 하는 경우가 많을 것입니다. 값의 데이터 형에 대해서도 마찬가지로 모두 같아도 각각 달라도 상관없지만, 이것도 같은 데이터 형으로 하는 경우가 많을 것입니다. 또한 키와 값의 데이터 형은 같아도 달라도 상관없습니다.

실제로 사전을 작성해 봅시다. 여기에서는 <u>ISO 639-1이라는 규격으로 정해져 있는 'ko'나 'en'과 같은 언어명 코드와 'Korean'이나 'English'와 같이 실제 언어명을 지원하는 사전</u>을 만듭니다. 이러한 언어명 코드는 프로그래밍에서도 사용할 수 있습니다.

언어명 코드를 키로 사용해 실제 언어명을 값으로 함으로써 지정한 코드에 대응하는 언어명을 출력할 수 있게 합시다. 다음의 요소(키와 값의 쌍)를 저장한 사전을 작성하세요.

키 'ko', 값 'Korean'

키 'en', 값 'English'

키 'fr', 값 'French'

```
>>> {'ko': 'Korean', 'en': 'English', 'fr': 'French'}
{'ko': 'Korean', 'en': 'English', 'fr': 'French'}
```

파이썬 인터프리터의 대화 모드에서 사전을 작성하면 위와 같은 사전의 내용이 표시됩니다. 작성한 사전을 나중에 이용하고 싶은 경우에는 뒤에서 설명하듯이 변수에 대입합니다.

위에서는 사전을 작성했을 때의 키 순서와 작성한 사전을 표시했을 때의 키 순서가 일치합니다. 이렇게 사전에서는 키를 추가했을 때의 순서와 키를 꺼낼 때의 순서가 일치합니다. 이러한 순서가 일치하도록 사전이 구현된 것은 파이썬 3.6으로, 언어의 사양으로서 순서의 일치가 보장된 것은 파이썬 3.7입니다. 오래된 버전의 파이썬에서는 사전에 추가한 키의 순서와 사전에서 키를 꺼낼 때의 순서가 다를 수 있으니 주의하세요. 작성한 사전을 나중에 이용하고 싶은 경우에는 다음과 같이 변수에 대입하는 것이 좋습니다.

변수에 사전을 대입

```
변수 = {키: 값, ···}
```

조금 전과 같은 **사전을 작성하고 변수 lang에 대입**하세요. 그리고 lang 값을 표시해서 사전이 올바르게 작성된 것을 확인합니다.

```
>>> lang = {'ko': 'Korean', 'en': 'English', 'fr': 'French'}
>>> lang
{'ko': 'Korean', 'en': 'English', 'fr': 'French'}
```

dict 함수(엄밀하게는 dict 클래스)를 사용하면 이터러블로부터 사전을 작성할 수 있습니다. 이터러블의 요소는 키와 값의 쌍이어야 합니다.

이터러블로부터 사전을 작성(dict 함수)

```
dict(이터러블)
```

예를 들어 위와 같은 **사전을 dict 함수와 이터러블을 사용해서 작성**해 보세요. 키와 값의 쌍을 튜플로 하고, 3개의 튜플을 리스트로 합치고 나서 dict 함수로 전달합니다.

```
>>> dict([('ko', 'Korean'), ('en', 'English'), ('fr', 'French')])
{'ko': 'Korean', 'en': 'English', 'fr': 'French'}
```

dict 함수는 작성한 사전(의 객체)을 반환합니다.

dict 함수와 키워드 인수를 사용하여 사전을 작성할 수도 있습니다. 키워드 인수의 이름이 키가 됩니다.

dict 함수와 키워드 인수로 사전을 작성

```
dict(키=값, ···)
```

위와 같은 사전을 dict 함수와 키워드 인수를 사용해서 작성해 보세요. 예를 들어 키 'ko'는 키워드 인수 ko로서 기술합니다.

```
>>> dict(ko='Korean', en='English', fr='French')
{'ko': 'Korean', 'en': 'English', 'fr': 'French'}
```

사전에는 같은 키를 중복하여 저장할 수 없습니다. 같은 키를 여러 번 사용한 경우에는 먼저 적은 값이 뒤에 적은 값으로 덮어쓰게 됩니다. 예를 들어 다음의 키와 값을 저장한 사전을 작성해 보세요. 여기에서는 키 'ko'를 여러 번 사용하고 있습니다.

키 'ko', 값 'Korean'

키 'en', 값 'English'

키 'ko', 값 '한국어'

키 'fr', 값 'French'

```
>>> {'ko': 'Korean', 'en': 'English', 'ko': '한국어', 'fr': 'French'}
{'ko': '한국어', 'en': 'English', 'fr': 'French'}
```

키 'ko' 값에 대해서는 앞에서 적은 'Korean'이 아닌 뒤에서 적은 '한국어'가 저장되었습니다. 또한 키의 순서에 대해서는 처음에 키를 추가했을 때의 순서로 되어 있으며 뒤에서 값을 덮어쓴 경우에도 키의 순서는 변화하지 않습니다.

사전에 저장한 값 가져오기

사전에 저장한 값을 가져오려면 다음과 같이 합니다. 다음 사전의 부분에는 사전을 대입한 변수나 값이 사전이 되는 식을 적을 수 있습니다.

사전의 값을 가져오기

사전[키]

실제로 사용해 봅시다. 먼저 **다음 요소를 저장한 사전을 작성하고, 변수 lang에 대입**하세요. 다음에 키 'en'에 대한 값을 가져와 보세요.

키 'ko', 값 'Korean'

키 'en', 값 'English'

키 'fr', 값 'French'

```
>>> lang = {'ko': 'Korean', 'en': 'English', 'fr': 'French'}
>>> lang['en']
'English'
```

사전에 포함되어 있지 않은 키를 지정하면 KeyError(키 오류)라는 예외(Chapter8)가 발생합니다.
위의 변수 lang을 사용해서 키 'de'의 값을 가져오세요. de는 독일어의 언어명 코드입니다.

```
>>> lang['de']
Traceback (most recent call last):
  File "<stdin>", line 1, in <module>
KeyError: 'de'
```

get 메서드를 사용해도 지정한 키에 대응하는 값을 가져올 수 있습니다. 사전에 포함되어 있지 않은
키를 지정했을 때에도 예외는 발생하지 않습니다. get 메서드는 사전에 포함되어 있지 않는 키를
지정한 경우 기본값이 지정되어 있지 않을 때에는 None을 반환하고, 지정되어 있을 때에는 기본값
을 반환합니다.

사전의 값을 가져오기(get 메서드)

```
사전.get(키)
사전.get(키, 기본값)
```

앞서 설명한 변수 lang에 대해서 get 메서드를 사용하여 키 'de'에 관해서 기본값을 지정하지 않는 경우와 기
본값에 'German'을 지정하는 경우를 실험해 보세요.

```
>>> lang.get('de')              ⇐ 기본값을 지정하지 않는 경우
>>> lang.get('de', 'German')    ⇐ 기본값을 지정하는 경우
'German'
```

위의 실행 예에서 기본값을 지정하지 않는 경우에 아무것도 표시되지 않는 이유는 파이썬 인터프리
터의 대화 모드가 None을 표시하지 않기 때문입니다.

사전에 대한 요소의 추가와 삭제

사전은 뮤터블이므로 요소의 추가나 삭제를 할 수 있습니다. 사전에 **요소를 추가**하려면 다음과 같이 합니다. 다음의 사전 부분에는 값이 사전이 되는 식을 적습니다.

사전에 요소를 추가

```
사전[키] = 값
```

지정한 키가 사전에 포함되어 있지 않는 경우에는 키와 값의 쌍이 사전에 추가됩니다. 지정한 키가 사전에 포함되어 있는 경우에는 그 키에 대응하는 값을 지정한 값으로 변경합니다.

실제로 사용해 봅시다. 변수 lang에 빈 사전을 대입합니다. **변수 lang에 대해서 키 'de'와 값 'German' 의 쌍을 추가하고, lang 값을 표시**해 보세요.

```
>>> lang = {}                    ⇐ 빈 사전
>>> lang['de'] = 'German'        ⇐ 키 'de'와 값 'German'을 추가
>>> lang
{'de': 'German'}                 ⇐ 추가 후의 사전
```

위의 **변수 lang에 대해서 키 'de' 값을 'Deutsch'로 변경하고, 다시 lang의 값을 표시**하세요. Deutsch는 독일어로 '독일어'를 의미하는 단어입니다.

```
>>> lang['de'] = 'Deutsch'       ⇐ 키 'de'의 값을 'Deutsch'로 변경
>>> lang
{'de': 'Deutsch'}                ⇐ 변경 후의 사전
```

이번에는 **요소를 삭제**해 봅시다. 사전 요소를 삭제하려면 다음과 같이 del 문을 사용합니다. 지정한 키가 사전에 포함되어 있지 않은 경우에는 예외(KeyError)가 발생합니다.

사전의 요소를 삭제

```
del 사전[키]
```

위의 **변수 lang에 대해 키 'fr'의 요소를 삭제**하세요. 키 'fr'은 사전에 포함되어 있지 않으므로 KeyError가 발생합니다. 다음으로 **사전에 포함되어 있는 키 'de'의 요소를 삭제하고, lang을 표시**해서 결과를 확인해 보세요.

```
>>> lang
{'de': 'Deutsch'}                         ⇐ 삭제 전의 사전
>>> del lang['fr']                        ⇐ 사전에 포함되어 있지 않은 키의 삭제
Traceback (most recent call last):
  File "<stdin>", line 1, in <module>
KeyError: 'fr'
>>> del lang['de']                        ⇐ 사전에 포함되어 있는 키의 삭제
>>> lang
{}                                         ⇐ 삭제 후의 사전(빈 사전)
```

pop 메서드를 사용해 요소를 삭제하는 방법도 있습니다. pop 메서드는 지정한 키의 요소를 삭제하고 대응하는 값을 반환합니다. 키가 사전에 포함되어 있지 않은 경우, 기본값이 지정되어 있지 않을 때에는 예외(KeyError)를 발생시키고 지정되어 있을 때에는 기본값을 반환합니다.

사전의 요소를 삭제(pop 메서드)

```
사전.pop(키)
사전.pop(키, 기본값)
```

pop 메서드를 사용해 봅시다. 다음의 요소를 저장한 사전을 작성하고, 변수 lang에 대입하세요.

키 'ko', 값 'Korean'

키 'en', 값 'English'

변수 lang에 대해 pop 메서드를 사용해 키 'fr'을 삭제합니다. 기본값을 지정하지 않는 경우와 기본값에 'French'를 지정하는 경우의 모두를 시험하세요. 키 'fr'은 사전에 포함되어 있지 않으므로 삭제 후의 사전은 삭제 이전의 사전에서 변화하지 않았습니다.

```
>>> lang = {'ko': 'Korean', 'en': 'English'}
>>> lang
{'ko': 'Korean', 'en': 'English'}          ⇐ 삭제 전의 사전
>>> lang.pop('fr')                         ⇐ pop 메서드(기본값 없음)
Traceback (most recent call last):
  File "<stdin>", line 1, in <module>
KeyError: 'fr'
>>> lang.pop('fr', 'French')               ⇐ pop 메서드(기본값 있음)
'French'
>>> lang
```

```
{'ko': 'Korean', 'en': 'English'}          ⇽ 삭제 후의 사전(변화하지 않는다)
```

사전이 포함하는 모든 요소를 삭제하려면 clear 메서드를 사용합니다.

사전의 모든 요소를 삭제(clear 메서드)

```
사전.clear()
```

위의 변수 lang에 대해 clear 메서드를 사용하여 모든 요소를 삭제해 보세요.

```
>>> lang
{'ko': 'Korean', 'en': 'English'}          ⇽ 삭제 전의 사전
>>> lang.clear()                            ⇽ clear 메서드
>>> lang
{}                                          ⇽ 삭제 후의 사전(빈 사전)
```

그 밖의 사전 조작 방법

사전에 적용할 수 있는 편리한 조작을 소개합니다. 먼저 사전에 포함되는 요소의 개수를 알아보려면
익숙한 len 함수를 사용합니다.

사전의 요소 수를 알아보기(len 함수)

```
len(사전)
```

실제로 사용해 봅시다. 다음 요소를 저장한 사전을 작성해서 변수 lang에 대입하세요. 그리고 len 함수를
사용하여 사전의 요소 수를 알아봅시다.

키 'ko', 값 'Korean'

키 'en', 값 'English'

키 'fr', 값 'French'

```
>>> lang = {'ko': 'Korean', 'en': 'English', 'fr': 'French'}
>>> lang
{'ko': 'Korean', 'en': 'English', 'fr': 'French'}   ⇽ 작성한 사전
>>> len(lang)
3                                                    ⇽ 요소의 개수
```

사전이 지정한 키를 포함하는지 여부는 in이나 not in으로 알아볼 수 있습니다. 집합과 마찬가지로 사전도 in이나 not in을 빠르게 실행할 수 있습니다.

사전이 키를 포함하는지 여부를 알아본다(in 연산자)

```
키 in 사전
```

사전이 키를 포함하지 않는지 여부를 알아본다(not in 연산자)

```
키 not in 사전
```

앞서 설명한 변수 lang에 대해서 **사전이 키 'fr'을 포함하는지 여부와 키 'de'를 포함하는지 여부**를 in 및 not in을 사용하여 알아보세요.

```
>>> lang = {'ko': 'Korean', 'en': 'English', 'fr': 'French'}
>>> lang
{'ko': 'Korean', 'en': 'English', 'fr': 'French'}
>>> 'fr' in lang
True                      ⇐ 'fr'은 포함한다
>>> 'de' in lang
False                     ⇐ 'de'는 포함하지 않는다
>>> 'fr' not in lang
False                     ⇐ 'fr'은 포함한다
>>> 'de' not in lang
True                      ⇐ 'de'는 포함하지 않는다
```

다음의 메서드를 사용하면 사전에 포함되는 '키', '값', '키와 값의 쌍'의 목록을 가져올 수 있습니다. 이러한 메서드는 **사전 뷰 객체**라는 사전을 열람하기 위한 객체를 반환합니다.

키의 목록을 취득(keys 메서드)

```
사전.keys()
```

값의 목록을 취득(values 메서드)

```
사전.values()
```

키와 값 쌍의 목록을 취득(items 메서드)

```
사전.items()
```

사전 뷰 객체는 이터러블이므로 이터러블을 인수로 취하는 함수나 for 문(Chapter5) 등에 건넬 수 있습니다. 예를 들어 앞서 설명한 **변수 lang에 대해 위의 세 종류의 메서드를 적용한 후 리스트를 작성하는 list 함수에 건네 보세요.**

```
>>> lang
{'ko': 'Korean', 'en': 'English', 'fr': 'French'}         ⇦ 사전
>>> list(lang.keys())
['ko', 'en', 'fr']                                        ⇦ 키
>>> list(lang.values())
['Korean', 'English', 'French']                           ⇦ 값
>>> list(lang.items())
[('ko', 'Korean'), ('en', 'English'), ('fr', 'French')]   ⇦ 키와 값의 쌍
```

위의 예에서는 '키', '값', '키와 값의 쌍'의 목록을 각각 리스트로 할 수 있었습니다. items 메서드는 키와 값의 쌍을 튜플로 반환합니다.

또한 사전 자체도 이터러블로서 사용할 수 있습니다. 이 경우는 keys 메서드와 마찬가지로 키의 리스트 목록을 얻을 수 있습니다. 예를 들어 앞서 설명한 **변수 lang을 그대로 list 함수에 건네 보세요.**

```
>>> lang
{'ko': 'Korean', 'en': 'English', 'fr': 'French'}   ⇦ 사전
>>> list(lang)
['ko', 'en', 'fr']                                  ⇦ 키
```

프로그램의 흐름을 바꾸는 제어 구조

제어 구조란 프로그램의 구문을 특정 순서로 실행하는 것을 표현하는 형식입니다. 일반적으로 프로그램은 나열된 여러 개의 구문을 위에서 아래로 순서대로 실행합니다. 이것을 '순차'라고 합니다. 한편으로 '선택'이라는 제어 구조를 사용하면 여러 개의 구문 중에서 하나를 선택해서 실행할 수 있습니다. 또한 '반복'이라는 제어 구조를 사용하면 지정한 구문을 반복해서 실행할 수 있습니다.

여기에서는 파이썬의 제어 구조를 학습합니다. 선택으로서는 조건 분기를 실시하는 if 문과 식의 안에서 조건 분기를 할 수 있는 조건식이 있습니다. 반복에 대해서는 이터러블에 관해 반복하는 for 문과 조건에 따라 반복하는 while 문이 있습니다. 또한 조금 특이한 기능으로서 아무것도 하지 않는 pass 문에 대해서도 배워 봅시다.

이 장의 학습 내용

① if 문에 의한 조건 분기   ② for 문에 의한 반복

③ while 문에 의한 반복   ④ 아무것도 하지 않는 pass 문의 용도

조건 분기에는 if 문을 사용한다

if(이프) 문은 조건 분기를 실시하기 위한 구문입니다. 지정된 식을 평가하여 값이 True(참)인지 False(거짓)인지에 따라 실행하는 구문을 선택합니다. 파이썬에서 조건 분기를 실시하는 방법은 여러 가지가 있는데, 아마도 if 문은 가장 잘 알려진 방법입니다. 어떠한 조건에 따라 다르게 처리하고 싶을 때에는 일단 if 문을 사용해 보는 게 좋습니다.

if 문은 많은 프로그래밍 언어가 갖추고 있습니다. 파이썬의 if 문은 다른 언어의 if 문과 비슷하지만 주의해야 할 것은 들여쓰기입니다. 많은 언어에서는 프로그램을 보기 쉽게 하기 위해 들여쓰기를 사용하지만 파이썬에서는 들여쓰기가 프로그램의 동작을 변화시킵니다(Chapter2). 다른 말로 하면 파이썬에서는 들여쓰기의 겉모습과 프로그램의 동작이 일치하기 때문에 조금 익숙해지면 매우 사용하기 쉽다고 느끼게 될 것입니다.

'만약'을 나타내는 if 문

if 문은 식의 값이 True이면 지정한 구문을 실행합니다. if 문은 다음과 같이 작성합니다. 다음 구문… 부분에는 구문을 여러 행에 걸쳐서 적을 수 있습니다.

if 문

```
if 식:
    구문···
```

식의 뒤에 콜론(:)을 적은 다음 줄바꿈하고, 다음 행부터는 들여쓰기 해서 적습니다. 들여쓰기 하고 있는 한 if 문의 안쪽으로 취급됩니다. 들여쓰기를 중지하면 if 문의 바깥으로 취급됩니다.

▼ if 문의 처리 흐름

```
if 식:
    구문···          ●──── if 문의 안쪽(식이 True인 경우에 실행)
    구문···          ●──── if 문의 바깥쪽
```

콜론 뒤에 구문을 이어서 적을 수도 있습니다. 세미콜론(;)으로 구분하면 2개 이상의 구문을 적을 수도 있습니다. 이러한 작성법은 프로그램의 행수를 줄이는 효과가 있지만 표준 코딩 스타일인 (PEP8)에서는 권장하지 않습니다.

if 문(콜론에 이어서 구문을 적는다)

```
if 식: 구문
if 식: 구문; 구문
```

if 문을 사용하여 복권 당첨 번호를 판정하고 상품을 표시하는 프로그램을 작성해 봅시다. 처음으로 복권 번호로서 변수 number에 '123456'을 대입하세요. 다음으로 if 문을 사용해서 number가 '123456'과 동일한지 여부를 판정하고 동일한 경우에는 '1st Prize: Money'를 표시하세요. 판정에는 비교 연산자(Chapter3)인 ==를 사용합니다.

이 프로그램은 파이썬 인터프리터로도 적을 수 있는데 들여쓰기의 입력 방법에 주의하세요 (Chapter2). 주피터 노트북이나 텍스트 편집기를 사용하는 것도 추천합니다. 또한 PEP8에서는 공백 4개의 들여쓰기를 권장하는데 입력하기 더 쉬운 탭을 사용해서 들여쓰기 해도 됩니다.

▼ if1.py

```
number = '123456'
if number == '123456':
    print('1st Prize: Money')
```

프로그램을 실행하여 1st Prize: Money라고 표시되면 성공입니다.

```
>python if1.py
1st Prize: Money
```

이것은 복권이 당첨된 경우인데 당첨되지 않은 경우도 시험해 봅시다. 위 프로그램에서 변수 number에 대입하는 값을 '654321'로 변경하고 나서 실행하세요.

▼ if2.py

```
number = '654321'
if number == '123456':
    print('1st Prize: Money')
```

이번에는 아무것도 표시되지 않습니다. if 문은 식의 값이 False일 때에는 안쪽에 있는 구문을 실행하지 않습니다. 위의 프로그램에서는 식 number == '123456'의 값이 False이므로 print 문이 실행되지 않고 아무것도 표시되지 않는 결과가 됩니다.

●번호를 키보드로 입력한다

복권 번호를 바꿀 때에 프로그램을 변경하기는 조금 번거롭습니다. 프로그램을 실행했을 때에 복권 번호를 키보드로 입력할 수 있게 해 봅시다. 키보드에서 입력한 값을 가져오려면 다음과 같은 input 함수를 사용할 수 있습니다. input 함수의 인수에 문자열을 지정하면 **프롬프트**(입력을 요청하는 문자열)를 표시할 수 있습니다.

키보드에서 입력한 값을 가져온다(input 함수)

```
input()
```

키보드에서 입력한 값을 가져와 프롬프트를 표시

```
input(문자열)
```

input 함수는 1행의 입력을 받아 문자열로 반환합니다. 다음과 같이 적으면 가져온 문자열을 변수에 대입할 수 있습니다.

입력 내용을 변수에 대입

```
변수 = input()
변수 = input(문자열)
```

프로그램을 바꿔 적어 복권 번호를 키보드로부터 입력할 수 있게 해 봅시다. input 함수의 인수를 지정하여 'Number:'라는 프롬프트를 표시하세요. input 함수의 반환값은 변수 number에 대입합니다.

▼if3.py

```
number = input('Number:')
if number == '123456':
    print('1st Prize: Money')
```

프로그램을 실행해서 당첨 번호(123456)를 입력해 보세요. 상품이 표시되면 성공입니다.

```
>python if3.py
Number:123456      ⇐ 당첨 번호를 입력
1st Prize: Money   ⇐ 1등 상이 표시되었다
```

다시 프로그램을 실행해서 맞지 않는 번호(123456 이외, 예를 들면 654321)를 입력해 보세요. 아무 것도 표시되지 않으면 성공입니다.

```
>python if3.py
Number:654321    ← 맞지 않는 번호를 입력
                 ← 아무것도 표시되지 않는다
```

● 여러 구문을 실행한다

그럼 if 문의 안쪽에 여러 구문을 적어 봅시다. '1st Prize: Money'라고 표시하고 줄바꿈한 후에 'Congratulations!'라고 표시하도록 프로그램을 수정해 보세요.

▼ if4.py

```python
number = input('Number:')
if number == '123456':
    print('1st Prize: Money')
    print('Congratulations!')
```

실행하여 당첨 번호(123456)을 입력하면 1st Prize: Money라고 표시한 후에 줄바꿈하고 Congratulations!라고 표시합니다.

```
>python if4.py
Number:123456
1st Prize: Money
Congratulations!
```

위의 프로그램에 대해서도 맞지 않는 번호(123456 이외)를 입력해 보세요. 아무것도 표시되지 않으면 성공입니다.

'그렇지 않으면'을 나타내는 else 절

if 문에 else 절을 붙이면 식이 값이 False일 때에 지정한 구문을 실행할 수 있습니다.

else 절을 수반하는 if 문은 다음과 같이 작성합니다.

else 절을 수반하는 if 문

```
if 문:
    구문···
else:
    구문···
```

else 절에도 들여쓰기가 필요합니다. 들여쓰기 하고 있는 한 else 절의 안쪽으로 취급됩니다.

▼ else 절을 수반하는 if 문의 처리의 흐름

```
if 문:
    구문···         ●── 식이 True인 경우에 실행하는 구문
else:
    구문···         ●── 식이 False인 경우에 실행하는 구문
구문···              if 문의 바깥쪽
```

PEP8에서는 권장하지 않지만, else 절의 콜론(:)에 이어서 구문을 적을 수도 있습니다. 세미콜론
(;)으로 구분하면 2개 이상의 구문을 적을 수도 있습니다.

else 절을 수반하는 if 문(콜론에 이어서 구문을 적는다)

```
if 식: 구문
else: 구문
```

else 절을 사용하여 앞서 설명한 당첨 번호를 판정하는 프로그램을 개조하여, 맞지 않은 경우에
Lose라고 표시해 봅시다. 변수 number가 '123456'과 같으면 '1st Prize: Money'라고 표시하고 같지 않으
면 'Lose'라고 표시합니다.

▼ else1.py

```
number = input('Number:')
if number == '123456':
    print('1st Prize: Money')
else:
    print('Lose')
```

프로그램을 실행해서 당첨 번호(123456)를 입력해 보세요. 1st Prize: Money라고 표시되면 성공
입니다.

```
>python else1.py
Number:123456
1st Prize: Money
```

맞지 않는 번호(123456 이외)를 입력해 보세요. Lose라고 표시하면 성공입니다.

```
>python else1.py
Number:654321
Lose
```

'~가 아니라 만약'을 나타내는 elif 절

if 문에 elif 절을 붙이면 식의 값이 False일 때에 다른 식을 평가할 수 있습니다. elif는 else if의 약어입니다. elif 절을 수반하는 if 문은 다음과 같이 작성합니다.

elif 절을 수반하는 if 문

```
if 식A:
    구문…
elif 식B:
    구문…
```

elif 절에도 들여쓰기가 필요합니다. else 절과 마찬가지로 들여쓰기 하고 있는 한 elif 절의 안쪽으로 취급됩니다.

▼ elif 절을 수반하는 if 문의 처리의 흐름

```
if  식A:
    구문…      ●──── if의 식A가 True인 경우에 실행하는 구문
elif  식B:        ●──── if의 식A가 False인 경우에 평가하는 구문
    구문…      ●──── elif의 식B가 True인 경우에 실행하는 구문
구문…          ●──── if 문의 바깥쪽
```

또한 PEP8에서는 권장하지 않는데 elif 절의 콜론(:)에 이어서 구문을 적을 수도 있습니다. 세미콜론(;)으로 구분하면 2개 이상의 구문을 적을 수도 있습니다.

elif 절을 수반하는 if 문(콜론에 이어서 구문을 적는다)

```
if 식A: 구문
elif 식B: 구문
```

elif 절은 여러 개 나열해 적을 수 있습니다. 몇 개라도 필요한만큼 나열할 수 있습니다.

여러 개의 elif 절을 수반하는 if 문

```
if 식A:
    구문···
elif 식B:
    구문···
elif 식C:
    구문···
```

▼여러 개의 elif 절을 수반하는 if 문의 처리의 흐름

```
if 식A:
    구문···        ●── 식A가 True인 경우에 실행하는 구문
elif 식B:
    구문···        ●── 식A가 False로 식B가 True인 경우에 실행하는 구문
elif 식C:
    구문···        ●── 식A와 식B가 False로 식C가 True인 경우에 실행하는 구문
구문···            ●── if 문의 바깥쪽
```

elif 절의 뒤에 else 절을 적을 수도 있습니다. 아래에서는 elif 절을 1개만 적었는데 이 경우에도 elif 절을 여러 개 나열할 수 있습니다.

elif 절과 else 절을 수반하는 if 문의 처리의 흐름

```
if 식A:
    구문···
elif 식B:
    구문···
else 식C:
    구문···
```

```
if 식A:
    구문···        ●── 식A가 True인 경우에 실행하는 구문
elif 식B:
    구문···        ●── 식A가 False로 식B가 True인 경우에 실행하는 구문
else 식C:
    구문···        ●── 식A와 식B가 False인 경우에 실행하는 구문
구문···            ●── if 문의 바깥쪽
```

elif 절을 사용하여 앞서 설명한 당첨 번호를 판정하는 프로그램을 다음과 같이 개조합니다. 다음의 ②와 ③은 슬라이스를 사용해서 적습니다.

① 변수 number가 '123456'과 같으면 '1st Prize: Money'라고 표시합니다.

② 변수 number가 '123456'이 아닌 경우, number의 아래 4자릿수가 '7890'과 같다면 '2nd Prize: Gift Box'라고 표시합니다.

③ 변수 number가 '123456'이 아니고, 아래 4자릿수가 '7890'도 아닌 경우, number의 아래 2자릿수 가 '05'와 같으면 '3rd Prize: Stamp Sheet'로 표시합니다.

④ 변수 number가 '123456'이 아니고, 아래 4자릿수가 '7890'도 아닌 경우, 아래 2자릿수가 '05'도 아 닌 경우에는 'Lose'라고 표시합니다.

▼ elif1.py

```
number = input('Number:')
if number == '123456':
    print('1st Prize: Money')
elif number[-4:] == '7890':
    print('2nd Prize: Gift Box')
elif number[-2:] == '05':
    print('3rd Prize: Stamp Sheet')
else:
    print('Lose')
```

프로그램을 실행하여 123456, 127890, 123405, 654321을 입력해 보세요. 각각 1등상, 2등상, 3등상, 맞지 않음이 표시되면 성공입니다.

```
>python elif1.py
Number:123456
```

```
1st Prize: Money          ⇐ 1등상


>python elif1.py
Number:127890
2nd Prize: Gift Box       ⇐ 2등상


>python elif1.py
Number:123405
3rd Prize: Stamp Sheet    ⇐ 3등상


>python elif1.py
Number:654321
Lose                      ⇐ 맞지 않음
```

식 안에서 조건 분기를 할 수 있는 조건식

조건식은 식 안에서 조건 분기를 하기 위한 구문입니다. 지정된 식을 평가하고 값이 True인지 False 인지에 따라 다른 값을 반환합니다. 같은 처리는 if 문을 사용해서 적을 수도 있지만 조건식을 사용한 쪽이 프로그램을 짧고 간결하게 적을 수 있습니다.

조건식의 작성법

조건식은 다음과 같이 작성합니다. 조건식을 평가하고 값이 True일 때는 식A의 값을, 값이 False 일 때는 식B의 값을 반환합니다.

조건식

```
식A if 조건식 else 식B
```

▼조건식의 처리의 흐름

```
          ┌── 조건식이 True인 경우는 식A의 값을 반환한다
식A if 조건식 else 식B
                      └──── 조건식이 False인 경우는 식B의 값을 반환한다
```

조건식은 조건식, 식A, 식B와 같이 계산의 대상이 되는 항이 3개 있으므로, **삼항 연산자**라고도 합니다. 일반적으로 프로그래밍에서는 조건 분기에서 분기의 조건을 나타내기 위해 사용하는 비교 연산자나 부울 연산자를 조합한 식을 '조건식'이라고 합니다. 그러므로 조건식이라는 명칭을 사용하면 파이썬에서 '… if … else …'라는 구문을 가리키는지 프로그래밍에서 일반적인 조건식을 가리키는지 헷갈릴 수 있습니다. 삼항 연산자라는 명칭을 사용하면 이 모호함을 피해서 명확하게 '… if … else …'라는 구문을 가리킬 수 있습니다. 현재의 파이썬에서는 계산의 대상이 되는 항이 3개 있는 연산은 '… if … else …'뿐이므로 삼항 연산자라고 불러도 다른 연산과 혼동할 일은 없습니다.

또한 C, C++에서 삼항 연산자는 '조건식? 식A : 식B'와 같이 적습니다. 이렇게 삼항 연산자를 사용하는 데 익숙한 사람은 C, C++과 파이썬에서는 식의 순서가 다른 것에 주의하세요.

그럼 조건식을 사용해 봅시다. 복권 당첨 번호를 판정하는 프로그램을 조건식을 사용해서 적어 봅시다. 예를 들어 **변수 number가 '123456'일 때에 '1st Prize: Money'라고 표시하고, '123456' 이외일 때에 'Lose'라고 표시**하는 프로그램은 if 문과 else 절을 사용하면 다음과 같이 작성할 수 있습니다.

▼ cond1.py

```
number = input('Number:')
if number == '123456':
    print('1st Prize: Money')
else:
    print('Lose')
```

위의 프로그램을 조건식을 사용하여 다시 써 보세요. print 함수의 인수로 조건식을 사용하고 조건에 따라 print 함수에 다른 문자열을 넘겨주도록 합니다.

▼ cond2.py

```
number = input('Number:')
print('1st Prize: Money' if number == '123456' else 'Lose')
```

이처럼 조건식을 사용하면 if 문을 사용한 원본의 프로그램보다도 프로그램을 짧게 적을 수 있습니다. 위의 프로그램을 실행해서 당첨 번호(123456)와 맞지 않는 번호(123456 이외)를 입력해 보세요. 1등상과 맞지 않음이 표시되면 성공입니다.

```
>python cond2.py
Number:123456        ⇦ 당첨 번호
1st Prize: Money     ⇦ 1등상
```

```
>python cond2.py
Number:654321        ⇦ 맞지 않는 번호
Lose                 ⇦ 맞지 않음
```

복잡한 조건식

조건식은 조건에 따라 2가지 값을 반환하는데 다음과 같이 적으면 3가지 값을 반환할 수 있습니다.

3가지 값을 반환하는 조건식

```
식A if 조건식X else
    식B if 조건식Y else
        식C
```

위의 식이 반환하는 값은 다음과 같습니다. 이것은 if 문에서 elif 절을 사용했을 때의 동작과 비슷합니다.

· 조건식X가 True면 식A의 값을 반환한다.
· 조건식X가 False로 조건식Y가 True면 식B의 값을 반환한다.
· 조건식X가 False로 조건식Y가 False면 식C의 값을 반환한다.

▼ 3가지 값을 반환하는 조건식의 처리의 흐름

```
         ┌─ 조건식X가 True인 경우는 식A의 값을 반환한다
  식A if 조건식X else
      식B if 조건식Y else  ⇠ 조건식X가 False로 조건식Y가 True인 경우는 식B의 값을 반환한다
         식C
         └─ 조건식X와 조건식Y가 False인 경우는 식C의 값을 반환한다
```

if 문에서 elif 절을 몇 개라도 나열할 수 있듯이 조건식도 얼마든지 나열해서 적을 수 있습니다.

예를 들어 다음과 같이 적으면 조건(식X, 식Y, 식Z)에 따라 4가지 값(식A, 식B, 식C, 식D)를 반환할 수 있습니다. 5가지 이상의 값을 반환하고 싶을 때에도 마찬가지입니다.

4가지의 값을 반환하는 조건식

```
식A if 조건식X else
    식B if 조건식Y else
        식C if 조건식Z else
            식D
```

if 문을 사용하여 당첨 번호를 판정하는 다음의 프로그램(재게재)을 조건식을 사용하여 다시 적어 봅시다. 이 프로그램은 변수 number의 값에 따라 1등상, 2등상, 3등상, 맞지 않음을 표시합니다.

```python
number = input('Number:')
if number == '123456':
    print('1st Prize: Money')
elif number[-4:] == '7890':
    print('2nd Prize: Gift Box')
elif number[-2:] == '05':
    print('3rd Prize: Stamp Sheet')
else:
    print('Lose')
```

조건식을 사용해서 위의 프로그램을 다시 적어 봅시다. 조건에 따라 4가지 값을 반환하도록 적습니다.

▼ cond3.py

```python
number = input('Number:')
print('1st Prize: Money' if number == '123456' else
      '2nd Prize: Gift Box' if number[-4:] == '7890' else
      '3rd Prize: Stamp Sheet' if number[-2:] == '05' else 'Lose')
```

프로그램을 실행하여 123456, 127890, 123405, 654321을 입력해 보세요. 각각 1등상, 2등상, 3등상, 맞지 않음이 표시되면 성공입니다. 실행 결과는 elif 절을 사용한 프로그램과 같습니다.

위의 프로그램에서는 조건식이 길기 때문에 보기 편하게 하기 위해서 도중에 줄바꿈을 합니다. PEP8에서는 이렇게 식 중간에 줄바꿈을 경우 각 행에서 식의 앞이 같은 행이 되도록 들여쓰기 하는 걸 권장합니다. 위의 프로그램에서도 '1st...', '2nd...', '3rd...'의 앞을 같은 간격으로 들여쓰기 한 것에 주목하세요.

조건식을 사용하면 if 문보다도 프로그램을 짧게 적을 수 있는데 위와 같이 식이 길어질 수도 있습니다. 만약 식이 길어져 버려 프로그램이 읽기 어려워지는 것 같다면 무리하게 조건식을 사용하지 않고 if 문을 사용해서 적는 게 좋습니다

대부분의 반복은 for 문으로 적을 수 있다

for(포) 문은 반복을 하기 위한 구문입니다. 파이썬의 반복 구문에는 for 문과 while 문이 있는데 아마 대부분의 반복에는 for 문이 적합합니다.

for 문은 이터러블(반복 가능한 객체)에 대해 반복을 실시합니다. 이터러블로부터 요소를 1개씩 꺼내 지정한 처리를 실행합니다. 이 방식의 for 문은 일반적으로 foreach(포이치) 문이라고 합니다. each(각각의)라는 이름 그대로 각각의 요소에 대해 처리를 적용하는 방식입니다. 파이썬의 for 문, C, C++ 범위 기반 for 문, 자바 확장 for 문 모두 foreach 문입니다.

for 문의 작성법

for 문은 다음과 같이 작성합니다. 이터러블 후에 콜론(:)을 적어서 줄바꿈하고 다음의 행부터는 들여쓰기 해서 적습니다.

for 문

```
for 변수 in 이터러블:
    구문…
```

if 문과 마찬가지로 들여쓰기를 하고 있는 한 for 문의 안쪽으로 취급됩니다. 들여쓰기를 그만두면 for 문의 바깥쪽으로 취급됩니다.

▼ for 문

```
for 변수 in 이터러블:
    구문…              ●──── for 문의 안쪽
    구문…              ●──── for 문의 바깥쪽
```

콜론의 뒤에 구문을 이어서 적을 수 있습니다. 세미콜론(;)으로 구분하면 2개 이상의 구문을 적을 수도 있습니다. 이러한 작성법은 프로그램의 행수를 줄이는 효과가 있지만 PEP8에서는 권장하지 않습니다.

for 문(콜론으로 이어진 구문을 적는다)

```
for 변수 in 이터러블: 구문
for 변수 in 이터러블: 구문; 구문
```

for 문은 이터러블로부터 요소를 하나씩 꺼내 변수에 대입하고 나서 for 문의 안쪽에 있는 구문을 실행합니다. 이터러블에서 꺼낼 수 있는 요소가 있는 한 이 절차를 반복합니다. 이터러블로부터 꺼낼 수 있는 요소가 없어지면 즉 이터러블 내의 요소를 모두 처리하면 반복은 끝나고 for 문의 바깥쪽에 있는 구문으로 실행이 옮겨집니다.

for 문을 사용해 봅시다. 이러터블의 부분에는 다양한 객체를 적을 수 있는데 여기에서는 리스트를 사용해 봅시다. 'Morning', 'Afternoon', 'Evening', 'Night'라는 4개의 요소를 저장한 리스트에 대해 for 문을 적용합니다. 그리고 문자열 'Good'과 꺼낸 요소를 나란히 표시함으로써 'Good Morning', 'Good Afternoon', 'Good Evening', 'Good Night'라는 인사를 표시하세요.

▼ for1.py

```
for x in ['Morning', 'Afternoon', 'Evening', 'Night']:
    print('Good', x)
```

위의 프로그램에서는 리스트의 각 요소를 변수 x에 꺼냅니다. 변수명은 x 말고 다른 이름으로 정해도 됩니다. 실행하면 다음과 같이 4가지 인사말이 표시됩니다.

```
>python for1.py
Good Morning
Good Afternoon
Good Evening
Good Night
```

반복의 대상이 되는 이터러블

for 문을 사용하면 다양한 이터러블에서 요소를 꺼낼 수 있습니다. 여기에서는 지금까지 배운 이터러블(문자열, 리스트, 튜플, 집합, 사전)에 대해서 for 문을 적용해 봅시다. 또한 range 함수가 반환하는 range 객체도 이터러블인데 이것에 관해서는 나중에 자세하게 설명합니다.

먼저 **문자열**입니다. 문자열에 대해서 for 문을 적용하면 문자를 1문자씩 꺼낼 수 있습니다. 예를 들어 **문자열 'PYTHON'에 for 문을 적용하고, 1 문자씩 줄바꿈하면서 표시함으로써 'PYTHON'을 세로쓰기로 표시**하세요.

▼ iterable1.py

```
for x in 'PYTHON':
    print(x)
```

실행 결과는 다음과 같습니다. 변수 x에는 1번째는 P, 2번째는 Y와 같이 지정한 문자열의 내용이 1문자씩 순서대로 대입되어 갑니다. 문자열의 끝에 다다르면 반복도 종료됩니다.

```
>python iterable1.py
P
Y
T
H
O
N
```

다음은 **리스트**입니다. 리스트에 대해서는 for 문을 적용하면 요소를 1개씩 꺼낼 수 있습니다. 예를 들어 'beef', 'pork', 'chicken'을 저장한 리스트를 작성해 변수 meat에 대입해 보세요. 그런 다음 meat에 for 문을 적용해서 꺼낸 요소를 표시하세요.

▼ iterable2.py

```
meat = ['beef', 'pork', 'chicken']
for x in meat:
    print(x)
```

실행 결과는 다음과 같습니다.

```
>python iterable2.py
beef
pork
chicken
```

여기에서 리스트가 뮤터블인(변경할 수 있는) 것을 기억하세요. 뮤터블이기 때문에 요소의 변경, 추가, 삭제를 할 수 있지만 for 문이 실행되는 도중에 이러한 조작을 하면 예상치 못한 동작을 하는 경우가 있으므로 주의해야 합니다.

위의 프로그램을 바꿔서 실험을 해 봅시다. for 문 안쪽에서 if 문을 사용해 **만약 요소가 'pork'라면 리스트(meat)에서 'pork'를 삭제**하세요. 삭제에는 remove 메서드를 사용합니다(Chapter4). 추가로 **만약 요소가 'pork'가 아니면 그 요소를 표시**합니다.

▼ iterable3.py

```python
meat = ['beef', 'pork', 'chicken']
for x in meat:
    if (x == 'pork'):
        meat.remove(x)
    else:
        print(x)
```

위의 if 문에서는 꺼낸 요소가 pork와 동일한지 여부를 알아보기 위해 비교 연산자인 ==를 사용합니다. 또한 for 문 안쪽에 if 문을 적을 때에 for 문의 안쪽에서 들여쓰기 하고, if 문의 안쪽에 더불어 들여쓰기 하는 것에도 주목하세요.

그리고 여기에서는 pork 이외의 요소를 표시하므로 beef와 chicken이 표시될거라 생각됩니다. 그러나 실행해 보니 beef만이 표시되고 chicken은 표시되지 않습니다.

```
>python iterable3.py
beef
```

for 문은 이터러블의 요소를 순서대로 꺼내기 위해 어느 위치까지를 꺼냈는지를 내부에서 기록합니다. for 문의 실행 중에 대상의 이터러블(여기에서는 리스트)을 변경하면 위치 기록과 실제 리스트의 상태가 어긋나기 때문에 위와 같이 예상치 못한 동작을 할 수 있습니다.

이터러블의 복사를 작성하고 이 복사에 대해 for 문을 적용하면 위의 문제를 피할 수 있습니다. 예를 들어 리스트의 경우에는 [:]라는 슬라이스를 사용하거나 copy 메서드를 사용하여 복사를 할 수 있습니다. 복사를 하기 위해서 처리 시간과 메모리를 소비한다는 단점은 있지만 이 복사에 대해서 for 문을 적용하면 for 문의 안쪽에서 원본의 리스트를 변경해도 반복에 영향을 주지 않습니다.

위의 프로그램에서 **리스트(meat)의 복사(meat [:])를 통한 for 문을 적용**하여 동작의 차이를 확인해 보세요.

▼ iterable4.py

```
meat = ['beef', 'pork', 'chicken']
for x in meat[:]:                    ⇨ 리스트의 복사에 for 문을 적용
    if (x == 'pork'):
        meat.remove(x)
    else:
        print(x)
```

beef와 chicken이 표시되면 성공입니다.

```
>iterable4.py
beef
chicken
```

리스트와 마찬가지로 집합과 사전도 뮤터블입니다. 만약 for 문 안쪽에서 변경하는 경우에는 리스트와 마찬가지로 복사를 하고, 이 복사에 대해 for 문을 적용하는 게 좋습니다.

튜플에도 for 문을 적용할 수 있습니다. 예를 들어 'beef', 'pork', 'chicken'을 저장한 튜플에 대해서 for 문을 적용한 다음 꺼낸 요소를 표시해 보세요.

▼ iterable5.py

```
meat = ('beef', 'pork', 'chicken')
for x in meat:
    print(x)
```

3개의 요소가 표시되면 성공입니다.

```
>python iterable5.py
beef
pork
chicken
```

집합에 대해서도 마찬가지로 for 문을 적용할 수 있습니다. 다만, 집합에 값을 추가한 순서와 요소를 꺼낼 때의 순서는 반드시 일치하지 않습니다(Chapter4). 예를 들어 'beef', 'pork', 'chicken'을 저장한 집합에 대해서 for 문을 적용하고 꺼낸 요소를 표시해 보세요.

▼ iterable6.py

```
meat = {'beef', 'pork', 'chicken'}
for x in meat:
    print(x)
```

3개의 요소가 표시되는데 순서는 환경에 따라 다르며, 같은 환경이라도 실행할 때마다 다를 수 있습니다.

```
>python iterable6.py
chicken
pork
beef
```

사전에 for 문을 적용하면 사전에 저장된 키를 1개씩 꺼낼 수 있습니다. 집합과는 달리 사전에 키를 추가한 순서와 키를 꺼낼 때의 순서는 일치합니다(Chapter4).

예를 들어 다음의 키와 값의 쌍(품명과 단가)을 저장한 사전에 대해서 for 문을 적용하고 꺼낸 키를 표시해 보세요.

키 'beef', 값 '1990'

키 'pork', 값 '990'

키 'chicken', 값 '490'

▼ iterable7.py

```
meat = {'beef': 1990, 'pork': 990, 'chicken': 490}
for x in meat:
    print(x)
```

3개의 키가 표시되면 성공입니다.

```
>iterable7.py
beef
pork
chicken
```

꺼낸 키를 **사전[키]**와 같이 사용하면 대응하는 값을 사전에서 가져올 수 있습니다(Chapter4). 예를 들어 위의 프로그램을 수정해서 'beef is 1990 won'(소고기는 1990원)처럼 '품명 is 단가 won'으로 표시해 보세요.

▼ iterable8.py

```
meat = {'beef': 1990, 'pork': 990, 'chicken': 490}
for x in meat:
    print(x, 'is', meat[x], 'won')
```

실행 결과는 다음과 같습니다.

```
>python iterable8.py
beef is 1990 won
pork is 990 won
chicken is 490 won
```

사전에서 키와 값의 쌍을 합쳐서 꺼내고 언패킹을 사용해서 각각의 변수에 대입하는 방법도 있습니다. 이 방법은 다음에 소개합니다.

for 문과 언패킹

사전에 for 문을 적용하면 사전에 저장된 키를 꺼낼 수 있습니다. 그때 값도 꺼내고 싶을 때가 있습니다. 이것은 사전의 items 메서드(Chapter4)를 사용하면 구현할 수 있습니다. 예를 들어 앞서 설명한 사전(고기의 품명과 단가)에 대해서 for 문과 items 메서드를 적용하여 꺼낸 요소를 표시해 보세요.

▼ unpack1.py

```
meat = {'beef': 1990, 'pork': 990, 'chicken': 490}
for x in meat.items():
    print(x)
```

실행 결과는 다음과 같습니다.

```
>python unpack1.py
('beef', 1990)
('pork', 990)
('chicken', 490)
```

위와 같이 키와 값의 쌍(여기에서는 품명과 단가)를 튜플로서 꺼낼 수 있습니다. 여기에서 키와 값을 다른 변수에 대입하고 싶은 경우에는 다음과 같이 for 문과 언팩을 조합하는 것을 추천합니다. for 뒤에 변수를 콤마(,)로 구분하여 나열하면 이터러블로부터 꺼낸 요소를 언패킹해서 여러 개의 변수에 대입할 수 있습니다.

for 문과 언패킹의 조합

```
for 변수, ··· in 이터러블:
    구문···
```

예를 들어 사전(변수 meat)에 대해 for 문과 언패킹을 적용하고 키(품명)를 변수 name에, 값(단가)을 변수 price에 대입합니다. 그리고 name과 price를 사용해서 'beef is 1990 won'과 같이 '품명 is 단가 won'이라고 표시하세요.

▼ unpack2.py

```
meat = {'beef': 1990, 'pork': 990, 'chicken': 490}
for name, price in meat.items():
    print(name, 'is', price, 'won')
```

실행 결과 다음과 같습니다.

```
>python unpack2.py
beef is 1990 won
pork is 990 won
chicken is 490 won
```

위와 같이 for 문과 언패킹을 조합하면 변수명을 통해 사전에서 무엇을 꺼내고 있는지 알 수 있기 때문에 읽기 쉬운 프로그램을 만들 수 있습니다. 이렇게 사전에서 키와 값을 꺼내려면 다음과 같이 여러 개의 방법이 있습니다.

· for 문에서 키만 꺼내어, '사전[키]'와 같이 값을 가져온다.

· for 문과 items 메서드에서 키와 값의 조합을 꺼내 언패킹한다.

위의 방법에 대해 timeit 모듈(Chapter4)을 사용하여 실행 시간을 측정하니, 저자의 환경에서는 for 문만을 사용해 꺼내는 쪽이 빨랐습니다(20% 정도 짧은 실행 시간). '사전[키]'처럼 사전을 검색하는 처리가 있으므로 for 문과 items 메서드를 병용하는 쪽이 빠를거라고 예상했지만 예상이 빗나갔습니다. 어느 쪽의 처리가 빠른지 궁금하면 짐작으로 판단하기 보다는 timeit 모듈을 사용해 확인하는 것이 좋겠습니다.

for 문과 언패킹의 조합은 사전 이외의 데이터 구조에도 사용할 수 있습니다. 예를 들어 **다음과 같은 튜플을 저장한 리스트를 작성하고 이 리스트에 대해서 for 문과 언패킹을 적용**해 보세요.

('beef', 1990)

('pork', 990)

('chicken', 490)

품명은 변수 name, 단가는 변수 price에 대입합니다. 이러한 변수를 사용하여 '품명 is 단가 won' 이라고 표시하세요. 실행 결과는 앞의 사전을 사용한 프로그램과 같습니다.

▼ unpack3.py

```
meat = [('beef', 1990), ('pork', 990), ('chicken', 490)]
for name, price in meat:
    print(name, 'is', price, 'won')
```

몇 번 반복할지를 정하는 range 함수

파이썬의 for 문은 이터러블로부터 요소를 꺼내기에 적합합니다. 실제로 프로그램을 개발하면 이터러블로부터 요소를 꺼낼 기회가 매우 많으므로 for 문이 정말 편리합니다.

한편 반복 횟수나 범위를 숫자(정수)로 지정하고 싶은 경우도 때때로 있습니다. 예를 들어 '10회 반복하고 싶다'던가 '20부터 30까지 반복하고 싶다'와 같은 경우입니다. 이때에 유용한 것이 for 문과 range 함수의 조합입니다.

range(레인지)란 범위를 말합니다. range는 엄밀하게는 함수가 아닌 클래스인데, range 함수라고 하는 경우도 종종 있으므로 이 책에서도 range 함수라고 부르기로 합니다. range 함수는 범위를 나타내는 range 객체를 반환합니다. range 객체는 이터러블이기 때문에 for 문과 조합해서 사용할 수 있습니다.

다음과 같이 range 함수의 인수에는 몇 가지 작성법이 있습니다. 시작값, 종룟값, 스텝은 모두 정수입니다. 이것들은 슬라이스(Chapter3)에서 시작 인덱스, 종료 인덱스, 스트라이드와 같은 기능을 합니다. 시작값, 종룟값, 스텝에는 음의 값을 지정할 수도 있습니다.

0부터 '종룟값 -1' 까지 1개씩 증가(range 함수)

```
range(종룟값)
```

시작값부터 '종룟값 -1' 까지 1개씩 증가(range 함수)

```
range(시작값, 종룟값)
```

시작값부터 스텝씩 변화(range 함수)

```
range(시작값, 종룟값, 스텝)
```

위의 어떤 경우에도 종룟값은 범위에 포함되지 않는 것에 주의하세요. 스텝을 지정한 경우에는 종룟값에 다다르기 바로 직전이나 종룟값을 넘는 직전까지가 범위가 됩니다.

for 문과 range 함수를 조합하는 경우에는 다음과 같이 작성합니다. range 함수에서 지정한 범위에 있는 정수를 for 문으로 1개씩 꺼낼 수 있습니다.

for 문과 range 함수의 조합

```
for 변수 in range(…):
    구문…
```

for 문과 range 함수를 사용해 봅시다. 예를 들어 0부터 9까지의 정수를 표시해 보세요. range 함수에는 종룟값만을 줍니다.

▼ range1.py

```
for x in range(10):
    print(x, end=' ')
```

실행 결과는 다음과 같습니다.

```
>python range1.py
0 1 2 3 4 5 6 7 8 9
```

위의 프로그램에서는 실행 결과의 행 수를 줄이기 위해서 print 함수의 키워드 인수인 end를 사용했습니다(Chapter2). 보통, print 함수는 마지막에 줄바꿈을 출력하는데 인수 end를 사용하면 임의의 문자열을 출력할 수 있습니다(여기에서는 공백을 출력합니다).

다음은 10부터 20까지의 정수를 표시해 보세요. range 함수에는 시작값과 종룟값을 줍니다.

▼ range2.py

```
for x in range(10, 21):
    print(x, end=' ')
```

실행 결과는 다음과 같습니다.

```
>python range2.py
 10 11 12 13 14 15 16 17 18 19 20
```

위의 프로그램에서 종룟값은 범위에 포함되지 않는 것에 주의하세요. 10부터 20까지를 표시하려면 range(10, 20)이 아닌 range(10, 21)로 해야 합니다.

이번은 스텝을 사용해 봅시다. 21부터 39까지의 정수 중 3의 배수만을 표시하세요.

▼ range3.py

```
for x in range(21, 40, 3):
    print(x, end=' ')
```

실행 결과는 다음과 같습니다.

```
>python range3.py
 21 24 27 30 33 36 39
```

스텝에 음수도 사용할 수 있습니다. 10부터 0까지 1개씩 카운트다운하면서 표시해 보세요.

▼ range4.py

```
for x in range(10, -1, -1):
    print(x, end=' ')
```

실행 결과는 다음과 같습니다.

```
>python range4.py
10 9 8 7 6 5 4 3 2 1 0
```

위의 프로그램에서도 종룟값은 범위에 포함되지 않는 것에 주의하세요. 0을 범위에 넣으려면 종룟값을 0이 아닌 -1로 해야 합니다.

조금 복잡한 프로그램을 작성해 봅시다. for 문과 range 함수를 사용해서 구구단 표를 출력합니다.

```
>python range5.py
1 2 3 4 5 6 7 8 9
2 4 6 8 10 12 14 16 18
3 6 9 12 15 18 21 24 27
4 8 12 16 20 24 28 32 36
5 10 15 20 25 30 35 40 45
6 12 18 24 30 36 42 48 54
7 14 21 28 35 42 49 56 63
8 16 24 32 40 48 56 64 72
9 18 27 36 45 54 63 72 81
```

이 프로그램을 실현하기 위해서는 for 문 안에 다른 for 문을 적어야 합니다. 이처럼 프로그램에서 어떤 구조 안에 다른 구조를 중첩 형태로 기술하는 것을 네스트라고 합니다. 네스트(nest)란 둥지를 뜻합니다.

for 문에 for 문이 있는 네스트는 다음과 같이 작성합니다. 이렇게 반복(루프)이 중첩되는 것을 다중 루프라고 합니다. 다음의 경우는 이중 루프라고 합니다.

for 문의 네스트

```
for 변수A in 이터러블A:
    구문···
    for 변수B in 이터러블B:
        구문···
    구문···
```

구구단 표를 출력하려면 예를 들어 **변수 x에 관한 1부터 9까지의 반복 중에 변수 y에 관한 1부터 9까지의 반복을 적고 x*y를 출력**하면 됩니다. 위와 같은 이중 루프를 사용하여 프로그램을 작성해 보세요.

▼ range5.py

```python
for x in range(1, 10):
    for y in range(1, 10):
        print(x*y, end=' ')
    print()
```

위의 프로그램을 실행하면 앞서 설명한 실행 결과가 됩니다. 또한 다음과 같이 포맷 문자열 리터럴 (Chapter9)을 사용하면 자릿수를 맞춰 표시할 수도 있습니다. :2는 값을 2 자릿수로 출력하는 것을 나타냅니다.

▼ range6.py

```python
for x in range(1, 10):
    for y in range(1, 10):
        print(f'{x*y:2}', end=' ')
    print()
```

실행 결과는 다음과 같습니다.

```
>python range6.py
 1  2  3  4  5  6  7  8  9
 2  4  6  8 10 12 14 16 18
 3  6  9 12 15 18 21 24 27
 4  8 12 16 20 24 28 32 36
 5 10 15 20 25 30 35 40 45
 6 12 18 24 30 36 42 48 54
 7 14 21 28 35 42 49 56 63
 8 16 24 32 40 48 56 64 72
 9 18 27 36 45 54 63 72 81
```

반복의 횟수를 알 수 있는 enumerate 함수

이터러블로부터 요소를 꺼낼 때에 몇 번째로 꺼낸 요소인지를 알고 싶다면 enumerate 함수를 사용하는 것이 편리합니다. enumerate는 '연결한다'는 의미입니다. C, C++, 자바에는 열거형이라는 기능이 있는데 열거형의 키워드인 enum은 이 enumerate를 줄인 것입니다.

파이썬의 enumerate 함수에는 꺼낸 요소를 열거하는 기능이 있습니다. for 문과 조합하는 경우 enumerate 함수는 다음과 같이 사용합니다.

for 문과 enumerate 함수의 조합

```
for 변수A, 변수B in enumerate(이터러블):
    구문···
```

enumerate 함수는 이터러블의 요소를 꺼내고 **카운트**와 **요소 값**의 튜플을 반환합니다. 카운트는 몇 번째로 꺼낸 요소인지를 나타내는 정수로 0부터 시작하며 1씩 증가합니다. 위와 같이 for 문과 언패킹을 적용한 경우에는 변수A에 카운트가 변수B에 요소의 값이 대입됩니다.

카운트의 시작값을 지정하고 싶을 때는 다음과 같이 작성합니다. 시작값은 정수입니다. 카운트는 시작값부터 시작해서 하나씩 증가합니다.

카운트 시작값을 지정(enumerate 함수)

```
for 변수A, 변수B in enumerate(이터러블, 시작값):
    구문···
```

예를 들어 음료의 메뉴를 번호를 부착해 표시하는 프로그램을 생각해 봅시다. 먼저 'coffee', 'tea', 'juice'라는 3개의 문자열을 리스트로 저장하고 변수 drink에 대입하세요. 그리고 for 문을 사용해서 drink 리스트로부터 요소를 꺼내서 표시해 보세요. 아직 번호는 붙이지 않고 요소의 값만을 표시해 봅니다.

▼ enumerate1.py

```
drink = ['coffee', 'tea', 'juice']
for x in drink:
    print(x)
```

실행 결과는 다음과 같습니다.

```
>python enumerate1.py
coffee
tea
```

```
juice
```

다음에 enumerate 함수를 사용해서 **1부터 시작하는 번호와 함께 요소의 값을 표시합니다.** 예를 들어 1 coffee와 같이 표시합니다.

▼ enumerate2.py

```
drink = ['coffee', 'tea', 'juice']
for i, x in enumerate(drink, 1):
    print(i, x)
```

실행 결과는 다음과 같습니다.

```
>python enumerate2.py
1 coffee
2 tea
3 juice
```

enumerate 함수가 아닌 range 함수를 사용하여 번호를 표시할 수도 있습니다. range 함수를 사용하여 위와 같은 결과를 출력하는 프로그램을 적어 보세요. range 함수의 종룟값을 정하려면 len 함수(Chapter2)를 사용하여 리스트의 요소 수를 가져오면 됩니다.

▼ enumerate3.py

```
drink = ['coffee', 'tea', 'juice']
for i in range(len(drink)):
    print(i+1, drink[i])
```

range가 있으면 enumerate는 불필요해 보이지만 그렇지 않습니다. 위와 같이 리스트(시퀀스의 일종)의 경우에는 인덱스를 사용해서 요소를 가져올 수 있으므로 range 함수로도 됩니다. 그러나 시퀀스 이외의 경우에는 인덱스를 사용해서 요소를 가져올 수 없으므로 range 함수와 조합하기가 곤란합니다.

이럴 때 효율적인 것이 enumerate 함수입니다. 예를 들어 'coffee', 'tea', 'juice'를 집합에 저장하고 변수 drink에 대입해 주세요. 그리고 for 문을 사용해서 drink의 리스트로부터 요소를 꺼내고 '1'부터 시작하는 번호를 붙여 표시합니다.

▼ enumerate4.py

```
drink = {'coffee', 'tea', 'juice'}
for i, x in enumerate(drink, 1):
    print(i, x)
```

실행 결과는 다음과 같습니다.

```
>python enumerate4.py
1 coffee
2 juice
3 tea
```

집합은 시퀀스가 아니지만 위와 같이 enumerate 함수를 사용하면 몇 번째로 꺼낸 요소인지를 알수 있습니다. 또한 집합에서 요소를 꺼내는 순서는 일정하지 않으므로 위의 실행 결과와는 순서가다를 수 있습니다.

그런데 enumerate 함수를 사용하지 않고 위와 같은 실행 결과가 되는 프로그램을 작성할 수도 있습니다. 지금까지 이 책에서 배운 지식만으로 만들 수 있으니까 작성해 보세요.

▼ enumerate5.py

```
drink = {'coffee', 'tea', 'juice'}
i = 1
for x in drink:
    print(i, x)
    i += 1
```

위의 프로그램에서는 변수 i를 사용하여 요소를 카운트합니다. 이 프로그램에서는 enumerate 함수를 사용하는 편이 좀 더 간결하다고 말할 수 있습니다.

역순으로 반복하는 reversed 함수

reversed 함수는 이터러블의 요소를 역순으로 꺼내기 위해서 사용합니다. for 문과 조합하는 경우에는 다음과 같이 작성합니다.

for 문과 reversed 함수의 조합

```
for 변수 in reversed(이터러블):
    구문···
```

예를 들어 'coffee', 'tea', 'juice'를 리스트에 저장해서 변수 drink에 대입하고, for 문과 reversed 함수를 적용해서 요소를 역순으로 표시해 보세요.

▼ reversed1.py

```
drink = ['coffee', 'tea', 'juice']
for x in reversed(drink):
    print(x)
```

결과는 다음과 같습니다.

```
>python reversed1.py
juice
tea
coffee
```

reversed 함수와 range 함수를 조합할 수도 있습니다. 예를 들어 **10부터 0까지 카운트다운**하는 프로그램을 reversed 함수와 range 함수를 사용해서 적어 보세요.

▼ reversed2.py

```
for x in reversed(range(11)):
    print(x, end=' ')
```

실행 결과는 다음과 같습니다. 또한 이 프로그램의 경우는 range(10, -1, -1)이라고 적으면 reversed 함수를 사용하지 않아도 같은 결과를 얻을 수 있습니다.

```
>python reversed2.py
10 9 8 7 6 5 4 3 2 1 0
```

reversed 함수와 enumerate 함수를 조합할 수도 있지만 reversed 함수의 인수에 enumerate 함수를 그대로 건넬 수는 없습니다. reversed 함수의 인수는 이터러블이지만 요소를 역순으로 꺼낼 수 있는 이터러블이어야 하고, enumerate 함수가 반환하는 이터러블은 역순 꺼내기를 지원하지 있지 않습니다. 예를 들어 다음과 같이 enumerate 함수의 반환값을 list 함수(Chapter4)에 전달해 리스트를 작성한 다음에 이 리스트를 reversed 함수에 건넬 수 있습니다.

reversed 함수와 enumerate 함수의 조합

```
for 변수 in reversed(list(enumerate(이터러블))):
    구문···
```

예를 들어 변수 drink에 저장된 'coffee', 'tea', 'juice' 리스트에 관해서 요소에 1부터 시작하는 번호를 붙인 후 번호의 큰 쪽부터 표시해 보세요.

▼ reversed3.py

```
drink = ['coffee', 'tea', 'juice']
for i, x in reversed(list(enumerate(drink, 1))):
    print(i, x)
```

처음에 3 juice, 마지막에 1 coffee를 표시합니다.

```
>python reversed3.py
3 juice
2 tea
1 coffee
```

for 문을 사용하기 어려운 반복은 while 문을 사용한다

while 문은 for 문과 마찬가지로 반복을 하기 위한 구문입니다. for 문은 이터러블에 대한 반복을 실시하는데 while 문은 식의 값에 의거해 반복을 실시합니다. 지정한 식의 값이 True인 동안 while 문은 반복을 계속합니다.

실제 프로그래밍에서 많은 반복은 for 문을 사용해 작성할 수 있습니다. 한편, 때때로 for 문으로는 해결하기 힘든 반복도 생깁니다. 그런 반복을 만나면 while 문을 사용해 보세요.

C, C++, 자바 등에도 while 문이 있습니다. 파이썬의 while 문도 이러한 언어와 같은 기능을 합니다. 한편 C, C++, 자바에 있는 do-while 문은 파이썬에 없습니다. 이런 점만 봐도 파이썬은 문법을 간결하게 하는 것을 우선시하는 언어라고 느껴집니다.

while 문의 작성법

while 문은 다음과 같이 작성합니다. 식의 뒤에 콜론(:)을 적은 다음 줄바꿈하고 다음 행부터는 들여쓰기 해서 적습니다.

while 문

```
while 식:
    구문···
```

if 문이나 for 문과 마찬가지로 들여쓰기를 하고 있는 한 while 문의 안쪽으로 취급됩니다. 들여쓰기를 그만두면 while 문의 바깥쪽으로 취급됩니다.

▼ while 문의 처리의 흐름

```
while 식:
    구문···        ●──── while 문의 안쪽(식이 True인 경우에 실행)
    구문···        ●──── while 문의 바깥쪽
```

PEP8에서는 권장하지 않지만, 콜론(:) 뒤에 구문을 이어서 적을 수도 있습니다. 세미콜론(;)으로

구분하면 2개 이상의 구문을 적을 수도 있습니다.

```
while 식: 구문
while 식: 구문; 구문
```

while 문은 식 값이 True인 동안 안쪽의 구문을 반복해 실행합니다. 식의 값이 False가 되면 반복은 끝나며 while 문 밖에 있는 구문으로 실행이 넘어갑니다.

while 문을 사용한 프로그램을 작성해 봅시다. 다음의 예는 for 문을 사용해도 되는데 나중에 소개하는 continue 구문과 조합한 예에서 while 문이 진가를 발휘합니다. 키보드로 입력한 품목(item)을 카탈로그(catalog)에 등록합니다. 일정 수(여기에서는 3개)의 품목을 등록하면 카탈로그를 표시하고 종료합니다. 구체적으로는 다음과 같은 절차로 처리를 실시합니다.

① 변수 catalog에 빈 리스트를 대입합니다.

② while 문을 사용하여 catalog 요소 수가 3보다 작은 동안 다음의 ③과 ④를 반복합니다.

③ input 함수를 사용하여 'item:'이라고 표시하고 키보드로 입력된 문자열을 받아 변수 item에 대입합니다.

④ append 메서드를 사용하여 catalog 리스트에 item을 추가합니다.

⑤ print 함수를 사용하여 catalog를 표시합니다.

▼ while1.py

```
catalog = []
while len(catalog) < 3:
    item = input('item: ')
    catalog.append(item)
print('catalog:', catalog)
```

프로그램을 실행해서 apple, banana, coconut이라고 입력해 보세요. 이러한 품목이 등록된 카탈로그가 표시되면 성공입니다.

```
>python while1.py
item: apple                              ⇦ apple을 입력
item: banana                             ⇦ banana를 입력
item: coconut                            ⇦ coconut을 입력
catalog: ['apple', 'banana', 'coconut']  ⇦ 카탈로그의 표시
```

다음의 반복으로 진행하는 continue 문

continue(컨티뉴) 문은 while 문 또는 for 문 안쪽에서 사용합니다. continue 문을 사용하면 루프 안쪽에 있는 나머지 구문을 실행하지 않고 다음 반복으로 이동할 수 있습니다. continue 문은 다음과 같이 작성합니다.

continue 문

```
continue
```

continue 문은 다음과 같이 if 문과 조합하여 사용하는 경우가 많습니다. if 문의 식이 True일 경우에는 continue 문을 실행하고 ②의 구문은 실행하지 않고 ①로 되돌아감에 따라 다음의 반복으로 이동합니다. 다음은 while 문의 예인데 for 문의 경우에도 마찬가지입니다.

▼ continue 문의 처리의 흐름

```
while 식:               ●── ①
    구문···
    if 식:
        구문···
        continue        ●── continue 문을 실행하면 ②는 실행하지 않고 ①로 되돌아간다
    구문···              ●── ②
```

루프가 중첩되어 있는 경우 continue 문이 속해 있는 곳의 가장 안쪽에 있는 루프에 대해서 다음의 반복으로 이동합니다. 다음은 while 문에 의한 이중 루프의 예입니다. continue 문을 실행하면 continue 문이 속해 있는 것 중에서 가장 안쪽에 있는 ①의 while 문으로 되돌아가 다음의 반복으로 이동합니다. 다음은 while문에 의한 중첩인데 for 문에 의한 중첩의 경우에도 마찬가지입니다.

▼루프가 중첩된 경우의 continue 문의 처리의 흐름

```
while 식:
    구문···
    while 식:               ●──①
        구문···
        if 식:
            구문···
            continue        ●──continue 문을 실행하면 ②는 실행하지 않고 ①로 되돌아간다
        구문···              ●──②
    구문···
```

continue 문을 사용해 봅시다. 앞서 설명한 카탈로그에 품목을 등록하는 프로그램을 변경해서 **이미 카탈로그에 포함되어 있는 품목이 입력되면 '○○ is on the catalog.'(○○은 카탈로그에 실려 있다)라고 표시하고, continue 문을 실행해서 다음의 반복으로 이동**합니다.

▼ continue1.py

```python
catalog = []
while len(catalog) < 3:
    item = input('item: ')
    if item in catalog:
        print(item, 'is on the catalog.')
        continue
    catalog.append(item)
print('catalog:', catalog)
```

프로그램을 실행해서 apple, banana, banana, coconut라고 입력해 보세요. 2번째에 banana를 입력했을 때에 'banana is on the catalog.'라고 표시되고 품목의 입력으로 되돌아갑니다. 마지막에 표시되는 카탈로그에서 banana가 중복해서 등록되지 않고 3개의 품목이 1회씩 등록되면 성공입니다.

```
>python continue1.py
item: apple                                  ← apple을 입력
item: banana                                 ← banana를 입력
item: banana                                 ← 다시 banana를 입력
banana is on the catalog.                    ← banana는 카탈로그에 등록 끝남
item: coconut                                ← coconut을 입력
catalog: ['apple', 'banana', 'coconut']      ← 카탈로그의 표시
```

반복 도중에 종료하는 break 문

break(브레이크) 문도 continue 문과 마찬가지로 while 문 또는 for 문 안쪽에서 사용합니다. break 문을 사용하면 루프 안쪽에 있는 나머지 구문을 실행하지 않고 반복을 종료할 수 있습니다. break 문은 다음과 같이 작성합니다.

break 문

```
break
```

break 문도 continue 문과 마찬가지로 if 문과 조합해서 사용하는 경우가 많습니다. 다음의 예에서는 if 문의 식이 True이면 break 문을 실행하고, 루프 안쪽에 있는 ①은 더 이상 실행하지 않고 반복을 종료하고 루프의 바깥쪽에 있는 ②로 이동합니다. 다음은 while 문의 예인데 for 문의 경우에도 마찬가지입니다.

▼ break 문의 처리의 흐름

```
while 식:
    구문···
    if 식:
        구문···
        break    ●───break 문을 실행하면 ①은 실행하지 않고 ②로 이동한다
    구문···       ●───①
구문···            ●───②
```

루프가 중첩되어 있으면 break 문이 속해 있는 곳의 가장 안쪽에 있는 루프에 대해서 반복을 종료합니다. 다음은 while 문에 의한 이중 루프 예입니다.

break 문을 실행하면 break 문이 속해 있는 것 중 가장 안쪽에 있는 ①의 루프에 대해서 루프의 안쪽에 있는 ②는 더 이상 실행하지 않고 반복을 종료하고 ③으로 넘어갑니다. 다음은 while문에 의한 중첩이지만 for문에 의한 중첩의 경우에도 마찬가지입니다.

▼ 루프가 중첩되어 있는 경우의 break 문의 처리의 흐름

```
while 식:
    구문···
    while 식:        ●───①
        구문···
        if 식:
            구문···
            break    ●─── break 문을 실행하면 ②는 실행하지 않고 ③으로 이동한다
        구문···       ●───②
    구문···            ●───③
```

break 문을 사용해 봅시다. 앞서 설명한 카탈로그에 품목을 등록하는 프로그램을 변경해서 이미 카탈로그에 포함되어 있는 품목이 입력되면 '○○ is on the catalog.'(○○는 카탈로그에 실려 있다)라고 표시하고 break 문을 실행하여 반복을 종료하세요.

▼ break1.py

```python
catalog = []
while len(catalog) < 3:
    item = input('item: ')
    if item in catalog:
        print(item, 'is on the catalog.')
        break
    catalog.append(item)
print('catalog:', catalog)
```

프로그램을 실행하여 apple, banana, banana라고 입력해 보세요. 2번째에 banana를 입력했을 때에 'banana is on the catalog.'라고 표시되고, 3번째는 실행되지 않고 반복을 종료합니다. 마지막으로 표시되는 카탈로그에는 apple과 banana만 등록됩니다.

```
>python break1.py
item: apple                          ⇦ apple을 입력
item: banana                         ⇦ banana를 입력
item: banana                         ⇦ 다시 banana를 입력
banana is on the catalog.            ⇦ banana는 카탈로그에 등록 끝남
catalog: ['apple', 'banana']         ⇦ 카탈로그의 표시
```

반복을 중간에 종료하지 않을 때 실행하는 else 절

if 문에는 else 절을 붙일 수 있는데 실은 while 문이나 for 문에도 else 절을 붙일 수 있습니다. if 문의 경우에는 식의 값이 False였을 때에 else 절을 실행합니다. while 문이나 for 문의 경우에는 break 문에 의해 반복을 중간에 종료하지 않았을 때에 한해 else 절을 실행합니다. break문에 의해 반복을 종료한 경우 else 절은 실행하지 않습니다.

while 문의 else 절은 다음과 같이 작성합니다. if 문의 else 절과 마찬가지로 else 절에 대해서도 들여쓰기가 필요합니다. 들여쓰기 하고 있는 한 else 절의 안쪽이 됩니다.

while 문의 else 절

```
while 식:
    구문···
else:
    구문···
```

for 문의 else 절은 다음과 같이 작성합니다. for 문의 경우에는 break 문에 의해 반복을 도중에 종료하는 것이 아닌 이터러블의 요소를 마지막까지 처리한 경우에 else 절을 실행합니다.

for 문의 else 절

```
for 변수 in 이터러블:
    구문···
else:
    구문···
```

while 문의 else 절을 사용해 봅시다. 앞서 설명한 카탈로그에 품목을 등록하는 프로그램을 변경하여 break 문을 실행하지 않았을 때에 한해 카탈로그를 표시하세요. break 문을 실행했을 때에는 카탈로그는 표시하지 않도록 해 주세요.

▼ loop_else1.py

```
catalog = []
while len(catalog) < 3:
    item = input('item: ')
    if item in catalog:
        print(item, 'is on the catalog.')
        break
    catalog.append(item)
else:
    print('catalog:', catalog)
```

프로그램을 실행하여 apple, banana, banana라고 입력해 보세요. 2번째에 banana를 입력했을 때에 'banana is on the catalog.'라고 표시가 되고 반복을 종료합니다. else 절이 없을 때의 실행 결과와는 달리 마지막에 카탈로그가 표시되지 않는 것에 주목해 주세요.

```
>python loop_else1.py
item: apple              ← apple을 입력
item: banana             ← banana를 입력
item: banana             ← 다시 banana를 입력
banana is on the catalog.  ← banana는 카탈로그에 등록 끝남
```

다시 프로그램을 실행해서 apple, banana, coconut이라고 입력하세요. 이 경우는 break 문이 실행되지 않으므로 마지막에 카탈로그가 표시됩니다.

```
>python loop_else1.py
item: apple
item: banana
item: coconut
catalog: ['apple', 'banana', 'coconut']
```

for 문의 else 절도 사용해 봅시다. 세 과목의 시험 점수 중 모든 과목이 70점 이상이면 'pass'(합격)라고 표시하는 프로그램을 작성하세요. 하나라도 70점 미만인 과목이 있는 경우에는 아무것도 표시하지 않습니다. 구체적으로는 다음과 같이 처리합니다.

① 3개의 점수(70, 80, 90)를 리스트에 저장하고 변수 score에 대입합니다.

② for 문을 사용해서 score 리스트로부터 점수를 하나씩 꺼냅니다.

③ if 문과 break 문을 사용하고 점수가 70 미만인 경우에는 반복을 종료합니다.

④ else 절과 print 함수를 사용하여 'pass'라고 표시합니다.

▼ loop_else2.py

```
score = [70, 80, 90]
for x in score:
    if x < 70:
        break
else:
    print('pass')
```

실행 결과는 다음과 같습니다.

```
>python loop_else2.py
pass
```

위의 경우는 어느 과목이나 70점 이상이므로 pass라고 표시됩니다. 이번은 점수를 60, 80, 100으로 바꿔 적고 프로그램을 실행해 보세요. 70점 미만의 과목이 있으므로 아무것도 표시되지 않으면 성공입니다.

무한 루프는 break 문으로 빠져나간다

무한 루프란 루프(반복 처리)가 무한히 되풀이되는 것입니다. 다음과 같은 while 문을 적으면 무한 루프가 됩니다. 식의 부분에 True라고 적혀 있기 때문에 식의 값은 항상 True입니다. 따라서 무한 반복이 계속됩니다.

```
while True:
    구문···
```

무한 루프를 사용해 봅시다. 무한 루프를 사용하여 **반복해서 'Hello!'라고 표시**하는 프로그램을 적어 보세요.

▼ infinite1.py

```
while True:
    print('Hello!')
```

위 프로그램을 실행하면 'Hello!'가 끊임없이 계속 표시됩니다. 출력 결과에서 프로그램을 강제로 종료하려면 Ctrl + C 키를 누르세요.

```
>python infinite1.py
Hello!
Hello!
Hello!
...
```

무한 루프는 '중간에 종료되지 않는 한 반복하고 싶은 처리'를 적는데 유용합니다. 예를 들어 사용 자가 종료를 지시하지 않는 동안 처리를 반복하는 프로그램입니다.

무한 루프를 종료시키려면 break 문을 사용합니다. 예를 들어 다음과 같이 적으면 if 문의 식의 값 이 True가 되었을 때에 break 문을 실행하고 무한 루프를 빠져나올 수 있습니다.

무한 루프를 종료한다

```
while True:
    구문···
    if 식:
        구문···
        break
    구문···
```

무한 루프를 사용해서 조금 전보다 조금 복잡합 프로그램을 작성해 봅시다. **사용자가 입력한 단어의 안에 몇 종류의 문자가 포함되어 있는지를 표시**하는 프로그램입니다. 예를 들어 apple이라면 a, p, l, e 라는 4종류의 문자가 포함되어 있으므로 4라고 표시합니다. 또한 예를 들어 banana라면 b, a, n이 라는 세 종류의 문자가 포함되어 있으므로 3이라고 표시합니다.

구체적으로는 다음과 같이 처리합니다. '몇 종류의 문자가 포함되어 있는지를 셈합니다'라고 하면 언뜻 보기에 어려울 것 같지만 집합을 이용하면 간단하게 실현할 수 있습니다. 또한 사용자가 빈 문 자열을 입력하면, 즉 아무것도 입력하지 않고 Enter 키를 누르면 프로그램을 종료하도록 합시다.

① 무한 루프를 사용하여 다음의 ②~④를 반복합니다.

② input 함수를 사용하여 'word:'(단어)라고 표시하고, 입력한 문자열을 가져와서 변수 word에 대입합 니다.

③ 만약 word가 빈 문자열이라면 break 문을 사용하여 무한 루프를 종료합니다.

④ word에 포함된 문자의 종류 수를 표시합니다. set 함수와 len 함수를 사용합니다.

▼ infinite2.py

```
while True:
    word = input('word: ')
    if not word:              ⬸ 빈 문자열을 입력하면 종료
        break
    print(len(set(word)))     ⬸ 문자의 종류 수를 표시
    print(set(word))          ⬸ 문자의 목록을 표시
```

문자의 종류 수는 변수 word의 문자열을 set 함수에 전달해서 집합을 작성한 후에 len 함수를 사용 하여 집합의 요소 수를 조사하면 알 수 있습니다. 위의 프로그램에서는 어떤 문자가 포함되어 있는 지 알기 쉽게 문자의 목록도 표시하고 있습니다.

문자열이 빈 문자열인지 아닌지의 판정하는 방법은 다음과 같습니다.

어떤 방법을 사용해도 됩니다. 앞의 프로그램에서는 1번째 방법을 사용합니다.

if not word :   빈 문자열이 False라고 평가되는 것을 이용

if word == '':   빈 문자열 ''과의 비교를 이용

if len(word) == 0 : 문자열의 길이를 이용

timeit 모듈(Chapter4)을 사용하여 실행 시간을 측정하니 1번째 방법은 13.5나노초, 2번째는 22.5나노초, 3번째는 46.1나노초였습니다. 즉 저자의 환경에서는 1번째가 가장 빠른 것으로 나타났습니다.

위의 프로그램을 실행해 봅시다. apple, banana, coconut이라고 입력하고, 각각 4, 3, 5로 표시되는 것을 확인하세요. 마지막으로 아무것도 입력하지 않고 Enter 키를 눌러 빈 문자열을 입력하세요. 프로그램이 종료되면 성공입니다.

```
>python infinite2.py
word: apple              ⟵ apple을 입력
4                        ⟵ 종류 수는 4
{'l', 'a', 'p', 'e'}
word: banana             ⟵ banana를 입력
3                        ⟵ 종류 수는 3
{'a', 'b', 'n'}
word: coconut            ⟵ coconut을 입력
5                        ⟵ 종류 수는 5
{'t', 'o', 'u', 'c', 'n'}
word:                    ⟵ 빈 문자열을 입력
                         ⟵ 종료
```

아무것도 하지 않는 pass 문

제어 구조와는 다른데 제어 구조와 조합해서 사용하기도 하므로 pass 문에 대해서 소개합시다. **pass**(패스) 문은 아무것도 하지 않는 구문입니다. 트럼프 등에서 자신의 순서에 아무것도 하지 않는 것을 '패스'라고 하는데 pass에는 '통과한다'라는 의미가 있습니다. 파이썬의 pass 문도 아무것도 하지 않고 통과할 뿐입니다. pass 문은 다음과 같이 작성합니다.

pass 문

```
pass
```

아무것도 하지 않는 pass 문을 사용하는 곳은 아무 처리를 하고 싶지 않지만 문법상 거기에 구문을 적어야 할 때입니다. 예를 들어 for 문을 사용해서 아무것도 하지 않고 1억 번 반복하는 루프를 적어 보세요. for 문의 안쪽에는 무언가 구문을 적어야 하기 때문에 pass 문을 사용합니다.

▼pass1.py

```
for i in range(100000000):
    pass
```

위의 프로그램을 실행하면 잠시 중지한 후에 종료합니다. 만약 정지하고 있는 시간을 알 수 없을 정도로 짧을 때는 반복 횟수를 늘려주세요.

위의 프로그램에서는 for 문의 안쪽에서 아무것도 처리하고 싶지 않았는데, 무언가 구문을 적어야 했기 때문에 pass 문을 사용했습니다. pass 문은 이런 상황에서 사용합니다. 이 밖에도 아무것도 하지 않는 함수(Chapter6)를 정의할 때나 빈 클래스(Chapter7)를 정의할 때에도 pass 문은 효율적입니다. 또한 '뒤에서 정식으로 처리를 쓸 생각인데 지금은 일단 pass 문을 적어 두자'와 같은 **플레이스홀더**(대체물)로 pass 문을 사용할 수도 있습니다.

자주 사용하는 처리를
함수에 통합하기

프로그래밍에서 함수란 어떤 기능을 제공하는 처리를 재이용하기 쉬운 형태로 통합한 것입니다. 지금까지도 파이썬이 제공하는 다양한 함수를 사용해 왔는데 이번에는 스스로 함수를 정의하는 방법을 배워 봅시다.

프로그램을 작성하다가 비슷한 처리를 몇 번 반복하는 느낌이 들면 꼭 함수를 정의해 보세요. 비슷한 처리를 함수에 합침으로써 프로그램을 대폭 간결하게 할 수 있습니다.

함수와 관련하여 스코프에 대해서도 배워 봅시다. 스코프란 식별자(변수명이나 함수명 등)의 유효 범위를 말합니다. 여기에서는 특히 전역 변수나 지역 변수 등 스코프가 다른 변수의 사용법에 대해서 배웁니다.

> **이 장의 학습 내용**
>
> ① 함수의 정의 방법
>
> ② 함수의 인수 다루는 법
>
> ③ 변수의 범위

함수의 포인트는 인수 다루기

능숙하게 함수를 정의하기 위한 포인트는 인수를 잘 다루는 것입니다. 이미 배웠듯이 파이썬의 인수에는 위치 인수와 키워드 인수가 있습니다(Chapter2). 예를 들어 다음의 print 함수를 사용한 프로그램에서 'Hello'와 'Python'은 위치 인수로, end=''는 키워드 인수입니다.

▼ func1.py

```
print('Hello', 'Python', end='')
```

사용 빈도가 높은 인수는 위치 인수로 지정하고 사용 빈도가 낮은 인수는 필요할 때만 키워드 인수로 지정하면 프로그램을 작성하기 쉬워집니다. 독자적인 함수를 정의하는 경우에는 사용 빈도가 낮은 인수에 대해 뒤에서 설명하는 기본값을 설정함으로써 인수를 생략할 수 있도록 하는 것이 좋습니다.

독자적인 함수 정의하기

함수는 다음과 같이 정의합니다. define(정의한다)을 의미하는 키워드 def를 사용합니다.

독자적인 함수를 정의

```
def 함수명(인수, ···):
    구문···
```

콜론(:) 뒤에서 줄바꿈하고 다음 행부터는 들여쓰기 해서 적습니다. 들여쓰기 하고 있는 한, 함수의 내부 처리로 취급합니다. 들여쓰기를 중지하면 함수의 외부 처리로 취급합니다.

▼함수 정의의 처리의 흐름

```
def 함수명(인수, ···):
    구문···          ●── 함수에서 실시하는 처리(내부)
    구문···          ●── 함수의 외부
```

표준 코딩 스타일(PEP8)에서는 권장하지 않지만 콜론 뒤에 구문을 이어서 적을 수 있습니다. 세미콜론(;)으로 구분하면 2개 이상의 구문을 적을 수 있습니다.

독자적인 함수를 정리(콜론으로 이어서 구문을 적는다)

```
def 함수명(인수, …): 구문
def 함수명(인수, …): 구문; 구문
```

또한 PEP8에서는 다음과 같이 함수 정의의 앞뒤에 빈 행을 2행씩 넣는 것을 권장합니다. 이 책에서는 지면 관계상 이 권장에는 따르지 않으니 양해 부탁드립니다.

함수 정의의 앞 뒤에 빈 행을 2행씩 넣는다(PEP8 권장)

```
구문…
                          ⇦ 빈 행
                          ⇦ 빈 행
def 함수명(인수, …):
    구문
                          ⇦ 빈 행
                          ⇦ 빈 행
구문…
```

함수에서 인수가 없는 경우, 1개인 경우, 2개 이상인 경우의 작성법은 각각 다음과 같습니다. 2개 이상의 경우에는 콤마(,)로 구분해서 적습니다.

함수의 인수가 없는 경우

```
def 함수명():
```

함수의 인수가 1개인 경우

```
def 함수명(인수):
```

함수의 인수가 2개 이상인 경우

```
def 함수명(인수, …):
```

함수명은 자유롭게 정의할 수 있는데 PEP8에서는 변수명과 마찬가지로 함수명에는 영문 소문자를 사용하기를 권장합니다(Chapter3). 함수명이 여러 개의 단어로 구성된 경우에는 단어의 사이를 언더스코어(_)로 구분합니다.

그러면 실제로 함수를 정의해 봅시다. 식사를 주문하기 위한 order 함수를 정의합니다. main(메인), side(사이드), drink(음료)라는 3개의 인수를 받아 다음과 같이 표시하세요.

main: ○○   ⇐ 인수 main의 **값**

side : □□   ⇐ 인수 side의 **값**

drink : △△   ⇐ 인수 drink의 **값**

order 함수를 정의했으면, **인수에 'steak', 'salad', 'coffee'를 지정하여 호출**해 보세요.

▼func2.py

```
def order(main, side, drink):          ⇐ order 함수의 정의
    print('main :', main)
    print('side :', side)
    print('drink:', drink)

order('steak', 'salad', 'coffee')      ⇐ order 함수의 호출
```

main, side, drink의 값으로 각각 steak, salad, coffee가 표시되면 성공입니다.

```
>python func2.py
main : steak
side : salad
drink: coffee
```

함수의 정의에 기술하는 인수를 **가인수**(parameter)라고 하며 함수를 호출할 때 전달하는 인수를 **실인수**(argument)라고 합니다. 보통은 모두 인수라고 부르는데 특별히 구별하려면 가인수 또는 실인수라는 용어를 사용합니다. 앞서 설명한 프로그램에서는 order 함수의 정의에 기술한 main, side, drink가 가인수입니다. 한편 호출할 때에 전달한 'steak', 'salad', 'coffee'가 실인수입니다.

반환값을 되돌려주는 return 문

함수에는 반환값을 되돌려주는 것도 있습니다. 예를 들어 len 함수는 문자열의 문자 수나 데이터 구조의 요소 수를 반환하고, input 함수는 키보드에서 입력된 문자열을 반환합니다. 이렇게 함수로부터 반환값을 되돌리려면 return(리턴) 문을 사용합니다. return 문을 실행하면 식을 평가한 결과의 값이 반환값으로서 함수를 호출한 곳으로 반환됩니다. return 문 다음에 있는 식의 부분에는 값

(리터럴), 변수, 함수 호출 및 이것들을 연산자로 조합한 것 등을 적을 수 있습니다.

```
return 식
```

다음과 같이 return 문은 함수의 끝에 적는 경우가 많습니다. 함수가 반환값을 되돌릴 필요가 없는 경우에는 return 문을 생략해도 됩니다. 함수의 끝에 다다르면 return 문이 없어도 호출한 곳으로 되돌아갑니다(이 경우의 반환값은 자동적으로 None이 됩니다).

```
def 함수명(인수, ···):
    구문···
    return 식
```

return 문을 사용하여 반환값을 되돌리는 함수를 정의해 봅시다. **인수가 홀수일 때는 'odd'(홀수), 짝수일 때는 'even'(짝수)이라는 문자열을 반환하는 odd_even 함수를 정의**하세요. 홀수인지 짝수인지의 판정은 나머지를 구하는 % 연산자(Chapter3)를 사용한 조건식(Chapter5)으로 가능합니다. 2로 나누었을 때의 나머지가 0이 아니면 홀수이고, 나머지가 0이면 짝수입니다. odd_even 함수는 구체적으로는 다음과 같은 처리를 실시합니다.

① 인수 n을 받습니다.

② return 문과 조건식을 사용해서 n을 2로 나눈 나머지가 0이 아니면 'odd'를, 0이면 'even'을 반환합니다.

odd_even 함수를 정의했으면, **인수에 '5'를 지정하여 호출하고 결과를 print 함수로 표시**합니다. 그 다음은 **인수에 '6'을 지정하여 호출하고 마찬가지로 결과를 표시**하세요.

▼ func3.py

```
def odd_even(n):                    ⇐ odd_even 함수의 정의
    return 'odd' if n%2 else 'even'

print(odd_even(5))                  ⇐ odd_even 함수의 호출(인수는 5)
print(odd_even(6))                  ⇐ odd_even 함수의 호출(인수는 6)
```

각각 odd와 even이 표시되면 성공입니다.

```
>python func3.py
odd          ⇐ 5는 홀수
```

```
even          ← 6은 짝수
```

앞의 프로그램에서 if 식은 n%2 != 0이 아닌 n%2라고 적습니다. 0이 아니면 숫자는 True, 0은 False로 취급되므로 n%2 != 0라고 적지 않아도 n%2라고만 써도 됩니다.

그리고 return 문은 함수의 끝뿐만 아니라 중간에 적을 수도 있습니다. 이 경우는 if 문과 return 문을 조합해서 다음과 같이 적는 경우가 많을 것입니다.

return 문을 함수의 도중에 기술

```
def 함수명(인수, …):
    구문…
    if 식:
        구문…
        return 식
    구문…
```

if 문의 식 값이 True일 때에 return 문을 실행하고 함수의 안쪽에 있는 ①의 구문은 실행하지 않고 호출한 곳으로 되돌아갑니다.

▼ return 문의 처리의 흐름

```
def 함수명(인수, …):
    구문…
    if 식:
        구문…
        return 식 ●──── return 문을 실행하면 ①은 실행하지 않고 호출한 곳으로 되돌아간다
    구문…       ●────①
```

호출한 곳으로 되돌아가고 싶을 뿐 반환값을 되돌릴 필요가 없을 때에는 다음과 같이 return 문의 식을 생략할 수 있습니다(이 경우 반환값은 자동으로 None이 됩니다. 이 기법은 위와 같이 if 문과 조합해서 함수의 도중에 호출한 곳으로 되돌아가고 싶을 때에 사용하는 게 좋습니다.

반환값 없이 호출한 곳으로 되돌아간다(return 문)

```
return
```

함수의 도중에 return 문을 사용해 봅시다. 앞서 설명한 odd_even 함수를 변경하여 인수가 정수가 아닌(실수인) 경우에는 문자열 'error'를 반환하도록 합니다. 구체적인 처리 절차는 다음과 같습니다.

① 인수 n을 받습니다.

② if 문과 return 문을 사용해서 n이 정수가 아니면 'error'를 반환합니다. n이 정수인지 아닌지는 n과 int(n)을 비교하면 알 수 있습니다.

③ return 문과 조건식을 사용해서 n을 2로 나눈 나머지가 0이 아니면 'odd'를 반환하고, 나머지가 0이면 'even'을 반환합니다.

odd_even 함수를 정의했으면 인수에 5, 6, 7.7을 각각 건네 함수를 호출하여 결과를 print 함수로 표시해 보세요.

▼func4.py

```python
def odd_even(n):
    if n != int(n):
        return 'error'                ⇐ 함수의 도중에 있는 return 문
    return 'odd' if n%2 else 'even'    ⇐ 함수의 끝에 있는 return 문


print(odd_even(5))
print(odd_even(6))
print(odd_even(7.7))
```

순서대로 odd, even, error가 표시되면 성공입니다.

```
>python func4.py
odd        ⇐ 5는 홀수
even       ⇐ 6은 짝수
error      ⇐ 7.7은 오류
```

위 프로그램에서는 n != int(n)과 같이 'n의 원본값'과 'n을 int 함수로 정수로 한 값'을 비교합니다. 양쪽이 일치하지 않는 경우는 n은 정수가 아니므로 return 문을 실행해서 error를 반환합니다.

인수의 순서가 중요한 위치 인수

위치 인수를 사용할 때에는 함수를 정의했을 때의 가인수의 순서와 함수를 호출할 때의 실인수의 순서를 일치시켜야 합니다. 예를 들어 다음과 같이 가인수가 인수A, 인수B, 인수C의 순이면 실인수도 같은 인수A, 인수B, 인수C의 순으로 나열합니다.

```
def 함수명(인수A, 인수B, 인수C):    ●——— 함수의 정의
    구문···

함수명(인수A, 인수B, 인수C)    ●——— 함수의 호출
```

앞서 설명한 order 함수를 사용해서 위치 인수의 작동을 확인해 봅시다. order 함수의 정의는 다음과 같습니다. order 함수를 정의한 후에 인수에 'pizza', 'soup', 'juice'를 지정해서 호출해 보세요.

▼ pos1.py

```
def order(main, side, drink):
    print('main :', main)
    print('side :', side)
    print('drink:', drink)

order('pizza', 'soup', 'juice')
```

main, side, drink에 대해서 각각 pizza, soup, juice가 표시되면 가인수와 실인수의 순서가 일치하고 있는 것입니다.

```
>python pos1.py
main : pizza
side : soup
drink: juice
```

애스터리스크(*)를 사용하여 실인수에 *이터러블이라고 기술하면 이터러블로부터 요소를 꺼내 각 요소를 개개의 인수로서 함수에 건넬 수 있습니다. 이 기능은 **이터러블 언패킹**(이터러블 언팩)이라고 합니다. 한 번의 함수 호출에서 '*이터러블'은 보통의 인수와 섞어서 사용할 수 있으며, 또한 '*이터러블'은 여러 번 사용할 수도 있습니다.

예를 들어 'hotcake', 'fruit', 'tea'를 저장한 리스트를 작성하고 변수 snack에 대입하세요. 그리고 snack에 이터러블 언패킹을 적용한 것을 인수로서 앞서 설명한 order 함수를 호출해 보세요.

▼ pos2.py

```
def order(main, side, drink):
    print('main :', main)
    print('side :', side)
    print('drink:', drink)


snack = ['hotcake', 'fruit', 'tea']
order(*snack)
```

main, side, drink에 각각 hotcake, fruit, tea가 표시되면 성공입니다.

```
>python pos2.py
main : hotcake
side : fruit
drink: tea
```

이번은 'hotcake'와 'fruit'만을 저장한 리스트를 작성해서 변수 snack에 대입합니다. 그리고 snack에 이 터러블 언팩을 적용한 것과 'tea'를 인수로서 order 함수를 호출해 보세요. 위와 같은 실행 결과가 되면 성공입니다.

▼ pos3.py

```
def order(main, side, drink):
    print('main :', main)
    print('side :', side)
    print('drink:', drink)


snack = ['hotcake', 'fruit']
order(*snack, 'tea')
```

인수의 순서가 자유로운 키워드 인수

키워드 인수를 사용하면 함수를 정의했을 때의 가인수 순서와는 다른 순서로, 함수를 호출할 때의 실인수를 지정할 수 있습니다. 키워드 인수는 **인수명=값** 형식으로 적습니다. 예를 들어 다음과 같이 가인수가 인수A, 인수B, 인수C라면 키워드 인수를 사용한 실인수의 나열 방법은 전부 6가지가 있습니다.

▼ 키워드 인수를 사용한 실인수의 나열법

```
def 함수명(인수A, 인수B, 인수C):          ●── 함수의 정의
    구문···


함수명(인수A=값A, 인수B=값B, 인수C=값C)      ●── 함수의 호출①
함수명(인수A=값A, 인수C=값C, 인수B=값B)      ●── 함수의 호출②
함수명(인수B=값B, 인수C=값C, 인수A=값A)      ●── 함수의 호출③
함수명(인수B=값B, 인수A=값A, 인수C=값C)      ●── 함수의 호출④
함수명(인수C=값C, 인수A=값A, 인수B=값B)      ●── 함수의 호출⑤
함수명(인수C=값C, 인수B=값B, 인수A=값A)      ●── 함수의 호출⑥
```

앞서 설명한 order 함수를 사용하여 키워드 인수의 기능을 확인해 봅시다. order 함수를 정의한 다음 인수의 main, side, drink에 대해 각각 'steak', 'salad', 'coffee'를 지정해서 호출하세요. 키워드 인수를 사용하여 전부 6가지 나열 방법을 시험해 보세요.

▼ keyword1.py

```python
def order(main, side, drink):
    print('main :', main)
    print('side :', side)
    print('drink:', drink)


order(main='steak', side='salad', drink='coffee')
order(main='steak', drink='coffee', side='salad')
order(side='salad', drink='coffee', main='steak')
order(side='salad', main='steak', drink='coffee')
order(drink='coffee', main='steak', side='salad')
order(drink='coffee', side='salad', main='steak')
```

어떤 나열법이든 실행 결과는 steak, salad, drink 순서로 출력되면 성공입니다.

```
>python keyword1.py
main : steak
side : salad
drink: coffee
...            ⇐ 다음 결과 반복
```

위치 인수와 키워드 인수를 병용하는 경우에는 위치 인수를 왼쪽에 키워드 인수를 오른쪽에 적습니다(Chapter2). 예를 들어 main의 'steak'를 위치 인수로 지정하고, drink의 'coffee'와 side의 'salad'는 키워드 인수로 지정하여 order 함수를 호출해 보세요.

▼ keyword2.py

```
def order(main, side, drink):
    print('main :', main)
    print('side :', side)
    print('drink:', drink)


order('steak', drink='coffee', side='salad')
```

실행 결과는 다음과 같습니다.

```
>python keyword2.py
main : steak
side : salad
drink: coffee
```

위치 인수를 키워드 인수보다 오른쪽에 적으면 오류(SyntaxError, 문법 오류)가 발생합니다. 예를 들어 다음의 호출은 위치 인수의 'steak'가 키워드 인수인 drink='coffee'나 'side='salad'보다 오른쪽에 있으므로 모두 오류가 됩니다.

```
order(drink='coffee', side='salad', 'steak')
```

```
order(side='salad', drink='coffee', 'steak')
```

```
order(drink='coffee', 'steak', side='salad')
```

```
order(side='salad', 'steak', drink='coffee')
```

애스터리스크(*)를 2개 사용하여 실인수에 **사전이라고 기술하면, 사전에서 키와 값의 쌍을 꺼내서 '키=값'이라는 키워드 인수로 함수에 건넬 수 있습니다. 이 기능은 사전 언패킹(사전 언팩)이라고 합니다. 한 번의 함수 호출에 있어서 **사전은 보통의 인수와 섞어서 사용할 수 있고 또한 **사전을 여러 번 사용할 수 있습니다.

예를 들어 다음을 저장한 사전을 작성하고 변수 dessert에 대입하세요. 그리고 dessert에 사전 언패킹을 적용한 것을 인수로 해서 앞서 설명한 order 함수를 호출해 보세요.

키 'main', 값 'parfait'

키 'side', 값 'cookie'

키 drink, 값 'cocoa'

▼ keyword3.py

```
def order(main, side, drink):
    print('main :', main)
    print('side :', side)
    print('drink:', drink)


dessert = {'main': 'parfait', 'side': 'cookie', 'drink': 'cocoa'}
order(**dessert)
```

main, side, drink에 각각 parfait, cookie, cocoa가 표시되면 성공입니다.

```
>python keyword3.py
main : parfait
side : cookie
drink: cocoa
```

이터러블 언패킹과 사전 언패킹을 섞어서 사용할 때에는 이터러블 언패킹을 왼쪽에, 사전 언패킹을 오른쪽에 적습니다. 이터러블 언패킹은 위치 인수의 일종이며 사전 언패킹은 키워드 인수의 일종으로 생각하면 이해하기 쉽습니다. '위치 인수 또는 이터러블 언패킹을 왼쪽에 적고, 키워드 인수 또는 사전 언패킹을 오른쪽에 적는다'라고 기억해 두면 좋겠죠.

예를 들어 order 함수를 다음과 같은 인수로 호출해 보세요. 이것은 위치 인수, 이터러블 언패킹, 사전 언패킹의 조합입니다.

```
'hotcake', *['fruit'], **{'drink': 'tea'}
```

▼ keyword4.py

```
def order(main, side, drink):
    print('main :', main)
    print('side :', side)
    print('drink:', drink)


order('hotcake', *['fruit'], **{'drink': 'tea'})
```

실행 결과는 다음과 같습니다.

```
>python keyword4.py
main : hotcake
side : fruit
drink: tea
```

마찬가지로 다음과 같이 호출도 시험해 봅시다. 이것은 이터러블 언패킹, 사전 언패킹, 키워드 인수의 조합입니다.

```
*['parfait'], **{'drink': 'cocoa'}, side='cookie'
```

▼ keyword5.py

```
def order(main, side, drink):
    print('main :', main)
    print('side :', side)
    print('drink:', drink)

order(*['parfait'], **{'drink': 'cocoa'}, side='cookie')
```

실행 결과는 다음과 같습니다.

```
>python keyword5.py
main : parfait
side : cookie
drink: cocoa
```

인수에는 기본값을 설정할 수 있다

함수 인수에는 **기본값**을 설정할 수 있습니다. 기본값을 설정한 인수에 대해서 함수를 호출할 때에 실인수를 생략하면 대신에 설정한 기본값이 사용됩니다. 기본값을 설정하려면 함수의 정의를 다음과 같이 작성합니다.

인수의 기본값 설정

```
def 함수명(인수=기본값, ···)
```

일부 인수만으로 기본값을 설정하는 경우에는 기본값이 없는 인수를 왼쪽에, 기본값이 있는 인수를 오른쪽에 적습니다.

```
def 함수명(인수, ···, 인수=기본값, ···):
```

앞서 설명한 order 함수에 대해 기본값을 설정해 봅시다. main에 'steak', side에 'salad', drink에 'coffee'를 **각각 기본값으로 설정**해주세요. 그런 다음 order 함수를 다음과 같은 결과가 되도록 호출합니다. 인수의 기본값을 활용하여 지정하는 인수를 가능한 한 적게 해 보세요

· main은 steak, side는 salad, drink는 coffee

· main은 pizza, side는 salad, drink는 coffee

· main은 steak, side는 soup, drink는 coffee

▼ default1.py

```
def order(main='steak', side='salad', drink='coffee'):
    print('main :', main)
    print('side :', side)
    print('drink:', drink)


order()              ← steak, salad, coffee
order('pizza')       ← pizza, salad, coffee
order(side='soup')   ← steak, soup, coffee
```

실행 결과는 다음과 같습니다.

```
>python default1.py
main : steak
side : salad        ← order()의 결과
drink: coffee
main : pizza
side : salad        ← order('pizza')의 결과
drink: coffee
main : steak
side : soup         ← order(sige='soup')의 결과
drink: coffee
```

위의 프로그램에서는 기본값으로 둘 인수는 지정하지 않고 기본값과는 다른 값으로 하고 싶은 인수만을 지정합니다. 이것은 현실의 레스토랑에서 사전에 정해진 세트 중에서 변경하고 싶은 요리만을 교체하는 것과 비슷합니다.

가변 길이 인수는 튜플이나 사전으로 받는다

가변 길이 인수란 개수가 임의 개인 인수를 말합니다. 가변 길이 인수를 취하는 함수의 예로서는 print 함수가 있습니다. 예를 들어 **print 함수를 다음과 같은 인수로 호출**해 보세요.

① 인수 없음

② 'hotcake'

③ 'hotcake'와 'pizza'

④ 'hotcake'와 'pizza'와 'steak'

▼ varargs1.py

```
print()                             ⇐ ① 인수 없음
print('hotcake')                    ⇐ ②'hotcake'
print('hotcake', 'pizza')           ⇐ ③'hotcake'와 'pizza'
print('hotcake', 'pizza', 'steak')  ⇐ ④'hotcake'와 'pizza'와 'steak'
```

실행 결과는 다음과 같습니다. 이와 같이 print 함수에는 임의 개의 인수를 건넬 수 있습니다.

```
>python varargs1.py
                        ⇐ ①의 출력(빈 행)
hotcake                 ⇐ ②의 출력
hotcake pizza           ⇐ ③의 출력
hotcake pizza steak     ⇐ ④의 출력
```

print 함수와 같은 가변 길이 인수의 함수를 정의하려면 애스터리스크(*)를 사용해서 가인수에 *인수 또는 **인수라고 적습니다. *은 임의 개의 위치 인수를 튜플로 받기 위해서 사용하고, **은 임의 개의 키워드 인수를 사전으로 받기 위해 사용합니다.

가변 길이 인수의 정의(튜플로 받는다)

```
def 함수명(*인수):
```

가변 길이 인수의 정의(사전으로 받는다)

```
def 함수명(**인수):
```

실제로 사용해 봅시다. *(튜플로 받는다)를 사용해서 임의 개의 위치 인수를 x로 받고, x를 표시하는 함수 f를
정의하세요. 그리고 다음 4가지의 인수로 함수 f를 호출해 보세요.

① 인수 없음

② 'hotcake'

③ 'hotcake'와 'pizza'

④ 'hotcake'와 'pizza'와 'steak'

▼ varargs2.py

```
def f(*x):                              ⇐ 함수의 정의
    print(x)


f()                                     ⇐ ①의 호출
f('hotcake')                            ⇐ ②의 호출
f('hotcake', 'pizza')                   ⇐ ③의 호출
f('hotcake', 'pizza', 'steak')          ⇐ ④의 호출
```

실행 결과는 다음과 같습니다.

```
>python varargs2.py
()                                      ⇐ ①의 출력(빈 튜플)
('hotcake',)                            ⇐ ②의 출력
('hotcake', 'pizza')                    ⇐ ③의 출력
('hotcake', 'pizza', 'steak')           ⇐ ④의 출력
```

실행 결과로부터 여러 개의 위치 인수를 튜플로 받는 것을 확인할 수 있습니다. 또한 요소가 1개인
튜플에는 ('hotcake',)와 같이 콤마(,)가 붙는 것에 주의하세요(Chapter4).

다음은 **를 사용해 봅시다. **(사전으로 받는다)를 사용하여 임의 개의 키워드 인수를 x로 받고, x를 표
시하는 함수 f를 정의하세요. 그리고 다음 4가지의 인수로 함수 f를 호출해 보세요. 인수명에는
breakfast, lunch, dinner를 사용합니다.

① 인수 없음

② breakfast='hotcake'

③ breakfast='hotcake'와 lunch='pizza'

④ breakfast='hotcake'와 lunch='pizza' 와dinner='steak'

▼ varargs3.py

```
def f(**x):                                          ⇐ 함수의 정의
    print(x)

f()                                                  ⇐ ①의 호출
f(breakfast='hotcake')                               ⇐ ②의 호출
f(breakfast='hotcake', lunch='pizza')                ⇐ ③의 호출
f(breakfast='hotcake', lunch='pizza', dinner='steak') ⇐ ④의 호출
```

실행 결과는 다음과 같습니다.

```
>python varargs3.py
{}                                                              ⇐ ①의 출력
{'breakfast': 'hotcake'}                                        ⇐ ②의 출력
{'breakfast': 'hotcake', 'lunch': 'pizza'}                      ⇐ ③의 출력
{'breakfast': 'hotcake', 'lunch': 'pizza', 'dinner': 'steak'}   ⇐ ④의 출력
```

실행 결과로부터 여러 개의 키워드 인수를 사전으로 받는 것을 확인할 수 있습니다. 이처럼 *나 **를 사용하면 임의 개의 인수를 튜플이나 사전으로 받을 수 있습니다.

다음과 같이 *와 **를 조합할 수도 있습니다. 그러면 위치 인수는 '*인수'로부터 튜플로 받고, 키워드 인수는 '**인수'로부터 사전으로 받을 수 있습니다.

가변 길이 인수의 정의(튜플과 사전의 조합)

```
def 함수명(*인수, **인수):
```

실제로 사용해 봅시다. 식사 메뉴를 번호 붙여서 표시하는 count 함수를 정의합니다. count 함수는 임의 개의 위치 인수와 임의 개의 키워드 인수를 받으려고 합니다. 다음과 같이 count 함수를 호출했을 때에 그 아래와 같이 실행 결과가 되도록 count 함수를 정의합니다.

```
count('hotcake', 'pizza', snack='parfait', dinner='steak')
```

```
>python varargs4.py
[ 1 ] hotcake          ← 핫케이크
[ 2 ] pizza            ← 피자
[ 3 ] snack : parfait  ← 간식: 파르페
[ 4 ] dinner : steak   ← 저녁: 스테이크
```

번호는 1부터 시작해서 1씩 증가합니다. 위치 인수와 키워드 인수는 각각 다음의 형식으로 표시합니다.

[번호] 값   ← 위치 인수

[번호] 키 : 값   ← 키워드 인수

▼ varargs4.py

```
def count(*t, **d):
    for i, x in enumerate(t, 1):                    ← 튜플의 표시
        print('[', i, ']', x)
    for i, (k, v) in enumerate(d.items(), len(t)+1): ← 사전의 표시
        print('[', i, ']', k, ':', v)


count('hotcake', 'pizza', snack='parfait', dinner='steak')
```

위의 구현 예에서는 번호를 생성하기 위해 enumerate 함수를 사용했습니다(Chapter5). 위치 인수가 들어간 튜플을 표시할 때에는 번호를 1부터 시작하기 위해서 enumerate 함수의 2번째 인수에 1을 지정합니다. 키워드 인수가 들어간 사전을 표시할 때에는 번호를 연속해서 시작하기 위해 enumerate 함수의 2번째 인수에 '튜플 요소 수+1'을 지정합니다.

사전에 관해서는 items 메서드를 사용하여 키와 값의 쌍을 튜플로 꺼냅니다(Chapter4). 게다가 enumerate 함수를 사용함으로써 '(번호, (키, 값))'이라는 형식의 튜플을 만듭니다.

이 튜플을 변수 i(번호), k(키), v(값)로 언패킹하는데 i, k, v가 아닌 i, (k, v)라고 적어야 하는 것에 주의하세요. 이렇게 튜플이 통째로 들어가 있는(튜플 속에 튜플) 경우에는 튜플의 형식에 맞게 언패킹할 때의 소괄호를 기술해야 합니다.

위치 전용 인수와 키워드 전용 인수

가변 길이 인수를 실현하는 *과 **에 대해 좀 더 복잡한 사용법을 배워 봅시다. 다음과 같이 *나 **

가 붙은 인수를 *나 **가 붙어 있지 않은 인수와 조합할 수도 있습니다. 인수, *인수, 키워드 전용 인수, **인수는 모두 생략 가능할 수 있는데 다음의 순서로 나열해야 합니다.

여러 가지 인수의 조합

```
def 함수명(인수…, *인수, 키워드 전용 인수…, **인수):
```

위에서 '*인수'보다도 뒤에 있는 인수는 **키워드 전용 인수**입니다. 키워드 전용 인수에는 실인수를 키워드 인수로서만 건넬 수 있습니다. '*인수'보다도 앞에 있어야 하는 인수는 위치 인수와 키워드 인수의 어느 쪽이든 건넬 수 있습니다.

키워드 전용 인수에 대해서 위치 전용 인수도 있습니다(파이썬 3.8 이후). 위치 전용 인수에는 실인수를 위치 인수로서만 건넬 수 있습니다. 인수를 위치 전용 인수로 하려면 다음과 같이 /(슬래시) 로 인수를 구분합니다. /보다도 앞의 인수는 위치 전용 인수가 됩니다.

/에 의한 위치 전용 인수 지정

```
def 함수명(위치 전용 인수…, /, 인수…, *인수, 키워드 전용 인수…, **인수):
```

가변 길이 인수를 사용하지 않고 키워드 전용 인수를 지정하고 싶은 경우에는 '*인수'가 아닌 *를 사용합니다. 다음과 같이 적으면 /보다도 앞은 위치 전용 인수로, *보다도 뒤는 키워드 전용 인수로, /와 *의 사이는 위치 인수와 키워드 인수로 지정됩니다.

*에 의한 키워드 전용 인수의 지정

```
def 함수명(위치 전용 인수…, /, 인수…, *, 키워드 전용 인수…):
```

위와 같이 폭넓은 종류의 인수가 있는데 실제 프로그래밍에서는 이중에서 필요한 일부를 골라서 사용하는 경우가 많을 것입니다. 여기에서는 각 인수의 동작을 확인하기 위해서 다음과 같은 프로그램을 준비했습니다. **다섯 종류의 인수 a~e를 받고 값을 표시하는 함수 f**입니다. 우선 각 인수의 종류를 확인해 보세요.

▼ only1.py

```
def f(a, /, b, *c, d, **e):
    print('a:', a)          ⇐ a는 위치 전용 인수
    print('b:', b)          ⇐ b는 위치 인수와 키워드 인수 두 가지 용도
    print('c:', c)          ⇐ c는 *인수
    print('d:', d)          ⇐ d는 키워드 전용 인수
    print('e:', e)          ⇐ e는 **인수
```

위의 함수 f를 몇 가지의 패턴으로 호출합시다. 각각의 호출 결과로 a~e의 각 변수에 어떠한 값이 대입되는지 예상해 보세요. 우선은 다음의 프로그램입니다.

▼ only2.py

```
def f(a, /, b, *c, d, **e):
    print('a:', a)
    print('b:', b)
    print('c:', c)
    print('d:', d)
    print('e:', e)


f(1, 2, 3, 4, d=5, x=6, y=7)
```

위치 인수의 a에 1, b에 2가 들어가고 나머지 위치 인수인 3과 4는 c에 들어갑니다. 그리고 키워드 인수 d에 5가 들어가고 나머지 키워드 인수인 x=6과 y=7은 e에 들어갑니다.

```
>python only2.py
a: 1
b: 2
c: (3, 4)
d: 5
e: {'x': 6, 'y': 7}
```

b는 위치 인수이자 키워드 인수입니다. 그래서 다음과 같이 b를 키워드로 해 봅시다. 실행 결과를 예상해 보세요.

▼ only3.py

```
def f(a, /, b, *c, d, **e):
    print('a:', a)
    print('b:', b)
    print('c:', c)
    print('d:', d)
    print('e:', e)

f(1, b=2, 3, 4, d=5, x=6, y=7)
```

사실 위의 프로그램을 실행하면 오류가 납니다. 오류 메시지의 내용은 '문법 오류: 키워드 인수의 뒤에 위치 인수가 있다'입니다. 위치 인수와 키워드 인수를 병용하는 경우 위치 인수를 왼쪽에, 키워드 인수를 오른쪽에 배치해야 하는 것을 떠올려 보세요.

```
>python only3.py
    File "...". line 8
        f(1, b=2, 3, 4, d=5, x=6, y=7)
                  ^

SyntaxError: positional argument follows keyword argument
```

다음과 같이 키워드 인수의 뒤에 위치 인수를 적지 않으면 오류는 발생하지 않습니다. 이러면 각 인수에는 무엇이 대입될까요?

▼ only4.py

```
def f(a, /, b, *c, d, **e):
    print('a:', a)
    print('b:', b)
    print('c:', c)
    print('d:', d)
    print('e:', e)

f(1, b=2, d=5, x=6, y=7)
```

a와 b 이외의 남은 위치 인수가 c에 들어가는데 이때는 b의 뒤에 위치 인수가 없으므로 c는 빈 튜플이 됩니다.

```
>python only4.py
a: 1
b: 2
c: ()
d: 5
e: {'x': 6, 'y': 7}
```

필수 인수만을 지정한 것이 다음 프로그램입니다. 각 인수에 대입되는 값을 예상해 보세요.

▼ only5.py

```
def f(a, /, b, *c, d, **e):
    print('a:', a)
    print('b:', b)
    print('c:', c)
    print('d:', d)
    print('e:', e)


f(1, 2, d=5)
```

이 경우는 a, b, d에 값이 들어갑니다. 남은 위치 인수가 없으므로 c는 빈 튜플이 되며, 남은 키워드 인수가 없으므로 e는 빈 사전이 됩니다.

```
>python only5.py
a: 1
b: 2
c: ()
d: 5
e: {}
```

a는 위치 전용 인수입니다. 다음과 같이 a를 키워드 인수로서 전달하면 무슨 일이 일어날까요?

▼ only6.py

```
def f(a, /, b, *c, d, **e):
    print('a:', a)
    print('b:', b)
    print('c:', c)
    print('d:', d)
    print('e:', e)

f(a=1, b=2, d=5)
```

이러면 다음과 같이 오류가 발생합니다. 오류의 내용은 '형 오류: f()에 필요한 위치 인수가 1개 빠져 있다: a'입니다. 위 예시에서 위치 전용 인수는 키워드 인수로 전달되지 않는 것을 알 수 있습니다.

```
>python only6.py
Traceback (most recent call last):
  File "...", line 8, in <module>
    f(a=1, b=2, d=5)
TypeError: f() missing 1 required positional argument: 'a'
```

계속해서 다음과 같은 프로그램을 시험해 봅시다. '*인수'의 c와 '**인수'의 e를 키워드 인수로 건네려고 합니다. 실행 결과는 어떻게 될까요?

▼ only7.py

```
def f(a, /, b, *c, d, **e):
    print('a:', a)
    print('b:', b)
    print('c:', c)
    print('d:', d)
    print('e:', e)


f(1, 2, c=3, d=4, e=5)
```

다음의 실행 결과와 같이 '*인수'나 '**인수'를 키워드 인수로서 건넬 수는 없습니다. '*c'나 '**e'와는 별도로 키워드 인수 c와 e를 지정한 것이 되며, 이것은 e의 사전에 저장됩니다.

```
>python only7.py
a: 1
b: 2
c: ()
d: 4
e: {'c': 3, 'e': 5}
```

인수에는 많은 종류가 있는 것을 배웠는데, 여기에서 조금 실용적인 프로그램을 만들어 봅시다. 조금 전 작성한 식사의 메뉴를 번호 붙여서 표시하는 count 함수(varargs4.py)에서 번호를 1 말고 다른 수에서도 시작할 수 있게 개조하세요.

▼ varargs4.py(재게재)

```
def count(*t, **d):
    for i, x in enumerate(t, 1):
        print('[', i, ']', x)
    for i, (k, v) in enumerate(d.items(), len(t)+1):
        print('[', i, ']', k, ':', v)


count('hotcake', 'pizza', snack='parfait', dinner='steak')
```

시작 번호는 키워드 인수의 start에서 지정하도록 합시다. 예를 들어 다음은 start에 100을 지정한 count 함수의 호출입니다.

```
count('hotcake', 'pizza', snack='parfait', dinner='steak', start=100)
```

위의 방법으로 count 함수를 호출하면 실행 결과는 다음과 같습니다.

```
[ 100 ] hotcake
[ 101 ] pizza
[ 102 ] snack:parfait
[ 103 ] dinner : steak
```

start의 지정을 생략한 경우는 1부터 시작하도록 합니다. 다음은 start를 생략한 호출의 예입니다.

```
count('hotcake', 'pizza', snack='parfait', dinner='steak')
```

이것은 수정 전의 count 함수와 같은 동작을 합니다.

```
[ 1 ] hotcake
[ 2 ] pizza
[ 3 ] snack:parfait
[ 4 ] dinner:steak
```

count 함수의 인수로서는 '*인수'와 '**인수'에 더해서 키워드 인수 start가 필요합니다. 또한 start를 생략할 수 있도록 기본값도 필요합니다.

```
def count(*t, start=1, **d):
    for i, x in enumerate(t, start):
        print('[', i, ']', x)
    for i, (k, v) in enumerate(d.items(), len(t)+start):
        print('[', i, ']', k, ':', v)


count('hotcake', 'pizza', snack='parfait', dinner='steak', start=100)
count('hotcake', 'pizza', snack='parfait', dinner='steak')
```

위의 프로그램에서는 인수에 start=1을 추가했습니다. 이것은 키워드 인수이므로 '*인수'와 '**인수'의 사이에 적는 것에 주의하세요.

인수 start는 enumerate 함수의 2번째 인수로 사용합니다. enumerate 함수의 1회째의 호출에서는 2번째 인수를 start, 2회째의 호출에서는 len(t)+start로 하고 시작 번호를 메뉴의 번호에 반영합니다.

```
>python only8.py
[ 100 ] hotcake
[ 101 ] pizza
[ 102 ] snack : parfait
[ 103 ] dinner : steak
[ 1 ] hotcake
[ 2 ] pizza
[ 3 ] snack : parfait
[ 4 ] dinner : steak
```

변수를 작성하는 장소에서 스코프가 바뀐다

변수의 스코프(유효 범위)는 변수를 작성하는(변수명을 객체에 연결한다) 장소에 따라 달라집니다. 함수의 외부에서 작성한 변수는 전역 변수로 함수의 외부에서도 내부에서도 사용할 수 있습니다. 함수 내부에서 작성한 변수는 지역 변수로 그 함수의 내부에서만 사용할 수 있습니다. 여기에서는 전역 변수와 지역 변수를 구분하는 방법과 어떤 변수에 접근하는지를 지정하는 global 문 및 nonlocal 문에 대해 배워 봅시다.

어디서나 유효한 전역 변수

함수의 외부에서 변수에 값을 대입하면 전역 변수(글로벌 변수)를 작성할 수 있습니다. 전역 변수는 함수의 외부에서는 물론 어느 함수의 내부에서도 참조할 수 있습니다.

예를 들어 **변수 text의 내용을 표시하는 함수 f와 함수 g를 정의**하세요. 다음으로 함수의 외부에서 text에 'Hello'를 대입하여 전역 변수 text를 작성합니다. 이어서 **함수 f와 함수 g를 호출하고 마지막으로 함수의 외부에서 text를 표시**하세요.

▼ scope1.py

```
def f():
    print('f():', text)       ⟵ 함수 f의 내부에서 text를 표시

def g():
    print('g():', text)       ⟵ 함수 g의 내부에서 text를 표시

text = 'Hello'                ⟵ 전역 변수 text를 작성
f()                           ⟵ 함수 f를 호출
g()                           ⟵ 함수 g를 호출
print(text)                   ⟵ 함수의 외부에서 text를 표시
```

앞의 프로그램에서는 함수 f나 함수 g의 안쪽에서 변수 text를 표시하는 처리가 전역 변수 text를

생성하는 처리보다도 전에 있는 것에 주의하세요. 이처럼 함수를 정의할 때에는 함수 내에서 사용하고 있는 변수가 아직 생성되지 않아도 됩니다. 함수를 호출했을 때에 필요한 변수가 생성되어 있으면 괜찮습니다. 위의 프로그램을 실행하면 다음과 같이 Hello가 3회 표시됩니다.

```
>python scope1.py
f(): Hello       ⇦ 함수 f에서 전역 변수 text를 표시
g(): Hello       ⇦ 함수 g에서 전역 변수 text를 표시
Hello            ⇦ 함수의 외부에서 전역 변수 text를 표시
```

함수 내부에서만 유효한 지역 변수

함수의 내부에서 변수에 값을 대입하면 지역 변수(로컬 변수)가 됩니다. 지역 변수는 그 변수를 작성한 함수의 내부에서만 참조할 수 있으며 다른 함수에서는 참조할 수 없습니다. 반대로 말하면 어떤 함수에서 생성한 지역 변수와 동일한 이름의 변수를 다른 함수의 지역 변수로 생성해도 됩니다. 또한 전역 변수와 같은 이름의 지역 변수를 생성할 수 있으며 이 변수를 생성한 함수의 내부에서는 지역 변수가 우선됩니다.

예를 들어 함수 f를 정의하고 변수 text에 대해 'Good Morning'을 대입하고 나서 text를 표시하세요. 마찬가지로 함수 g를 정의하고 변수 text에 대해 'Good Night'를 대입하고 나서 text를 표시합니다. 다음으로 함수의 외부에서 변수 text에 대해 'Hello'를 대입하고 전역 변수 text를 생성합니다. 이어서 함수 f와 함수 g를 호출하고 마지막으로 함수의 외부에서 text를 표시하세요.

▼ scope2.py

```
def f():
    text = 'Good Morning'     ⇦ 함수 f의 지역 변수 text를 작성
    print('f():', text)

def g():
    text = 'Good Night'       ⇦ 함수 g의 지역 변수 text를 작성
    print('g():', text)

text = 'Hello'                ⇦ 전역 변수 text를 작성
f()
g()
print(text)
```

실행 결과는 다음과 같습니다.

```
>python scope2.py
f(): Good Morning    ← 함수 f에서 지역 변수 text를 표시
g(): Good Night      ← 함수 g에서 지역 변수 text를 표시
Hello                ← 함수의 외부에서 전역 변수 text를 표시
```

함수 f와 함수 g의 내부에서 생성한 text는 지역 변수이고, 함수의 바깥쪽에서 생성한 변수 text는 전역 변수입니다. 함수 f와 함수 g 내부에서는 지역 변수가 우선되므로 함수 f는 'Good Morning', 함수 g는 'Good Night'을 표시합니다. 그리고 전역 변수 text에 'Hello'를 대입한 후에 함수 f와 함수 g를 호출한 것과 상관없이 text 값이 'Hello'인 상태로부터 지역 변수로의 대입이 전역 변수에 영향을 주지 않는 것을 알 수 있습니다.

전역 변수에 대입하기 위해 필요한 global 문

함수의 내부에서 변수에 값을 대입하면 지역 변수가 생성됩니다. 그러므로 함수 내부에서 전역 변수에 값을 대입하려고 해도 전역 변수와 동일한 이름의 지역 변수가 생성됩니다. 앞서 설명한 프로그램에서도 함수 f나 함수 g에서 변수 text에 값을 대입했을 때에 전역 변수 text로 대입되지 않고 지역 변수가 생성되었습니다.

함수의 내부에서 전역 변수에 값을 대입하려면 다음과 같은 global 문을 사용합니다. 함수의 내부에 global 문을 적고 값을 대입하고 싶은 전역 변수를 지정합니다.

함수 내부에서 값을 대입하는 전역 변수를 지정(global 문)

```
global 변수
```

값을 대입하고 싶은 전역 변수가 여러 개 있다면 다음과 같이 콤마(,)로 구분해 기술할 수 있습니다. 함수의 내부에 여러 개의 global 문을 기술할 수도 있습니다.

global 문(변수가 2개 이상인 경우)

```
global 변수, …
```

예를 들어 다음 프로그램에서는 **함수 f의 내부에서 변수 text에 'Good Bye'를 대입하고, 함수의 외부에서 전역 변수 text에 'Hello'를 대입**합니다.

▼ global1.py

```
def f():
    text = 'Good Bye'        ⇠ 함수 f의 지역 변수 text를 작성
    print('f():', text)

text = 'Hello'               ⇠ 전역 변수 text를 작성
f()
print(text)
```

이 상태에서는 함수 f에 대입하는 것은 지역 변수 text를 생성하는 것이며 전역 변수 text로 대입하는 게 아닙니다. 함수 f를 호출해도 전역 변수 text의 내용은 변화하지 않으므로 마지막에 함수의 외부에서 text를 표시하면 Hello가 표시됩니다.

```
>python global1.py
f(): Good Bye     ⇠ 함수 f에서 지역 변수 text를 표시
Hello             ⇠ 함수 바깥쪽에서 전역 변수 text를 표시
```

위의 프로그램에서 **함수 f의 안쪽에 global 문을 추가하고 전역 변수 text에 'Good Bye'를 대입**하세요. 함수의 바깥쪽에서 text를 표시했을 때에 'Good Bye'라고 표시되면 성공입니다.

▼ global2.py

```
def f():
    global text             ⇠ global 문으로 전역 변수 text를 지정
    text = 'Good Bye'       ⇠ 전역 변수 text에 대입
    print('f():', text)

text = 'Hello'              ⇠ 전역 변수 text를 생성
f()
print(text)
```

실행 결과는 다음과 같습니다. 함수 f에 따라 전역 변수 text의 값이 변경되는 것을 알 수 있습니다.

```
>python global2.py
f(): Good Bye        ⬅ 함수 f에서 전역 변수 text를 표시
Good Bye             ⬅ 함수의 외부에서 전역 변수 text를 표시
```

함수 내부의 함수에서 유용한 nonlocal 문

실은 함수 내부에서 다른 함수를 정의할 수도 있습니다. 다음은 외부의 함수 안에 내부 함수가 있는 예인데 내부의 함수 안에 또 내부의 함수를 정의할 수도 있습니다.

▼함수 안에서 함수를 정의

```
def 함수명(인수, ···):        ●── 외부 함수의 정의
    구문···                   ●── 외부 함수의 처리
    def 함수명(인수, ···):    ●── 내부 함수의 정의
        구문···               ●── 내부 함수의 처리
    구문···                   ●── 외부 함수의 처리
구문···                       ●── 함수 외부의 처리
```

예를 들어 **함수 f를 정의하고 그 내부에 함수 g를 정의**해 보세요. 함수 f는 f( )라고 표시하고, 함수 g는 g( )라고 표시합니다. 또한 **함수 f의 내부에서 함수 g를 호출**하고 **함수의 외부에서 함수 f를 호출**하세요.

▼ nonlocal1.py

```
def f():
    print('f()')
    def g():
        print('g()')
    g()
f()
```

f()와 g()가 표시되면 성공입니다.

```
>python nonlocal1.py
f()
g()
```

외부와 내부의 어느 함수에 있어서도 함수의 내부에서 변수에 값을 대입하면 그 함수의 지역 변수가 생성됩니다. 그러나 다음과 같은 nonlocal 문을 사용함에 따라 내부의 함수로부터 외부 함수의 지역 변수에 값을 대입할 수 있습니다. nonlocal 문의 사용법은 global 문과 동일하며 값을 대입하고 싶은 변수(외부 함수의 지역 변수)를 지정합니다.

내부 함수에서 값을 대입하는 외부 함수의 지역 변수를 지정(nonlocal 문)

```
nonlocal 변수
```

nonlocal 문(변수가 2개 이상인 경우)

```
nonlocal 변수, ···
```

예를 들어 다음 프로그램에서는 **외부 함수 f의 내부에서 지역 변수 text에 'Good Morning'을 대입**하고, **내부 함수 g에서 변수 text에 'Good Night'를 대입**합니다. 이 상태에서는 함수 g의 지역 변수 text에 값을 대입해도 함수 f의 지역 변수 text에 대입되지 않습니다.

▼ nonlocal2.py

```
def f():
    def g():
        text = 'Good Night'     ← 함수 g의 지역 변수 text를 작성
        print('g():', text)

    text = 'Good Morning'        ← 함수 f의 지역 변수 text를 작성
    g()
    print('f():', text)

f()
```

실행 결과는 다음과 같습니다.

```
>python nonlocal2.py
g(): Good Night        ← 함수 g의 지역 변수 text를 표시
f(): Good Morning      ← 함수 f의 지역 변수 text를 표시
```

앞의 프로그램에서 함수 g의 내부에 nonlocal 문을 추가하고 함수 f의 지역 변수 text에 'Good Night'을 대입하세요.

▼ nonlocal3.py

```
def f():
    def g():
        nonlocal text        ⬅ nonlocal 문으로 함수 f의 지역 변수 text를 지정
        text = 'Good Night'   ⬅ 함수 f의 지역 변수 text에 대입
        print('g():', text)

    text = 'Good Morning'     ⬅ 함수 f의 지역 변수 text를 작성
    g()
    print('f():', text)

f()
```

함수 f에서 text를 표시했을 때에 'Good Night'이라고 표시되면 성공입니다. 함수 f의 지역 변수 text의 값이 변경되어 있는 것을 알 수 있습니다.

```
>python nonlocal3.py
g(): Good Night          ⬅ 함수 f의 지역 변수 text를 표시
f(): Good Night          ⬅ 함수 f의 지역 변수 text를 표시
```

파이썬의
객체 지향 프로그래밍

파이썬은 객체 지향 프로그래밍 언어입니다. 클래스를 정의하거나 클래스로부터 객체 (인스턴스)를 생성하거나 객체가 가진 데이터 속성이나 메서드를 이용하는 기능을 갖추고 있습니다. 마찬가지로 객체 지향 프로그래밍 언어인 C++나 자바와 비교하면 파이썬은 프로그래밍을 하는 데 충분한 기능을 제공하면서도 필수가 아닌 기능을 생략함으로써 가능한 한 문법을 간결하게 합니다. 여기에서는 클래스와 객체의 관계, 객체 생성, 클래스의 정의, 데이터 속성이나 메서드의 추가, 클래스의 파생이나 상속 등 파이썬 객체 지향 프로그래밍의 기본 기능을 학습합니다. 더욱 수준 높은 클래스 관련 기능은 Chapter16에서 다룹니다.

이 장의 학습 내용

① 클래스나 객체의 기본

② 독자적인 클래스의 정의

③ 클래스의 파생과 상속

먼저 기존의 객체를 활용한다

먼저 파이썬의 내장형(파이썬에 내장되어 있는 표준형)을 사용하여 클래스나 객체의 기본적인 사용법을 배웁니다. 지금까지 숫자, 문자열, 진위값, 리스트, 튜플, 집합, 사전과 같은 여러 형을 배웠는데 사실은 이러한 형은 모두 클래스이며 이러한 형의 값은 모두 객체입니다. 여기에서는 처음에 클래스와 객체의 개념을 배우고 다음으로 파이썬이 제공하고 있는 형(클래스)을 사용하여 객체 생성 및 메서드의 호출을 실시합니다.

클래스와 객체의 개념

클래스는 객체의 구조를 정의하기 위한 구조입니다. 클래스는 설계도, 객체는 제품에 비유할 수 있습니다. 1개의 클래스로부터 같은 구조를 가진 다수의 객체를 생성할 수 있습니다. 이것은 예를 들어 1장의 설계도로부터 같은 형의 자동차를 여러 대 제조할 수 있는 것과 비슷합니다.

▼클래스와 객체의 관계

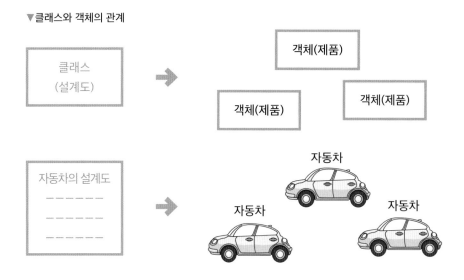

객체는 데이터와 처리로 구성됩니다. 어떤 기능을 실현하기 위해서 필요한 데이터와 처리를 통합한 것이 객체라고 할 수 있습니다. 이러한 객체를 부품으로 사용해 여러 객체를 조합해서 프로그램을 구축하는 것이 객체 지향 프로그래밍입니다.

객체가 어떠한 데이터와 처리로부터 구성되는지는 클래스를 사용해서 정의합니다. 어느 객체라도 동일한 데이터와 처리가 같지만, 데이터의 내용에 대해서는 객체마다 다른 값(속성)으로 할 수 있습니다. 이것은 비유하면 종류가 같은 자동차는 같은 구조를 갖지만 옵션이나 현재 속도, 연료 잔량은 다른 것과 비슷합니다.

파이썬에서는 객체를 구성하는 데이터나 처리를 속성이라고 합니다. 데이터에 상당하는 속성은 데이터 속성, 처리에 상당하는 속성은 메서드입니다.

▼객체의 구성

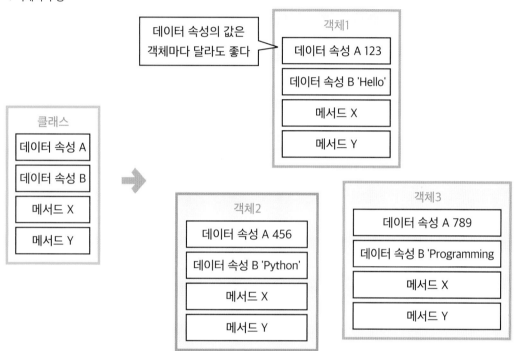

또한 클래스로부터 생성한 객체를 인스턴스라고 합니다. 객체라는 용어의 사용법은 좀 다양해서 인스턴스를 가리키는 경우도 있고, 클래스와 인스턴스를 한꺼번에 가리키는 경우도 있습니다. 클래스와의 대비를 명확히 하고 싶다면 인스턴스라는 용어를 사용하면 편리합니다.

특히 파이썬의 경우에는 클래스 자체도 객체입니다. 그러므로 '클래스의 객체'라고 하면 '클래스 자체의 객체'를 가리키는 건지 '클래스로부터 생성한 인스턴스의 객체'를 가리키는지 헷갈릴 수 있습니다. 그래서 양쪽을 명확하게 구별하고 싶은 경우에 전자는 클래스 객체, 후자는 인스턴스 객체라고 합니다.

일반적으로 객체라고 하면 인스턴스 객체를 가리키는 경우가 많으므로 이 책에서도 인스턴스 객체를 객체라고 부르도록 합니다. 특별히 구별을 강조할 경우에만 클래스 객체나 인스턴스 객체라는 용어를 사용합니다.

객체를 생성한다

객체(인스턴스 객체)를 생성하려면 다음과 같이 작성합니다. 외형은 함수의 호출과 같습니다.

객체(인스턴스 객체)의 생성

```
클래스명(인수, ···)
```

생성된 객체는 식의 안에서 사용하거나 함수의 인수로서 사용하기도 합니다. 또한 생성해 놓은 객체를 나중에 사용하고 싶을 수도 있습니다. 그런 경우는 객체를 저장해 둘 수도 있습니다. 객체를 저장하려면 다음과 같이 변수에 대입합니다. 그러면 나중에 이 변수를 사용해서 객체의 기능을 이용할 수 있습니다.

객체의 저장

```
변수 = 클래스명(인수, ···)
```

파이썬의 내장형(파이썬에 표준으로 준비되어 있는 형)을 사용하여 객체를 생성합시다. 지금까지 이 책에서 배운 내장형에는 다음과 같이 대응하는 클래스가 있습니다.

▼내장형에 대응하는 클래스

형	클래스명
정수	int
실수	float
문자열	str
진위값	bool
리스트	list
튜플	tuple
집합	set
사전	dict

파이썬 인터프리터의 대화 모드를 사용해서 **str 클래스(문자열)의 객체를 생성**합니다. 인수에 아무것도 지정하지 않으면 다음과 같이 빈 문자열이 생성됩니다.

```
>>> str()
''
```

이번은 **인수에 정수 123을 지정**하세요. 문자열 '123'이 생성됩니다.

```
>>> str(123)
'123'
```

이렇게 객체의 생성은 외형이 함수의 호출과 같습니다. 그러므로 위는 엄밀하게는 'str 객체의 생성'이지만 'str 함수의 호출'이라고 표현하기도 합니다. 다른 내장형의 클래스, 예를 들면 int 클래스나 list 클래스에 대해서도 int 함수나 list 함수라고 부르는 경우가 있습니다. 또한 반복에 사용하는 range 함수도 실제로는 range 클래스입니다.

내장형에 대해서는 위와 같이 클래스명을 사용하여 객체를 생성할 수도 있으며 더욱 간단한 기법이 제공됩니다. 예를 들어 빈 문자열을 생성할 때에는 위와 같이 클래스명(str)을 사용하지 않아도 작은따옴표(')를 사용하여 ''라고 적으면 됩니다.

```
>>> str()        ⇐ 클래스명을 사용하는 경우
''
>>> ''           ⇐ 리터럴을 사용하는 경우
''
```

이처럼 내장형의 값을 프로그램 내에 적기 위한 기법을 **리터럴**이라고 합니다. 위는 문자열 리터럴의 예로, 이 외에도 정수 리터럴이나 실수 리터럴 등이 있습니다.

데이터 구조(리스트, 튜플, 집합, 사전)의 객체에 대해서도 클래스명을 사용해서 생성하는 방법 외에 더욱 간단한 기법이 제공됩니다. 예를 들어 빈 리스트를 클래스명을 사용하는 방법과 대괄호를 사용하는 기법으로 생성해 보세요.

```
>>> list()       ⇐ 클래스명을 사용하는 경우
[]
>>> []           ⇐ 대괄호를 사용하는 경우
[]
```

대괄호를 사용하는 경우는 리터럴이 아닌 표시(display)라고 합니다. 위는 리스트 표시의 예입니다. 중괄호를 사용해서 집합을 생성하는 기법은 집합 표시, 사전을 생성하는 기법은 사전 표시라고 합니다.

메서드를 호출한다

메서드를 호출하려면 다음과 같이 작성합니다. 메서드는 함수와 비슷한데 '객체.'과 같이 처리의 대상에 객체를 지정해서 호출하는 점이 다릅니다.

메서드의 호출

```
객체.메서드명(인수, ⋯)
```

변수에 객체를 대입한 경우에는 다음과 같이 변수를 사용해서 메서드를 호출할 수 있습니다. 같은 객체에 대해서 몇 번이나 메서드를 호출한다면 이러한 변수를 사용하는 경우가 많을 것입니다.

변수를 사용한 메서드의 호출

```
변수.메서드명(인수, ⋯)
```

예를 들어, set 클래스(집합)의 객체를 생성해 변수 x에 대입하세요. 그런 다음 add 메서드를 3회 호출하여 정수 1, 2, 3을 집합에 추가합니다. 마지막으로 x를 표시하고 집합의 내용을 확인하세요.

```
>>> x = set()        ⇦ 빈 집합을 생성
>>> x.add(1)         ⇦ 1을 추가
>>> x.add(2)         ⇦ 2를 추가
>>> x.add(3)         ⇦ 3을 추가
>>> x
{1, 2, 3}            ⇦ 집합의 내용
```

독자적인 클래스를 정의한다

내장형의 클래스를 사용하는 것만으로도 매우 폭넓은 프로그램 개발을 할 수 있으며, 기존 클래스만으로는 충분하지 않은 경우에는 독자적인 클래스를 정의할 수도 있습니다. 여기에서는 독자적인 클래스를 정의하는 방법이나 데이터 속성이나 메서드를 추가하는 방법을 배웁니다.

독자적인 클래스가 필요할 때는 개발하고 있는 프로그램에 특유의 정보를 객체로 통합하고 싶은 경우입니다. 예를 들어 쇼핑 사이트의 프로그램을 개발할 시에는 상품이나 고객에 관한 정보를 객체로 통합해야 할 때가 있습니다. 또한 게임의 프로그램을 개발할 시에는 캐릭터나 아이템의 정보를 객체로 통합하면 개발 효율이 향상될 수 있습니다. 여기에서 다루는 것은 이러한 프로그램에 특유의 객체를 정의하는 클래스입니다.

한편 기존 라이브러리에는 없는 기능을 가진 새로운 라이브러리를 실현할 때에 이런 기능을 객체로 통합하고 싶은 경우도 있습니다. 이러한 객체를 정의하는 클래스에 대해서는 Chapter16에서 다룹니다.

클래스를 정의한다

클래스는 다음과 같이 정의합니다. 함수의 정의(Chapter6)와 마찬가지로 콜론(:)의 뒤에서 줄바꿈하고 다음 행부터는 들여쓰기 해서 적습니다. 들여쓰기 하고 있는 한 클래스의 내부 처리로 취급됩니다. 들여쓰기를 중지하면 클래스의 외부 처리로 취급됩니다.

클래스의 정의

```
class 클래스명:
    구문···
```

표준 코딩 스타일(PEP8)에서는 권장하지 않지만 콜론의 뒤에 구문을 이어서 적을 수도 있습니다. 세미콜론(;)으로 구분하면 2개 이상의 구문을 적을 수도 있습니다.

```
class 클래스명: 구문
class 클래스명: 구문; 구문
```

가장 간단한 클래스는 데이터 속성이나 메서드를 가지지 않는 **빈 클래스**입니다. 빈 클래스를 정의하려면 다음과 같이 pass 문(Chapter5)을 적습니다. pass 문이 필요한 것은 제어 구문이나 함수 등과 마찬가지로 클래스의 내부에는 반드시 구문을 적어야 하기 때문입니다.

빈 클래스의 정의

```
class 클래스명:
    pass
```

PEP8에서는 함수 정의와 마찬가지로 클래스 정의 앞뒤에 빈 행을 2행씩 넣는 것을 추천합니다. 이 책에서는 지면 관계상 이 권장 사항을 따르지 않습니다.

또한 클래스명은 자유롭게 붙일 수 있지만, PEP8에서는 클래스명의 1번째 문자에는 영문 대문자를 사용하고, 2번째 문자 이후에는 영문 소문자 또는 숫자를 사용할 것을 권장합니다. 이름이 여러 단어로 구성되어 있는 경우에는 각 단어의 앞을 영문 대문자로 함으로써 단어의 단락을 나타냅니다.

변수명(Chapter3)이나 함수명(Chapter6)과 달리 클래스명에서는 명명 규칙이 다릅니다. 예를 들어 `hello python`을 변수명이나 함수명으로 하는 경우는 `hello_python`이 되지만 클래스명으로 하는 경우는 `HelloPython`이 됩니다.

그러면 실제로 클래스를 정의해 봅시다. 상품에 대한 정보를 객체로 합치는 것을 가정하여 <u>Food 클래스를 정의</u>하세요. 여기에서는 간단하게 하기 위해 Food는 빈 클래스로 합니다.

이어서 **Food 클래스의 객체(인스턴스 객체)를 생성**하고 변수 x에 대입합니다. 마지막에 x를 표시합니다.

▼ class1.py

```
class Food:        ← 클래스의 정의
    pass


x = Food()         ← 객체의 생성
print(x)
```

실행 결과는 다음과 같습니다.

```
>Python class1.py
<__main__.Food object at 0x...>
```

위의 __main__.Food는 '__main__. 모듈의 Food 클래스'를 나타냅니다. 모듈이란 파이썬의 프로그램을 구성하는 단위입니다(자세한 것은 Chapter10에서 설명합니다). __main__는 특별한 모듈명으로 프로그램(.py 파일)을 파이썬 명령어로 실행한 경우나 파이썬 인터프리터의 대화 모드로 프로그램을 실행했을 경우 등에 사용됩니다.

데이터 속성을 사용하여 객체에 값을 저장한다

데이터 속성은 객체(인스턴스 객체)에 값을 저장하는 구조입니다. 다음과 같이 사용하면 객체의 데이터 속성을 참조할 수 있습니다.

데이터 속성의 참조

```
객체.데이터 속성명
```

다음과 같이 데이터 속성에 값을 대입하면 객체에 새로운 데이터 속성을 추가하거나 기존 데이터 속성의 값을 변경할 수 있습니다. 값 부분에는 식을 써도 됩니다. 또한 데이터 속성명의 명명 규칙은 변수명이나 함수명과 같습니다.

데이터 속성의 추가 또는 값의 변경

```
객체.데이터 속성명 = 값
```

앞서 설명한 Food 클래스와 같은 빈 클래스에 대해서도 데이터 속성을 추가하거나 데이터 속성의 값을 참조할 수 있습니다. 예를 들어 다음과 같은 Food 클래스의 데이터 속성을 표시하는 프로그램을 작성하고 실행해 보세요. 상품 이름(milk)과 가격(1500)이 표시되면 성공입니다.

① 빈 Food 클래스를 정의합니다.

② Food 객체를 생성하고 변수 x에 대입합니다.

③ 변수 x를 사용하여 데이터 속성 name(이름)에 'milk('우유)를 대입합니다.

④ 변수 x를 사용하여 데이터 속성 price(가격)에 1500을 대입합니다.

⑤ print 함수와 변수 x를 사용하여 name과 price를 표시합니다.

▼ class2.py

```
class Food:              ⇐ 클래스의 정의(빈 클래스)
    pass


x = Food()               ⇐ 객체의 생성
x.name = 'milk'          ⇐ 데이터 속성 name으로 대입
x.price = 1500           ⇐ 데이터 속성 price로 대입
print(x.name, x.price)   ⇐ 데이터 속성의 표시
```

실행 결과는 다음과 같습니다.

```
>python class2.py
milk 1500
```

데이터 속성의 값은 객체마다 다른 값으로 할 수 있습니다. 예를 들면 위의 프로그램에 이어서 다음과 같은 프로그램을 작성하고 실행해 보세요. 위의 실행 결과에 이어서 상품의 이름(egg)과 가격(2000)이 표시되면 성공입니다.

① Food 객체를 생성하고 변수 y에 대입합니다.

② 변수 y를 사용하여 데이터 속성 name에 'egg'(계란)를 대입합니다.

③ 변수y를 사용하여 데이터 속성 price에 2000을 대입합니다.

④ print 함수와 변수 y를 사용하여 name과 price를 표시합니다.

▼ class3.py

```
class Food:
    pass


x = Food()
x.name = 'milk'
x.price = 1500
print(x.name, x.price)


y = Food()               ⇐ 객체의 생성
y.name = 'egg'           ⇐ 데이터 속성 name으로 대입
y.price = 2000           ⇐ 데이터 속성 price로 대입
print(y.name, y.price)   ⇐ 데이터 속성의 표시
```

실행 결과는 다음과 같습니다.

```
>python class3.py
milk 1500      ⇐ 변수 x의 출력
egg 2000       ⇐ 변수 y의 출력
```

__init__ 메서드로 객체를 초기화한다

__init__ 메서드는 객체를 생성할 때 자동으로 호출되는 특별한 메서드입니다. init(이닛)은 initialize(이니셜라이즈, 초기화한다)의 약어로 프로그래밍에서는 많이 사용되는 용어입니다. __init__ 메서드는 C++나 자바에서 생성자(컨스트럭터)와 같은 역할을 하는 메서드입니다.

__init__ 메서드는 객체의 데이터 속성을 초기화하기 위해 사용할 수 있습니다. __init__ 메서드를 사용하면 필요한 데이터 속성을 확실히(잊지 않고) 초기화하거나 여러 객체 간에 데이터 속성의 구성을 갖출 수 있습니다. __init__ 메서드는 다음과 같이 사용합니다.

__init__ 메서드의 정의

```
class 클래스명:
    def __init__ (self, 인수, ···):
        구문···
```

__init__ 메서드의 첫 번째 인수인 self(자기 자신)에는 처리 대상이 되는 객체가 저장되어 있습니다. 이 self를 사용해서 __init__ 메서드의 안쪽에 다음과 같이 대입문을 적으면 데이터 속성을 초기화할 수 있습니다. self는 C++나 자바에서 this와 같은 역할을 합니다.

데이터 속성의 초기화

```
self.데이터 속성명 = 값
```

앞서 설명한 Food 클래스에 __init__ 메서드를 정의하고, 데이터 속성의 name과 price를 초기화합니다. __init__ 메서드는 self 외에 인수로 name과 price를 받고, 이러한 인수를 self.name과 self.price에 대입하도록 합니다.

▼ init1.py

```
class Food:
    def __init__(self, name, price):
        self.name = name        ⇽ 데이터 속성 name으로 대입
        self.price = price       ⇽ 데이터 속성 price로 대입
```

또한 __init__ 메서드의 인수명과 데이터 속성명은 일치시키지 않아도 됩니다. 예를 들면 다음과 같이 **인수명을 'n'과 'p'로 하고 데이터 속성명은 'name'과 'price'로** 할 수 있습니다. 그러나 특별한 이유가 없으면 위의 프로그램과 같이 인수명과 데이터 속성명을 맞추는 쪽이 이해하기 쉬울 것입니다.

▼ init2.py

```
class Food:
    def __init__(self, n, p):
        self.name = n        ⇽ 데이터 속성 name으로 대입
        self.price = p        ⇽ 데이터 속성 price로 대입
```

__init__ 메서드는 객체를 생성할 때에 자동으로 호출됩니다. 또한 __init__ 메서드의 인수와 객체를 생성할 때에 지정하는 인수와의 사이에는 다음의 그림과 같은 관계가 있습니다. self에 해당하는 인수는 지정하지 않는 것에 주의하세요.

▼ _init_ 메서드의 정의와 객체 생성에서 대응 관계

```
def __init__(self, 인수A, 인수B, …):    ●── __init__ 메서드의 정의
클래스명(인수A, 인수B, …)              ●── 객체의 생성
```

앞서 설명한 프로그램(Food 클래스의 정의)에 이어서 Food 객체를 생성하는 프로그램을 작성해 보세요. **2개의 Food 객체를 생성하고 데이터 속성(name과 price)을 표시**합니다. 각 객체의 데이터 속성은 'milk'와 1500, 'egg'와 2000으로 초기화하세요.

▼ init3.py

```
class Food:
    def __init__(self, name, price):
        self.name = name
        self.price = price


x = Food('milk', 1500)    ⇽ 'milk'와 1500으로 초기화
```

```
    print(x.name, x.price)    ↤ 데이터 속성을 표시


    y = Food('egg', 2000)     ↤ 'egg'와 2000으로 초기화
    print(y.name, y.price)    ↤ 데이터 속성을 표시
```

실행 결과는 다음과 같습니다.

```
>python init3.py
milk 1500
egg 2000
```

이렇게 __init__ 메서드를 사용하면 객체를 생성할 때에 필요한 데이터 속성을 확실하게 초기화할 수 있습니다. 또한 같은 클래스에 의거한 객체 간에서 데이터 속성의 구성(위에서는 name과 price)을 통일할 수 있습니다.

더구나 __init__ 메서드의 1번째 인수(첫 인수)인 self는 self 이외의 이름으로 해도 동작하지만 특별한 이유가 없는 한 PEP8에 따라 self로 하는 것을 권장합니다.

메서드를 정의한다

클래스의 내부에는 독자적인 메서드를 정의할 수도 있습니다. 메서드는 다음과 같이 정의합니다. 동일한 클래스의 내부에는 여러 개의 메서드를 정의할 수 있습니다. 또한 메서드명의 명명 규칙은 함수명과 같습니다.

메서드의 정의

```
class 클래스명:
    def 메서드명(self, 인수, ⋯)
        구문⋯
```

위의 메서드는 처리 대상이 되는 객체(인스턴스)를 지정하여 호출하는 메서드이므로 **인스턴스 메서드**라고 합니다. 한편 인스턴스가 아닌 클래스를 지정해서 호출하는 메서드도 있으며 이것들은 **정적 메서드**나 **클래스 메서드**라고 합니다(Chapter16).

정의한 메서드를 호출하려면 다음과 같이 사용합니다. '객체.'이라는 기법은 데이터 속성을 읽고 쓸 때의 기법과 같습니다.

메서드의 호출

```
객체.메서드명(인수, …)
```

메서드의 정의와 호출에서 인수의 대응 관계는 다음 그림과 같습니다. 메서드의 인수 self에는 '객체.'에서 지정한 객체가 자동으로 저장되므로 앞서 설명한 __init__ 메서드와 마찬가지로 메서드를 호출할 때는 self에 해당하는 인수를 지정하지 않아야 합니다.

▼메서드의 정의와 호출에서 인수의 대응 관계

```
def 메서드명(self, 인수A, 인수B, …):     ●──── 메서드의 정의
객체.메서드명(인수A, 인수B, …)         ●──── 메서드의 호출
```

앞서 설명한 Food 클래스에 대해 데이터 속성의 name과 price를 표시하는 show 메서드를 정의합니다. show 메서드의 인수는 self로만 합니다. 이어서 2개의 Food 객체를 생성하고 이전 회와 마찬가지로 'milk'와 1500, 'egg'와 2000으로 초기화합니다. 마지막으로 show 메서드를 호출하여 각 객체의 데이터 속성을 표시하세요.

▼method1.py

```
class Food:
    def __init__(self, name, price):     ← __init__ 메서드의 정의
        self.name = name
        self.price = price

    def show(self):                      ← show 메서드의 정의
        print(self.name, self.price)

x = Food('milk', 1500)
x.show()                                 ← show 메서드의 호출

y = Food('egg', 2000)
y.show()                                 ← show 메서드의 호출
```

실행 결과는 다음과 같습니다.

```
>python method1.py
milk 1500
egg 2000
```

맹글링으로 속성을 외부로부터 은폐한다

객체 지향 프로그래밍은 객체가 가진 데이터나 처리의 일부를 외부로부터 은폐함으로써 객체가 부주의하게 조작되는 것을 방지하는 사고 방식이 있습니다. 예를 들면 C++과 자바에서는 public(퍼블릭, 공개된), protected(프로텍티드, 보호된), private(프라이빗, 개인의)이라는 키워드를 사용하여 데이터나 처리에 대한 접근을 제한합니다.

파이썬의 객체가 가진 속성은 전부 외부에 공개되고 있으며 외부로부터 자유롭게 조작(읽고 쓰기)할 수 있습니다. C++과 자바의 용어로 표현한다면 모든 속성이 public입니다.

예를 들면 다음 프로그램은 Food 클래스를 정의하고 'milk'와 1500을 지정해서 객체를 생성합니다. 그리고 데이터 속성의 price를 조작해 가격을 반값으로 바꾼 후 객체의 내용을 표시합니다.

▼ mangling1.py

```python
class Food:                          ⇦ 클래스의 정의
    def __init__(self, name, price):
        self.name = name
        self.price = price

    def show(self):
        print(self.name, self.price)

x = Food('milk', 1500)               ⇦ 객체의 생성
x.price //= 2                        ⇦ 데이터 속성의 조작
x.show()
```

실행 결과는 다음과 같습니다.

```
>python mangling1.py
milk 750
```

위의 프로그램에서는 Food 클래스의 외부로부터 데이터 속성의 price를 조작합니다. 이처럼 외부로부터 속성을 조작되는 것이 바람직하지 않은 경우에는 속성명의 앞에 언더스코어(_)를 붙입니다.

예를 들어 다음 프로그램과 같이 _name이나 _price와 같은 속성명을 사용합니다. 이것은 데이터 속성명의 예시인데 메서드에 대해서도 마찬가지로 메서드명의 맨 앞에 언더스코어를 붙일 수 있습니다.

▼ mangling2.py

```
class Food:
    def __init__(self, name, price):
        self._name = name                    ⟵ 속성명을 _name으로 한다
        self._price = price                  ⟵ 속성명을 _price로 한다


    def show(self):
        print(self._name, self._price)       ⟵ 속성명의 이용

x = Food('milk', 1500)
x.price //= 2                                ⟵ 속성명 price를 지정하면 오류가 발생한다
x.show()
```

데이터 속성명을 price에서 _price로 변경했으므로 데이터 속성을 조작하는 부분에서 오류가 발
생합니다. 오류의 내용은 '속성 오류: Food 객체에는 price라는 속성이 없다'입니다.

```
>python mangling2.py
Traceback (most recent call last):
  File "...", line 10, in <module>
    x.price //= 2
AttributeError: 'Food' object has no attribute 'price'
```

그러나 다음과 같이 프로그램을 변경하면 오류가 발생하지 않습니다. 사실은 속성명의 앞에 언더스
코어를 붙이는 것은 프로그래머에 대해 '이 속성은 외부로부터 조작하기를 원치 않는다'는 것을 전
하기 위한 관습에 불과하므로 굳이 조작하려고 하면 조작할 수 있는 것입니다. 그렇다고 해도 부주
의하게 속성을 조작하는 것은 방지할 수 있습니다.

▼ mangling3.py

```
class Food:
    def __init__(self, name, price):
        self._name = name
        self._price = price


    def show(self):
        print(self._name, self._price)
```

```
x = Food('milk', 1500)
x._price //= 2              ← 속성명 _price를 지정하면 오류는 발생하지 않는다
x.show()
```

실행 결과는 다음과 같습니다.

```
>python mangling3.py
milk 750
```

더욱 완벽하게 속성으로 조작을 제한하고 싶다면 속성명의 앞에 2개의 언더스코어(__)를 붙입니다. 이러한 속성명에는 맹글링(mangling)이라는 기능이 적용되어 자동으로 '_클래스명__속성명'과 같이 속성명으로 변환됩니다.

예를 들어 다음 프로그램과 같이 __name이나 __price와 같은 속성명을 사용합니다. 데이터 속성명만이 아닌 메서드명에 대해서도 같은 기능을 사용할 수 있습니다.

▼ mangling4.py

```
class Food:
    def __init__(self, name, price):
        self.__name = name         ← 속성명을 __name으로 한다
        self.__price = price       ← 속성명을 __price로 한다

    def show(self):
        print(self.__name, self.__price)   ← 속성명의 이용
```

위의 프로그램에 이어서 다음과 같은 프로그램을 작성해 실행해 보세요. 데이터 속성명에 price를 사용한 경우는 물론 __price를 사용한 경우에도 오류(속성 오류)가 납니다.

▼ mangling4.py

```
※Food 클래스의 정의는 생략

x = Food('milk', 1500)
x.price //= 2              ← price를 지정하면 오류가 발생한다
x.show()
```

▼ mangling5.py

```
※Food 클래스의 정의는 생략

x = Food('milk', 1500)
x.__price //= 2            ← __price를 지정해도 오류가 발생한다
x.show()
```

그러나 굳이 '_클래스명__속성명'과 같은 속성명을 사용하면 오류는 발생하지 않게 됩니다. 맹글링에 관해서도 프로그래머가 부주의하게 속성을 조작하는 것을 방지하는 기능이지 속성을 조작하는 것을 금지하는 기능은 아닌 것입니다.

▼ mangling6.py

```
※Food 클래스의 정의는 생략

x = Food('milk', 1500)
x._Food__price //= 2       ← _Food__price를 지정하면 오류는 발생하지 않는다
x.show()
```

또한 파이썬에서 특별한 의미를 가지는 속성에는 __init__ 메서드와 같이 앞뒤에 2개의 언더스코어(__)가 붙어 있습니다. 이렇게 앞뒤로 2개의 언더스코어가 붙은 속성명에 대해서는 맹글링 대상이 되지 않습니다. 따라서 __init__와 같은 속성명을 사용해서 이러한 속성에 외부로부터 접근할 수 있습니다.

클래스 속성을 사용하여 클래스에 값을 저장한다

데이터 속성은 객체(인스턴스 객체)에 값을 저장하기 위한 구조로 객체마다 다른 값을 저장할 수 있습니다. 한편, 클래스 속성은 클래스(클래스 객체)에 값을 저장하기 위한 구조로 그 클래스의 객체에 공통하는 값을 저장하기 위해 사용할 수 있습니다.

▼데이터 속성과 클래스 속성

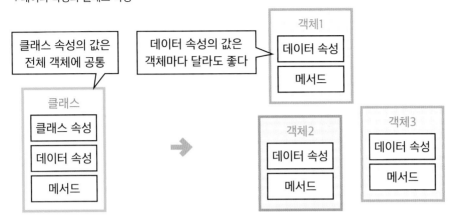

클래스 내부 그리고 메서드의 외부에 다음과 같은 대입문을 적으면 클래스 속성을 생성할 수 있습니다. 값의 부분에는 식을 적어도 됩니다. 클래스 속성명의 명명 규칙은 변수명, 함수명, 데이터 속성명과 같습니다.

클래스 속성의 생성

```
class 클래스명:
    클래스 속성명 = 값
```

클래스 속성을 조작(읽고 쓰기)하려면 다음과 같이 작성합니다. 클래스명을 사용하는 방법과 데이터 속성과는 비슷한 방법이 있습니다. 클래스명을 사용하는 방법에서는 객체를 지정하지 않습니다. 즉, 객체를 생성하지 않아도 클래스 속성을 조작할 수 있습니다.

클래스 속성의 조작(클래스명을 사용하는 방법)

```
클래스명.클래스 속성명
```

클래스 속성의 조작(데이터 속성과 같은 방법)

```
객체.클래스 속성명
```

클래스 속성은 데이터 속성에 비하면 사용 빈도는 낮지만 그 클래스의 객체 간에 공유하는 정보를 관리하는 데 유용합니다. 예를 들어, 객체 전체에 관한 정보를 관리하거나 객체 간에 공통되는 상수를 관리하는 목적으로 사용합니다.

앞서 설명한 Food 클래스에 대해 생성된 객체의 개수를 세기 위해서 클래스 속성을 이용해 봅시다. 구체적으로는 다음과 같은 처리를 실시합니다.

① 클래스의 내부 그리고 메서드의 외부에서 클래스 속성 count(카운트)에 0을 대입합니다.

② __init__ 메서드에서 Food.count에 1을 더함으로써 생성한 객체의 개수를 셉니다.

③ show 메서드에서 클래스 속성의 count, 데이터 속성의 name과 price를 표시합니다.

2개의 Food 객체를 생성하고 'milk'와 1500, 'egg'와 2000으로 초기화합니다. 마지막으로 show 메서드를 호출하고 각 객체의 내용을 표시합니다.

▼ class_attr1.py

```python
class Food:
    count = 0                                     ← 클래스 속성 생성

    def __init__(self, name, price):
        self.name = name
        self.price = price
        Food.count += 1                           ← 클래스 속성 변경

    def show(self):
        print(Food.count, self.name, self.price)  ← 클래스 속성 참조

x = Food('milk', 1500)
x.show()

y = Food('egg', 2000)
y.show()
```

실행 결과는 다음과 같습니다.

```
>python class_attr1.py
1 milk 1500
2 egg 2000
```

지금까지 생성한 객체의 개수는 개개의 객체에 관한 정보가 아닌 객체 전체에 관한 정보이므로 위의 프로그램에서는 클래스 속성으로서 관리합니다. 또한 Food.count 부분은 '객체.클래스 속성명' 기법을 사용해서 self.count라고 사용할 수 있습니다.

엄밀하게는 메서드도 클래스 속성에 포함됩니다. 클래스에서 메서드를 정의한 경우 클래스 속성으로서 클래스(클래스 객체)에 등록됩니다.

Section 03 | 파생과 상속을 활용하면 객체 지향답게 된다

몇 개의 클래스를 정의하다 보면 비슷한 기능을 가진 클래스를 구성하는 경우가 많이 있습니다. 이런 경우에는 클래스의 파생이나 상속이라는 기능을 사용하면 비슷한 기능을 가진 여러 개의 클래스로부터 공통된 기능을 추출할 수 있습니다. 각 클래스에 관해서는 공통되는 기능과의 다른 기능만을 정의하면 되므로 클래스 간에 중복하는 처리를 방지해 프로그램을 간결하게 할 수 있습니다.

파생과 상속을 사용해서 클래스를 정의한다

파생은 어떤 클래스를 기반(베이스)으로 해서 다른 클래스를 정의하는 것입니다. 기반이 되는 클래스를 **기반 클래스**라고 하며, 기반 클래스로부터 파생한 클래스를 **파생 클래스**라고 합니다. 또한 파이썬과 C++에서는 기반 클래스 및 파생 클래스라는 용어를 사용하는데 자바에서는 슈퍼 클래스와 서브 클래스라는 용어를 사용합니다.

파생 클래스는 기반 클래스가 가지는 기능(데이터 속성과 메서드)을 물려받습니다. 이를 **상속**이라고 합니다. 상속을 이용하면 파생 클래스에서는 기반 클래스에서 정의되지 않은 나머지 부분만을 정의하면 되므로 프로그램이 간결해집니다.

또한 파생 관계를 그림으로 나타낼 때에는 끝이 흰색인 화살표로 나타내는 것이 일반적입니다. 이는 객체 지향에 의거한 분석이나 설계에 자주 사용되는 UML(Unified Modeling Language)의 기법으로 **일반화**라고 합니다.

▼기반 클래스와 파생 클래스

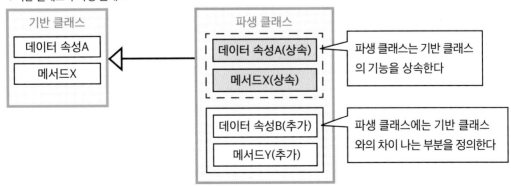

파생과 상속을 효과적으로 이용할 수 있는 것은 비슷한 기능을 가진 여러 개의 클래스가 있는 경우입니다. 공통 기능을 기반 클래스에 정의하고, 각 클래스를 파생 클래스로 함으로써 중복되는 처리를 기반 클래스에 하나로 정의할 수 있습니다. 이러한 예로서 다음과 같은 클래스를 생각해 봅시다.

▼ 클래스 예시

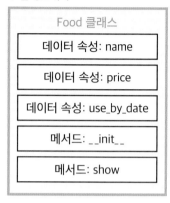 

Food(식품) 클래스와 Toy(장난감) 클래스는 많은 기능이 공통되고 있는데 데이터 속성의 use_by_date(소비 기한)와 target_age(대상 연령)가 다릅니다. 또한 show 메서드에 대해서는 name과 price를 표시하는 것은 공통이지만, Food 클래스는 추가로 use_by_date를 표시하고 Toy 클래스는 target_age를 표시하기로 합니다.

먼저 파생이나 상속을 사용하지 않고 위의 클래스를 정의해 봅시다. 그리고 Food 객체를 생성하여 'chocolate'(초콜릿)과 1000과 180(유통 기한 180일)으로 초기화하고, Toy 객체를 생성하여 'figure'(피겨)와 3500과 3(대상 연령 3세 이상)으로 초기화해 보세요. 마지막으로 show 메서드를 호출하고 객체의 내용을 표시합니다.

▼ derived1.py

```
class Food:                                          ← Food 클래스의 정의
    def __init__(self, name, price, use_by_date):
        self.name = name
        self.price = price
        self.use_by_date = use_by_date               ← 유효 기간의 초기화

    def show(self):
        print('name:', self.name)
        print('price:', self.price)
        print('use-by date:', self.use_by_date)      ← 유효 기간의 표시
```

```
class Toy:                                          ⇐ Toy 클래스의 정의
    def __init__(self, name, price, target_age):
        self.name = name
        self.price = price
        self.target_age = target_age               ⇐ 대상 연령의 초기화

    def show(self):
        print('name:', self.name)
        print('price:', self.price)
        print('target age:', self.target_age)      ⇐ 대상 연령의 표시

x = Food('chocolate', 1000, 180)                    ⇐ Food 객체의 생성
x.show()

print()                                             ⇐ 줄바꿈

y = Toy('figure', 3500, 3)                          ⇐ Toy 객체의 생성
y.show()
```

실행 결과는 다음과 같습니다.

```
>python derived1.py
name: chocolate        ⇐ Food 객체의 표시
price: 1000
use-by date: 180


name: figure           ⇐ Toy 객체의 표시
price: 3500
target age: 3
```

위의 Food 클래스와 Toy 클래스를 비교해 보면 공통된 처리가 많다는 것을 알 수 있습니다. 파생이나 상속을 이용하면 이러한 공통되는 처리를 기반 클래스로 정의해 프로그램을 간결하게 할 수 있습니다.

파생 클래스를 정의하려면 다음과 같이 작성합니다. 클래스명의 뒤에 소괄호로 감싸서 기반 클래스를 지정합니다. 여러 개의 기반 클래스를 지정하는 경우에는 콤마(,)로 구별합니다.

```
class 클래스명(기반 클래스명, ···)
    구문···
```

파생 클래스를 정의할 때에 1개의 기반 클래스를 지정한 경우를 **단일 상속**이라고 하며, 2개 이상의 기반 클래스를 지정한 경우를 **다중 상속**이라고 합니다. 파이썬이나 C++은 단일 상속과 다중 상속을 모두 지원하지만 자바는 단일 상속만 지원합니다. 다중 상속에 대한 자세한 내용은 뒤에서 설명합니다.

앞서 설명한 Food 클래스나 Toy 클래스에 대해서는 새롭게 기반 클래스로서 Item(상품) 클래스를 정의하도록 합니다. Food 클래스와 Toy 클래스는 Item 클래스를 기반 클래스로 합니다. 이 설계에 따라 3개의 클래스를 정의하면 다음과 같은 구조의 프로그램이 됩니다.

▼작성하는 프로그램의 구조

```
class Item:              ●───Item 클래스(기반 클래스)의 정의
    ...

class Food(Item):        ●───Food 클래스(파생 클래스)의 정의
    ...

class Toy(Item):         ●───Toy 클래스(파생 클래스)의 정의
    ...
```

메서드는 어떻게 정의하면 좋을까요? 양쪽 클래스의 공통 기능은 Item 클래스에 기술하고, 각 클래스의 독자 기능은 Food 클래스나 Toy 클래스에 기술하고 싶은데, 이를 위해서는 다음에 배울 오버라이드를 활용해야 합니다.

기존 메서드를 오버라이드해서 변경한다

오버라이드(override)란 기반 클래스에서 상속받은 메서드를 파생 클래스에서 다시 정의하는 것입니다. 파생 클래스에서 부모 클래스의 기능을 유지하면서 필요한 부분을 수정하고 자신의 기능을 추가하려는 경우에 사용됩니다. 오버라이드를 하기 위해서는 다음과 같이 파생 클래스에서 기반 클래스로부터 상속받은 메서드와 같은 이름의 메서드를 정의합니다. 이렇게 정의된 파생 클래스의 메서드는 기반 클래스의 메서드를 대체하며, 기반 클래스의 메서드를 호출하는 대신에 파생 클래스에서 정의된 메서드가 호출됩니다.

오버라이드

```
class 기반 클래스명:
    def 메서드명(인수, ···):        ← (A) 기반 클래스의 메서드
        구문···

class 파생 클래스명(기반 클래스명):
    def 메서드명(인수, ···):        ← (B) 기반 클래스의 메서드와 이름이 같은 메서드
        구문···
```

파생 클래스의 객체로부터 오버라이드한 메서드를 호출하면 기반 클래스로부터 상속받은 메서드(위의 (A))가 아닌 파생 클래스에서 재정의한 메서드(위의 (B))가 호출됩니다. 이 구조를 이용하면 기반 클래스에서 메서드가 동작하는 방식을 파생 클래스에서 변경할 수 있습니다.

여기에서는 앞서 설명한 Item 클래스, Food 클래스, Toy 클래스에서 __init__ 메서드나 show 메서드에 어떤 동작을 구현할지 생각해 봅시다. Item 클래스를 도입하기 전에는 Food 클래스와 Toy 클래스에서 각 메서드는 다음과 같은 동작을 하고 있었습니다. 초기화는 __init__ 메서드, 표시는 show 메서드가 실시합니다.

Food 클래스 : name, price, use_by_date의 초기화와 표시

Toy클래스: name, price, target_age의 초기화와 표시

Item 클래스를 도입한 후에는 Item 클래스에서 __init__ 메서드와 show 메서드를 정의한 다음에 파생하는 Food 클래스와 Toy 클래스에서 이러한 메서드를 오버라이드하도록 합니다. 각 메서드에서는 다음과 같은 동작을 하도록 합시다. name과 price에 대한 처리는 Item 클래스에 맡기고 Food 클래스나 Toy 클래스는 각각의 다른 기능 부분을 처리합니다.

Item 클래스: name, price의 초기화와 표시

Food 클래스:use_by_date의 초기화와 표시

Toy 클래스: target_age의 초기화와 표시

Food 객체나 Toy 객체에서 오버라이드한 __init__ 메서드나 show 메서드를 호출하면 파생 클래스(Food나 Toy)에서 재정의한 메서드만이 실행됩니다. 기반 클래스(Item)로부터 상속받은 메서드는 실행되지 않으므로 이대로로는 name이나 price의 초기화와 표시가 이뤄지지 않습니다.

그래서 파생 클래스에서 재정의한 메서드 중에서 기반 클래스로부터 상속받은 메서드를 호출합니다. 이것은 내장된 super 함수를 사용하여 다음과 같이 사용합니다.

```
super().메서드명(인수, ···)
```

단일 상속을 사용한 클래스의 메서드에서 위와 같이 super 함수를 사용하면 기반 클래스의 메서드를 호출할 수 있습니다. 다음과 같이 일반적인 메서드를 호출하는 것으로는 문제가 발생합니다. 어떤 메서드의 안에서 동일한 이름의 메서드를 호출하면 그 메서드 자신을 반복해 호출해버리는 결과가 되며, 결국 RecursionError(재귀 오류)라는 예외가 발생합니다.

또한 재귀란 함수나 메서드가 자기 자신을 호출하는 것입니다. 파이썬에서는 재귀할 때마다 메모리를 소비하므로 재귀의 횟수에 상한을 마련하고 있습니다. 재귀를 적극적으로 사용한 프로그래밍 방법도 있긴 하지만, 다음의 경우는 재귀를 활용하는 것이 목적이 아니라 프로그래밍을 잘못해서 재귀가 되어 버린 예입니다.

▼ 재귀의 예

```
def 메서드명(인수, ···):      ●──── 어떤 메서드의 내부에서
    구문···
    메서드명(인수, ···)      ●──── 동일한 이름의 메서드를 호출한다
    구문···
```

앞서 설명한 Item 클래스, Food 클래스, Toy 클래스에 대해서 오버라이드와 super 함수를 적용해 봅시다. 이전과 같은 실행 결과가 되도록 기반 클래스(Item)와 파생 클래스(Food와 Toy)를 정의하세요.

▼ override1.py

```
class Item:                                        ↤ 기반 클래스의 정의
    def __init__(self, name, price):
        self.name = name
        self.price = price

    def show(self):
        print('name:', self.name)
        print('price:', self.price)

class Food(Item):                                  ↤ 파생 클래스의 정의
    def __init__(self, name, price, use_by_date):  ↤ 오버라이드
        super().__init__(name, price)              ↤ super 함수의 이용
        self.use_by_date = use_by_date
```

```
    def show(self):                                      ⇐ 오버라이드
        super().show()                                   ⇐ super 함수의 이용
        print('use-by date:', self.use_by_date)


class Toy(Item):                                         ⇐ 파생 클래스의 정의
    def __init__(self, name, price, target_age):         ⇐ 오버라이드
        super().__init__(name, price)                    ⇐ super 함수의 이용
        self.target_age = target_age


    def show(self):                                      ⇐ 오버라이드
        super().show()                                   ⇐ super 함수의 이용
        print('target age:', self.target_age)


x = Food('chocolate', 1000, 180)                         ⇐ 객체의 생성
x.show()


print()


y = Toy('figure', 3500, 3)                               ⇐ 객체의 생성
y.show()
```

실행 결과는 다음과 같습니다.

```
>python override1.py
name: chocolate                ⇐ Food 객체의 표시
price: 1000
use-by date: 180


name: figure                   ⇐ Toy 객체의 표시
price: 3500
target age: 3
```

위의 프로그램에서는 파생 클래스(Food와 Toy)에서 오버라이드한 메서드(__init__와 show)의
super 함수를 이용하여 기반 클래스(Item)의 메서드를 호출합니다. 기반 클래스로부터 상속받은
메서드를 호출함으로써 파생 클래스에서는 기반 클래스와 다른 부분만을 처리합니다.

또한 기반 클래스의 메서드는 다음과 같이 클래스명을 사용해 호출할 수도 있습니다. 클래스명에는 기반 클래스의 이름을 지정합니다.

클래스명을 사용한 메서드의 호출

```
클래스명.메서드명(객체, 인수, …)
```

예를 들어 앞서 설명한 프로그램에서 다음과 같은 호출을 클래스명을 사용한 호출 방법으로 바꿔 적어 보세요.

▼ override1.py(재게재)

```
※프로그램의 일부만 게재

super().__init__(name, price)    ⇦ 기반 클래스의 __init__ 메서드를 호출한다

super().show()                   ⇦ 기반 클래스의 show 메서드를 호출한다
```

다음이 바꿔 적은 프로그램입니다. 이 방법에 의한 호출에서는 1번째 인수에 객체(self)를 지정해야 합니다. 앞서 설명한 프로그램에서 해당 부분을 다음과 같이 바꿔 적고, 바꿔 적기 전과 동일하게 동작하는 것을 확인해 보세요.

▼ override2.py

```
※ 프로그램의 일부만을 게재

Item.__init__(self, name, price)  ⇦ Item 클래스의 __init__ 메서드를 호출한다

Item.show(self)                   ⇦ Item 클래스의 show 메서드를 호출한다
```

이처럼 기반 클래스의 메서드를 호출하려면 super 함수를 사용하는 방법과 클래스명을 사용하는 방법이 있습니다. 추천하는 것은 super 함수를 사용하는 방법입니다. super 함수를 사용하면 만약 기반 클래스의 이름이 변경되더라도 파생 클래스의 프로그램을 수정할 필요가 없다는 이점이 있기 때문입니다.

예를 들어 앞서 설명한 프로그램에서 Item 클래스의 이름이 Product(제품) 클래스로 변경되었다면 기반 클래스의 메서드를 호출하는 프로그램이 어떻게 변화하는지를 생각해 보세요. super 함수를 사용한 프로그램은 수정이 필요 없지만, 클래스명을 사용한 프로그램은 기반 클래스명을 수정해야 합니다.

클래스에 새로운 메서드를 추가한다

파생 클래스에서는 기반 클래스의 메서드를 오버라이드할 뿐만 아니라 기반 클래스에는 없었던 새로운 메서드를 추가할 수도 있습니다. 이 새로운 메서드는 파생 클래스의 객체로부터 이용할 수 있습니다.

앞서 설명한 파생 클래스(Food와 Toy)에 다음과 같은 새로운 메서드를 추가해 봅시다. 다음의 …에는 상품의 이름(name)을 표시하도록 합니다.

Food 클래스: 'eating…'(…를 먹고 있다)라고 표시한다, eat 메서드
Toy 클래스: 'playing with…'(…에서 놀고 있다)라고 표시한다, play 메서드

Food 클래스와 Toy 클래스에 위와 같은 메서드를 추가합니다. 그리고 Food 객체에 대해서는 eat 메서드, Toy 객체에 대해서는 play 메서드를 호출해 보세요.

▼ add_method1.py

```python
class Item:
    def __init__(self, name, price):          # ← Item 클래스(변경 없음)
        self.name = name
        self.price = price

    def show(self):
        print('name:', self.name)
        print('price:', self.price)

class Food(Item):                              # ← Food 클래스
    def __init__(self, name, price, use_by_date):
        super().__init__(name, price)
        self.use_by_date = use_by_date

    def show(self):
        super().show()
        print('use-by date:', self.use_by_date)

    def eat(self):
        print('eating', self.name)

class Toy(Item):                               # ← Toy 클래스
```

```python
    def __init__(self, name, price, target_age):
        super().__init__(name, price)
        self.target_age = target_age

    def show(self):
        super().show()
        print('target age:', self.target_age)

    def play(self):                              ⇐ Play 메서드를 추가
        print('playing with', self.name)

x = Food('chocolate', 1000, 180)                ⇐ Food 객체
x.show()
x.eat()                                          ⇐ eat 메서드의 호출

print()

y = Toy('figure', 3500, 3)                       ⇐ Toy 객체
y.show()
y.play()                                         ⇐ play 메서드의 호출
```

실행 결과는 다음과 같습니다.

```
>python add_method1.py
name: chocolate                 ⇐ Food 객체
price: 1000
use-by date: 180
eating chocolate                ⇐ eat 메서드의 출력

name: figure                    ⇐ Toy 객체
price: 3500
target age: 3
playing with figure             ⇐ play 메서드의 출력
```

위의 프로그램에서 eat 메서드는 Food 객체에서만, play 메서드는 Toy 객체에서만 이용할 수 있습니다. 시험 삼아 서로의 메서드를 호출해 보세요. 해당하는 속성(여기에서는 메서드)이 없으므로 모두 AttributeError(속성 오류)라는 예외가 발생합니다.

▼ add_method2.py

```
※프로그램의 일부만을 게재

x = Food('chocolate', 1000, 180)      ⇐ Food 객체

x.play()                              ⇐ play 메서드의 호출(오류)
```

▼ add_method3.py

```
※프로그램의 일부만을 게재

y = Toy('figure', 3500, 3)            ⇐ Toy 객체

y.eat()                               ⇐ eat 메서드의 호출(오류)
```

여러 개의 클래스로부터 상속받는 다중 상속

파생 클래스를 정의할 때 여러 개의 기반 클래스를 지정하면 **다중 상속**이 됩니다. 다중 상속을 사용하면 여러 개의 기반 클래스가 가진 기능을 파생 클래스로 상속받을 수 있습니다.

예를 들어 앞서 설명한 Food 클래스와 Toy 클래스를 기반 클래스로 하여 식품과 장난감의 기능을 가진 Foodtoy(식품 장난감) 클래스를 파생시켜 봅시다. 기존의 Item 클래스, Food 클래스, Toy 클래스에 대해서는 프로그램을 그대로 사용합니다.

이러한 클래스의 상속 관계는 다음과 같습니다. Item 클래스에서 Food 클래스와 Toy 클래스가 파생되고, Food 클래스와 Toy 클래스에서 Foodtoy 클래스가 파생되므로 전체가 마름모형이 됩니다. 이러한 상속의 관계를 마름모형 상속 또는 다이아몬드 상속이라고 합니다.

▼마름모형 상속

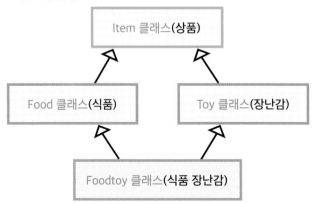

다중 상속을 실시하면 마름모형 상속이 되는 경우가 적지 않습니다. 마름모형 상속 중간의 파생 클래스(여기에서는 Food 클래스와 Toy 클래스) 양쪽에서 마지막의 파생 클래스(여기에서는 Foodtoy 클래스)가 기능(메서드 등)을 상속하고 있는 경우에 어느 기능을 우선해서 이용하면 좋은 가 하는 문제가 발생하기도 합니다. 이것을 **마름모형 상속 문제**라고 합니다. 파이썬에서는 메서드에 관한 마름모형 상속 문제에 대해서 MRO(Method Resolution Order, 메서드 해결 순서)라고 하는 방법을 사용해 대처합니다. MRO에 대해서는 뒤에서 설명합니다.

Foodtoy 클래스에서는 __init__ 메서드와 show 메서드를 오버라이드합시다. __init__ 메서드에서는 인수를 사용하여 데이터 속성의 name, price, use_by_date, target_age를 초기화합니다. 여기에서는 상속받은 __init__ 메서드는 이용하지 않고 데이터 속성에 대해 인수를 직접 대입합니다. 상속받은 __init__ 메서드를 사용하는 방법은 뒤에서 설명합니다. 한편 show 메서드에서는 super 함수를 사용하여 상속받은 show 메서드를 호출하세요.

클래스를 정의하면 이름은 chocolate+figure, 가격은 4500원, 유통 기한은 180일, 대상 연령은 3세 이상으로 Foodtoy 객체를 생성합니다. 그리고 show 메서드, eat 메서드, play 메서드를 호출합니다. Food 클래스와 Toy 클래스 모두 기능을 상속받고 있으므로 eat 메서드와 play 메서드를 모두 호출할 수 있습니다.

▼ multiple1.py

```python
class Item:                                        ← Item 클래스(변경 없음)
    def __init__(self, name, price):
        self.name = name
        self.price = price

    def show(self):                                ← show 메서드
        print('name:', self.name)
        print('price:', self.price)

class Food(Item):                                  ← Food 클래스(변경 없음)
    def __init__(self, name, price, use_by_date):
        super().__init__(name, price)
        self.use_by_date = use_by_date
```

```python
    def show(self):                                        ⇐ show 메서드
        super().show()                                     ⇐ super 함수의 이용
        print('use-by date:', self.use_by_date)

    def eat(self):
        print('eating', self.name)

class Toy(Item):                                           ⇐ Toy 클래스(변경 없음)
    def __init__(self, name, price, target_age):
        super().__init__(name, price)
        self.target_age = target_age

    def show(self):                                        ⇐ show 메서드
        super().show()                                     ⇐ super 함수의 이용
        print('target age:', self.target_age)

    def play(self):
        print('playing with', self.name)

class Foodtoy(Food, Toy):                                  ⇐ Foodtoy 클래스
    def __init__(self, name, price,                        ⇐ __init__ 메서드
                 use_by_date, target_age):
        self.name = name                                   ⇐ 데이터 속성의 초기화
        self.price = price
        self.use_by_date = use_by_date
        self.target_age = target_age

    def show(self):                                        ⇐ show 메서드
        super().show()                                     ⇐ super 함수의 이용

x = Foodtoy('chocolate+figure', 4500, 180, 3)             ⇐ 객체의 생성
x.show()                                                   ⇐ 메서드의 호출
x.eat()
x.play()
```

실행 결과는 다음과 같습니다.

```
>python multiple1.py
name: chocolate+figure          ⇐ Item.show 메서드의 출력
price: 4500                     ⇐ Item.show 메서드의 출력
target age: 3                   ⇐ Toy.show 메서드의 출력
use-by date: 180                ⇐ Food.show 메서드의 출력
eating chocolate+figure         ⇐ Food.eat 메서드의 출력
playing with chocolate+figure   ⇐ Toy.play 메서드의 출력
```

위의 실행 결과에는 어느 행을 어느 메서드가 출력했는지를 나타냈습니다. show 메서드의 출력에 주목하세요. super 함수를 사용하여 호출한 show 메서드에 대해서는 모든 기반 클래스(Item, Food, Toy)의 show 메서드가 실행되고 있는 것을 알 수 있습니다.

위의 프로그램과 실행 결과를 비교해 show 메서드가 어떤 순서로 실행되고 있는지를 쫓아보세요. 다중 상속과 super 함수를 이렇게 조합하면 모든 기반 클래스에서 메서드를 순서대로 호출할 수 있습니다. 파이썬의 경우 이 호출 순서는 앞서 설명한 MRO로 정해집니다. MRO는 파이썬 처리계가 자동으로 작성하는데, 그 내용은 다음과 같이 클래스의 특수한 속성인 __mro__로 확인할 수 있습니다.

MRO의 확인

```
클래스명.__mro__
```

앞서 설명한 Foodtoy 클래스에 대해 __mro__ 속성을 표시해 보세요.

▼ multiple2.py

```
※ 클래스의 정의를 생략하고 게재

class Item:
    …


class Food(Item):
    …


class Toy(Item):
    …
```

```
class Foodtoy(Food, Toy):
    ...


print(Foodtoy.__mro__)
```

다음의 실행 결과는 읽기 쉽게 하기 위해 줄바꿈하고 있습니다.

```
>python multiple2.py
(<class '__main__.Foodtoy'>,        ⇦ Foodtoy 클래스
<class '__main__.Food'>,            ⇦ Food 클래스
<class '__main__.Toy'>,             ⇦ Toy 클래스
<class '__main__.Item'>,            ⇦ Item 클래스
<class 'object'>)                   ⇦ object 클래스
```

가장 아래에 있는 object 클래스는 파이썬에서 모든 클래스의 기반 클래스입니다. 이 클래스는 모든 객체(인스턴스)에 공통되는 메서드를 정의하고 있습니다. 자바의 java.lang.Object 클래스와 비슷합니다.

super 함수를 사용하여 메서드를 호출하면 위의 __mro__ 속성이 나타내는 클래스를 위에서부터 아래로 조사해서 호출해야 할 메서드를 찾습니다. 예를 들면, Foodtoy 클래스에서 super().show( )를 실행하면 Food 클래스의 show 메서드를 호출합니다. 또한 Food 클래스에서 super( ).show( )를 실행하면 Toy 클래스의 show 메서드를 호출합니다.

만약 호출된 메서드를 찾을 수 없으면 더욱 아래에 있는 클래스를 조사합니다. 만약 Foodtoy 클래스에서 super( ).show( )를 실행했을 때에 Food 클래스에 show 메서드가 없는 경우에는 Toy 클래스를 조사하고, Toy 클래스에도 show 메서드가 없는 경우에는 Item 클래스를 조사합니다.

super 함수(엄밀하게는 super 함수가 반환하는 객체)는 MRO에 따라 메서드를 찾습니다. MRO는 클래스에 따라 다르므로 super 함수를 어느 클래스에서 실행했는지에 따라 결과가 다르다는 점에 주의하세요. 예를 들어 앞서 설명한 Food 클래스에 대해서 __mro__ 속성을 표시해 보세요.

▼ multiple3.py

```
※ 클래스의 정의를 생략하고 게재


class Item:
    ...
```

```
class Food(Item):
    ...


class Toy(Item):
    ...


class Foodtoy(Food, Toy):
    ...


print(Food.__mro__)
```

실행 결과는 다음과 같습니다.

```
>python multiple3.py
(<class '__main__.Food'>,      ← Food 클래스
<class '__main__.Item'>,       ← Item 클래스
<class 'object'>)              ← object 클래스
```

Foodtoy 클래스의 __mro__ 속성과, Food 클래스의 __mro__ 속성을 비교해 보세요. Food 클래스의 아래에 있는 클래스는 앞에서는 Toy 클래스였지만 여기서는 Item 클래스입니다. 그러므로 Food 클래스의 메서드에서 super 함수를 호출했을 때에 현재의 객체가 Foodtoy 객체라면 Toy 클래스를 조사하고, Food 객체라면 Item 클래스를 조사하는 동작의 차이가 생깁니다. 즉 프로그램의 동일한 장소에서 super 함수를 호출하더라도 문맥(현재의 객체)에 따라서 동작이 다른 것입니다.

앞서 설명한 Foodtoy 클래스는 기반 클래스의 __init__메서드를 이용하지 않았는데 다음과 같은 프로그램으로 하면 활용할 수 있습니다. 또한 Foodtoy 클래스의 show 메서드는 상속받은 show 메서드를 호출할 뿐이므로 사실은 생략할 수 있습니다. 결과적으로 Foodtoy는 __init__메서드도 show 메서드도 불필요하게 되며 pass 문만을 적은 빈 클래스가 됩니다.

▼ multiple4.py

```
class Item:                              ← Item 클래스의 정의
    def __init__(self, name, price):
        self.name = name
        self.price = price
```

```python
    def show(self):
        print('name:', self.name)
        print('price:', self.price)
class Food(Item):                                  ← Food 클래스의 정의
    def __init__(self, use_by_date, **rest):
        super().__init__(**rest)                   ← super 함수의 이용
        self.use_by_date = use_by_date             ← use_by_date의 초기화

    def show(self):
        super().show()
        print('use-by date:', self.use_by_date)

    def eat(self):
        print('eating', self.name)

class Toy(Item):                                   ← Toy 클래스의 정의
    def __init__(self, target_age, **rest):
        super().__init__(**rest)                   ← super 함수의 이용
        self.target_age = target_age               ← target_age의 초기화

    def show(self):
        super().show()
        print('target age:', self.target_age)

    def play(self):
        print('playing with', self.name)

class Foodtoy(Food, Toy):                          ← Foodtoy 클래스의 정의
    pass                                           ← pass 문

x = Foodtoy(name='chocolate+figure', price=4500,   ← 객체의 생성
            use_by_date=180, target_age=3)
x.show()                                           ← 메서드의 호출
x.eat()
x.play()
```

실행 결과는 이전과 같습니다.

```
>python multiple4.py
name: chocolate+figure          ⇐ Item.show 메서드의 출력
price: 4500                     ⇐ Item.show 메서드의 출력
target age: 3                   ⇐ Toy.show 메서드의 출력
use-by date: 180                ⇐ Food.show 메서드의 출력
eating chocolate+figure         ⇐ Food.eat 메서드의 출력
playing with chocolate+figure   ⇐ Toy.play 메서드의 출력
```

위의 프로그램에서는 각 클래스의 __init__ 메서드에서 super 함수를 사용하여 다른 클래스의 __ init__ 메서드를 호출함과 동시에 각 클래스에 특유의 데이터 속성을 초기화하고 있습니다. Food 클래스는 use_by_date를 초기화하고, Toy 클래스는 target_age를 초기화하며, Item 클래스는 name과 price를 초기화합니다.

프로그래밍상 중요한 점은 키워드 인수를 사전에 통합하는 '**인수'와 사전을 키워드 인수에 전개하는 '**사전'(사전 언패킹)을 활용하고 있는 것입니다(Chapter6). Food 클래스와 Toy 클래스의 __init__ 메서드에서는 여기에서 초기화하는 데이터 속성(use_by_date 및 target_age)만을 인수로 가져오고 나머지 인수는 **rest(나머지)를 사용해 다른 클래스의 __init__ 메서드로 건넵니다. 키워드 인수 중에서 자신(메서드)이 처리할 수 있는 것만을 꺼내어 처리하고. 나머지는 다른 클래스에 건네서 처리를 맡기는 방식입니다.

다중 상속은 사용법이 어렵다고들 하는데 위와 같이 많은 클래스를 연계시켜 목적을 달성할 수도 있습니다. 인수가 어떻게 전달되는지에 주목해서 위의 프로그램을 읽어 보세요.

프로그램을 더욱 잘 작성하기 위한
응용 문법

지금까지 배운 문법만으로도 폭넓은 프로그래밍에 대응할 수 있지만, 프로그램을 더욱 잘 작성하기 위한 문법을 배우면 효율적으로 개발을 진행할 수 있습니다. 이 장에서는 프로그램을 간결하게 작성하거나 복잡합 처리를 실현하기 위한 문법을 배워 봅시다. 여기에서 배우는 것은 예외 처리, 내포 표기, 제너레이터식, 람다식, 대입문, assert 문입니다.

이 장의 학습 내용

① 예외 처리   ② 내포 표기   ③ 제너레이터식

④ 람다식   ⑤ 대입식   ⑥ assert 문

실패로부터 복구하는 예외 처리

예외란 프로그램을 실행하는 동안 발생하는 바람직하지 않은 사태를 말합니다. 파이썬을 포함해 여러 프로그래밍 언어에는 이러한 사태가 발생한 것을 예외로서 프로그램에게 알려주는 기능이 있습니다. 프로그램이 예외에 대처를 하지 않는 경우에는 비정상 종료하지만, 프로그램에 적절한 예외 처리를 만들어 두면 지정한 처리를 실시한 후에 보통의 처리로 복귀할 수 있습니다.

예외 처리는 사용해도 되고 하지 않아도 됩니다. 다만 예외가 발생한 후에도 프로그램의 실행을 계속하고 싶을 때에는 적절한 예외 처리를 사용해야 합니다.

간단한 프로그램에서도 여러 가지 예외가 발생한다

예외 처리의 효용을 알기 위해 처음에는 예외 처리를 사용하지 않고 프로그램을 작성하고, 나중에 같은 프로그램에 예외 처리를 기술해 봅시다. 여기에서는 간단한 더치페이를 실시하는 프로그램을 작성합니다. 프로그램을 실행하고 **가격(price)과 사람 수(count)를 입력하면 가격을 사람 수로 나눈 값을 정수로 표시**해 줍니다. 그 후에는 다시 가격의 입력이 되며 더치페이 계산을 반복할 수 있습니다. 프로그램을 종료하려면 `Ctrl` + `C` 키를 누릅니다.

```
price: 12300              ⇦ 가격을 입력
count: 2                  ⇦ 사람 수를 입력
price//count = 6150       ⇦ 가격을 사람 수로 나눈 값을 정수로 표시
------------------------
price:                    ⇦ 다시 가격을 입력
```

위와 같은 실행 결과가 될 프로그램을 작성해 보세요. 구체적인 처리의 절차는 다음과 같습니다.

① while 문(Chapter5)의 무한 루프를 사용하여 다음의 처리를 반복합니다.
② input 함수(Chapter5)로 'price:'라고 표시하고, 입력한 문자열을 int 함수(Chapter3)로 정수로 변환하여 변수 price에 대입합니다.
③ input 함수로 'count:'라고 표시하고, 입력한 문자열을 int 함수로 정수로 변환해 변수 count에 대입합니다.

④ // 연산자(Chapter3)를 사용하여 price를 count로 나눈 값을 정수로 구하고 print 함수로 표시합니다.

⑤ 다음의 계산과의 사이에 경계를 주기 위해서 마이너스(-)를 25개 표시합니다. 문자열에 대한 * 연산자(Chapter3)를 사용하는 게 좋습니다.

▼ error1.py

```
while True:
    price = int(input('price: '))
    count = int(input('count: '))
    print('price//count =', price//count)
    print('-'*25)
```

프로그램을 실행하고 예를 들어 price에 12300, count에 2를 입력해 보세요. 결과 6150과 경계선이 표시된 후에 다시 price 입력으로 넘어가면 성공입니다.

```
>python error1.py
price: 12300
count: 2
price//count = 6150
-------------------------
price:
```

그럼 예외를 발생시켜 봅시다. 일단은 숫자 이외의 문자열을 입력한 경우입니다. 예를 들어 price에 대해 abc라고 입력합니다. 다음과 같이 ValueError(값 오류)라는 오류가 표시됩니다. ValueError는 예외의 일종으로 연산자나 함수가 부적절한 값을 받았을 때에 발생합니다. 다음의 오류 메시지는 '값 오류: 10진수의 int()에 대해 부적절한 리터럴: 'abc''라는 의미입니다. int 함수는 문자열을 정수로 변환하는데 abc는 정수로 변환할 수 없으므로 예외가 발생합니다.

```
>python error1.py
price: abc
Traceback (most recent call last):
  File "...", line 2, in <module>
    price = int(input('price: '))
ValueError: invalid literal for int() with base 10: 'abc'
```

이번은 실수를 입력해 봅시다. 예를 들어 price에 대해 3.14로 입력해 보세요. 조금 전과 마찬가지로 ValueError가 발생합니다. 다음의 오류 메시지는 '값 오류: 10ㄹ의 int()에 대해서 부적절한 리터럴: '3.14''입니다. int 함수는 3.14를 정수로 변환할 수 없으므로 예외가 발생합니다.

```
>python error1.py
price: 3.14
Traceback (most recent call last):
  File "...", line 2, in <module>
    price = int(input('price: '))
ValueError: invalid literal for int() with base 10: '3.14'
```

다른 예외도 발생시켜 봅시다. 예를 들면 price에 대해서 12300을, count에 대해서 0을 입력합니다. 이번에는 ZeroDivisionError(제로 나눗셈 오류)라는 예외가 발생합니다. 이것은 나눗셈을 실시할 때 나눗셈(나누는 수)이 0일 경우 발생하는 예외입니다. 다음의 오류 메시지는 '제로 나눗셈 오류: 제로에 의한 정수 나눗셈 또는 나머지'입니다.

```
>python error1.py
price: 12300
count: 0
Traceback (most recent call last):
  File "...", line 4, in <module>
    print('price//count =', price//count)
ZeroDivisionError: integer division or modulo by zero
```

위와 같이 비교적 단순한 프로그램에서도 사용자의 입력에 따라서는 여러 가지 예외가 발생함을 알 수 있었습니다. 다음은 이러한 예외가 발생하지 않도록 우선은 예외 처리를 사용하지 않고 오류 처리(오류에 대처하기 위한 처리)를 사용해 봅시다.

예외 처리를 하지 않는 오류 처리는 번잡해지기 쉽다

지금까지 발생한 예외로부터 앞서 설명한 프로그램에는 예를 들어 다음과 같은 오류 처리가 필요할 것 같습니다. 예외가 발생하는 사태를 검출하면 오류 메시지를 표시하고 처음(price 입력)으로 돌아가도록 합니다.

① 입력한 price나 count에 숫자 이외의 문자가 섞여 있는 경우에는 'Input an integer.'(정수를 입력하세요)라고 표시하고 처음으로 되돌아갑니다.

② 입력한 count가 0인 경우에는 'The count must be !=0.'(count는 0이 아닌 값으로 하세요)라고 표시하고 처음으로 되돌아갑니다.

앞에서 설명한 프로그램에 대해 if 문과 continue 문을 사용하여(Chapter5) 위의 오류 처리를 추가합니다. 또한 문자열이 숫자로만 구성되어 있는지 여부는 다음과 같이 isnumeric 메서드를 사용하여 알아볼 수 있습니다. 문자열이 숫자만을 포함하는 경우 isnumeric 메서드는 True를 반환합니다.

문자열이 숫자로만 구성되어 있는지 여부를 알아본다(isnumeric 메서드)

```
문자열.isnumeric()
```

프로그램은 다음과 같습니다. 오류 처리를 추가하면 앞서 설명한 프로그램에 비해 상당히 길어집니다. 입력된 내용을 확인하고 오류 메시지를 표시한 후에는 경계(25개의 마이너스)를 표시하고 나서 다음 계산으로 이동합니다.

▼ error2.py

```
while True:
    price = input('price: ')                    ← price의 입력
    if not price.isnumeric():                    ← price가 숫자 외의 값을 포함하는 경우
        print('Input an integer.')
        print('-'*25)
        continue
    count = input('count: ')                     ← count의 입력
    if not count.isnumeric():                    ← count가 숫자 외의 값을 포함하는 경우
        print('Input an integer.')
        print('-'*25)
        continue
    price = int(price)                           ← price를 정수로 변환
    count = int(count)                           ← count를 정수로 변환
    if count == 0:                               ← count가 0인 경우
        print('The count must be != 0.')
        print('-'*25)
        continue
    print('price//count =', price//count)        ← 나눗셈의 결과를 표시
    print('-'*25)
```

앞의 프로그램을 실행하여 다음과 같이 입력해 보세요. ①은 계산의 결과가 표시되고, ②~⑥은 오류 메시지를 표시한 후에 첫 번째로 되돌아갑니다.

① price에 '12300', count에 '3'을 입력

② price에 'abc'를 입력

③ price에 '3.14'를 입력

④ price에 '12300', count에 'abc'를 입력

⑤ price에 '12300', count에 '3.14'를 입력

⑥ price에 '12300', count에 '0'을 입력

실행 결과는 다음과 같습니다.

```
>python error2.py
price: 12300
count: 3
price//count = 4100      ← ①의 결과
------------------------
price: abc
Input an integer.        ← ②의 결과
------------------------
price: 3.14
Input an integer.        ← ③의 결과
------------------------
price: 12300
count: abc
Input an integer.        ← ④의 결과
------------------------
price: 12300
count: 3.14
Input an integer.        ← ⑤의 결과
------------------------
price: 12300
count: 0
The count must be != 0.   ← ⑥의 결과
------------------------
price:
```

이로써 앞서 설명한 프로그램에 대한 오류 처리를 작성할 수 있었는데 원래의 간결한 프로그램에 비해 상당히 번잡해졌습니다. 그리고 본래의 처리(오류가 발생하지 않는 경우의 처리)가 여러 가지 오류 처리로 분리되기 때문에 본래의 처리 흐름을 보기 어렵게 됩니다.

try 문과 except 절의 작성법

파이썬에서 예외 처리를 기술하려면 try(트라이) 문을 사용합니다. try 문을 사용하면 프로그램에서 본래의 처리 흐름을 분리하지 않고 간결하게 오류 처리를 적을 수 있습니다. try 문에는 여러 가지 기법이 있는데 전형적인 사용법은 다음과 같습니다.

예외 처리(try 문)

```
try:
    구문···        ⇐ 예외가 발생할 가능성이 있는 처리
except 예외:
    구문···        ⇐ 예외가 발생한 경우에 실행하는 처리
```

try:(try와 콜론) 이후를 try 절이라고 합니다. try 절에는 예외가 발생할 가능성이 있는 처리를 여러 개의 구문에 걸쳐서 사용할 수 있습니다. 들여쓰기 하고 있는 한 try 절의 내부 처리로 취급됩니다.

except(익셉트)의 뒤에는 예외 처리의 대상이 되는 예외(예외 클래스)를 지정합니다. 조금 전 발생한 ValueError나 ZeroDivisionError는 예외의 예입니다. 파이썬이 어떤 예외를 제공하고 있는지는 공식 라이브러리 레퍼런스 등에 기재되어 있는데 조금 전과 같이 실제로 예외를 발생시켜서 알아보는 것이 좋습니다. 또한 except 다음에는 값이 예외(예외 클래스)가 되는 식을 적을 수도 있습니다.

except 예외: 이후를 except 절이라고 합니다. except 절에는 지정한 예외가 발생한 경우에 실행하는 처리를 적습니다. try 절과 마찬가지로 except 절에도 들여쓰기 하고 나서 여러 개의 구문을 적을 수 있습니다.

또한 표준 코딩 스타일인 PEP8에서는 권장하지 않지만 'try:'와 'except 예외:'의 뒤에 줄바꿈 없이 구문을 적을 수도 있습니다.

예외 처리(콜론에 이어서 구문을 적는다)

```
try: 구문
except 예외: 구문···
```

여러 개의 예외를 처리하고 싶다면 여러 개의 except 절을 나열합니다. except 절은 위에서부터 처리되어 발생한 예외가 지정한 예외에 일치하면 그 except 절이 실행됩니다.

예외 처리(여러 개의 예외를 처리)

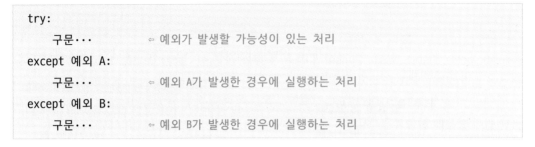

try 문은 다음과 같이 동작합니다. try 절의 안에서 예외가 발생하면 try 절의 안에 있는 이후의 구문은 실행되지 않고 except 절로 이동합니다. 그리고 발생한 예외에 일치하는 except 절의 구문을 실행한 후에 try 문의 예외로 이동합니다.

▼ try 문의 구조

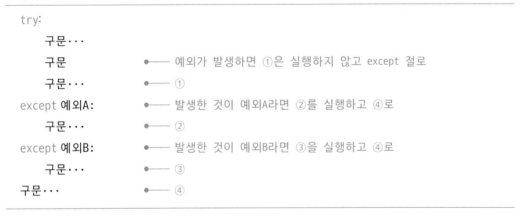

try 절의 안에서 예외가 발생하지 않은 경우에는 try 절의 안에 있는 구문을 마지막까지 실행합니다. 그리고 except 절은 실행하지 않고 try 문의 바깥쪽으로 이동합니다.

```
try:
    구문···
    구문                      ●—— 예외가 발생하지 않는 경우는 ①을 실행하고 ②로
    구문···              ●—— ①
except 예외A:
    구문···
except 예외B:
    구문···
구문···                  ●—— ②
```

앞서 설명한 더치페이를 실시하는 프로그램에 **try 문을 사용한 예외 처리를 추가**해 봅시다. 원본 프로그램과 같은 것을 다음에 다시 게재했습니다.

▼ error1.py(재게재)

```python
while True:
    price = int(input('price: '))
    count = int(input('count: '))
    print('price//count =', price//count)
    print('-'*25)
```

2개의 except 절을 수반하는 try 문을 적습니다. 1번째의 except 절에서는 ValueError를 지정하고, 'Input an integer.'라고 표시하세요. 2번째의 except 절에서는 ZeroDivisionError를 지정하고 'The count must be != 0.'이라고 표시합니다.

▼ try1.py

```python
while True:
    try:                                   ⇐ try 절
        price = int(input('price: '))
        count = int(input('count: '))
        print('price//count =', price//count)
    except ValueError:                     ⇐ 1번째의 except 절
        print('Input an integer.')
    except ZeroDivisionError:              ⇐ 2번째의 except 절
        print('The count must be != 0.')
    print('-'*25)                          ⇐ try 문의 바깥쪽
```

예외 처리를 사용하지 않고 오류 처리를 했을 때에 비해 상당히 간결한 프로그램이 된 것을 알 수 있습니다. 예외 처리를 하면 본래의 처리(오류가 발생하지 않는 경우의 처리)를 try 절 안에 원본 프로그램(오류 처리가 없는 프로그램)과 거의 같은 형으로 적을 수 있으므로 본래의 처리의 흐름을 알기 쉽습니다.

위의 프로그램을 실행하여 다음의 실행 결과와 같이 조작하세요. 입력하는 값은 이전 번의 프로그램(예외 처리를 사용하지 않는 error2.py)과 동일합니다. 이전 번과 같은 결과이지만 더욱 간결한 프로그램으로 작성되었습니다.

```
>python try1.py
price: 12300                    ← 12300을 입력
count: 3                        ← 3을 입력
price//count = 4100
------------------------
price: abc                      ← abc를 입력
Input an integer.
------------------------
price: 3.14                     ← 3.14를 입력
Input an integer.
------------------------
price: 12300                    ← 12300을 입력
count: abc                      ← abc를 입력
Input an integer.
------------------------
price: 12300                    ← 12030을 입력
count: 3.14                     ← 3.14를 입력
Input an integer.
------------------------
price: 12300                    ← 12300을 입력
count: 0                        ← 0을 입력
The count must be != 0.
------------------------
price:
```

except 절의 여러 가지 작성법

except 절을 작성하는 몇 가지 방법이 있습니다. 먼저, 여러 개의 예외를 1개의 except 절로 통합하고 싶을 때에는 다음과 같이 작성합니다. except의 뒤에 소괄호로 감싸고 여러 개의 예외(예외 클래스)를 콤마(,)로 구분하여 나열합니다. 즉 여러 개의 예외를 튜플(Chapter4)에 저장하여 지정합니다.

여러 개의 예외를 1개의 except 절에서 처리

```
except (예외, ···):
    구문···
```

앞서 설명한 프로그램을 변경하고 ValueError와 ZeroDivisionError를 1개의 except 절에서 합쳐서 처리하고, 예외가 발생했을 때는 단지 'Error.'라고 표시하세요.

▼ except1.py

```
while True:
    try:
        price = int(input('price: '))
        count = int(input('count: '))
        print('price//count =', price//count)
    except (ValueError, ZeroDivisionError):     ← 여러 개의 예외를 합쳐서 처리
        print('Error.')
    print('-'*25)
```

위의 프로그램을 실행하고 다음의 실행 결과와 같이 조작하세요. ValueError와 ZeroDivisionError가 같은 except 절에서 처리되고 있는 것을 알 수 있습니다.

```
>python except1.py
price: 12300            ← 12300을 입력
count: 3                ← 3을 입력
price//count = 4100
-------------------------
price: abc              ← abc를 입력
Error.
-------------------------
price: 12030            ← 12030을 입력
count: 0                ← 0을 입력
```

```
Error.
-------------------------
price:
```

다음과 같이 예외 지정을 생략하면 모든 예외를 처리하는 except 절이 됩니다. 또한 이 작성법은 PEP8에서는 권장하지 않습니다.

모든 예외를 처리하는 except 절

```
except:
    구문···
```

앞서 설명한 프로그램을 변경해 **모든 예외를 처리하는 except 절**을 적어 보세요. 예외가 발생했을 때에는 'Error.'라고 표시합니다.

다음 프로그램을 실행하면 프로그램을 Ctrl + C 키로 종료할 수 없게 될 가능성이 있으므로 주의하세요(걱정되면 실행하지 마세요). 프로그램을 종료할 수 없게 된 경우라면 명령 행 인터페이스(명령 프롬프트, 아나콘다 프롬프트, 터미널)별로 종료해 주세요.

▼ except2.py

```
while True:
    try:
        price = int(input('price: '))
        count = int(input('count: '))
        print('price//count =', price//count)
    except:                                    ⇐ 모든 예외를 처리
        print('Error.')
    print('-'*25)
```

프로그램을 실행한 경우에는 다음의 실행 결과와 같이 조작하세요. 모든 예외가 같은 except 절에서 처리되는 것을 알 수 있습니다. 또한 Ctrl + C 키를 누르면 KeyboardInterrupt라는 예외가 발생하는데 위의 프로그램에서는 이 예외도 except 절로 처리하기 때문에 프로그램을 종료할 수 없게 됩니다.

```
>python except2.py
price: 12300              ⇐ 12300을 입력
count: 3                  ⇐ 3을 입력
```

```
price//count = 4100

-------------------------
price: abc                      ⇦ abc를 입력
Error.
-------------------------
price: 12300                    ⇦ 12300을 입력
count: 0                        ⇦ 0을 입력
Error.
-------------------------
price: Error.                   ⇦ Ctrl+C를 입력
-------------------------
price:                          ⇦ 프로그램은 종료되지 않고 계속 실행한다
```

모든 예외를 처리하고 싶지만 프로그램을 종료할 수 없게 되는 것은 곤란한 경우에는 Exception(익셉션)이라는 예외(예외 클래스)를 지정하는 것이 좋습니다. 사실은 except 절은 예외로 지정한 예외를 처리할 뿐만 아니라 지정한 예외를 기반 클래스(Chapter7)로 하는 예외도 처리합니다. Exception은 대부분의 예외의 기반 클래스이므로 except 절에 Exception을 지정하면 거의 모든 예외를 처리할 수 있게 됩니다. 또한 다음의 작성법은 PEP8에서도 권장합니다.

Exception을 처리하는 except 절

```
except Exception:
    구문···
```

앞서 설명한 프로그램을 변경하고 **Exception을 처리하는 except 절을 작성**해 보세요. 예외가 발생했을 때에는 'Error.'라고 표시합니다.

▼ except3.py

```
while True:
    try:
        price = int(input('price: '))
        count = int(input('count: '))
        print('price//count =', price//count)
    except Exception:                        ⇦ Exception을 처리
        print('Error.')
    print('-'*25)
```

앞의 프로그램을 실행하고 다음의 실행 결과와 같은 값을 입력해 보세요. 앞에서 설명한 KeyboardInterrupt는 Exception을 기반 클래스로 하고 있지 않으므로 위의 except 절에서는 처리되지 않으며 따라서 Ctrl + C 키로 프로그램을 종료할 수 있습니다.

```
>python except3.py
price: 12300                                ⇐ 12300을 입력
count: 3                                     ⇐ 3을 입력
price//count = 4100
-----------------------
price: abc                                   ⇐ abc를 입력
Error.
-----------------------
price: 12300                                 ⇐ 12300을 입력
count: 0                                     ⇐ 0을 입력
Error.
-----------------------
price: Traceback (most recent call last):   ⇐ Ctrl+C나 Ctrl+D를 입력
    File "...", line 3, in <module>
        price = int(input('price: '))
KeyboardInterrupt                            ⇐ 예외에 의해 프로그램이 종료
```

예외가 발생했을 때에는 예외 클래스의 객체(Chapter7)가 생성되어 있습니다. 이 객체를 except 절에서 받음으로써 예외에 관한 정보를 얻을 수 있습니다. except 절에서 예외 객체를 가져오려면 다음과 같이 사용합니다. 지정한 변수에 예외 객체가 대입됩니다.

예외 객체 가져오기

```
except 예외 as 변수:
    구문···
```

앞서 설명한 프로그램을 변경해 Exception을 처리하는 except 절에서 예외 객체를 변수 e로 받도록 하세요. 그리고 예외가 발생했을 때에는 print 함수를 사용해서 e 값을 표시해 보세요.

▼ except4.py

```
while True:
    try:
        price = int(input('price: '))
```

```
        count = int(input('count: '))
        print('price//count =', price//count)
    except Exception as e:
        print(e)
    print('-'*25)
```

위 프로그램을 실행하고 다음의 실행 결과와 같이 조작하세요. 예외가 발생했을 때에 예외의 내용이 표시됩니다. 내용은 '값 오류: 10진수의 int()에 대해 부적절한 리터럴: 'abc''와 '제로 나눗셈 오류: 제로에 의한 정수의 나눗셈 또는 나머지'로 예외 처리를 하지 않았던 처음 프로그램에서 프로그램의 종료 시에 표시되었던 오류 메시지와 같습니다.

```
>python except4.py
price: 12300                                    ← 12300을 입력
count: 3                                        ← 3을 입력
price//count = 4100
------------------------
price: abc                                      ← abc를 입력
invalid literal for int() with base 10: 'abc'   ← 예외의 내용
------------------------
price: 12300                                    ← 12300을 입력
count: 0                                        ← 0을 입력
integer division or modulo by zero              ← 예외의 내용
------------------------
price:
```

또한 다음과 같이 except 절 안에 pass(패스) 문을 적으면 예외가 발생했을 때에 아무것도 실시하지 않아도 됩니다. 이것은 발생한 예외를 '무마하기'에 상당하므로 주의하세요. 특히 except:나 except Exception:과 pass 문을 조합하면 모든 예외를 숨겨 버리므로 위험합니다. 부주의하게 예외를 은폐하면 프로그램의 문제를 발견하거나 수정하기 위한 중요한 정보를 못 보고 지나칠 가능성이 있습니다.

예외 발생 시에 아무것도 실시하지 않는다(pass 문)

```
except 예외:
    pass
```

예외가 발생해도 발생하지 않아도 무조건 실행하는 finally 절

finally(파이널리) 절에는 예외가 발생했는지 여부와 관계없이 마지막으로 실행하고 싶은 처리를 적습니다. finally 절은 다음과 같이 except 절보다 뒤에 적습니다. finally: 이후가 finally 절입니다. try 절이나 except 절과 마찬가지로 들여쓰기 하고 있는 한 finally 절의 처리 부분으로 취급됩니다. 또한 'finally:' 뒤에 줄바꿈하지 않고 구문을 적을 수도 있지만 PEP8에서는 권장하지 않습니다.

예외 처리(finally 절)

```
try:
    구문···          ← 예외가 발생할 가능성이 있는 처리
except 예외:
    구문···          ← 예외가 발생한 경우에 실행하는 처리
finally:
    구문···          ← 예외가 발생해도 하지 않아도 실행하는 처리
```

예외가 발생하거나 발생하지 않아도 마지막에 실행하고 싶은 처리, 이른바 '뒷정리 처리'는 finally 절에 적기를 추천합니다. 다음과 같이 try 문의 바깥쪽에 뒷정리 처리를 적을 수도 있지만 finally 절에 적으면 try 문에 포함된 일련의 처리인 것을 명시할 수 있어 프로그램이 읽기 쉬워집니다. 또한 프로그램을 변경하고 있는 동안에 무심코 뒷정리 처리를 삭제해 버릴 위험도 줄일 수 있습니다. 특히 try 문을 네스트(중첩)로 한 경우로 finally 절에 뒷정리 처리를 함으로써 예외 발생 장소에 관계없이 확실히 뒷정리를 할 수 있습니다. try 문을 중첩한 예는 나중에 소개하겠습니다.

뒷정리 처리를 try 문의 외부에서 실시한다

```
try:
    구문···          ← 예외가 발생할 가능성이 있는 처리
except 예외:
    구문···          ← 예외가 발생한 경우에 실행하는 처리
구문···              ← try 문의 외부에 뒷정리 처리를 구현할 수도 있지만···
```

앞서 설명한 더치 페이 프로그램에서 finally 절을 사용해 봅시다. **반복의 마지막에서 경계(25개의 마이너스)를 표시하는 처리를 finally 절 안에 넣어** 보세요. 또한 다음 프로그램 예에서는 ValueError와 ZeroDivisionError는 별도의 except 절에서 처리합니다.

▼ finally1.py

```
while True:
    try:                                      ⟸ try 절
        price = int(input('price: '))
        count = int(input('count: '))
        print('price//count =', price//count)
    except ValueError:                        ⟸ 1번째의 except 절
        print('Input an integer.')
    except ZeroDivisionError:                 ⟸ 2번째의 except 절
        print('The count must be != 0.')
    finally:                                  ⟸ finally 절
        print('-'*25)
```

위 프로그램을 실행하여 다음의 실행 결과와 같이 조작합니다. 예외가 발생했는지 여부와 관계없이 finally 절이 실행되고 경계가 표시됩니다.

```
>python finally1.py
price: 12300                ⟸ 12300을 입력
count: 3                    ⟸ 3을 입력
price//count = 4100
-------------------------   ⟸ finally 절을 실행(예외 발생 없음)
price: abc                  ⟸ abc를 입력
Input an integer.
-------------------------   ⟸ finally 절을 실행(예외 발생 있음)
price: 12300                ⟸ 12300을 입력
count: 0                    ⟸ 0을 입력
The count must be != 0.
-------------------------   ⟸ finally 절을 실행(예외 발생 있음)
price:
```

여기에서 except 절에서 처리되지 않은 예외가 있을 때에 프로그램이 어떤 동작을 하는지를 배워 봅시다. 예외가 발생했을 때에는 그 예외를 처리하는 except 절을 만날 때까지 finally 절 이외의 실행은 전부 생략합니다. 이 규칙에 의거하여 다음 프로그램이 어떠한 실행 결과가 되는지 읽어 보세요. try 문의 안쪽에 다른 try 문이 있으며 중첩되어 있는 것에 주의하세요.

▼ finally2.py

```
try:                        ← 바깥쪽의 try 문
    print(1)
    try:                    ← 안쪽의 try 문
        print(2)
        1/0                 ← 예외(ZeroDivisionError)가 발생
        print(3)
    except ValueError:      ← 안쪽의 except절(ValueError를 처리)
        print(4)
    finally:
        print(5)            ← 안쪽의 finally 문
    print(6)
except ZeroDivisionError:   ← 예외의 except 절(ZeroDivisionError를 처리)
    print(7)
finally:
    print(8)                ← 예외의 finally 절
print(9)                    ← try 문의 바깥쪽
```

어떤 print 함수가 실행될지 코드를 읽고 해석하셨나요? 실행 결과는 다음과 같습니다. 안쪽의 try 절에서 ZeroDivisionError가 발생하는데 안쪽의 try 문에 해당하는 except 절이 없으므로 finally 절만 실행합니다. 그런 다음 바깥쪽의 try문에 해당하는 except 절을 실행하고 finally 절을 실행합니다.

```
>python finally2.py
1
2
5
7
8
9
```

예외가 발생하지 않았을 경우에 실행하는 else 절

else(엘스) 절에는 예외가 발생하지 않았을 경우에만 실행하고 싶은 처리를 적습니다. else 절은 다음과 같이 except 절보다 뒤에 finally 절보다 앞에 적습니다. else: 이후가 else 절입니다. try 절,

except 절, finally 절과 마찬가지로 들여쓰기 하고 있는 한 else 절의 처리 부분으로 취급됩니다. else 절 뒤에 줄바꿈하지 않고 구문을 적을 수도 있지만 역시 PEP8에서는 권장하지 않습니다.

예외가 발생하지 않는 경우에 실행(else 절)

```
try:
    구문···        ⇐ 예외가 발생할 가능성이 있는 처리
except 예외:
    구문···        ⇐ 예외가 발생한 경우에 실행하는 처리
else:
    구문···        ⇐ 예외가 발생하지 않는다면 실행하는 처리
finally:
    구문···        ⇐ 예외 발생 여부 관계없이 실행하는 처리
```

예외가 발생하지 않았을 경우 실행할 처리는 else 절을 사용하지 않고 다음과 같이 try절 안에 적을 수도 있습니다. 그러나 예외가 발생할 가능성이 있는 처리와 예외가 발생할 가능성이 없는 처리를 명확하게 구별하고 싶을 때는 else 절을 사용하는 게 좋습니다. 예외 가능성이 있는 처리를 try 절의 안에, 예외 가능성이 없는 처리를 else 절 안에 적음으로써 예외가 발생하는 것이 어떤 처리인지를 명시한다면 동시에 의도하지 않았던 예외를 처리할 위험성을 줄일 수 있습니다.

예외가 발생하지 않았을 경우의 처리를 try 절에서 실시한다

```
try:
    구문···        ⇐ 예외가 발생할 가능성이 있는 처리
    구문···        ⇐ 예외가 발생하지 않았을 경우에 실행하는 처리
except 예외:
    구문···        ⇐ 예외가 발생한 경우에 실행하는 처리
finally:
    구문···        ⇐ 예외 발생 여부 관계없이 실행하는 처리
```

if와 else를 조합하는 것은 다른 프로그래밍 언어에서도 일반적인데, 재미있게도 파이썬에서는 if 문, while 문, for 문, try 문에도 else 절을 사용할 수 있습니다. 이러한 else 절들을 잘 활용하면 프로그램을 짧게 작성하거나 알기 쉽게 작성할 수 있으므로 꼭 익숙해져 보세요.

또한 except 절, else 절, finally 절은 모두 생략할 수 있습니다. 단, try 절만으로는 할 수 없으며 else 절을 사용하는 경우에는 except 절이 필요합니다. 정리하자면 사용할 수 있는 것은 다음과 같은 조합입니다.

· try 절과 except 절

· try 절과 except 절과 else 절

· try 절과 except 절과 else 절과 finally 절

· try 절과 except 절과 finally 절

· try 절과 finally 절

try 절과 finally 절의 조합은 except 절이 없어서 조금 신기한 느낌이 들지만 사용할 곳은 있습니다. 이 형식은 try 절에서 예외가 발생했을 때에 finally 절에서 뒷정리만 실시하고 예외 처리에 대해서는 더욱 바깥쪽에 있는 except 절에게 맡기기 위해서 사용합니다.

앞서 설명한 더치페이 프로그램에서 else 절을 사용해 봅시다. else 절을 사용해서 'Thank you.'라고 표시하는 처리를 적어 보세요.

▼ else1.py

```
while True:
    try:                                   ← try 절
        price = int(input('price: '))
        count = int(input('count: '))
        print('price//count =', price//count)
    except ValueError:                     ← 1번째 except 절
        print('Input an integer.')
    except ZeroDivisionError:              ← 2번째 except 절
        print('The count must be != 0.')
    else:                                  ← else 절
        print('Thank you.')
    finally:                               ← finally 절
        print('-'*25)
```

위 프로그램을 실행하여 다음의 실행 결과와 같이 조작하세요. 예외가 발생하지 않았을 때만 else 절이 실행되고 'Thank you.'라고 표시됩니다.

```
>python else1.py
price: 12300                ← 12300을 입력
count: 3                    ← 3을 입력
price//count = 4100
Thank you.                  ← else 절을 실행(예외 발생 없음)
```

```
----------------------
price: abc                         ← abc를 입력
Input an integer.
----------------------
price: 12300                       ← 12300을 입력
count: 0                           ← 0을 입력
The count must be != 0.
----------------------
price:
```

예외를 발생시키는 raise 문

지금까지는 발생한 예외를 처리하는 방법을 배워왔는데 의도적으로 예외를 발생시킬 수도 있습니다. 예외를 발생시키려면 다음과 같은 raise(레이즈) 문을 사용합니다. 예외 부분에는 발생시키고 싶은 예외(예외 클래스 또는 예외 객체)를 지정합니다. 값이 예외가 되는 식을 사용할 수도 있습니다.

예외를 발생시킨다(raise 문)

```
raise 예외
```

예를 들어 Exception을 발생시키는 경우에는 다음과 같이 사용합니다.

Exception을 발생시킨다

```
raise Exception
```

다음과 같이 사용하면 예외의 내용을 나타내는 객체를 저장한 다음 Exception을 발생시킬 수 있습니다.

예외의 내용을 저장하고 Exception을 발생시킨다

```
raise Exception(객체)
```

앞서 설명한 더치페이 프로그램에서 raise 문을 사용해 봅시다. price가 음숫값이었을 때에 raise 문에서 예외를 발생시켜 'The price must be >= 0.'(가격은 0 이상으로 하세요)라고 표시합니다. 구체적으로는 다음과 같이 처리합니다.

① if 문과 raise 문을 사용해서 price가 음숫값일 때 Exception을 발생시킵니다. Exception에는 예외의
  내용으로서 'The price must be >= 0.'을 저장합니다.

② Exception을 처리하기 위한 except 절을 추가합니다. 예외 객체를 변수 e에 대입하고 print 함수로
  e를 표시합니다.

▼ raise1.py

```python
while True:
    try:
        price = int(input('price: '))
        if price < 0:
            raise Exception('The price must be >= 0.')    ⇐ raise 문
        count = int(input('count: '))
        print('price//count =', price//count)
    except ValueError:
        print('Input an integer.')
    except ZeroDivisionError:
        print('The count must be != 0.')
    except Exception as e:                                 ⇐ 추가한 except 절
        print(e)
    else:
        print('Thank you.')
    finally:
        print('-'*25)
```

위의 프로그램에서 except 절의 순서에 주목해 주세요. ValueError나 ZeroDivisionError보다
도 Exception을 아래에 배치했습니다. except 절은 위에서 아래로 처리하므로 Exception을 위
에 적으면 Exception을 기반 클래스로 하는 ValueError나 ZeroDivisionError도 처리되기 때
문입니다. 일반적으로 except 절을 사용할때에는 파생 클래스를 위에 기반 클래스를 아래에 사용
합니다.

프로그램을 실행하고 다음의 실행 결과와 같이 조작하세요. price에 음숫값을 입력했을 때에 'The
price must be >= 0.'이라고 표시되면 성공입니다.

```
>python raise1.py
price: 12300                    ⇐ 12300을 입력
count: 3                        ⇐ 3을 입력
```

```
price//count = 4100
Thank you.
-----------------------
price: -12300                    ← -12030을 입력
The price must be >= 0.          ← raise 문으로 발생시킨 예외의 처리
-----------------------
price:
```

raise 문에는 다음과 같은 사용법도 있습니다. except 절 안에서 이러한 기법을 사용하면 처리 중인 예외를 재송출하거나 처리 중인 예외를 원인으로 하는 다른 예외를 발생시키거나 할 수 있습니다. 이러한 기법은 어떤 except 절에서 예외 처리를 완결시키지 못하고 다른 except 절에 나머지 처리를 맡기고 싶을 때에 사용할 수 있습니다.

예외의 재송출

```
raise
```

예외A를 원인으로 하는 예외B를 발생시킨다

```
raise 예외B from 예외A
```

간단한 프로그램으로 위의 사용법을 시험해 봅시다. 다음 프로그램을 실행하면 어떻게 될지 예상해 보세요.

▼ raise2.py

```
try:
    1/0                          ← 예외(ZeroDivisionError)가 발생
except Exception:
    raise                        ← 예외를 재송출
```

실행 결과는 다음과 같습니다. except 절에서 예외 처리가 완결되지 않고 발생한 예외(ZeroDivisionError)를 표시하여 프로그램이 종료하는 것을 알 수 있습니다.

```
>python raise2.py
Traceback (most recent call last):
  File "···", line 2, in <module>
    1/0
ZeroDivisionError: division by zero
```

이번은 다음 프로그램을 실행하면 어떻게 될지 예상해 보세요.

▼ raise3.py

```
try:
    1/0                          ⇐ 예외(ZeroDivisionError)가 발생
except Exception as e:
    raise Exception from e    ⇐ 발생한 예외를 원인으로 하는 다른 예외를 발생
```

실행 결과는 다음과 같습니다. 처음에 발생한 ZeroDivisionError와 다음에 발생한 Exception 이 표시됩니다. 이에 관해 '위의 예외(ZeroDivisionError)가 직접적인 원인으로 다음의 예외 (Exception)가 발생했습니다'라는 오류 메시지가 표시됩니다.

```
>python raise3.py
Traceback (most recent call last):
  File "...", line 2, in <module>
    1/0
ZeroDivisionError: division by zero

The above exception was the direct cause of the following exception:

Traceback (most recent call last):
  File "...", line 4, in <module>
    raise Exception from e
Exception
```

간결한 프로그램으로 데이터 구조를 만들 수 있는 내포 표기

내포 표기는 데이터 구조(Chapter4)를 작성할 때에 유용한 구문입니다. for 문이나 if 문과 비슷한 기법을 사용해서 매우 간결한 프로그램으로 리스트, 집합, 사전에 저장하는 값을 생성할 수 있습니다. 영어로는 comprehension(컴프리헨션)이라고 합니다.

내포 표기를 사용하지 않아도 프로그래밍은 할 수 있는데 잘 활용하면 프로그램의 보기가 좋아져 개발 효율이 향상됩니다. 또한 내포 표기를 사용해서 프로그램을 짧게 기술하는 것에는 퍼즐과 비슷한 자극도 있습니다.

리스트의 내포 표기를 적는다

먼저 리스트의 내포 표기를 사용해 봅시다. 리스트의 내포 표기를 사용할 수 있게 되면 뒤에서 설명하는 집합이나 사전의 내포 표기도 거의 같은 요령으로 사용할 수 있습니다.

처음에는 내포 표기를 사용하지 말고 다음과 같은 프로그램을 작성합니다. <u>0부터 9까지의 정수를 거듭제곱한 값을 저장하는 리스트를 작성</u>하는 프로그램입니다. 구체적인 처리의 절차는 다음과 같습니다.

① 빈 리스트를 작성하고 변수 a에 대입합니다.
② for 문과 range 함수를 사용하여 0부터 9까지의 정수에 대한 반복을 실시합니다.
③ 반복 중에 정수 제곱을 계산하고 append 메서드를 사용하여 변수 a의 리스트에 추가합니다.
④ 작성한 리스트를 표시합니다.

▼ comp1.py

```
a = []                   ⇐ 빈 리스트를 작성
for x in range(10):      ⇐ 0부터 9까지 반복한다
    a.append(x*x)        ⇐ 리스트에 값을 추가
print(a)                 ⇐ 리스트를 표시
```

위의 프로그램을 실행하면 다음과 같은 결과가 됩니다. 0(0의 거듭제곱)에서 81(9의 거듭제곱)까지 10개의 값이 저장된 리스트가 작성되었습니다.

```
>python comp1.py
[0, 1, 4, 9, 16, 25, 36, 49, 64, 81]
```

리스트의 내포 표기는 다음과 같이 작성합니다. 내포 표기에는 여러 기법이 있는데 다음은 매우 기본적인 작성법입니다.

리스트의 내포 표기

```
[식 for 변수 in 이터러블]
```

내포 표기의 외형은 for 문과 비슷한데 작동도 for 문과 비슷합니다. 이터러블로부터 요소를 1개씩 꺼내 변수에 대입한 다음 식을 평가한 값을 리스트에 추가합니다. 식의 내용은 임의이지만 변수를 사용한 식을 적는 것이 일반적입니다. 이상의 처리를 이터러블로부터 모든 요소를 꺼낼 때까지 반복합니다.

또한 다음과 같이 작성하면 이터러블로부터 꺼낸 값을 언패킹하여 여러 개의 변수에 대입할 수 있습니다. for 문에서 튜플 등을 언패킹하는 기능과 같습니다.

내포 표기에서 언패킹

```
[식 for 변수, … in 이터러블]
```

앞서 설명한 프로그램을 내포 표기를 통해 사용해 봅시다. <u>0부터 9까지의 정수를 거듭제곱한 값을 저장한 리스트를 내포 표기를 사용해서 작성해 표시</u>하세요.

▼ comp2.py

```
print([x*x for x in range(10)])
```

앞에서 4행으로 작성했던 프로그램을 1행으로 줄일 수 있습니다. 실행 결과는 앞서 설명한 프로그램과 같습니다.

집합의 내포 표기를 사용해 본다

다음은 **집합**의 내포 표기를 사용해 봅시다. 리스트의 내포 표기에서 대괄호를 다음과 같이 중괄호로 바꾸기만 하면 됩니다. 언패킹을 사용하는 경우에는 변수의 부분을 '변수, …'와 같이 씁니다.

집합의 내포 표기

```
{식 for 변수 in 이터러블}
```

앞서 설명한 리스트의 내포 표기를 참고로 집합의 내포 표기를 사용해 봅시다. 0부터 9까지의 정수를 거듭제곱한 값을 저장한 집합을 내포 표기를 사용해서 작성해 표시하세요.

▼ comp3.py

```
print({x*x for x in range(10)})
```

앞서 설명한 리스트의 내포 표기를 사용한 프로그램의 대괄호를 중괄호로 바꿔 넣을 뿐입니다. 실행 결과는 다음과 같습니다. 집합이므로 요소를 꺼낼 때의 순서는 보증되지 않습니다. 값을 추가했을 때의 순서와 실행 결과에서 표시되는 요소의 순서가 일치하지 않는 것은 이 때문입니다. 또한 집합에는 같은 값을 중복해서 저장할 수 없으므로 같은 값을 2개 이상 추가한 경우에는 1개만이 저장됩니다.

```
>python comp3.py
{0, 1, 64, 4, 36, 9, 16, 49, 81, 25}
```

사전의 내포 표기를 사용해 본다

사전의 내포 표기도 리스트나 집합과 같은 요령으로 사용할 수 있는데 사전에는 키와 값이 있는 것에 주의해야합니다. 다음과 같이 중괄호를 사용한 후 각각 키와 값을 생성하는 2개의 식을 콜론(:)으로 구분해 나열합니다. 언패킹을 사용하는 경우에는 변수의 부분을 '변수, …'와 같이 씁니다.

사전의 내포 표기

```
{키의 식: 값의 식 for 변수 in 이터러블}
```

사전의 내포 표기를 사용해 봅시다. 0부터 9까지의 정수에 대해서 정수를 거듭제곱한 값을 키로 하고, 원본의 정수를 값으로 저장한 사전을 내포 표기를 사용해서 작성해 표시하세요.

▼ comp4.py

```
print({x*x: x for x in range(10)})
```

콜론의 앞에는 정수의 거듭제곱을 나타내는 식(x*x), 콜론 뒤에는 원본의 정수를 나타내는 식(x)을 적습니다. 실행 결과는 다음과 같습니다. 정수의 거듭제곱에 대해 원본의 정수를 대응시키는 사전이 만들어졌습니다. 정수에 대해서 그 제곱근을 대응시키는 사전이라고도 말할 수 있습니다.

```
>python comp4.py
{0: 0, 1: 1, 4: 2, 9: 3, 16: 4, 25: 5, 36: 6, 49: 7, 64: 8, 81: 9}
```

내포 표기로 다중 루프를 표현한다

루프(반복) 안에 다른 루프가 중첩된 것을 다중 루프라고 합니다(Chapter5). 예를 들어 for 문 안에 다른 for 문이 들어가 있는 것과 같은 구조입니다.

실은 내포 표기에도 다중 루프를 표현하기 위한 기법이 있습니다. 그 기법을 소개하기 전에 내포 표기를 사용하지 않고 다음과 같은 프로그램을 작성해 보세요. **곱셈 구구단을 저장한 리스트를 작성해 표시하는 프로그램**입니다. 리스트에는 1(1x1), 2(1×2), ···, 72(9×8), 81(9×9)이 저장됩니다. 다음의 실행 결과에서는 보기 쉽게 줄바꿈하고 중간의 값을 생략했습니다.

```
>python comp_nest1.py
[1, 2, 3, 4, 5, 6, 7, 8, 9,
2, 4, 6, 8, 10, 12, 14, 16, 18,
...
9, 18, 27, 36, 45, 54, 63, 72, 81]
```

이 프로그램은 다중 루프(이중 루프)를 사용합니다. 구체적인 처리의 절차는 다음과 같습니다.

① 빈 리스트를 작성하고 변수 a에 대입합니다.

② for 문과 range 함수를 사용하여 1부터 9까지의 정수에 대한 반복을 실시합니다(바깥쪽의 루프).

③ for 문과 range 함수를 사용하여 1부터 9까지의 정수에 대한 반복을 실시합니다(안쪽의 루프).

④ ②와 ③의 정수를 곱한 값을 리스트에 저장합니다.

⑤ 작성한 리스트를 표시합니다.

▼ comp_nest1.py

```
a = []                      ⇜ 빈 리스트를 작성
for x in range(1, 10):      ⇜ 바깥쪽 루프
    for y in range(1, 10):  ⇜ 안쪽 루프
        a.append(x*y)       ⇜ 리스트에 값을 추가
print(a)                    ⇜ 리스트를 표시
```

내포 표기로 다중 루프를 표현하려면 다음과 같이 작성합니다. 다음은 이중 루프의 경우인데 끝에 'for 변수 in 이터러블'이라는 표기를 추가하는 것으로 삼중 루프 이상도 표현할 수 있습니다. 왼쪽에 적은 루프(다음에서는 변수A의 루프)가 바깥쪽 루프, 오른쪽에 적은 루프(다음에서는 변수B의 루프)가 안쪽의 루프가 됩니다. 다음 기법은 집합이나 사전의 내포 표기에서도 동일하게 사용할 수 있습니다.

내포 표기에 의한 다중 루프

```
[식 for 변수A in 이터러블 A for 변수B in 이터러블B]
```

앞서 설명한 프로그램을 위의 내포 표기를 사용하여 작성해 봅시다. **구구단을 저장한 리스트를 작성해 표시**하세요.

▼ comp_nest2.py

```python
print([x*y for x in range(1, 10) for y in range(1, 10)])
```

원본 프로그램은 5행이었지만, 내포 표기를 사용하니 1행이 되었습니다. 이렇게 프로그램을 매우 짧게 쓸 수 있는 것이 내포 표기의 매력입니다.

마지막으로 위의 프로그램과는 조금 다른 결과로 되는 프로그램을 작성해 봅시다. 다음과 같이 **구구단의 각 단(1단, 2단, …, 9단)을 안쪽의 리스트에 저장하고, 이러한 9개의 리스트를 바깥쪽의 리스트에 저장**합니다.

```
>python comp_nest3.py
[[1, 2, 3, 4, 5, 6, 7, 8, 9],
 [2, 4, 6, 8, 10, 12, 14, 16, 18],
 ...
 [9, 18, 27, 36, 45, 54, 63, 72, 81]]
```

내포 표기를 사용하여 위의 실행 결과가 되는 프로그램을 작성합니다. 이번은 조금 전 소개한 다중 루프는 사용하지 않지만 대신에 내포 표기의 중첩(내포 표기 안에 다른 내포 표기를 쓰는 구조)을 사용합니다.

▼ comp_nest3.py

```python
print([[x*y for y in range(1, 10)] for x in range(1, 10)])
```

위의 프로그램은 바깥쪽의 내포 표기(for x···)의 안에 안쪽의 내포 표기(for y···)를 넣은 구조로 되어 있습니다. 이렇게 내포 표기를 중첩으로 하면 리스트 안에 리스트가 들어간 것과 같은 계층적인 데이터 구조를 작성할 수 있습니다.

내포 표기와 if를 조합한다

내포 표기에는 다음과 같이 if를 조합할 수도 있습니다. 이터러블로부터 요소를 1개 꺼내고 변수에 대입하는 부분까지는 조금 전과 같지만 다음에 if의 뒤에 있는 B를 평가합니다. 식B의 값이 True일 때에는 식A를 평가한 값을 리스트에 추가합니다. 식B의 값이 True일 때에는 식A를 평가한 값을 리스트에 추가합니다. 식B의 값이 False일 때에는 식A는 평가하지 않고 값을 리스트에 추가하지도 않습니다.

if를 수반하는 내포 표기

```
[식A for 변수 in 이터러블 if 식B]
```

지금까지의 내포 표기와 마찬가지로 변수의 부분을 '변수, ···'와 같이 적으면 언팩도 할 수 있습니다. 또한 위는 리스트의 경우인데 집합이나 사전의 내포 표기에도 마찬가지로 if를 붙일 수 있습니다.

if를 수반하는 내포 표기를 사용해 봅시다. <u>0부터 19까지의 정수 중 2의 배수도 3의 배수도 아닌 값만을 저장한 리스트를 작성해서 표시</u>하세요. '2의 배수가 아니다'는 '정수를 2로 나눈 나머지가 0이 아니다'로 확인할 수 있습니다. % 연산자를 사용하세요.

▼ comp_if1.py

```
print([x for x in range(20) if x%2 and x%3])
```

위의 프로그램에서는 변수 x에 0부터 19까지의 정수가 1개씩 대입됩니다. x%2는 x를 2로 나눈 나머지를 나타냅니다. 이 식의 값이 0이 아닐 때에는 True가 되므로 x%2와 x%3을 and로 조합함으로써 '2의 배수도 아니고 3의 배수도 아니다'라는 것을 표현합니다.

x%2나 x%3 부분은 x%2 != 0이나 x%3 != 0과 같이 적어도 됩니다. 위 프로그램에서는 코드를 짧게 쓰기 위해 != 0은 생략했습니다. 프로그램을 실행하면 다음과 같이 표시됩니다.

```
>python comp_if1.py
[1, 5, 7, 11, 13, 17, 19]
```

내포 표기와 조건식을 조합한다

조건식(삼항 연산자)은 내포 표기와 조합하여 사용하면 매우 편리한 기능입니다(Chapter5). 내포 표기에서는 리스트 등에 저장하는 값을 식으로 표현하는데 이 식 안에서 조건식을 사용함으로써 조건에 따라 저장하는 값을 전환할 수 있습니다.

여기에서는 프로그래밍 문제로도 사용되는 경우가 많은 'Fizz Buzz'라는 숫자 말놀이 프로그램을 작성해 봅시다. 이 게임은 여러 참가자가 플레이합니다. 각 참가자가 순서대로 1부터 시작해서 1씩 증가하는 정수를 1개씩 말해 나갑니다. 다만 3의 배수일 때에는 Fizz(피즈), 5의 배수일 때에는 Buzz(버즈), 15의 배수일 때는 Fizz Buzz(피즈 버즈)라고 합니다. 잘못 말하거나 말을 멈추면 지게 됩니다.

다음은 Fizz Buzz에서 1부터 15(Fizz Buzz)까지 세었던 부분입니다. 이 내용의 리스트를 작성하는 프로그램을 작성해 보세요.

1, 2, Fizz, 4, Buzz, Fizz, 7, 8, Fizz, Buzz, 11, Fizz, 13, 14, Fizz Buzz

우선은 내포 표기도 조건식도 사용하지 않고 프로그램을 작성해 봅시다. for 문과 if 문을 사용합니다. 구체적인 처리의 절차는 다음과 같습니다.

① 빈 리스트를 작성하고, 변수 a에 대입합니다.

② for 문과 range 함수를 사용하여 1부터 15까지의 정수에 대해 다음의 ③~⑥을 반복합니다.

③ 정수가 15로 나누어지면 리스트에 'Fizz Buzz'를 추가합니다.

④ 정수가 15로는 나누어지지 않지만 5로 나누어지면 리스트에 'Buzz' 추가합니다.

⑤ 정수가 15나 5로는 나누어지지 않지만 3으로 나누어지면 리스트에 'Fizz'를 추가합니다.

⑥ 정수가 15든 5든 3이든 나누어지지 않으면 리스트에 정수 자체를 추가합니다.

⑦ 작성한 리스트를 표시합니다.

▼ comp_cond1.py

```
a = []                          ⇨ 빈 리스트를 작성
for x in range(1, 16):          ⇨ 1부터 15까지 반복
    if x%15 == 0:
        a.append('Fizz Buzz')   ⇨ 15로 나누는 경우
    elif x%5 == 0:
        a.append('Buzz')        ⇨ 5로 나누는 경우
    elif x%3 == 0:
        a.append('Fizz')        ⇨ 3으로 나누는 경우
    else:
```

```
        a.append(x)              ⇐ 15, 5, 3 어느 것도 나누어지지 않는 경우
    print(a)                     ⇐ 리스트의 표시
```

위의 프로그램을 실행하면 다음과 같은 결과가 됩니다. 파이썬의 데이터 구조(여기에서는 리스트)
에 형이 다른 값(여기서는 정수와 문자열)을 혼재시킬 수 있는 것은 이번과 같은 프로그램을 실현할
때에 편리합니다.

```
>python comp_cond1.py
[1, 2, 'Fizz', 4, 'Buzz', 'Fizz', 7, 8, 'Fizz', 'Buzz', 11, 'Fizz', 13, 14,
'Fizz Buzz']
```

이번은 내포 표기와 조건식을 사용하여 위와 결과를 출력하는 프로그램을 작성해 보세요. 내포 표
기의 식에서 조건식을 사용하는 것과 여러 개의 조건식을 나열하는 것이 포인트입니다. 만약 프로
그램을 작성하는 것이 어렵게 느껴진다면 다음과 같이 단계적으로 프로그램을 개발해 보세요. 이
렇게 단계적으로 프로그램을 개량하면서 최종적인 프로그램을 완성시키는 방법은 프로그래밍에서
매우 유효합니다.

① 1부터 16까지의 정수를 저장한 리스트를 작성하고 표시합니다.
② ①에서 3의 배수를 'Fizz'라고 합니다.
③ ②에서 5의 배수를 'Buzz'라고 합니다.
④ ③에서 15의 배수를 'Fizz Buzz'라고 합니다.

다음은 ①의 프로그램과 실행 결과입니다. 내포 표기와 range 함수를 사용합니다.

▼ comp_cond2.py

```
print([x for x in range(1, 16)])
```

```
>python comp_cond2.py
[1, 2, 3, 4, 5, 6, 7, 8, 9, 10, 11, 12, 13, 14, 15]
```

다음은 ②의 프로그램과 실행 결과입니다. 조건식을 사용해서 3의 배수를 Fizz로 합니다.

▼ comp_cond3.py

```
print(['Fizz' if x%3 == 0 else x for x in range(1, 16)])
```

```
>python comp_cond3.py
[1, 2, 'Fizz', 4, 5, 'Fizz', 7, 8, 'Fizz', 10, 11, 'Fizz', 13, 14, 'Fizz']
```

다음은 ③의 프로그램과 실행 결과입니다. 여러 개의 조건식을 나열해 5의 배수를 Buzz, 3의 배수를 Fizz로 합니다.

▼comp_cond4.py

```
print(['Buzz' if x%5 == 0 else 'Fizz' if x%3 == 0 else x for x in range(1, 16)])
```

다음은 최종적으로 ④의 프로그램과 실행 결과입니다. 15의 배수에 관한 조건식은 5나 3의 배수에 관한 조건식보다도 앞에 적어야 한다는 점에 주의합니다(15의 배수는 5나 3의 배수이기도 하기 때문입니다). 도중에 줄바꿈하고 있는데 프로그램의 내용으로는 1행입니다.

▼comp_cond5.py

```
print(['Fizz Buzz' if x%15 == 0 else 'Buzz' if x%5 == 0 else
        'Fizz' if x%3 == 0 else x for x in range(1, 16)])
```

```
>python comp_cond5.py
[1, 2, 'Fizz', 4, 'Buzz', 'Fizz', 7, 8, 'Fizz', 'Buzz', 11, 'Fizz', 13, 14,
'Fizz Buzz']
```

이렇게 내포 표기나 조건식을 활용하면 프로그램을 매우 짧게 작성할 수 있습니다. 위의 예에서도 원본 프로그램은 11행이었는데 1행으로 단축할 수 있었습니다. 짧은 프로그램이 언제든지 읽기 쉽다고는 할 수 없지만 프로그램이 간결해짐에 따라 개발 효율이 올라가는 경우도 많이 있으므로 꼭 시험해 보세요.

요구받고 나서 값을 만드는
제너레이터 식

제너레이터는 이터러블 객체의 일종입니다. 문자열이나 리스트 등과 마찬가지로 for 문 등을 사용해서 값을 1개씩 꺼낼 수 있는데, 미리 여러 개의 값을 저장해 두는 것이 아니라 값이 요구될 때마다 1개씩 생성하는 것이 특징입니다. 여러 개의 값을 저장해 둘 필요가 없으므로 메모리 소비를 억제할 수 있고 무한 개의 값을 생성할 수 있다는 이점이 있습니다.

제너레이터를 작성하는 방법으로는 **제너레이터 식**과 **제너레이터 함수**가 있습니다. 우선은 내포 표기와 많이 비슷하고 내포 표기와 같은 요령으로 사용할 수 있는 제너레이터 식부터 배웁니다. 다음에 배우는 제너레이터 함수는 제너레이터 식으로는 작성하기 어려운 복잡한 처리를 기술하고 싶을 때에 유용합니다.

내포 표기와 제너레이터 식의 차이

제너레이터 식은 다음과 같이 작성합니다. 리스트의 내포 표기와 비교하면 대괄호가 소괄호로 바뀌었을 뿐입니다. 소괄호를 사용하는데 이것은 튜플의 내포 표기가 아닌 제너레이터 식이 됩니다.

제너레이터 식

```
(식 for 변수 in 이터러블)
```

내포 표기와 마찬가지로 변수 부분을 '변수, …'와 같이 적으면 언패킹을 할 수 있습니다. 또한 여러 개의 for를 나열해서 다중 루프를 표현하거나 if와 조합하는 것도 내포 표기와 동일합니다.

내포 표기와 제너레이터 식의 차이를 확인하기 위해 우선은 다음 프로그램을 실행해 보세요. <u>0부터 9까지의 정수를 거듭제곱한 값을 저장한 리스트를 작성</u>하는 내포 표기와 같은 내용의 값을 생성하는 제너레이터 식을 비교해 보겠습니다.

▼ gen1.py

```
print([x*x for x in range(10)])      ⇐ 리스트의 내포 표기
print((x*x for x in range(10)))      ⇐ 제너레이터 식
```

위의 프로그램을 실행하면 다음과 같은 결과가 됩니다. 리스트의 내포 표기에 대해서는 리스트가 표시되는데 제너레이터 식에 관해서는 <제너레이터 객체 <제너레이터 식>…>과 같이 표시됩니다. 이처럼 제너레이터 식은 제너레이터(제너레이터 객체)를 반환합니다.

```
>python gen1.py
[0, 1, 4, 9, 16, 25, 36, 49, 64, 81]        ⇐ 리스트의 내포 표기를 표시
<generator object <genexpr> at 0x...>       ⇐ 제너레이터 식을 표시
```

위의 __내포 표기와 제너레이터 식으로 for 문을 적용하여 값을 1개씩 꺼내어 표시__합니다. 다음은 내포 표기의 프로그램입니다.

▼ gen2.py

```
for y in [x*x for x in range(10)]:
    print(y, end=' ')
```

다음은 제너레이터 식의 프로그램입니다. 위의 프로그램과의 차이는 내포 표시의 대괄호가 소괄호로 바뀌었을 뿐입니다.

▼ gen3.py

```
for y in (x*x for x in range(10)):
    print(y, end=' ')
```

위의 두 가지의 프로그램을 실행합니다. 다음은 내포 표기(gen2.py)의 결과인데 제너레이터 식 (gen3.py)도 같은 결과가 됩니다.

```
>python gen2.py
0 1 4 9 16 25 36 49 64 81
```

위의 예에서는 내포 표기와 제너레이터 식 중 어느 것을 사용해도 차이는 나타나지 않습니다. 그러나 다음과 같은 예에서는 양쪽의 동작에 큰 차이가 생깁니다. 위의 두 가지의 프로그램에서 반복의 횟수를 1억 회로 해 보세요. 다음의 1번째 프로그램이 내포 표기이고 2번째 프로그램이 제너레이터 식입니다.

▼ gen4.py

```
for y in [x*x for x in range(100000000)]:
    print(y, end=' ')
```

▼ gen5.py

```
for y in (x*x for x in range(100000000)):
    print(y, end=' ')
```

두 프로그램의 실행 결과는 같으며, 다음과 같이 됩니다(여기에서는 결과의 표시를 생략합니다). 다만 내포 표기는 좀처럼 표시가 시작되지 않습니다. 환경에 따라 다르지만 수 초에서 수십 초만큼 정지한 후에 결과 표시가 시작됩니다. 이처럼 표시가 시작되지 않는 것은 1억 개의 값을 생성해서 리스트에 저장하는 처리에 시간이 걸리기 때문입니다.

반면 제너레이터 식은 즉시 표시가 시작됩니다. 이것은 for 문이 값을 받을 때마다 1개씩 값을 생성하고 있기 때문입니다. 1개의 값을 생성할 뿐이므로 시간은 걸리지 않습니다. 또한 모든 값을 표시할 때까지는 시간이 걸립니다. 도중에 종료하려면 **Ctrl** + **C** 키를 누르세요.

```
>python gen4.py
0 1 4 9 16 25 36 49 64 81 100 121 144 169 196 225 256 289 324 361 400...
```

이렇게 제너레이터 식을 사용하면 요구될 때마다 값을 1개씩 생성하는 제너레이터를 만들 수 있습니다. 위와 같이 미리 값을 생성해 두면 시간이 걸리는 경우나 값이 무한 개라서 사전에 생성할 수 없는 경우 등에는 제너레이터가 유용합니다.

더욱 복잡한 처리를 쓸 수 있는 제너레이터 함수와 yield 문

제너레이터 함수를 사용하면 함수의 정의(Chapter6)와 비슷한 기법으로 제너레이터를 만들 수 있습니다. 표기는 제너레이터 식이 간결하지만 제너레이터 식으로는 쓰기 어려운 복잡한 처리를 표현하고 싶을 때에는 제너레이터 함수가 유용합니다.

제너레이터 함수는 보통의 함수와 동일하게 정의합니다. 다만 보통의 함수가 return 문을 사용해서 반환값을 되돌리는 반면에 제너레이터 함수는 yield 문을 사용하여 값을 반환합니다.

yield 문은 다음과 같이 작성합니다.

yield 문

```
yield 식
```

제너레이터 함수를 사용해 봅시다. 제너레이터 식의 예와 마찬가지로 0에서 9까지의 정수를 거듭제곱한 값을 생성하는 제너레이터를 이번에는 제너레이터 함수를 사용해 작성하세요. 구체적인 처리의 절차는 다음과 같습니다.

①제너레이터 함수 g를 정의하고 함수 내부에서 다음의 ②~③을 실시합니다.

②for 문과 range 함수를 사용하여 0부터 9까지 반환합니다.

③yield 문을 사용하여 ②의 정수를 거듭제곱한 값을 반환합니다.

▼ yield1.py

```
def g():
    for x in range(10):
        yield x*x


print(g())
```

4번째 행의 print 문은 함수 g를 호출하여 반환값을 표시합니다.

위의 사항을 실행하면 다음과 같은 결과가 됩니다. 제너레이터 식을 표시했을 때와 마찬가지로 제너레이터(제너레이터 객체)가 표시됩니다. 즉, 제너레이터 함수는 제너레이터를 반환하는 것을 알 수 있습니다.

```
>python yield1.py
<generator object g at 0x...>
```

제너레이터 식일 때와 마찬가지로 for 문을 사용하여 제너레이터에서 값을 꺼내어 표시해 보세요. 다음과 같은 프로그램을 작성합니다.

▼ yield2.py

```
def g():
    for x in range(10):
        yield x*x
```

```
for y in g():
    print(y, end=' ')
```

실행 결과는 다음과 같습니다. 제너레이터 식일 때와 마찬가지로 정수의 거듭제곱 값이 생성되었음을 알 수 있습니다.

```
>python yield2.py
0 1 4 9 16 25 36 49 64 81
```

이상이 제너레이터 함수의 정의와 사용의 방법입니다. 다음은 조금 더 복잡한 제너레이터를 제너레이터 함수를 사용해서 프로그램을 작성해 봅시다. range 함수와 비슷한 기능을 하는 my_range 함수를 정의합니다.

my_range 함수는 시작값과 종룻값을 인수로 받기로 합시다. range 함수(range 객체)와 마찬가지로 **시작값부터 값을 1씩 증가시키면서 '종룻값-1'까지의 정수를 생성**하도록 합니다. 예를 들어, 다음과 같이 my_range 함수를 사용하면 100부터 109까지의 정수가 표시됩니다.

▼ my_range 함수의 호출

```
for y in my_range(100, 110):
    print(y, end=' ')
```

실행 결과는 다음과 같습니다.

```
>python yield3.py
100 101 102 103 104 105 106 107 108 109
```

위와 같은 실행 결과가 되도록 my_range 함수(제너레이터 함수)를 정의합니다. 구체적인 처리 절차는 다음과 같습니다.

① my_range 함수를 정의합니다. 인수는 start(시작값)와 stop(종룻값)으로 합니다.
② 변수 x에 start를 대입합니다.
③ while 문을 사용하여 x가 stop보다 작은 동안 다음의 ④~⑤를 반복합니다.
④ yield 문을 사용하여 x를 반환합니다.
⑤ x에 1을 더합니다.

my_range 함수를 정의한 후에 앞서 설명한 for 문을 사용하여 my_range 함수를 사용해 조금 전과 같은 실행 결과를 얻을 수 있는지 확인합니다. 이와 같이 제너레이터 함수에서는 제너레이터 식과는 달리 받은 인수에 따라 제너레이터 동작을 변화시킬 수 있습니다.

▼ yield3.py

```python
def my_range(start, stop):
    x = start
    while x < stop:
        yield x
        x += 1


for y in my_range(100, 110):
    print(y, end=' ')
```

마지막으로 yield from 문에 대해 소개합시다. 이 구문은 yield 문을 사용하여 값을 반환하는 대신에 지정한 제너레이터에 값을 돌려주기 위해서 사용합니다.

yield from 문

```
yield from 제너레이터
```

yield from 문을 사용해 봅시다. 시작값, 종룟값, 횟수라는 3개의 인수를 취하는 my_range2 함수를 정의합니다. my_range2 함수는 **시작값부터 '종룟값-1'까지의 정수를 생성하는 동작을 지정한 횟수만큼 반복**하도록 합니다. 예를 들어 다음과 같이 my_range2 함수를 사용하면 1부터 9까지의 정수가 3회 표시됩니다.

▼ my_range2 함수의 호출

```python
for y in my_range2(1, 10, 3):
    print(y, end=' ')
```

실행 결과는 다음과 같습니다.

```
>python yield4.py
1 2 3 4 5 6 7 8 9 1 2 3 4 5 6 7 8 9 1 2 3 4 5 6 7 8 9
```

위와 같은 실행 결과가 되도록 my_range2 함수(제너레이터 함수)를 정의합니다. my_range2 함수에서는 yield from 문을 사용하여 my_range 함수를 이용합니다. 구체적인 처리 절차는 다음과 같습니다.

① my_range2 함수를 정의합니다. 인수는 start(시작값), stop(종룟값), count(횟수)라고 합니다.

② for 문을 사용하여 count 횟수만큼 다음의 ③을 반복합니다.

③ yield from 문을 사용하여 my_range 함수의 제너레이터에 값을 되돌려 줍니다.

▼ yield4.py

```
def my_range(start, stop):
    x = start
    while x < stop:
        yield x
        x += 1

def my_range2(start, stop, count):
    for i in range(count):
        yield from my_range(start, stop)

for y in my_range2(1, 10, 3):
    print(y, end=' ')
```

위의 프로그램을 실행하여 조금 전과 같은 실행 결과를 얻을 수 있음을 확인합니다. 이렇게 yield from 문을 사용하면 기존의 제너레이터(제너레이터 함수나 제너레이터 식)를 이용하여 다른 제너레이터(제너레이터 함수)를 정의할 수 있습니다.

Section 04 | 람다식으로 함수형 프로그래밍을 맛본다

함수형 언어는 프로그래밍 언어의 한 분야로, 함수를 선언하고 그 함수들 간의 관계를 기술하는 방식으로 프로그래밍을 합니다. 파이썬이나 C, C++, 자바 등은 함수형 언어가 아니라 절차형 언어 또는 객체 지향 언어로 분류되는데, 요즘에는 함수형 언어의 기능을 도입함에 따라 함수형 프로그래밍의 강력한 이점을 일부분 이용할 수 있도록 하고 있습니다. 입력값을 함수에 전달하면 결과값을 반환하는 것이 함수의 기본적인 역할입니다. 함수는 상태를 변경하지 않으며, 같은 입력값에 대해서는 항상 같은 결과값을 반환합니다. 이러한 특징 덕분에 함수형 언어는 프로그래밍에서 예측 가능한 방식으로 동작하여 프로그램의 안정성을 높일 수 있습니다.

람다식은 함수형 언어에서 함수를 정의하는 방식 중 하나로, 이름 없이 함수를 선언할 수 있게 해 주는 기능입니다. 람다식은 일반적인 함수와 같이 인자를 받고 결과를 반환하지만, 함수의 정의를 단 한 줄의 코드로 간결하게 표현할 수 있습니다. 람다식은 보통 함수를 인자로 받거나, 다른 함수에서 반환값으로 사용됩니다.

이 이론에서 함수를 표현하는 식에 그리스 문자의 람다(Λ)를 사용해서 람다 계산이나 람다식이라는 이름이 붙었습니다. 그리스 문자 람다에는 소문자 λ와 대문자인 Λ가 있는데 람다 계산에서는 소문자 λ를 사용합니다. 그리스 문자인 람다는 영문자에서는 엘(l 또는 L)에 해당합니다. 또한 영어로 람다는 lambda(가운데 'b'는 발음하지 않습니다)라고 쓰고 이것은 파이썬에서 람다식을 기술하기 위한 키워드로도 되어 있습니다.

람다식을 나타내는 lambda 키워드

파이썬의 람다식은 lambda라는 키워드를 사용하여 다음과 같이 작성합니다. 인수가 1개뿐인 경우에는 '인수, …'의 부분을 '인수'와 같이 작성합니다.

람다식

```
lambda 인수, ··· : 식
```

람다식은 **무명 함수**(이름이 없는 함수)를 작성하기 위한 문법입니다. 위의 람다식은 아래의 함수와 동일한 기능을 합니다.

람다식과 동일한 기능의 함수

```
def 함수명(인수, …):
    return 식
```

이처럼 간단한 함수를 정의하는 경우에는 보통의 기법으로 함수를 정의하는 것보다 람다식을 쓰면 코드를 짧게 작성할 수 있습니다. 특히 함수(함수 객체)를 다른 함수의 인수로서 전달하는 경우에는 보통의 함수를 정의하고 전달하는 것에 비해 람다식을 전달하는 쪽이 대폭 프로그램이 간결해집니다.

실제로 양쪽을 비교해 봅시다. 다음과 같은 loop 함수를 생각합시다. loop 함수는 <u>인수 f로 받은 함수를 0부터 9까지의 정수에 대해 호출하고 반환값을 표시합니다.</u>

▼ loop 함수

```
def loop(f):
    for i in range(10):
        print(f(i), end=' ')
```

인수 x를 받고 x의 거듭제곱(x*x)을 반환하는 square 함수를 정의하세요. 그리고 square를 인수로서 loop 함수를 호출해 보세요.

▼ lambda1.py

```
def loop(f):                    ⇠ loop 함수의 정의
    for i in range(10):         ⇠ 0부터 9까지 반복한다
        print(f(i), end=' ')    ⇠ 함수 f를 호출하고 반환값을 표시한다


def square(x):                  ⇠ square 함수의 정의
    return x*x                  ⇠ 인수 x의 2제곱을 반환한다


loop(square)                    ⇠ square를 인수로서 loop 함수를 호출한다
```

0(0의 2제곱)부터 81(9의 2제곱)까지의 값이 표시되면 성공입니다.

```
>python lambda1.py
0 1 4 9 16 25 36 49 64 81
```

다음은 람다식을 사용해 봅시다. 인수 x를 받고 x의 2제곱을 반환하는 람다식을 기술해 loop 함수의 인수에 지정합니다.

▼ lambda2.py

```
def loop(f):
    for i in range(10):
        print(f(i), end=' ')

loop(lambda x: x*x)          ← 람다식을 인수로서 loop 함수를 호출한다
```

위의 프로그램을 실행하면 조금 전과 마찬가지로 0부터 81까지의 값이 표시됩니다. 보통의 기법으로 함수를 정의하는 것보다 람다식을 사용하는 것이 대폭 프로그램이 짧아집니다. 여러 번 사용하는 함수는 보통의 기법으로 정의하는 것을 추천하는데, 한 번만 사용하는 함수에 대해서는 람다식을 사용하는 것이 간결합니다.

위의 프로그램에서는 loop 함수의 인수에 다른 함수를 지정하고 싶어졌을 때에도 람다식이라면 간단하게 대응할 수 있습니다. 예를 들어 인수 x를 받고 x의 세제곱을 반환하는 람다식을 기술하고 loop 함수의 인수로 지정해 보세요.

▼ lambda3.py

```
def loop(f):
    for i in range(10):
        print(f(i), end=' ')

loop(lambda x: x**3)
```

0(0의 세제곱)부터 72(9의 세제곱)까지의 값이 표시되면 성공입니다.

```
>python lambda3.py
0 1 8 27 64 125 216 343 512 729
```

loop 함수와 같이 함수를 인수로 받는 함수에 대해 여러 함수를 전달하고 싶을 때에 람다식은 유용합니다. 다음은 파이썬의 내장 함수 중에서 람다식이 유용한 함수의 예로서 정렬을 실시하는 sorted 함수를 소개합니다.

정렬 키를 람다식으로 지정한다

정렬은 프로그램이 실시하는 대표적인 처리 중 하나입니다. 정렬을 실시하면 여러 개의 데이터를 일정한 규칙에 의거한 순서로 정렬할 수 있습니다.

실제로 정렬을 사용해 봅시다. 여기에서는 파이썬 인터프리터의 대화 모드를 사용합니다. 정렬의 대상으로 다음과 같은 **3개의 튜플을 저장한 리스트를 작성해 변수 menu에 대입**해 보세요. 튜플의 각 요소는 품명, 가격, 칼로리를 나타냅니다.

'burger', 1100, 234

'potato', 1500, 226

'shake' 1200, 218

리스트를 작성하면, 변수 menu를 표시합니다. 리스트의 내용이 표시되면 성공입니다.

```
>>> menu = [('burger', 1100, 234), ('potato', 1500, 226), ('shake', 1200, 218)]
>>> menu
[('burger', 1100, 234), ('potato', 1500, 226), ('shake', 1200, 218)]
```

위의 리스트를 정렬해 봅시다. 다음의 sorted 함수는 이터러블을 정렬하고 결과의 리스트를 새롭게 작성해서 반환합니다. 인수는 이터러블이므로 리스트 이외(문자열, 튜플, 집합, 사전 등)도 지정할 수 있습니다.

정렬(sorted 함수)

```
sorted(이터러블)
```

역순(보통과는 반대의 순서)으로 정렬하고 싶은 경우에는 다음과 같이 키워드 인수의 reverse(리버스, 역)에 True를 지정합니다.

역순 정렬(sorted 함수)

```
sorted(이터러블, reverse=True)
```

sorted 함수를 사용하여 앞서 설명한 리스트를 역순으로 정렬하고 결과를 표시해 보세요. shake, potato, burger 순으로 표시되면 성공입니다.

```
>>> menu = [('burger', 1100, 234), ('potato', 1500, 226), ('shake', 1200, 218)]
>>> sorted(menu, reverse=True)
[('shake', 1200, 218), ('potato', 1500, 226), ('burger', 1100, 234)]
```

리스트를 정렬하는 경우에는 다음과 같은 sort 메서드를 사용하는 방법도 있습니다. 사용법은 sorted 함수와 동일하지만 sorted 함수가 결과의 리스트를 새로 작성하고 반환하는 반면 sort 메서드는 원본 리스트를 정렬합니다. 또한 sorted 함수는 여러 가지 이터러블에 대해 사용할 수 있는데 sort 메서드는 리스트 전용입니다.

정렬(sort 메서드)

```
리스트.sort()
```

역순 정렬(sort 메서드)

```
리스트.sort(reverse=True)
```

정렬 시에는 '어느 값을 기준으로 해서 정렬할 것인가'를 생각해야 합니다. 이렇게 정렬의 기준이 되는 값을 정렬의 키라고 합니다.

앞서 설명한 프로그램에서는 키를 지정하지 않고 정렬했습니다. 이 경우는 리스트의 요소인 튜플끼리 미리 정의된 방법(숫자의 경우 값의 크기, 문자열은 알파벳 순서 등)으로 비교됩니다. 이 방법은 시퀀스(여기에서는 튜플) 간에 대응하는 요소끼리 앞에서부터 순서대로 비교하는 방법입니다. 예를 들어 다음의 2개 튜플을 비교하는 예를 들어 봅시다.

('burger', 1100, 234)
('potato', 1500, 226)

먼저 1번째 요소인 'burger'와 'potato'를 비교합니다. 이것은 burger의 값이 작으므로(사전 순으로 앞에 있다) 1번째 튜플이 2번째 튜플보다 작다는 결과가 됩니다.

처음의 요소가 같은 경우에는 다음 요소를 비교합니다. 예를 들어 다음의 2개의 튜플을 비교해 봅시다.

('burger', 1100, 234)
('burger', 1000, 234)

첫 번째 요소인 'burger'는 같기 때문에 다음 요소인 1100과 1000을 비교합니다. 이것은 1000이 더 작기 때문에 2번째 튜플이 1번째 튜플보다도 작다는 결과가 됩니다.

이와 같이 미리 정의된 방법으로 요소를 비교해 정렬하는 경우에는 키를 의식하지 않아도 됩니다. 그러나 예를 들어 '가격이 저렴한 순으로 정렬하고 싶다'거나 '칼로리가 높은 순으로 정렬하고 싶다'와 같이 다른 기준으로 정렬하고 싶은 경우에는 정렬 키를 지정해야 합니다.

sorted 함수에서 키를 지정하려면 다음과 같이 작성합니다. 키워드 인수의 key에 함수를 지정합니다. sorted 함수는 이터러블의 요소를 인수로서 지정한 함수를 호출하여 반환값을 정렬의 키로서 사용합니다.

키를 지정한 정렬(sorted 함수)

```
sorted(이터러블, key=함수)
```

키를 지정한 역순의 정렬(sorted 함수)

```
sorted (이터러블, key=함수, reverse=True)
```

리스트의 sort 메서드에서도 마찬가지로 키워드 인수의 key를 지정할 수 있습니다. 또한 sorted 함수와 sort 메서드 어느 것에 관해서도 key와 reverse는 키워드 인수이므로 어느 쪽의 인수를 먼저 사용해도 됩니다.

키를 지정한 정렬(sort 메서드)

```
리스트.sort(key=함수)
```

키를 지정한 역순의 정렬(sort 메서드)

```
리스트.sort(key=함수, reverse=True)
```

key에 지정하는 함수에는 보통의 기법으로 정의한 함수를 사용할 수도 있지만, 람다식을 사용하는 것이 쉬워 추천합니다. 예를 들어 앞서 설명한 **리스트를 가격이 싼 순서대로 정렬**하는 프로그램을 작성합니다. 인수로서 받은 튜플의 1번째 요소(가격)를 반환하는 람다식을 sorted 함수의 키워드 인수 key에 지정합니다.

```
>>> menu = [('burger', 1100, 234), ('potato', 1500, 226), ('shake', 1200, 218)]
>>> sorted(menu, key=lambda x: x[1])
[('burger', 1100, 234), ('shake', 1200, 218), ('potato', 1500, 226)]
```

위의 람다식은 인수 x로서 튜플을 받고 튜플의 1번째 요소(x[1])를 반환값으로서 반환합니다. sorted 함수는 이 반환값(가격)을 키로서 정렬을 실시하므로 가격이 싼 순(작은 순서)으로 정렬할 수 있습니다.

같은 방법으로 앞서 설명한 리스트를 **칼로리가 높은 순으로 정렬**하는 프로그램을 작성합니다. 튜플의 2번째 요소(칼로리)를 반환하는 람다식을 적음과 동시에 키워드 인수의 reverse에 True를 지정합니다. 실행 결과는 원본 리스트와 같은 순서인데 확실하게 칼로리가 높은 순으로 나열됩니다.

```
>>> menu = [('burger', 1100, 234), ('potato', 1500, 226), ('shake', 1200, 218)]
>>> sorted(menu, key=lambda x: x[2], reverse=True)
[('burger', 1100, 234), ('potato', 1500, 226), ('shake', 1200, 218)]
```

마지막은 **가격당 칼로리가 높은 순으로 앞서 설명한 리스트를 정렬**합니다. 람다식을 사용해서 튜플의 1번째(가격)와 2번째(칼로리)의 요소를 꺼내고 '가격당 칼로리'를 계산해서 반환합니다.

```
>>> menu = [('burger', 110, 234), ('potato', 150, 226), ('shake', 120, 218)]
>>> sorted(menu, key=lambda x: x[2]/x[1], reverse=True)
[('burger', 1100, 234), ('shake', 1200, 218), ('potato', 1500, 226)]
```

위의 람다식은 칼로리(x[2])를 가격(x[1])으로 나눈 값, 즉 '가격당 칼로리'를 반환합니다. 234/1100, 218/1200, 226/1500을 계산해 보면 확실히 '가격당 칼로리가 높은 순(싸게 칼로리를 섭취할 수 있는 순서)'으로 정렬되는 것을 알 수 있습니다.

이렇게 람다식을 활용하면 정렬의 키를 자유롭게 지정할 수 있습니다. 데이터를 정렬할 때에는 sorted 함수나 sort 메서드와 함께 람다식을 꼭 사용해 보세요.

식의 안에서 변수에 값을 대입할 수 있는 대입식

대입식은 파이썬 3.8에서 도입된 기능입니다. 대입식을 사용하면 식 안에서 변수에 그 값을 대입할 수 있습니다. 대입문은 =를 사용해서 적는데 대입식은 := 연산자를 사용해서 다음과 같이 작성합니다. 대입식은 식을 평가한 값을 변수에 대입함과 동시에 그 값을 대입식의 결과로 반환합니다.

대입식

```
변수 := 식
```

:=는 walrus(바다 코끼리, 해마) 연산자라고 합니다. 바다코끼리는 북극해 등에 서식하는 포유류로 대형 개체는 1톤이 넘기도 합니다. 겉보기에는 바다 사자나 강치 등과 비슷하지만 암수 모두 긴 송곳니가 있는 것이 특징입니다. 이 해마의 눈과 송곳니를 90도 회전시켜 이모티콘으로 만들면 := 즉 바다 코끼리 연산자가 됩니다.

▼ ':=' 와 바다 코끼리의 관계

바다 코끼리 연산자   바다 코끼리

프로그래밍 언어에 따라서는 :=를 대입에 사용하기도 합니다. 예를 들면, 유명한 구조화 프로그래밍 언어인 파스칼(Pascal)에서는 대입에는 :=를, 비교에는 =를 사용합니다. C, C++, 자바에서는 대입에는 =, 비교에는 ==를 사용합니다. 파이썬은 기본적으로 C, C++, 자바와 같은 방식이지만 바다 코끼리 연산자는 파스칼과 동류라고 할 수 있습니다.

또한 파이썬에서는 사용하지 않지만, ?:는 엘비스 연산자라고 하기도 합니다. 이름의 유래는 ?:가 엘비스 프레슬리의 이모티콘과 비슷해서 이 이름이 붙었습니다. ?: 연산자는 코틀린(Kotlin) 등의 프로그래밍 언어에서 사용됩니다.

엘비스 연산자   엘비스

대입식과 대입문의 가장 큰 차이점은 대입식은 변수에 값을 대입함과 동시에 그 값을 반환다는 점입니다. 예를 들어, a = 5와 같은 대입문은 변수 a에 값 5를 할당합니다. 이럴 때 a := 5와 같이 대입식으로 변수 a에 값 5를 대입하면 대입식의 결과값으로 5를 반환합니다. 이처럼 대입식은 값을 계산하고 변수에 대입하는 것을 한 번에 수행할 수 있어서 프로그램을 간결하게 작성할 수 있습니다.

한편 대입식을 사용하면 프로그램이 짧아지게 되나 알기 어려워지므로 대입문을 사용하는 쪽이 좋은 경우도 있습니다. 어느 쪽을 사용하면 좋을지는 상황이나 취향에 따라 달라지지만 코드의 가독성을 고려한다면 대입식의 이점이 확실합니다 .

while 문과 input 함수를 사용하여 키보드에서 입력한 값을 반복해서 가져오는 프로그램을 작성해 봅시다. quit를 나타내는 q가 입력되면 종료되고 q 이외의 경우는 문자열을 표시합니다. 다음의 실행 결과에서는 burger, potato, shake라고 입력한 후에 q를 입력하여 종료합니다.

```
>python assign1.py
burger
bueger
potato
potato
shake
shake
q            ⇐ q를 입력해서 종료
```

처음에는 대입식을 사용하지 말고 프로그램을 작성해 보세요. 다음의 예에서는 while 문에 의한 무한 루프를 사용하여 q가 입력되었음을 if 문으로 판정하고 break 문을 실행합니다.

▼ assign1.py

```
while True:            ⇐ 무한 루프
    x = input()        ⇐ 입력
    if x == 'q':       ⇐ q가 입력되면…
        break          ⇐ 반복을 종료
    print(x)
```

이번은 대입문을 사용해 봅시다. while 문의 식에 True를 적어서 무한 반복하는 대신에 다음과 같은 내용의 식을 적습니다.

① 대입식을 사용해서 x에 input 함수의 반환값을 대입합니다.
② ①의 결과를 'q'와 비교합니다.

▼ assign2.py

```
while (x := input()) != 'q':
    print(x)
```

대입식을 사용하면서 프로그램이 5행에서 2행으로 짧아졌습니다. 또한 if 문과 break 문이 필요 없어지고, while 문으로만 작성해 처리 흐름을 따라가기 쉬워졌습니다.

위의 프로그램을 응용하여 조금 더 복잡한 프로그램을 적어 봅시다. 입력한 가격의 합계를 구하는 프로그램입니다. 처음에 price:(가격)이라고 표시하고 사용자가 가격을 입력할 수 있게 합니다. 그런 다음에 total:(합계)로 표시하고 지금까지 입력한 가격의 합계를 표시합니다. 사용자가 q를 입력할 때까지 입력과 표시를 반복합니다. 다음의 실행 결과에서는 1100, 1500, 1200이라고 입력한 후 q를 입력해 종료합니다.

```
>python assign3.py
price: 1100        ⇐ 1100을 입력
total: 1100
price: 1500        ⇐ 1500을 입력
total: 2600
price: 1200        ⇐ 1200을 입력
total: 3800
price: q           ⇐ q를 입력해 종료
```

처음에는 대입식을 사용하지 않고 프로그램을 작성해 보세요. 조금 전의 입력을 반복하는 프로그램 (assign1.py)에서 입력한 문자열을 표시하는 처리를 합계의 계산과 표시를 실시하는 처리로 바꾸는 게 좋습니다.

▼ assign3.py

```
t = 0                          ↤ 합계를 0으로 해 둔다
while True:
    x = input('price: ')
    if x == 'q':
        break
    t += int(x)                ↤ 합계의 계산
    print('total:', t)         ↤ 합계의 표시
```

다음은 대입식을 사용해서 프로그램을 작성해 보세요. 합계의 계산과 표시도 대입식을 사용해 합칠 수 있습니다. 또한 대입식에는 복합 대입문에 해당하는 기능(+=이나 -= 등)은 없으므로 '변수 += 식'은 '변수 := 변수 + 식'과 같이 적어야 합니다.

▼ assign4.py

```
t = 0                                   ↤ 합계를 0으로 해 둔다
while (x := input('price: ')) != 'q':
    print('total:', t := t+int(x))      ↤ 합계의 계산과 표시
```

대입식을 사용해서 7행의 프로그램이 3행으로 짧아졌습니다. 이처럼 대입식을 사용하면 프로그램이 상당히 짧아집니다. 한편 대입식을 사용하면 프로그램이 읽기 어려워지는 경우도 있으므로, 단순히 코드를 짧게 쓰기 위함이 아니라 간결하고 읽기 쉬운 코드를 쓰기 위해 사용하는 게 좋습니다.

디버그 및 테스트에 유용한 assert 문

assert(어서트) 문은 프로그램의 디버그 및 테스트에 유용한 기능입니다. assert는 '단언하다'라는 의미입니다. assert 문은 프로그래머가 '이 식의 값은 True이다'라고 자신의 예상을 단언하고 프로그램이 제대로 동작하는지 확인해서 개발자가 기대한 대로 동작하지 않을 때 문제가 발생한 지점을 찾아내는 데 유용합니다.

assert 문에서 식의 부분을 '식, …' 과 같이 적으면 여러 개의 식을 지정할 수도 있습니다. 식의 값이 True일 경우에는 아무 일도 일어나지 않습니다. 식의 값이 False이면 assert 문은 AssertionError라는 예외를 발생시킵니다.

'~이다' 를 단정(assert 문)

```
assert 식
```

assert 문과 not 연산자(Chapter3)를 조합하면 '~가 아니다'를 단정할 수도 있습니다. 이 경우 식의 값이 False이면 아무 일도 일어나지 않고 식 값이 True일 때에 AssertionError가 발생합니다.

'~가 아니다' 를 단정(assert 문과 not 연산자)

```
assert not 식
```

예외가 발생하지 않으면 프로그래머로서는 자신의 예상이 옳았다는 것을 확인할 수 있습니다. 예외가 발생하면 프로그래머는 자신의 예상이 잘못되었다는 것을 깨닫기 때문에 프로그램의 오류를 수정할 수 있습니다.

간단한 예로 assert 문을 사용해 봅시다. **인수로 x와 y를 받고, x%y(x를 y로 나눈 나머지)를 반환하는 함수 f를 정의**하세요. 이 함수 f에서는 y(나누는 수)는 0이 아니라고 예상합니다. 그래서 **함수 f 안에 y가 0이 아닌지를 확인**하는 assert 문을 작성합니다.

▼ assert1.py

```
def f(x, y):
    assert y != 0
    return x%y
```

```
print(f(10, 3))
```

위의 assert 문에서는 y != 0이라고 적는 대신에 y라고 적을 수도 있습니다. 0 이외의 숫자는 True로 간주되기 때문입니다. 여기에서는 알기 쉽도록 일부러 y != 0이라고 적습니다.

5번째 행의 print 문에서 작성한 함수 f를 호출합니다. 먼저 'y는 0이 아니다'라는 예상대로 x에 10, y에 3을 지정하여 함수 f를 호출하고 반환값을 표시합니다.

```
>python assert1.py
1
```

이번에는 예상에 반하여 x에 10, y에 0을 지정하여 함수 f를 호출하고 반환값을 표시합니다. assert 문에 적힌 y != 0이 False가 되므로 AssertionError라는 예외가 발생합니다.

▼ assert2.py

```
def f(x, y):
    assert y != 0
    return x%y


print(f(10, 0))
```

실행 결과는 다음과 같습니다. 예외를 발생시킨 assert 문이 assert y != 0과 같이 표시되므로 프로그래머는 자신의 예상이 어디에서 잘못되었는지를 알고 디버그에 활용합니다. 이 경우는 'y는 0이 아니다'라는 예상이 잘못되었으므로 y가 0이라도 문제가 없도록 함수 f를 수정하거나 y에 0을 지정하지 않도록 함수 f의 호출을 수정하거나 둘 중 한 곳을 수정하게 될 것입니다.

```
>python assert2.py
Traceback (most recent call last):
  File "...", line ..., in <module>
    print(f(10, 0))
  File "...", line ..., in f
    assert y != 0
AssertionError
```

조금 더 실용적인 예로 assert 문을 이용해 프로그램이 올바르게 작동하는지 테스트해 봅시다.

assert 문을 사용하면 프로그램의 테스트를 자동으로 실시하기 위한 테스트 프로그램을 작성할 수 있으므로 테스트 작업을 효율화할 수 있습니다.

어떤 해가 윤년인지를 판정하는 leap_year 함수를 작성해 봅시다. 윤년의 경우 True, 윤년이 아닌 경우 False를 되돌려주세요. 어느 해가 윤년인지 여부는 다음의 방법으로 판정할 수 있습니다.

①연도가 400으로 나누어지는 경우는 윤년

②연도가 100으로 나누어지지 않고 4로 나누어지는 경우도 윤년

▼ leap_year 함수

```
def leap_year(y):
    return y%400 == 0 or y%100 != 0 and y%4 == 0
```

leap_year 함수는 인수 y로 연도를 받고 윤년 여부의 판정 결과를 반환값으로 되돌립니다. or 연산자보다 and 연산자가 연산자의 우선 순위가 높다는 점에 주의합니다(Chapter3). 이 leap_year 함수를 올바르게 작성했는지 확인하기 위해서 assert 문을 사용해서 테스트 프로그램을 작성해 봅시다. 다음과 같이 네 가지 경우를 테스트합니다.

1900년(윤년 아님) / 2000년(윤년) / 2019년(윤년 아님) / 2020년(윤년)

'~이 아니다'의 단정에는 assert 문과 not 연산자를 사용합니다.

▼ assert3.py

```
def leap_year(y):
    return y%400 == 0 or y%100 != 0 and y%4 == 0

assert not leap_year(1900)
assert leap_year(2000)
assert not leap_year(2019)
assert leap_year(2020)
```

위 프로그램을 실행해서 아무것도 표시되지 않으면 성공입니다. 만약 AssertionError가 발생하면 leap_year 함수의 프로그램이나 테스트 프로그램에 오류가 있다는 것을 알 수 있습니다.

프로그램을 테스트하려면 본격적인 테스트 도구나 테스트 프레임워크를 쓰지 않고 assert 문으로도 충분한 경우가 많습니다. assert 문의 매력은 사용법이 간단하고 따로 도구나 라이브러리를 설치할 필요도 없어서 편리합니다.

유용하고 깊이가 있는
내장 함수

파이썬 인터프리터에 표준으로 내장되어 있는 함수가 있습니다. 이러한 내장 함수는 실로 깊이가 있고 다양한 상황에서 사용할 수 있는 매우 유용한 도구입니다. 파이썬에서 프로그램을 작성할 때는 목적에 맞는 라이브러리를 찾아다니기 십상인데 실은 수중에 있는 내장 함수를 잘 조합하면 끝나는 경우도 많습니다. 여기에서는 파이썬의 내장 함수를 배워 봅시다.

이 장의 학습 내용

① 입출력에 사용하는 함수

② 객체의 생성 및 변환에 사용하는 함수

③ 계산에 사용하는 함수

④ 이터러블에 대해 적용하는 함수

⑤ 문자열로 변환하는 함수

⑥ 객체나 클래스에 대해 알아보는 함수

⑦ 프로그램 실행과 관련된 함수

입출력에 사용하는 함수

화면에 값을 출력하거나 키보드로부터 값을 입력하는 함수입니다. 여기에서는 먼저 이 책에서 이전에 배운 함수에 대해 간단한 사용법을 정리합니다. 일부 함수에 대해서는 새로운 편리한 사용법도 소개합니다. 이어서 처음 나온 함수에 대해서 배웁니다.

수많은 함수가 있으므로 각 함수의 자세한 내용은 잊어버려도 괜찮습니다. 한번 이해해 두면 '그러고 보니 이런 함수가 있었다'라고 생각해 낼 수 있습니다. 그때에는 이 책을 내장 함수의 간단한 참고 자료로 사용해 주세요.

또한 함수의 이름을 외우는 데 도움이 되도록 각 함수에 대해서 읽는 법의 예를 소개하는데 프로그래머에 따라 읽는 법이 다른 함수도 있습니다. 이 책에서 소개하는 읽는 법에는 구애받지 않고 발음하기 쉽고 오해 없이 읽는 법을 사용하세요.

입출력 함수(print, input)

print(프린트) 함수(Chapter2)는 모든 값을 공백으로 구분하면서 표시하고 가장 마지막에 줄바꿈을 출력합니다. 키워드 인수의 sep에 인수 간을 구분하는 문자열, end에 마지막으로 출력하는 문자열을 지정할 수 있습니다.

값의 표시(print 함수)

```
print(값, …, sep=구분 문자열, end=끝 문자열)
```

input(인풋) 함수(Chpater5)는 인수의 문자열을 프롬프트로 표시한 다음에 키보드로부터의 입력을 문자열로 반환합니다. 프롬프트 문자열은 생략할 수 있습니다.

키보드로부터 입력(input 함수)

```
input(프롬프트 문자열)
```

값의 포맷을 지정하는 format 함수

포맷(format)은 변수나 값을 문자열로 변환하여 삽입하여 다른 문자열 안에 쉽게 삽입해서 출력하는 것을 말합니다. format(포맷) 함수는 문자열에 변숫값을 넣고 원하는 형식으로 출력할 수 있게 도와주는 함수입니다. 여기서 지정할 수 있는 포맷에는 수많은 기능이 있는데 이 책에서는 그중 일부를 소개합니다. 자세한 사양은 파이썬 공식 문서 '포맷 명세 미니 언어'에 기재되어 있습니다.

포맷 명세 미니 언어

URL https://docs.python.org/ko/3/library/string.html#formatspec

서식에 따라 값의 포맷을 지정(format 함수)

```
format(값, 서식 지정)
```

값을 왼쪽 정렬, 중앙 정렬, 오른쪽 정렬하려면 서식 지정에 다음과 같은 문자열을 적습니다. 자릿수에는 정수를 지정합니다. 이 기능은 표와 같이 값의 자릿수를 맞추어 출력하고 싶을 때에 편리합니다. 자릿수는 공백을 사용해서 조정됩니다.

▼왼쪽 정렬, 중앙 정렬, 오른쪽 정렬의 지정

서식	정렬법
'자릿수'	숫자 등은 오른쪽 정렬, 문자열 등은 왼쪽 정렬
'<자릿수'	왼쪽 정렬
'>자릿수'	오른쪽 정렬
'^자릿수'	중앙 정렬

예를 들어 **정수 123에 대해서 자릿수는 10으로 위의 서식 지정을 적용**해 보세요. 다음의 실행 예와 같이 파이썬 인터프리터를 사용하면 간단하게 시험할 수 있습니다.

```
>>> format(123, '10')
'       123'          ⇦ 숫자의 기본은 오른쪽 정렬
>>> format(123, '<10')
'123       '          ⇦ 왼쪽 정렬
>>> format(123, '>10')
'       123'          ⇦ 오른쪽 정렬
>>> format(123, '^10')
'   123    '          ⇦ 중앙 정렬
```

이번은 문자열 'python'에 대해서 자릿수는 10으로 동일한 서식을 지정해 보세요.

```
>>> format('python', '10')
'python    '                  ⇐ 문자열의 기본은 왼쪽 정렬
>>> format('python', '<10')
'python    '                  ⇐ 왼쪽 정렬
>>> format('python', '>10')
'    python'                  ⇐ 오른쪽 정렬
>>> format('python', '^10')
'  python  '                  ⇐ 중앙 정렬
```

다음과 같은 서식 지정을 사용하면 실수를 소수점 이하 몇 자릿수까지 표시할지 조정할 수 있습니다. 마지막에 f를 붙이는 데 주의하세요. 이 f는 fixed-point notation(고정 소수점 수 표기)을 나타냅니다.

소수점 이하의 자릿수만 지정

```
'.소수점 이하 자릿수f'
```

전체와 소수점 이하의 자릿수를 지정

```
'전체 자릿수.소수점 이하 자릿수f'
```

식 '1/3'의 값(실수)에 대해서 위의 서식을 지정해 보세요. 다음 3가지에 대해서 시험하세요.

① 서식 지정 없음
② 소수점 이하 자릿수에 2를 지정
③ 전체 자릿수에 10, 소수점 이하 자릿수에 2를 지정

```
>>> format(1/3)
'0.3333333333333333'          ⇐ ①서식 지정 없음
>>> format(1/3, '.2f')
'0.33'                        ⇐ ②소수점 이하 2자릿수
>>> format(1/3, '10.2f')
'      0.33'                  ⇐ ③전체 10자리, 소수점 이하 2자릿수
```

다음과 같은 서식 지정을 사용하면 자릿수가 많은 숫자를 읽기 쉽게 하기 위해 천의 자리마다 구분자를 넣을 수 있습니다.

천의 자리마다 콤마(,)를 넣는다

```
','
```

천의 자리마다 언더스코어(_)를 넣는다

```
'_'
```

__정수 1234567890에 대해 위의 서식을 지정__해 보세요. 서식 지정 없음, 콤마, 언더스코어 3가지에 대해서 시험하세요.

```
>>> format(1234567890)
'1234567890'              ⇦ 서식 지정 없음
>>> format(1234567890, ',')
'1,234,567,890'           ⇦ 콤마로 구분한다
>>> format(1234567890, '_')
'1_234_567_890'           ⇦ 언더스코어로 구분한다
```

문자열에 값을 삽입하는 format 메서드

format 함수에 유사한 기능으로서 문자열(str 클래스)의 format 메서드가 있습니다. 여러 값의 포맷을 한꺼번에 지정하기에 편리하므로 꼭 사용해 보세요. 다음과 같이 format 메서드에는 임의 개의 위치 인수와 키워드 인수를 건넬 수 있습니다.

문자열에 값을 삽입한다(format 메서드)

```
서식 지정 문자열.format(값, ···, 인수명=값, ···)
```

format 메서드는 지정한 인수의 포맷을 지정하여 문자열에 삽입해 결과의 문자열을 반환합니다. 삽입하는 인수를 지정하려면 서식 지정 문자열의 안에 다음과 같은 중괄호를 사용한 기술을 포함합니다. 또한 중괄호 자체를 출력하고 싶은 경우에는 {{나 }}와 같이 중괄호를 2개 이어서 적습니다.

▼ format 메서드의 서식 지정 문자열

서식 지정 문자열	삽입하는 인수
{}	위치 인수를 왼쪽부터 순서대로 지정
{정수}	위치 인수를 번호로 지정(왼쪽의 인수가 0, 이후 1씩 증가)
{인수명}	키워드 인수를 이름으로 지정

format 메서드의 {}라는 기법을 이용해 변수 name에 'coffee', 변수 price에 1000을 대입하세요. 다음의 두 가지 방법을 사용해서 'coffee is 1000 won'이라는 문자열을 작성해 보세요.

· 문자열의 연결
· format 메서드

```
>>> name = 'coffee'                   ⇐ 변수에 값을 대입
>>> price = 1000
>>> name+' is '+str(price)+' won'      ⇐ 문자열의 연결
'coffee is 1000 won'
>>> '{} is {} won'.format(name, price)  ⇐ format 메서드
'coffee is 1000 won'
```

문자열 연결을 사용하는 경우에는 문자열이 잘게 나눠져 있어 결과를 예상하기 어려울 수 있습니다. 그에 반해 format 메서드를 사용한 경우에는 '⋯is ⋯ won'처럼 결과에 가까운 문자열이 표시되어 있어 이해하기 쉬운 것이 이점입니다.

다음은 {정수}나 {인수명}이라는 기법을 이용해 봅시다. 앞서 설명한 name과 price를 사용해서 'both hot coffee and ice coffee are 1000 won'이라는 문자열을 작성합니다. 위치 인수를 사용하는 방법과 키워드 인수를 사용하는 방법 둘 다 실험해 보세요.

```
>>> name = 'coffee'
>>> price = 1000
>>> 'both hot {0} and ice {0} are {1} won'.format(name, price)
'both hot coffee and ice coffee are 1000 won'        ⌐ 위치 인수
>>> 'both hot {n} and ice {n} are {p} won'.format(n=name, p=price)
'both hot coffee and ice coffee are 1000 won'        ⌐ 키워드 인수
```

{정수}나 {인수명}이라고 하는 기법은 위와 같이 같은 인수를 여러 번 삽입하는 경우나 인수의 순서와 삽입 순서가 다른 경우에 유용합니다. 또한 {정수}와 {인수명}이나 {}와 {인수명}은 병용할 수 있습니다. {}와 {정수}는 병용할 수 없습니다.

인수가 객체인 경우에 서식 지정 문자열에 다음을 기술하면 객체의 속성을 참조할 수 있습니다.

▼객체의 속성을 참조

서식 지정 문자열	참조하는 속성
{.속성명}	위치 인수를 왼쪽부터 지정하고 속성을 참조
{정수.속성명}	위치 인수를 번호로 지정하고 속성을 참조
{인수명.속성명}	키워드 인수를 이름으로 지정하고 속성을 참조

인수가 시퀀스인 경우에 서식 지정 문자열에 다음을 기술하면 요소를 참조할 수 있습니다.

▼시퀀스의 요소를 참조

서식 지정 문자열	참조하는 요소
{[인덱스]}	위치 인수를 왼쪽부터 지정하고 요소를 참조
{정수 [인덱스]}	위치 인수를 번호로 지정하고 요소를 참조
{인수명 [인덱스]}	키워드 인수를 이름으로 지정하고 요소를 참조

또한 인수를 지정하기 위해서 각 기법의 오른쪽에 콜론(:)에 이어서 서식 지정을 기술할 수 있습니다. 서식 지정은 앞서 설명한 format 함수와 공통으로 자릿수 등을 지정할 수 있습니다.

자릿수 등을 지정해서 참조

```
{인수 지정:서식 지정}
```

format 메서드보다 간결하게 값을 삽입할 수 있는 f 문자열

파이썬 3.6 이후에 이용할 수 있는 f 문자열(포맷 문자열 리터럴)은 앞서 설명한 format 메서드와 마찬가지로 값을 문자열에 삽입하기 위한 기능입니다. f 문자열은 다음과 같이 작성합니다. 문자열의 앞에 f 또는 F를 붙이면 f 문자열이 됩니다.

f 문자열

```
f'···'
```

보통의 문자열(작은따옴표) 외에 삼중 따옴표 문자열을 지정할 수도 있습니다.

▼f 문자열의 종류

f 문자열	대상의 문자열
f'···'	보통의 문자열(작은 따옴표)
f"···"	보통의 문자열(큰따옴표)
f'''···'''	삼중 따옴표(작은따옴표)
f"""···"""	삼중 따옴표(큰따옴표)

f 문자열 내부에는 다음과 같은 기법으로 식을 적을 수 있습니다. 이 식은 일반식과 마찬가지로 변수를 참조하거나 연산자를 사용해서 계산할 수 있습니다. 또한 앞서 설명한 format 메서드와 마찬가지로 콜론(:)에 이어서 서식 지정을 적을 수도 있습니다. 서식 지정은 format 함수와 공통입니다.

f 문자열의 식(서식 지정이 없는 경우)

```
{식}
```

f 문자열의 식(서식 지정이 있는 경우)

```
{식:서식 지정}
```

f 문자열을 사용해 봅시다. format 메서드의 예와 마찬가지로 <u>변수 name에 'coffee', 변수 price에 1000을 대입</u>하세요. 그리고 f 문자열을 사용해서 <u>'coffee is 1000 won'이라는 문자열과 'both hot coffee and ice coffee are 1000 won'이라는 문자열을 작성</u>해 보세요.

```
>>> name = 'coffee'
>>> price = 1000
>>> f'{name} is {price} won'                    ⇐ f 문자열
'coffee is 1000 won'
>>> f'both hot {name} and ice {name} are {price} won'    ⇐ f 문자열
'both hot coffee and ice coffee are 1000 won'
```

format 메서드와 비교하면 f 문자열은 문자열 안에 삽입하는 변수명을 직접 적을 수 있어 매우 간결하고 이해하기 쉽게 됩니다. 또한 자유롭게 식을 적을 수 있어 속성이나 요소를 참조하는 것은 물론 계산을 하거나 함수나 메서드를 호출할 수도 있습니다. 이번은 계산과 서식 지정을 사용해 봅시다. f 문자열을 사용하여 <u>1/3을 계산하고 소수점 이하 2자릿수까지를 출력</u>해 보세요.

```
>>> f'{1/3:.2f}'
'0.33'
```

객체의 생성이나 변환에 사용하는 함수

다음은 지정한 형의 객체를 생성하거나 값을 지정한 형으로 변환하기 위한 함수입니다. 또한 이것들은 엄밀하게는 함수가 아닌 클래스이며 객체를 생성하여 반환합니다.

앞에서 다룬 함수(int, float, str, bool, list, tuple, set, dict)

다음은 Chapter3에서 배운 함수(클래스)입니다. 인수의 값을 각각의 형으로 변환하여 반환합니다. 엄밀하게는 인수의 값에서 각각의 객체(인스턴스 객체)를 생성하여 반환합니다. 예를 들어 int 함수는 int 객체를 반환합니다. 덧붙여 값 부분에는 식을 적을 수도 있습니다.

▼값의 형을 변환하는 함수

사용법	읽는 법(예)	변환처의 형
int(값)	인트	정수
float(값)	플로트	실수
str(값)	스트링, 스트라	문자열
bool(값)	부울	진위값

다음은 Chapter4에서 배운 함수(클래스)입니다. 인수의 이터러블로부터 각각의 데이터 구조(를 나타내는 객체)를 작성해 반환합니다. 이러한 함수는 어떤 데이터 구조를 다른 데이터 구조로 변환할 때에도 유용합니다.

▼데이터 구조를 작성하는 함수

사용법	읽는 법(예)	작성하는 데이터 구조
list(이터러블)	리스트	리스트
tuple(이터러블)	튜플	튜플
set(이터러블)	셋	집합
dict(이터러블)	딕셔너리, 딕트	사전

바이트 열이나 바이트 배열을 반환하는 bytes 함수와 bytearray 함수

bytes(바이츠) 함수와 bytearray(바이트 어레이) 함수는 이진 데이터(binary data, 텍스트가 아닌 데이터)를 다루기 위한 함수입니다. 엄밀하게는 이러한 함수는 bytes 클래스와 bytearray 클래스이며 각각의 객체를 생성하고 반환합니다.

bytes 함수는 이뮤터블한 바이트 열을 반환하고, bytearray 함수는 뮤터블한 바이트 배열을 반환합니다. 바이트 열과 바이트 배열은 모두 0 이상 255 미만의 정수, 즉 1 바이트(8비트)의 부호 없는 정수를 나열한 것입니다.

bytes 함수와 bytearray 함수는 인수의 형에 따라 동작이 달라집니다. 다음과 같이 문자열을 전달하면 문자열을 바이트 열이나 바이트 배열로 변환합니다.

문자열을 바이트 열로 변환(bytes 함수)

```
bytes(문자열, encoding=문자 인코딩)
```

문자열을 바이트 배열로 변환(bytearray 함수)

```
bytearray(문자열, encoding=문자 인코딩)
```

다음과 같이 정수를 건네면 정수가 나타내는 바이트 수의 바이트 열이나 바이트 배열을 생성합니다.

바이트 수를 지정하여 바이트 열을 생성

```
bytes(정수)
```

바이트 수를 지정하여 바이트 배열을 생성

```
bytearray(정수)
```

다음과 같이 이터러블을 건네면 이터러블의 값을 저장한 바이트 열이나 바이트 배열을 생성합니다. 이터러블의 각 요소는 0 이상 255 미만의 정수여야 합니다.

이터러블의 값을 저장한 바이트 열을 생성

```
bytes(이터러블)
```

이터러블의 값을 저장한 바이트 배열을 생성

```
bytearray(이터러블)
```

바이트 열을 생성해 봅시다. bytes 함수에 문자열 'python'을 건네고 이뮤터블한 바이트열을 생성하세요. encoding에는 'utf-8'(UTF-8)을 지정합니다. 또한 이 바이트 열을 list 함수에 전달해서 리스트로 변환함으로써 각 바이트의 값을 확인해 봅시다.

```
>>> list(bytes('python', encoding='utf-8'))
[112, 121, 116, 104, 111, 110]
```

문자열 'python'은 6바이트의 바이트 열로 변환됩니다. 각 바이트는 각 문자의 문자 코드를 나타내고 있습니다. 예를 들어 112는 p, 121은 y의 문자 코드입니다.

이번은 **bytes 함수에 문자열 '파이썬'을 건네고 바이트 열을 작성**해 봅시다. encoding 지정이나 list 함수의 이용은 위와 같습니다.

```
>>> list(bytes('파이썬', encoding='utf-8'))
[237, 140, 140, 236, 157, 180, 236, 141, 172]
```

UTF-8의 경우 문자열 '파이썬'은 12바이트(1문자 3바이트×4문자)의 바이트 열로 변환됩니다. 예를 들어 237, 140, 140은 파, 236, 157, 180은 이에 대응합니다.

문자열을 일반적인 방법으로 다룰 때에는 str 클래스를 사용하면 됩니다. 문자 코드를 조작하고 싶은 경우에는 바이트열을 사용하는 게 좋습니다.

또한 다음과 같이 문자열의 앞에 b 또는 B를 붙이면 문자열로부터 바이트열을 직접 작성할 수 있습니다. 이것은 **바이트열 리터럴**이라고 합니다.

바이트열 리터럴
```
b'...'
```

바이트 열이나 바이트 배열과 관련된 memoryview(메모리뷰) 함수도 소개합니다. memoryview 함수는 객체의 내부에 있는 메모리를 조작하는 함수입니다. 엄밀히 말하면 memoryview는 클래스로 메모리를 조작하기 위한 메모리 뷰라는 객체를 생성하고 반환합니다.

memoryview 함수는 다음과 같이 사용합니다. 인수의 객체는 내부의 메모리로의 접근 수단을 제공하기 위한 버퍼 프로토콜이라는 방식에 대응해야 합니다. memoryview 함수를 사용하면 메모리(객체 내부의 메모리)의 복사본을 만들지 않고 원본 메모리를 조작할 수 있습니다.

객체 내부의 메모리를 조작(memoryview 함수)
```
memoryview(객체)
```

memoryview 함수를 사용하여 바이트 배열의 내용을 변경하는 프로그램을 작성해 보세요. 'python'이라는 바이트 열을 메모리 뷰를 통해 조작해 내용을 'Python'으로 변경합니다. 구체적으로는 다음 과 같이 처리합니다.

① bytearray 함수에 문자열 'python'을 건네고 encoding에 'utf-8'을 지정하여 바이트 배열을 생성합니다. 반환값은 변수 x에 대입합니다.
② memoryview 함수에 ①의 변수 x를 건네고 바이트 배열에 대한 메모리 뷰를 생성합니다. 반환값은 변수 y에 대입합니다.
③ y[0]에 80(P의 문자 코드)을 대입합니다.
⑤ 변수 x를 표시합니다.

```
>>> x = bytearray('python', encoding='utf-8')    ⇐ 바이트 배열의 생성
>>> y = memoryview(x)                             ⇐ 메모리 뷰의 생성
>>> y[0] = 80                                     ⇐ p를 P로 변경
>>> x                                             ⇐ 결과의 표시
bytearray(b'Python')
```

위의 예에서는 바이트 배열을 직접 조작해도 되지만 memoryview 함수를 시험하기 위해서 굳이 메모리 뷰를 통해 조작했습니다. 메모리 뷰(y)를 통한 조작이 원본 바이트 배열(x)에도 반영되어 있는 것으로 보아 원본 메모리(바이트 배열 내부의 메모리)를 조작할 수 있는 것을 알 수 있습니다.

복소수를 만드는 complex 함수

complex(컴플렉스) 함수(실제로는 클래스)는 복소수의 객체를 생성합니다. 실부는 실수 부분, 허부는 허수 부분입니다. 또한 복소수는 허수 리터럴(Chapter3)을 사용해서 작성할 수도 있습니다.

복소수의 객체 작성(complex 함수)

```
complex(실부, 허부)
```

'1+2j'라는 복소수를 작성해 보세요. complex 함수를 사용하는 방법과 허수 리터럴을 사용하는 방법을 모두 시험하세요.

```
>>> complex(1, 2)
(1+2j)
>>> 1+2j
(1+2j)
```

이뮤터블한 집합을 만드는 frozenset 함수

frozenset(프로즌셋) 함수(클래스)는 이뮤터블한 집합의 객체를 생성합니다. 이에 반해 앞에서 다룬 set 함수가 생성하는 집합은 뮤터블입니다. 이뮤터블한 집합이 필요한 것은 예를 들면 집합을 집합에 저장하는 경우나 집합을 사전 키에 사용하는 경우 등입니다.

이뮤터블한 집합의 생성(frozenset 함수)

```
frozenset(이터러블)
```

frozenset 함수를 사용해 봅시다. 다음과 같은 **2쌍의 키와 값을 가진 사전을 작성**해 보세요. 키에는 frozenset 함수로 작성한 집합을 사용합니다. 또한 frozenset 함수에 여러 개의 값을 전달하는 경우에는 리스트나 튜플 등의 이터러블로 하세요.

· 키는 'blue'와 'red'를 포함하는 집합, 값은 'purple'
· 키는 'red'와 'green'을 포함하는 집합, 값은 'yellow'

다음과 같이 사전이 작성되면 성공입니다.

```
>>> {frozenset(('blue', 'red')): 'purple',
     frozenset(('red', 'green')): 'yellow'}          ← 사전의 작성
{frozenset({'red', 'blue'}): 'purple',
  frozenset({'red', 'green'}): 'yellow'}             ← 작성된 사전
```

위의 예에서 키를 frozenset이 아닌 일반 집합(set)으로 해 보세요. 보통의 집합은 뮤터블이므로 '타입 오류: set은 해시할 수 없는 형이다'라는 오류가 납니다.

```
>>> {{'blue', 'red'}: 'purple', {'red', 'green'}: 'yellow'}
Traceback (most recent call last):
  File "<stdin>", line 1, in <module>
TypeError: unhashable type: 'set'
```

가장 기본적인 객체를 만드는 object 함수

object(객체) 함수(클래스)는 파이썬에서 모든 클래스의 기반 클래스인 object 클래스의 객체를 생성합니다. object 함수에는 인수가 없습니다.

object 클래스의 객체 생성(object 함수)

```
object()
```

object 함수를 사용해 봅시다. **object 객체를 생성하고 표시**해 보세요.

```
>>> object()
<object object at 0x...>
```

object 객체를 사용할 기회는 그리 많지 않을 수 있습니다. 자신이 만든 함수나 메서드가 객체에 대해 어떠한 행동을 하는지를 테스트하는 경우 등에 이용할 수 있을 것 같습니다.

슬라이스의 범위를 보유하는 객체를 만드는 slice 함수

slice(슬라이스) 함수는 슬라이스의 범위를 나타내는 slice 객체를 생성합니다. slice 객체는 시작값(start), 종룟값(stop), 스텝(step)이라는 3개의 속성을 보유합니다. slice 객체를 이용할 기회는 적을 수도 있지만 이 객체는 일부 라이브러리 등에서 이용되고 있습니다.

slice 객체의 생성(slice 함수)

```
slice(종룟값)
```

slice 객체의 생성(3개의 속성을 지정)

```
slice(시작값, 종룟값, 스텝)
```

slice 함수를 사용해 봅시다. **종룟값에 10을 지정하여 slice 함수를 호출하고 반환값을 변수에 대입**하세요. 그리고 3개의 속성을 표시합니다.

```
>>> x = slice(10)                    ⇐ slice 객체의 생성
>>> print(x.start, x.stop, x.step)   ⇐ 속성의 표시
None 10 None                          ⇐ 설정하지 않은 속성은 None이 된다
```

이번에는 **시작값에 10, 종룟값에 20, 스텝에 3을 지정하여 slice 함수를 호출**하세요. 그리고 위와 마찬가지로 3개의 속성을 표시하세요.

```
>>> y = slice(10, 20, 3)             ⇐ slice 객체의 생성
>>> print(y.start, y.stop, y.step)   ⇐ 속성의 표시
10 20 3
```

계산에 사용하는 함수

주로 숫자 계산에 사용하는 함수입니다. 일부 함수는 숫자 이외의 형(문자열 등)에도 대응합니다.

절댓값을 구하는 abs 함수

abs(에이비에스) 함수는 숫자의 절댓값을 반환하는 함수입니다. abs는 absolute number(절댓값)를 나타냅니다. 인수의 숫자에는 정수, 실수, 복소수를 지정할 수 있습니다.

절댓값을 반환한다(abs 함수)

```
abs(숫자)
```

abs 함수를 사용하여 123과 -456의 절댓값을 구해 보세요.

```
>>> abs(123)
123              ⇐ 123의 절댓값
>>> abs(-456)
456              ⇐ -456의 절댓값
```

나눗셈의 몫과 나머지를 한꺼번에 구하는 divmod 함수

divmod 함수는 나눗셈 몫과 나머지를 구해 튜플로 합쳐서 반환하는 함수입니다. div는 division(나눗셈), mod는 modulo(나머지)를 나타냅니다. 인수의 숫자에는 정수와 실수를 지정할 수 있습니다. 숫자A를 숫자B로 나눗셈했을 때의 몫과 나머지의 튜플을 반환합니다.

몫과 나머지의 튜플을 반환한다(divmod 함수)

```
divmod (숫자A, 숫자B)
```

divmod 함수를 사용하여 7을 3으로 나눌 때 몫과 나머지를 구하세요.

```
>>> divmod(7, 3)
```

```
(2, 1)                    ⇐ 7 나누기 3은 2, 나머지는 1
```

거듭제곱을 반환하는 pow 함수

pow(파우) 함수는 숫자의 거듭제곱을 계산하는 함수입니다. pow는 power(거듭제곱)를 나타냅니다. 인수에는 2개 또는 3개의 숫자를 지정할 수 있습니다.

인수가 2개인 경우는 A의 B제곱을 반환합니다. 이것은 산술 연산자인 **를 사용한 A**B라는 계산과 동일합니다. 숫자에는 정수, 실수, 복소수를 지정할 수 있습니다.

인수가 3개인 경우는 A의 B제곱을 C로 나눗셈한 나머지를 반환합니다. 이것은 (A**B)%C로도 계산할 수 있지만 pow 함수가 더 효율적으로 계산할 수 있습니다. 숫자에는 정수와 실수를 지정할 수 있습니다.

숫자의 거듭제곱을 반환한다 (pow 함수)

```
pow(숫자A, 숫자B)
```

숫자의 거듭제곱을 지정한 숫자로 나눈 나머지를 반환한다

```
pow(숫자A, 숫자B, 숫자C)
```

pow 함수를 사용하여 2의 세제곱과 2의 세제곱을 5로 나눈 나머지를 구해 보세요.

```
>>> pow(2, 3)
8               ⇐ 2의 세제곱
>>> pow(2, 3, 5)
3               ⇐ 2의 세제곱을 5로 나눈 나머지
```

숫자의 소수 부분을 반올림하는 round 함수

round(라운드) 함수는 숫자의 소수 부분을 지정한 자릿수로 반올림해 반환합니다. 자릿수를 생략한 경우에는 숫자에 가장 가까운 정수를 반환합니다. 인수에는 정수와 실수를 지정할 수 있습니다.

숫자를 정수로 반올림한다 (round 함수)

```
round(숫자)
```

숫자의 소수 부분을 지정한 자릿수로 반올림한다

```
round(숫자, 자릿수)
```

round 함수를 사용하여 **3.14159를 정수로 반올림**해 보세요. 또한 **소수 부분을 2자릿수로 반올림**하세요.

```
>>> round(3.14159)
3                          ⇐ 정수로 반올림한다
>>> round(3.14159, 2)
3.14                       ⇐ 소수부를 2자릿수로 반올림한다
```

숫자에 가장 가까운 정수가 2개일 경우 round 함수는 짝수를 선택합니다. 이것을 '짝수로의 반올림' 혹은 '짝수 반올림'이라고 합니다. 예를 들어 round 함수로 **1.5를 정수로 반올림**해 보세요. 1과 2 중 어느 쪽이 선택될까요?

```
>>> round(1.5)
2              ⇐ 1과 2중 짝수 2를 선택한다
```

round 함수에 음의 자릿수를 지정하면 정수부를 반올림할 수 있습니다. 예를 들어 **정수 123에 대해서 자릿수 -1, -2, -3을 적용**해 보세요.

```
>>> round(123, -1)
120                   ⇐ 아래 1자릿수를 반올림한다
>>> round(123, -2)
100                   ⇐ 아래 2자릿수를 반올림한다
>>> round(123, -3)
0                     ⇐ 아래 3자릿수를 반올림한다
```

최솟값을 구하는 min 함수와 최댓값을 구하는 max 함수

지정된 여러 개의 값 중에서 min(민) 함수는 최솟값을, max(맥스) 함수는 최댓값을 반환합니다. min은 minimum(최소)을, max는 maximum(최대)을 나타냅니다. min 함수와 max 함수에는 여러 개의 인수를 전달하는 사용법과 이터러블을 전달하는 방법이 있습니다.

인수 값의 최솟값을 반환한다(min 함수)

```
min(값, ···)
```

인수 값의 최댓값을 반환한다(max 함수)

```
max(값, ···)
```

이터러블 요소의 최솟값·최댓값을 반환한다

```
min(이터러블)
max(이터러블)
```

min 함수와 max 함수를 사용하여 **리스트 [3, 5, 2, 4, 1] 요소의 최솟값과 최댓값**을 구하세요.

```
>>> min([3, 5, 2, 4, 1])
1                          ⇦ 최솟값은 1
>>> max([3, 5, 2, 4, 1])
5                          ⇦ 최댓값은 5
```

min 함수와 max 함수는 숫자 이외에도 적용할 수 있습니다. 예를 들어 **문자열의 'blue', 'red', 'green'의 최솟값과 최댓값**을 구해 보세요. 이런 경우 문자열이 문자 코드(유니코드 포인트) 순으로 비교되어 최솟값과 최댓값이 결정됩니다.

```
>>> min('blue', 'red', 'green')
'blue'          ⇦ 최솟값(문자 코드순)은 'blue'
>>> max('blue', 'red', 'green')
'red'           ⇦ 최댓값(문자 코드순)은 'red'
```

합계를 구하는 sum 함수

sum(썸) 함수는 이터러블에 포함되는 요소의 합계값을 반환합니다. 반복(for 문 등)을 사용해서 계산하는 것보다 훨씬 쉽게 합계값을 구할 수 있습니다.

요소의 합계값을 반환한다(sum 함수)

```
sum(이터러블)
```

sum 함수를 사용하여 **득점 리스트 [90, 75, 80, 100, 85]의 합계값과 평균값**을 구해 보세요.

```
>>> sum([90, 75, 80, 100, 85])
430                             ⇦ 합계값
>>> sum([90, 75, 80, 100, 85])/5
86.0                            ⇦ 평균값
```

이터러블에 대하여 적용하는 함수

파이썬에서 이터러블(iterable)은 반복 가능한 객체를 의미하며, 이터러블 객체는 여러 개의 값을 가지고 있는데, 순회가 가능하며 한 번에 하나의 값을 반환합니다. 파이썬에서 대표적인 이터러블 객체로는 리스트(list), 튜플(tuple), 사전(dictionary), 세트(set) 등이 있습니다. 리스트는 여러 개의 값을 가지는 시퀀스(순서가 있는) 자료형이며, 튜플은 리스트와 유사하지만 변경이 불가능한 자료형입니다. 사전은 키와 값을 연결하여 저장하는 자료형으로, 세트는 중복을 허용하지 않는 자료형입니다.

이러한 이터러블 객체들은 모두 for 루프를 사용하여 순회할 수 있습니다. 파이썬의 이터러블은 매우 강력하고 편리한 기능입니다. 여기에서는 이터러블과의 관계가 깊은 함수나 이터러블과 조합하여 사용함으로써 처리의 가능성이 커지는 함수를 소개합니다.

앞에서 다룬 함수(len, range, enumerate, reversed)

len(렌) 함수(Chapter2)는 객체의 길이(요소 수)를 반환합니다. len은 length(길이)를 나타냅니다. 인수 객체에는 문자열, 리스트, 튜플, 집합, 사전, range 객체 등을 지정할 수 있습니다.

요소 수를 반환한다(len 함수)

```
len(객체)
```

range 함수(Chapter5)는 실제로는 함수가 아닌 클래스이며 range 객체를 생성하고 반환합니다. range 객체는 for 문과 조합하여 지정한 범위를 반복하기 위해 사용하는 경우가 많습니다.

인수에 종룟값을 지정하면 0부터 '종룟값-1'까지 1씩 증가하는 range 객체를 반환합니다.

range 객체를 반환한다(range 함수)

```
range(종룟값)
```

range 객체의 인수에는 시작값, 스텝을 지정할 수도 있습니다.

시작값부터 '종룻값 -1' 까지 1씩 증가

```
range(시작값, 종룻값)
```

시작값부터 스텝씩 변화

```
range(시작값, 종룻값, 스텝)
```

enumerate(이뉴머레이트) 함수(Chapter5)는 이터러블로부터 요소를 꺼낼 때에 몇 번째로 꺼낸 요소인지를 알기 위해 사용합니다. enumerate 함수가 반환하는 객체(이것도 이터러블)는 '몇 번째인지를 나타내는 정수'와 '꺼낸 요소의 값'을 튜플로 하여 반환합니다.

요소의 순서를 반환한다(enumerate 함수)

```
enumerate(이터러블)
```

인수에 시작값을 지정하면 지정한 번호로부터 카운트를 시작할 수 있습니다. 시작값을 생략한 경우는 0부터 시작합니다.

시작값을 지정한다

```
enumerate(이터러블, 시작값)
```

reversed(리버스드) 함수(Chapter5)는 이터러블 요소를 역순으로 꺼내기 위해 사용합니다. reversed 함수가 반환하는 객체(이것도 이터러블)는 요소를 역순으로 꺼내서 반환합니다.

요소를 역순으로 꺼낸다(reversed 함수)

```
reversed(이터러블)
```

여러 개의 이터러블을 조합하는 zip 함수

zip(집) 함수는 여러 개의 이터러블에 대해 동시에 반복을 실시하고 싶을 때에 사용합니다. zip 함수가 반환하는 객체(이것도 이터러블)는 인수로 지정된 여러 개의 이터러블로부터 요소를 모아 튜플로 합쳐서 반환합니다.

여러 개의 이터러블 요소를 가져와서 튜플로 합친다(zip 함수)

```
zip(이터러블, …)
```

for 문과 zip 함수를 사용하여 다음 두 가지의 리스트에 대해 동시에 반복을 실시하고 이름과 가격을 '… is … won'(…은 …원) 형식으로 표시해 보세요.

· 변수 name에 대입된 'burger', 'potato', 'shake'를 요소로 가지는 리스트

· 변수 price에 대입된 1100, 1500, 1200을 요소로 가지는 리스트

▼ zip1.py

```
name = ['burger', 'potato', 'shake']      ⇨ 이름의 리스트
price = [1100, 1500, 1200]                 ⇨ 가격의 리스트
for n, p in zip(name, price):              ⇨ zip 함수의 이용
    print(n, 'is', p, 'won')
```

실행 결과는 다음과 같습니다.

```
>python zip1.py
burger is 1100 won
potato is 1500 won
shake is 1200 won
```

이터러블 요소에 함수를 적용하는 map 함수

map(맵) 함수는 이터러블이 포함한 모든 요소에 대해 지정한 함수를 적용하기 위해 사용합니다. map 함수가 반환하는 객체(이것도 이터러블)는 함수를 적용한 결과의 값을 순서대로 반환합니다.

요소에 대해서 함수를 적용(map 함수)

```
map(함수, 이터러블, …)
```

map 함수의 인수로 지정한 함수는 map 함수에 건넨 이터러블과 같은 수의 인수를 받아야 합니다. 예를 들어 이터러블이 1개라면 함수의 인수도 1개, 이터러블이 2개라면 함수의 인수도 2개입니다.

map 함수를 사용하여 리스트 ['apple', 'banana', 'coconut'] 요소에 len 함수를 적용해 각 요소의 문자 수를 가져오세요. 또한 map 함수의 반환값(이터러블)을 list 함수에 건네고 결과의 문자 수를 리스트로 나타내세요.

```
>>> list(map(len, ['apple', 'banana', 'coconut']))   ⇨ map 함수의 이용
[5, 6, 7]                                             ⇨ 문자 수의 리스트
```

또한 내포 표기(Chapter8)를 사용해도 map 함수와 마찬가지로 처리를 실현할 수 있습니다. 위의 프로그램을 내포 표기를 사용해서 작성합니다.

```
>>> [len(x) for x in ['apple', 'banana', 'coconut']]      ⇐ 리스트의 내포 표기
[5, 6, 7]                                                  ⇐ 문자 수의 리스트
```

이터러블의 요소를 선별하는 filter 함수

filter(필터) 함수는 이터러블이 포함하는 요소 중에서 특정 조건을 만족하는 요소만을 추출하기 위해 사용합니다. filter 함수가 반환하는 객체(이것도 이터러블)는 이터러블이 포함하는 모든 요소에 대해 지정한 함수를 적용한 후에 함수가 True를 반환한 요소만을 반환합니다.

조건을 만족하는 요소를 추출(filter 함수)

```
filter(함수, 이터러블)
```

filter 함수를 사용하여 리스트 ['', 'apple', 'banana', '', 'coconut', '']에서 빈 문자열 '' 이외의 요소만을 추출하세요. len 함수를 사용합니다. 더 나아가 filter 함수의 반환값(이터러블)을 list 함수에 건네고 결과를 리스트를 작성하세요.

```
>>> list(filter(len, ['', 'apple', 'banana', '', 'coconut', '']))
['apple', 'banana', 'coconut']
```

위의 프로그램에서 리스트의 요소(문자열)에 len 함수를 적용하면 빈 문자열에 대해서는 0이 반환되고, 빈 문자열 이외에 대해서는 0이 아닌 값이 반환됩니다. 0은 False, 0 이외에는 True로 취급이므로 filter 함수에 의해 빈 문자열이 아닌 요소가 추출되는 구조입니다.

내포 표기를 사용해도 filter 함수와 같은 처리를 실현할 수 있습니다. 위의 프로그램을 내포 표기를 사용해서 작성합니다.

```
>>> [x for x in ['', 'apple', 'banana', '', 'coconut', ''] if len(x)]
['apple', 'banana', 'coconut']
```

모든 요소가 True인지 여부를 알아보는 all 함수

all(올) 함수는 이터러블 요소가 모두 True라면 True를 반환합니다. 내포 표기와 조합하면 편리한 함수입니다.

모든 요소가 True인지 여부를 알아본다(all 함수)

```
all(이터러블)
```

all 함수와 내포 표기를 조합하여 테스트의 합격 여부를 판정하는 프로그램을 작성해 봅시다. **여러 개의 득점을 저장한 리스트를 알아보고 모든 득점이 80 이상이면 True를 반환**합니다. 다음 두 가지 리스트를 사용합니다.

· 결과가 True가 되는 리스트 [90, 95, 80, 100, 85]
· 결과가 False가 되는 리스트 [90, 75, 80, 100, 85]

```
>>> all(x >= 80 for x in [90, 95, 80, 100, 85])   ⇐ 결과가 True가 되는 리스트
True
>>> all(x >= 80 for x in [90, 75, 80, 100, 85])   ⇐ 결과가 False가 되는 리스트
False
```

어느 하나의 요소가 True인지 여부를 알아보는 any 함수

any(애니) 함수는 이터러블의 요소에 True가 포함되어 있다면 True를 반환합니다. all 함수와 마찬가지로 내포 표기와 조합하면 편리합니다.

True의 요소가 포함되는지 여부를 알아본다(any 함수)

```
any(이터러블)
```

any 함수와 내포 표기를 조합하여 추가 시험의 필요성을 판정하는 프로그램을 작성해 봅시다. **여러 개의 득점을 저장한 리스트를 알아보고 득점이 1개라도 50 미만이면 True를 반환**하세요. 다음 두 가지의 리스트를 사용합니다.

· 결과가 True가 되는 리스트 [90, 45, 80, 100, 85]
· 결과가 False가 되는 리스트 [90, 75, 80, 100, 85]

```
>>> any(x < 50 for x in [90, 45, 80, 100, 85])
True
>>> any(x < 50 for x in [90, 75, 80, 100, 85])
False
```

이터레이터를 조작하는 iter 함수와 next 함수

이터레이터는 이터러블에서 값을 하나씩 가져올 수 있는 객체입니다. 파이썬에서는 이터러블에 대한 반복의 처리를 이터레이터를 사용하여 실현합니다. 이터레이터는 이터러블의 요소를 하나씩 처리하면서 다음 요소를 가져오기 위해 내부 상태를 갖고 있으며, 이를 통해 이터러블을 순회합니다.

이터러블에 대한 반복적인 처리는 for 문 등을 사용해서 적는 경우가 많을 것입니다. for 문은 내부적으로 이터러블의 이터레이터를 사용하여 요소를 하나씩 꺼내오는 과정을 수행합니다. 하지만 이터러블에서 요소를 하나씩 꺼내오는 것 이외의 세밀한 제어가 필요한 경우에는 iter 함수와 next 함수가 유용합니다.

iter(이터) 함수는 이터러블을 받아서 해당 이터러블의 이터레이터를 반환합니다. iter는 iterator(이터레이터)를 의미합니다.

이터러블에 대한 이터레이터를 반환한다(iter 함수)

```
iter(이터러블)
```

next(넥스트) 함수는 지정된 이터레이터에서 다음 요소를 1개 꺼냅니다. 가장 뒤의 요소를 꺼낸 후에 다시 next 함수를 다시 호출하면 StopIteration(반복의 정지)라는 예외가 발생합니다. 이터레이터에서 더 이상 값을 가져올 수 없다는 뜻이며, 이터레이션이 종료됩니다.

이터레이터에서 요소를 1개 꺼낸다(next 함수)

```
next(이터레이터)
```

iter 함수와 next 함수를 사용하여 리스트 [1, 2, 3]에서 요소를 1개씩 꺼내 보세요. 구체적으로는 다음과 같이 처리합니다.

① iter 함수를 사용하여 리스트 [1, 2, 3]에 대한 이터레이터를 생성하여 변수 i에 대입합니다.

② 앞의 이터레이터를 사용하여 next 함수를 호출하고 리스트에서 하나씩 요소를 꺼냅니다.

③ next 함수를 3회 호출합니다.

④ next 함수를 네 번째로 호출하면 더 이상 꺼낼 요소가 없기 때문에 StopIteration 예외가 발생하는지 확인합니다.

```
>>> i = iter([1, 2, 3])          ⇽ 이터레이터 생성
>>> next(i)                       ⇽ 요소를 꺼낸다
1
>>> next(i)                       ⇽ 다음 요소를 꺼낸다
2
>>> next(i)                       ⇽ 다음 다음의 요소를 꺼낸다
3
>>> next(i)                       ⇽ 또 요소를 꺼낸다
Traceback (most recent call last):
    File "<stdin>", line 1, in <module>
StopIteration                     ⇽ 예외가 발생
```

정수를 문자열로 변환하는 함수

다음은 정수를 2, 8, 16진수의 문자열로 변환하는 함수입니다. 문자 코드와 문자를 서로 변환하는 함수도 소개합니다.

정수를 문자열로 하는 bin 함수, oct 함수, hex 함수

bin(빈) 함수, oct(옥트) 함수, hex(헥스) 함수는 정수를 각각 2, 8, 16진수의 문자열로 변환합니다. bin은 binary(2진법), oct는 octal(8진법), hex는 hexadecimal(16진법)을 나타냅니다.

2진수의 문자열을 반환한다(bin 함수)

```
bin(정수)
```

8진수의 문자열을 반환한다(oct 함수)

```
oct(정수)
```

16진수의 문자열을 반환한다(hex 함수)

```
hex(정수)
```

bin 함수는 앞에 0b(제로와 비)가 붙은 2진수의 문자열을 반환합니다. oct 함수는 앞에 0o(제로와 오)가 붙은 8진수의 문자열을 반환합니다. hex 함수는 앞에 0x(제로와 엑스)가 붙은 16진수의 문자열을 반환합니다. 위 함수를 사용하여 **정수 123을 2진수, 8진수, 16진수의 문자열로 변환**해 보세요.

```
>>> bin(123)
'0b1111011'          ⇦ 2진수로 123
>>> oct(123)
'0o173'              ⇦ 8진수로 123
>>> hex(123)
'0x7b'               ⇦ 16진수로 123
```

format 함수, 문자열 format 메서드, f 문자열에서 서식 지정의 끝에 b, o, x를 붙이면 정수를 2진수, 8진수, 16진수로 변환할 수 있습니다. 예를 들어 f 문자열을 사용하여 정수 123을 2진수, 8진수, 16진수의 문자열로 변환해 보세요.

```
>>> f'{123:b}'
'1111011'          ⇦ 2진수로 123
>>> f'{123:o}'
'173'              ⇦ 8진수로 123
>>> f'{123:x}'
'7b'               ⇦ 16진수로 123
```

위의 예에서는 앞에 0b, 0o, 0x가 붙어 있지 않지만 서식 지정에 #을 붙여서 #b, #o, #x처럼 하면 붙습니다.

코드를 문자로 하는 chr 함수, 문자를 코드로 하는 ord 함수

chr(씨에이치알) 함수는 문자 코드(정수)를 문자(문자열)로 변환합니다. chr은 character(문자)를 뜻합니다.

문자 코드를 문자열로 변환(chr 함수)

> chr(정수)

ord(오드) 함수는 문자(문자열)를 문자 코드(정수)로 변환합니다. ord는 ordinal(순서)을 뜻합니다.

문자열을 문자 코드로 변환(ord 함수)

> ord(문자열)

chr 함수와 ord 함수는 정확히 반대의 기능을 하는 함수입니다. 두 함수는 문자 코드에는 유니코드 코드 포인트를 사용합니다. ord 함수를 사용하여 'A'의 문자 코드를 알아보세요. 그런 다음 chr 함수를 사용하여 알아본 문자 코드를 문자로 변환하여 'A'가 되는 것을 확인하세요.

```
>>> ord('A')
65                 ⇦ A의 문자 코드는 65
>>> chr(65)
'A'                ⇦ 문자 코드 65의 문자는 A
```

객체를 문자열로 **변환하는 함수**

객체의 내용을 문자열로 표시하는 함수입니다. 객체에 관한 정보를 화면에 표시하는 경우 등에 사용합니다. 여기에서는 표시의 형식이 다른 두 가지의 함수를 소개합니다.

객체의 내용을 문자열로 나타내는 repr 함수

repr(레플) 함수는 객체의 내부 상태와 속성을 문자열 형태로 반환합니다. 여기서 repr이란 representation(표현)을 의미합니다.

객체의 내용을 나타내는 문자열을 반환한다(repr 함수)

```
repr(객체)
```

예를 들어 **문자열의 'python'과 '파이썬'에 대해 각각 repr 함수를 적용**해 보세요.

```
>>> repr('python')
"'python'"
>>> repr('파이썬')
"'파이썬'"
```

repr 함수의 결과에 뒤에서 설명하는 eval 함수를 적용하면 파이썬의 프로그램을 실행할 수 있습니다. eval 함수는 문자열을 파이썬 코드로 실행하여 결과를 반환하는 함수입니다

객체의 내용을 ASCII만의 문자열로 나타내는 ascii 함수

ascii(아스키) 함수는 repr 함수와 마찬가지로 객체의 내용을 나타내는 문자열을 반환합니다. repr 함수와 달리 ascii 함수는 ASCII(아스키) 문자 외의 것을 이스케이프 시퀀스로 변환합니다. 이스케이프 시퀀스는 \x, \u, \U와 문자 코드의 조합입니다. 결과적으로 ascii 함수는 ASCII 문자만을 포함하는 문자열을 반환합니다.

객체의 내용을 나타내는 ASCII만의 문자열을 반환한다(ascii 함수)

```
ascii(객체)
```

예를 들어 **문자열 'python'과 '파이썬'에 대해서 각각 ascii 함수를 적용**해 보세요. 그리고 repr 함수의 결과와 비교합니다.

```
>>> ascii('python')
"'python'"                      ← ASCII 문자뿐이라면 repr 함수와 같은 결과

>>> ascii('파이썬')
"'\\ud30c\\uc774\\uc36c'"       ← ASCII 문자 외에는 이스케이프 시퀀스가 된다
```

객체나 클래스에 대해서 알아보는 함수

객체나 클래스에 대한 정보를 얻기 위한 함수입니다. 어떤 객체가 지정한 클래스의 인스턴스인지 여부나 어떤 클래스가 지정한 클래스의 파생 클래스인지 아닌지를 알아보는 함수도 소개합니다.

앞에서 다룬 함수(id, hash, super)

id(아이디) 함수(Chapter3)는 객체의 식별값(객체를 유일하게 식별하는 정수)을 반환합니다. C파이썬의 경우 id 함수는 객체가 배치되어 있는 메모리의 주소를 반환합니다.

객체의 식별값을 반환한다(id 함수)

```
id(객체)
```

hash(해시) 함수(Chapter4)는 객체의 해시 값(정수)을 반환합니다. 이 해시는 집합이나 사전 등에서 이용됩니다. 해시가 존재하지 않는 객체도 있으므로 주의하세요.

객체의 해시를 반환한다(hash 함수)

```
hash(객체)
```

super(슈퍼) 함수(Chapter7)는 파생 클래스로부터 기반 클래스의 메서드를 호출할 때에 사용합니다. 특히 기반 클래스로부터 상속받은 메서드를 파생 클래스에서 오버라이드하고 있을 때 super 함수는 상속받은 메서드를 호출하는 데 유용합니다.

기반 클래스의 메서드를 호출한다(super 함수)

```
super().메서드명(인수, ···)
```

객체의 형을 알아보는 type 함수

type(타입) 함수(실제로는 클래스)는 객체의 형을 나타내는 type 객체를 반환합니다.

객체의 형을 반환한다(type 함수)

```
type(객체)
```

정수 123, 문자열 'python', 리스트 [4, 5, 6]에 대해서 각각 type 함수를 적용해서 반환값을 표시해 보세요.

```
>>> type(123)
<class 'int'>                ⇐ int(정수)
>>> type('python')
<class 'str'>                ⇐ str(문자열)
>>> type([4, 5, 6])
<class 'list'>               ⇐ list(리스트)
```

어떤 객체의 형이 특정 클래스인지 여부를 알아보려면 type 함수가 아닌 다음에 소개하는 isinstance 함수를 추천합니다.

어떤 클래스의 인스턴스인지 여부를 알아보는 isinstance 함수

isinstance(이즈 인스턴스) 함수는 지정한 객체가 지정한 클래스의 인스턴스일 때 True를 반환합니다. 객체가 지정한 클래스의 파생 클래스의 인스턴스일 때에도 True를 반환합니다.

지정한 클래스의 인스턴스인지 여부를 알아본다(isinstance 함수)

```
isinstance(객체, 클래스)
```

isinstance 함수를 사용하여 정수 123이 int, 문자열 'python'이 str, 리스트 [4, 5, 6]이 list의 인스턴스인 것을 확인해 보세요.

```
>>> isinstance(123, int)         ⇐ int 클래스의 인스턴스인가
True
>>> isinstance('python', str)    ⇐ str 클래스의 인스턴스인가
True
>>> isinstance([4, 5, 6], list)  ⇐ list 클래스의 인스턴스인가
True
```

파생 클래스의 객체에 isinstance 함수를 적용해 봅시다. 다음과 같은 프로그램을 작성해 보세요.

① 빈 클래스 A를 정의합니다.

② 클래스 A로부터 빈 클래스 B를 파생시킵니다.

③ 클래스 A로부터 빈 클래스 C를 파생시킵니다.

④ 클래스 C의 객체가 클래스 A의 인스턴스인 것을 확인하세요.

⑤ 클래스 C의 객체가 클래스 B의 인스턴스가 아닌 것을 확인하세요.

⑥ 클래스 C의 객체가 클래스 C의 인스턴스인 것을 확인하세요.

▼ isinstance1.py

```
class A:                        ⇦ 클래스 A(B와 C의 기반 클래스)
    pass

class B(A):                     ⇦ 클래스 B(A의 파생 클래스)
    pass

class C(A):                     ⇦ 클래스 C(A의 파생 클래스)
    pass

print(isinstance(C(), A))    ⇦ 클래스 C의 객체는 클래스 A의 인스턴스인가
print(isinstance(C(), B))    ⇦ 클래스 C의 객체는 클래스 B의 인스턴스인가
print(isinstance(C(), C))    ⇦ 클래스 C의 객체는 클래스 C의 인스턴스인가
```

실행 결과는 다음과 같습니다.

```
>python isinstance1.py
True      ⇦ 클래스 C의 객체는 클래스 A의 인스턴스이다
False     ⇦ 클래스 C의 객체는 클래스 B의 인스턴스가 아니다
True      ⇦ 클래스 C의 객체는 클래스 C의 인스턴스이다
```

어떤 클래스의 파생 클래스인지 여부를 알아보는 issubclass 함수

issubclass(이즈 서브클래스) 함수는 지정한 클래스 A가 클래스 B의 파생 클래스(서브클래스)일 때 True를 반환합니다. 클래스 A와 클래스 B가 동일한 경우에도 True를 반환합니다.

지정한 클래스의 파생 클래스인지 여부를 조사(issubclass 함수)

```
issubclass(클래스 A, 클래스 B)
```

파생 클래스에 대해 issubclass 함수를 적용해 봅시다. 다음과 같은 프로그램을 작성해 보세요.

①빈 클래스 A를 정의합니다.

②클래스 A로부터 빈 클래스 B를 파생시킵니다.

③클래스 A로부터 빈 클래스 C를 파생시킵니다.

④클래스 C가 클래스 A의 파생 클래스인지 확인합니다.

⑤클래스 C가 클래스 B의 파생 클래스가 아닌 것을 확인합니다.

▼ issubclass1.py

```
class A:                      ⇠ 클래스 A(B와 C의 기반 클래스)
    pass

class B(A):                   ⇠ 클래스 B(A의 파생 클래스)
    pass

class C(A):                   ⇠ 클래스 C(A의 파생 클래스)
    pass

print(issubclass(C, A))   ⇠ 클래스 C는 클래스 A의 파생 클래스인가
print(issubclass(C, B))   ⇠ 클래스 C는 클래스 B의 파생 클래스인가
```

실행 결과는 다음과 같습니다.

```
>python issubclass1.py
True      ⇠ 클래스 C는 클래스 A의 파생 클래스이다
False     ⇠ 클래스 C는 클래스 B의 파생 클래스가 아니다
```

프로그램의 실행에 관련된 함수

파이썬 프로그램을 실행하거나 프로그램에 대한 정보를 얻기 위한 함수입니다. 디버거나 도움말과 연계하기 위한 함수도 소개합니다.

식을 평가하는 eval 함수

eval(이벌) 함수는 파이썬 코드가 포함된 문자열을 파이썬 코드로 실행하여 결과값을 반환하는 함 수입니다. eval은 evaluate(평가하다)를 의미합니다. eval 함수를 사용하면 예를 들어 사용자가 입력한 파이썬의 식을 평가하고 결괏값을 구할 수 있습니다.

문자열을 식으로서 평가한다(eval 함수)

```
eval(문자열)
```

사용자의 입력을 input 함수로 가져오고 eval 함수로 평가해 결과를 '=결과'와 같이 표시하는 프로그램을 작성 해 보세요. 이것은 파이썬의 문법에 의거해 식의 값을 구하는 일종의 계산기 프로그램이라고 할 수 있습니다. 여러 식을 입력하고 값을 구해 보세요.

▼eval1.py

```
while True:                      ⇽ 무한 루프
    print('=', eval(input()))   ⇽ 입력한 식을 평가하고 결과를 표시
```

이 프로그램 예에서는 무한 루프(Chapter5)를 이용하여 식을 반복 입력할 수 있도록 합니다. 프로 그램을 종료하려면 `Ctrl` + `C` 키를 누릅니다.

```
>python eval1.py
1+2*3                   ⇽ 정수를 사용한 계산의 예
= 7
list('python')         ⇽ 문자열과 함수 호출의 예
= ['p', 'y', 't', 'h', 'o', 'n']
```

```
[x*x for x in range(10)]          ⬅ 내포 표기의 예
= [0, 1, 4, 9, 16, 25, 36, 49, 64, 81]
```

프로그램을 실행하는 exec 함수

exec(이그젝) 함수는 지정된 문자열을 파이썬의 프로그램으로서 실행합니다. 반환값은 없습니다 (None입니다). exec는 execute(실행하다)를 의미합니다.

프로그램 실행(exec 함수)

```
exec(문자열)
```

뒤에서 설명하는 compile 함수를 사용하면 파이썬의 프로그램을 컴파일하여 **코드 객체**라는 객체를 생성할 수도 있습니다. exec 함수는 코드 객체를 실행할 수도 있습니다.

코드 객체를 실행

```
exec(코드 객체)
```

사용자의 입력을 input 함수로 가져와 exec 함수로 실행하는 프로그램을 작성해 보세요. 이것은 파이썬 의 프로그램을 실행하는 일종의 인터프리터라고도 할 수 있습니다.

▼ exec1.py

```
while True:              ⬅ 무한 루프
    exec(input())       ⬅ 입력한 프로그램을 실행
```

여러 프로그램을 입력하여 동작을 확인합니다. 또한 이 프로그램은 무한 루프를 이용하고 있으므로 종료하려면 **Ctrl**+**C** 키를 누릅니다.

```
>python exec1.py
x = 111               ⬅ 대입
y = 222               ⬅ 대입
print(x, y, x+y)      ⬅ 함수 호출
111 222 333           ⬅ print 함수의 출력
```

프로그램을 컴파일하는 compile 함수

compile(컴파일) 함수는 지정된 문자열이나 파일의 내용을 파이썬의 프로그램으로서 컴파일해 코드 객체라는 객체를 반환합니다. 코드 객체는 앞서 설명한 exec 함수에 건네서 실행할 수 있습니다. compile 함수로 문자열을 컴파일하려면 다음과 같이 작성합니다.

프로그램을 컴파일한다(compile 함수)

```
compile (문자열, '<string>', 'exec')
```

사용자가 입력한 값을 input 함수로 가져오고, compile 함수로 컴파일하고 나서 exec 함수로 실행하는 프로그램을 작성해 보세요.

▼ compile1.py

```
while True:                                        ⇐ 무한 루프
    exec(compile(input(), '<string>', 'exec'))     ⇐ 입력한 프로그램을 컴파일해서 실행
```

다양한 프로그램을 입력하여 동작을 확인해 보세요. 또한 다음의 프로그램은 무한 루프를 이용하고 있으므로 종료하려면 Ctrl + C 키를 누릅니다.

```
>python compile1.py
x = ['burger', 'potato', 'shake']                    ⇐ 대입
y = [110, 150, 120]                                  ⇐ 대입
z = list(zip(x, y))                                  ⇐ 함수 호출과 대입
print(z)                                             ⇐ 함수 호출
[('burger', 110), ('potato', 150), ('shake', 120)]   ⇐ print 함수의 출력
```

변수나 함수의 이름 목록을 출력하는 globals 함수와 locals 함수

파이썬에서는 변수, 함수, 클래스 등의 이름과 그에 해당하는 객체의 정보를 담은 목록을 심볼 테이블이라는 사전(딕셔너리) 형태로 관리합니다. globals(글로벌즈)와 locals(로컬즈) 함수는 각각 현재 전역 심볼 테이블과 지역 심볼 테이블에 있는 모든 변수, 함수, 클래스 등의 이름과 그에 해당하는 객체의 정보를 담고 있는 사전을 반환합니다.

전역 변수 이름의 목록을 반환한다(globals 함수)

```
globals()
```

지역 변수 이름의 목록을 반환한다(locals 함수)

```
locals()
```

다음은 globals 함수와 locals 함수를 사용하여 **전역 변수 이름과 지역 변수 이름의 목록을 출력**하는 프로그램입니다. 프로그램을 실행하여 각 함수가 어떠한 이름의 목록을 출력하는지 확인합니다.

▼ globals_locals1.py

```
def f():                              ⇠ 함수 f의 정의
    x = 123                           ⇠ 지역 변수 x의 값을 123으로 작성
    print('locals:', locals())        ⇠ local 함수 호출


f()                                   ⇠ 함수 f의 호출
y = 456                               ⇠ 전역 변수 y의 작성
print('globals:', globals())          ⇠ globals 함수 호출
```

다음 실행 결과는 보기 좋게 하기 위해서 줄바꿈·생략합니다. 지역 변수 x, 함수 f, 전역 변수 y가 포함되어 있는 것을 알 수 있습니다.

```
>python globals_locals1.py
locals: {'x': 123}                    ⇠ 지역 변수 x의 값 출력
globals: {                            ⇠ 전역 변수의 사전
    '__name__': '__main__',
    '__doc__': None,
    ...
    'f': <function f at 0x···>,       ⇠ 함수 f
    'y': 456}                         ⇠ 전역 변수 y
```

호출 가능한지 여부를 알아보는 callable 함수

callable(콜러블) 함수는 지정한 객체가 호출 가능하면 True를 반환합니다.

호출 가능한지 여부를 알아본다(callable 함수)

```
callable(객체)
```

callable 함수를 정수 123, 문자열 'hello', len 함수, list 클래스에 적용하여 결과를 확인해 보세요. len과 list는 호출 가능함을 알 수 있습니다.

```
>>> callable(123)
False          ⇐ 호출 불가능
>>> callable('hello')
False          ⇐ 호출 불가능
>>> callable(len)
True           ⇐ 호출 가능
>>> callable(list)
True           ⇐ 호출 가능
```

디버거로 이동하는 breakpoint 함수

breakpoint(브레이크포인트) 함수를 호출하면 프로그램 실행을 일시정지하고 디버깅 모드로 전환합니다. 브레이크포인트란 디버깅을 위해서 프로그램의 실행을 일부러 일시 정지하는 부분입니다.

실행을 일시 정지하고 디버거로 이동한다(breakpoint 함수)

```
breakpoint()
```

다음은 breakpoint 함수를 사용한 프로그램의 예입니다. **breakpoint 함수의 부분에서 pdb(파이썬 디버거)로 제어가 이동**합니다.

▼ breakpoint1.py

```
x = 123
breakpoint()        ⇐ 브레이크포인트
y = 456
z = 789
breakpoint()        ⇐ 브레이크포인트
print(x, y, z)
```

프로그램을 실행해서 실행 결과와 같이 조작합니다.

```
>python breakpoint1.py
> ····.py(3)<module>()    ⇐ 프로그램의 3번째 행에서 일시 정지 중
-> y = 456               ⇐ 현재의 행
(Pdb) l                  ⇐ l을 입력해서 현재 프로그램의 상태를 표시
  1     x = 123
  2     breakpoint()
  3  -> y = 456
```

```
    4      z = 789
    5      breakpoint()
    6      print(x, y, z)
[EOF]
(Pdb) p x                        ⇐ p x를 입력해서 x 변수의 값을 표시
123
(Pdb) c                          ⇐ c를 입력해서 다음 브레이크포인트까지 실행
> ···.py(6)<module>()            ⇐ 프로그램의 6번째 행에서 일시 정지 중
-> print(x, y, z)               ⇐ 현재 실행되고 있는 행
(Pdb) p y                        ⇐ p y를 입력해서 y 변수의 값을 표시
456
(Pdb) p z                        ⇐ p z를 입력해서 z 변수의 값을 표시
789
(Pdb) c                          ⇐ c를 입력해서 다음 브레이크 포인트까지 실행
123 456 789
```

pdb의 자세한 사용법에 대해서는 다음 사이트를 확인해 보세요.

pdb --- 파이썬 디버거

URL https://docs.python.org/ko/3/library/pdb.html

도움말을 표시하는 help 함수

help(헬프) 함수를 호출하면 지정한 객체(함수나 클래스 등)의 설명을 표시합니다.

도움말 표시(help 함수)

```
help(객체)
```

예를 들어 내장 함수의 abs에 대해 help 함수를 사용하여 설명을 표시해 보세요.

```
>>> help(abs)
Help on built-in function abs in module builtins:
```
⇐ builtins 모듈의 내장 함수인 abs에 대해서의 도움말:

```
abs(x, /)
    Return the absolute value of the argument.
```
⇐ 인수의 절댓값을 반환한다.

자신이 정의한 함수에도 **도큐멘테이션 문자열(설명)**을 추가할 수 있습니다. 설명을 작성하려면 함수 내부의 첫 행에 설명의 문자열 리터럴을 배치합니다. 표준 코딩 스타일인 PEP8에서는 도큐멘테이션 문자열은 큰따옴표를 삼중 따옴표 문자열로 감싸기를 권장합니다. 삼중 따옴표 문자열은 설명이 짧으면 1행도 되고 설명이 길면 여러 행에 걸쳐도 됩니다.

함수의 설명

```
def 함수명(인수, ···):
    """설명"""
    ···
```

도큐멘테이션 문자열을 적어 봅시다. 아무 함수나 정의하고 도큐멘테이션 문자열을 기술하세요. 다음에 정의한 함수에 대해서 help 함수를 적용하여 설명이 표시되는지 확인하세요.

다음 프로그램에서는 <u>인수가 소수라면 True를 반환하는 prime 함수를 정의</u>합니다. 소수 판정에는 제너레이터식(Chapter8)과 all 함수를 사용합니다. 또한 실행 결과에는 한국어 번역을 덧붙였습니다.

▼ help1.py

```
def prime(n):                                    ↤ 함수의 정의
    """인수가 소수라면 True를 반환한다."""            ↤ 설명을 작성
    return n > 1 and all((n%i for i in range(2, n)))


help(prime)                                      ↤ 설명을 표시
```

실행 결과는 다음과 같습니다.

```
>python help1.py
Help on function prime in module __main__:
            └── __main__ 모듈의 함수인 prime에 대해서의 도움말


prime(n)
    인수가 소수라면 True를 반환한다.
```

Chapter 10

라이브러리를 사용하기 위한 기초 지식

라이브러리는 프로그래밍에서 자주 사용하는 처리를 재이용하기 쉬운 형태로 합친 것입니다. 파이썬에는 사용하기 쉬운 라이브러리가 풍부하게 갖추어져 있습니다. 라이브러리를 잘 활용하면 목적의 프로그램을 빠르게 개발하거나 만들 수 있는 프로그램의 폭을 넓힐 수 있습니다.

여기에서는 파이썬에서 라이브러리를 사용하기 위한 기본적인 지식을 학습합니다. 모듈과 패키지의 관계, 프로그램에 라이브러리를 임포트하는 방법, 필요한 라이브러리를 설치하는 방법에 대해서 배웁니다.

이 장의 학습 내용

① 라이브러리의 임포트

② 라이브러리의 사용 예

③ 라이브러리의 설치

프로그램에 라이브러리를 임포트한다

파이썬의 라이브러리는 모듈과 패키지로 구성되어 있습니다. 프로그램에서 라이브러리를 이용하려면 모듈이나 패키지를 프로그램에 삽입하기 위한 **임포트**라는 처리가 필요합니다.

모듈과 패키지의 관계

일반적으로 프로그래밍에서 모듈이란 프로그램을 구성하는 부품을 말합니다. 파이썬에서는 프로그램의 파일(.py 파일)이 모듈이 됩니다. 자신이 작성한 .py 파일도 모듈로 이용할 수 있습니다. 예를 들어 'tool.py'를 작성했다면 tool 모듈로 이용할 수 있습니다.

한편 패키지라는 말은 '모음'을 의미하는데 파이썬의 패키지도 모듈을 모은 것입니다. 많은 라이브러리는 여러 개의 모듈을 모은 패키지로 되어 있습니다. 패키지는 계층 구조로 되어 있어 대규모 라이브러리에서는 패키지 내부가 서브 패키지에 따라 세분화되어 있는 경우도 있습니다.

모듈명에는 다음과 같은 작성법이 있습니다. 모듈이 패키지에 포함되어 있는 경우에는 맨 앞에 패키지명과 도트(.)를 붙입니다. 서브 패키지가 있는 경우에는 패키지명, 서브 패키지명, 모듈명을 도트로 구분해 적습니다. 서브 패키지명은 도트로 구분해 여러 개라도 나열할 수 있습니다.

모듈명의 작성법(패키지 없음)

```
모듈명
```

모듈명의 작성법(패키지 있음)

```
패키지명.모듈명
```

모듈명의 작성법(패키지 있음)

```
패키지명.서브패키지명.....모듈명
```

라이브러리를 삽입하는 import 문

파이썬 처리계에 내장되어 있지 않은 기능을 사용하려면 import(임포트) 문을 사용하여 프로그램에 라이브러리를 삽입해야 합니다. import 문에는 여러 가지 기법이 있는데 가장 간단한 것은 다음의 작성법입니다. 모듈명의 부분에는 앞서 설명한 것처럼 패키지명이나 서브 패키지명을 수반하는 모듈을 지정할 수도 있습니다. 또한 표준 코딩 스타일인 PEP8에서는 권장하지 않지만 콤마(,)로 구분하여 여러 모듈명을 나열할 수도 있습니다.

모듈의 임포트(import 문)

```
import 모듈명
```

여기에서는 표준 라이브러리의 random(랜덤) 모듈을 소재로 import 문을 사용해 봅시다. random 모듈은 의사 난수에 관한 모듈입니다. 의사 난수는 계산에 의해 작성되는 의사적으로 랜덤한 수입니다. 컴퓨터에서 난수라고 하면 대부분의 경우가 의사 난수를 말합니다.

파이썬 인터프리터의 대화 모드를 사용하여 random 모듈을 임포트해 보세요. 오류 등이 아무것도 표시되지 않으면 성공입니다.

```
>>> import random
>>>                          ⇐ 아무것도 표시되지 않고 프롬프트로 돌아가면 성공
```

임포트한 모듈 내의 기능을 사용하려면 다음과 같이 작성합니다. 변수명, 함수명, 클래스명 등의 앞에 모듈명과 도트(.)를 붙여서 사용합니다.

모듈의 변수를 사용한다

```
모듈명.변수명
```

모듈의 함수를 사용한다

```
모듈명.함수명(인수, …)
```

모듈의 클래스를 사용한다

```
모듈명.클래스명(인수, …)
```

random 모듈의 randint 함수를 사용하여 주사위와 같이 **1부터 6까지의 랜덤한 수를 생성**해 보세요. 다음과 같이 randint 함수를 호출하면 정수 A 이상 정수 B 이하의 랜덤 정수를 반환합니다. 몇 번 호출해서 난수가 생성되는 것을 확인하세요.

랜덤한 수의 생성(randint 함수)

```
randint(정수 A, 정수 B)
```

다음의 프로그램을 실행하려면 앞서 설명한 것과 같이 random 모듈을 임포트해 두어야 합니다. 대화 모드에서는 한 번 모듈을 임포트하면 파이썬 인터프리터를 종료할 때까지 계속해서 그 모듈을 사용할 수 있습니다.

```
>>> import random
>>> random.randint(1, 6)        ⇐ 1부터 6까지의 난수를 생성
2
>>> random.randint(1, 6)        ⇐ 1부터 6까지의 난수를 생성
5
```

모듈명이 긴 경우에는 다음과 같은 import 문을 적으면 임의의 별명을 붙일 수 있습니다.

모듈에 임의의 별명을 붙인다

```
import 모듈명 as 별명
```

위의 방법으로 random 모듈을 임포트하고 r이라는 별명을 붙여 보세요. 그리고 randint 함수를 호출하여 1 이상 6 이하의 난수를 생성하세요.

```
>>> import random as r          ⇐ 임포트하고 별명을 붙인다
>>> r.randint(1, 6)             ⇐ 난수를 생성
6
```

모듈명 없이 기능을 사용할 수 있도록 하는 from 절

다음과 같이 from 절을 붙인 import 문을 사용하면 모듈 내의 지정한 기능을 모듈명 없이 사용할 수 있게 됩니다.

기능을 모듈명 없이 사용할 수 있게 한다

```
from 모듈명 import 기능명, …
```

다음과 같이 애스터리스크(*)를 사용하면 모듈 내의 모든 기능을 모듈명 없이 사용할 수 있게 됩니다. 모듈 내의 일부 기능만을 사용하는 경우는 위의 방법, 전체 기능 또는 대부분의 기능을 사용하는 경우에는 다음의 방법을 사용하는 게 좋습니다.

모든 기능을 모듈명 없이 사용할 수 있게 한다

```
from 모듈명 import *
```

from절을 사용하여 random 모듈 내의 randint 함수를 <u>임포트</u>하고, <u>1 이상 6 이하의 난수를 생성</u>해 보세요.

```
>>> from random import randint      ⇐ randint 함수를 임포트
>>> randint(1, 6)                   ⇐ 난수를 생성
3
```

또한 다음과 같이 작성하면 임포트한 기능에 별명을 붙일 수 있습니다.

임포트한 기능에 별명을 붙인다

```
from 모듈명 import 기능명 as 별명
```

위의 방법으로 <u>random 모듈 내의 randint 함수를 임포트하고 ri라는 별명</u>을 붙이세요. 그리고 <u>별명을 사용해서 randint 함수를 호출하여, 1 이상 6 이하의 난수를 생성</u>해 보세요.

```
>>> from random import randint as ri      ⇐ randint 함수에 별명을 붙인다
>>> ri(1, 6)                              ⇐ 난수를 생성
6
```

모듈이 패키지명을 수반하는 경우에는 from 절이 붙은 import 문을 사용하여 패키지명만 생략하거나 패키지명과 모듈명 모두를 생략할 수 있습니다.

패지키명을 생략하고 모듈을 사용할 수 있도록 한다

```
from 패키지명 import 모듈명
```

패키지명과 모듈명을 생략하고 기능을 사용할 수 있도록 한다

```
from 패키지명.모듈명 import 기능명
```

표준 라이브러리의 urlib.parse 모듈 내에 있는 urlparse 함수를 위의 두 가지 방법을 호출해 보세요. 이 함수는 <u>URL을 해석하여 각종 요소를 추출</u>합니다. 인수는 'https://www.python.org/'(Python 공식 페이지의 URL)로 합시다. 먼저 **패키지명(urlib)만을 생략**해 보겠습니다.

```
>>> from urllib import parse
>>> print(parse.urlparse('https://www.python.org/'))
ParseResult(scheme='https', netloc='www.python.org', path='/', ···)
```

다음은 **패키지명(urlib)과 모듈명(parse)을 모두 생략**해 보세요. 실행 결과는 위와 같습니다.

```
>>> from urllib.parse import urlparse
>>> print(urlparse('https://www.python.org/'))
ParseResult(scheme='https', netloc='www.python.org', path='/', ···)
```

간단한 라이브러리를 사용해 본다

라이브러리를 임포트하는 방법을 알았으니 몇 가지 표준 라이브러리를 실제로 사용해 봅시다. 앞서 소개한 의사 난수를 생성하는 random 모듈과 시각을 가져오는 time 모듈을 사용합니다.

의사 난수를 생성하는 random 모듈

의사 난수를 생성하는 random(랜덤) 모듈 중에서 편리한 기능을 몇 가지 소개합니다. 기능의 목록은 공식 문서에 기재되어 있습니다.

ramdom-의사 난수를 생성한다

URL https://docs.python.org/ko/3/library/random.html

가장 기본적인 기능은 random 함수입니다. random 함수는 0.0 이상 1.0 미만의 랜덤인 실수를 반환합니다.

랜덤한 실수를 반환한다(random 함수)

```
random()
```

random 모듈을 임포트하고 나서 random 함수를 몇 번 호출해 보세요.

```
>>> import random          ⇐ random 모듈을 임포트
>>> random.random()        ⇐ random 함수를 호출
0.0961762855261511
>>> random.random()        ⇐ random 함수를 호출
0.22843031401774572
```

choice(초이스) 함수는 시퀀스(문자열, 리스트, 튜플 등)에서 랜덤하게 요소를 선택하여 반환합니다.

시퀀스에서 랜덤하게 요소를 선택한다(choice 함수)

```
choice(시퀀스)
```

'vanilla', 'chocolate', 'strawberry'를 저장한 리스트를 작성하고 변수 flavor에 대입하세요. <u>flavor 변수에 choice 함수를 적용하여 랜덤하게 요소를 선택</u>해 보세요.

```
>>> flavor = ['vanilla', 'chocolate', 'strawberry']    ⟵ 리스트를 작성
>>> random.choice(flavor)                              ⟵ 랜덤하게 요소를 선택
'strawberry'
>>> random.choice(flavor)                              ⟵ 랜덤하게 요소를 선택
'chocolate'
```

shuffle(셔플) 함수는 뮤터블한 시퀀스(리스트 등)에 대해서 요소의 순서를 랜덤으로 뒤섞습니다.

시퀀스 요소의 순서를 랜덤으로 변경한다(shuffle 함수)

```
shuffle(시퀀스)
```

조금 전 작성한 변수 flavor 리스트에 <u>shuffle 함수를 적용하여 요소의 순서를 랜덤으로 뒤섞어</u> 보세요.

```
>>> random.shuffle(flavor)          ⟵ 요소의 순서를 뒤섞는다
>>> flavor                          ⟵ 리스트의 내용을 표시
['strawberry', 'vanilla', 'chocolate']
>>> random.shuffle(flavor)          ⟵ 요소의 순서를 뒤섞는다
>>> flavor                          ⟵ 리스트의 내용을 표시
['chocolate', 'strawberry', 'vanilla']
```

시각을 구하는 time 모듈

시각을 구하거나 변환하는 time(타임) 모듈 중에서 편리한 기능을 몇 가지 소개합니다. 기능의 목록은 공식 문서에 기재되어 있습니다.

time - 시각 데이터로 접근하고 변환하기
URL https://docs.python.org/ko/3/library/time.html

time 함수는 현재 시각(에포크로부터의 경과 초 수)을 실수로 반환합니다. 여기서 에포크(epoch)란 기원을 뜻하는데, 많은 시스템에서 컴퓨터 시각의 에포크를 1970년 1월 1일 0시 0분 0초로 정합니다. 이 에포크를 UNIX 에포크라고 하며 UNIX 에포크로부터의 경과 시간을 UNIX 시간이라고 합니다.

현재 시각을 가져오기(time 함수)

```
time()
```

time 모듈을 임포트하고 나서 time 함수를 호출하고 현재 시각을 표시합니다.

```
>>> import time          ⇦ time 모듈을 임포트
>>> time.time()          ⇦ 현재 시각(에포크로부터의 경과 초 수)을 가져옴
1596891228.3259194
```

gmtime 함수를 사용하면 UTC(Coordinated Universal Time, 협정 세계시)에서 현재 시각(연, 월, 일, 시, 분, 초 등)을 가져올 수 있습니다. 한편 localtime 함수는 사용하고 있는 환경의 지역 설정에 의거한 현재 시각을 반환합니다.

협정 세계시의 현재 시각을 가져오기(gmtime 함수)

```
gmtime()
```

사용하고 있는 환경의 현재 시각을 가져오기(localtime 함수)

```
localtime()
```

gmtime 함수와 localtime 함수를 사용하여 **현재 시각을 표시**해 보세요(미리 time 모듈을 임포트해 두세요). 다음의 실행 결과는 보기 쉽게 하기 위해서 결과를 줄바꿈하고 있습니다.

```
>>> time.gmtime()          ⇦ 협정 세계시
time.struct_time(tm_year=2020, tm_mon=8, tm_mday=8, tm_hour=13, tm_min=2,
               tm_sec=43, tm_wday=5, tm_yday=221, tm_isdst=0)
>>> time.localtime()       ⇦ 사용 환경의 시각
time.struct_time(tm_year=2020, tm_mon=8, tm_mday=8, tm_hour=22, tm_min=2,
               tm_sec=43, tm_wday=5, tm_yday=221, tm_isdst=0)
```

sleep(슬립) 함수는 프로그램(엄밀하게는 sleep 함수를 호출한 스레드)의 실행을 지정된 초 수(실수) 동안만 정지합니다. 프로그램에 시간 대기를 시키고 싶을 때에 사용합니다. 여기서 스레드(thread)란 하나의 프로세스에서 실행되는 실행 흐름을 나타내며, 동시에 여러 작업을 처리하는 역할을 합니다. 프로그램에서 시간 대기를 하고자 할 때 스레드를 일시적으로 멈춰서 다른 작업을 수행할 수 있도록 합니다.

지정한 초 수만큼 실행을 정지한다(sleep 함수)

```
sleep(초 수)
```

sleep 함수를 사용하여 **3초간의 시간 대기**를 해 보세요(미리 time 모듈을 임포트해 두세요).

```
>>> time.sleep(3)      ⇽ 시간 대기의 시작
>>>                    ⇽ 프롬프트가 표시될 때까지 약 3초가 걸린다
```

처음에 소개한 time 함수를 사용하면 **경과 시간을 측정**할 수 있습니다. 경과 시간을 구하는 프로그램을 다음과 같이 작성해 보세요.

① time 함수를 호출하고 반환값을 변수 x에 대입합니다.

② sleep 함수를 사용하여 3초간 대기합니다.

③ 다시 time 함수를 호출하고 반환값에서 변수 x의 값을 빼서 ①의 경과 시간을 구해서 표시합니다.

```
>>> x = time.time()      ⇽ 현재 시각을 기록
>>> time.sleep(3)        ⇽ 시간 대기
>>> time.time()-x        ⇽ 현재 시각과 기록한 시각의 차를 구한다
3.0151023864746094       ⇽ 경과 초는 약 3초
```

실행 시간이 짧은 프로그램의 속도를 비교하고 싶을 때에는 time 모듈로 위와 같이 실행 시간을 측정하기보다는 timeit 모듈(Chapter4)을 사용하기를 추천합니다.

Section 03

원하는 라이브러리를 설치하려면

표준 이외의 라이브러리를 사용하려면 그 라이브러리를 설치해야 합니다. 여기에서는 라이브러리를 설치하는 방법을 배웁니다. C파이썬과 아나콘다, 미니콘다는 설치에 사용하는 명령어가 다릅니다. 또한 아나콘다의 경우에는 자주 이용하는 라이브러리가 사전에 많이 설치되어 있습니다.

C파이썬에서 사용할 수 있는 pip 명령어

C파이썬의 경우 명령 프롬프트 상에서 pip 명령어(맥/리눅스에서는 터미널상에서 pip3 명령어)를 이용해서 라이브러리를 관리합니다. 라이브러리를 설치하려면 다음 명령어를 실행합니다.

라이브러리의 설치

```
pip install 라이브러리명
```

예를 들면 NumPy(넘파이)라는 라이브러리를 설치해 봅시다. NumPy는 숫자 계산에서 자주 사용되는 라이브러리입니다. 명령 프롬프트에서 pip install numpy를 실행하세요. 마지막으로 'Successfully installed numpy…'(numpy 설치에 성공했습니다)라고 표시되면 성공입니다. NumPy의 버전은 다음과 다를 수 있습니다.

```
>pip install numpy
Collecting numpy
...
Installing collected packages: numpy
Successfully installed numpy-1.23.1
```

만약 이미 NumPy가 설치되어 있는 경우에는 'Requirement already satisfied: numpy…'(요건은 이미 충족되고 있습니다: numpy…)로 표시됩니다. 이 경우는 설치된 NumPy를 그대로 사용해도 됩니다.

설치한 라이브러리의 정보(패키지 등)를 확인하려면 다음 명령어를 실행합니다.

라이브러리의 정보를 확인

```
pip show 라이브러리명
```

NumPy의 정보를 확인해 봅시다. 명령 프롬프트에서 `pip show numpy`를 실행하세요.

```
>pip show numpy
Name: numpy        ⇐ 이름
Version: 1.23.1    ⇐ 버전
```

설치되어 있는 라이브러리의 목록을 확인하려면 다음의 명령어를 사용합니다.

라이브러리의 목록을 표시

```
pip list
```

라이브러리를 삭제하려면 다음 명령어를 사용합니다. 다음의 '-y'는 삭제 중에 물어보는 확인을 생략하기 위한 옵션입니다.

라이브러리의 삭제

```
pip uninstall -y 라이브러리명
```

설치가 끝난 라이브러리를 업그레이드하려면 다음 명령어를 사용합니다. --upgrade 대신에 -U라고 입력해도 됩니다.

라이브러리의 업그레이드

```
pip install --upgrade 라이브러리명
```

pip 명령어 자체를 업그레이드하려면 다음과 같이 입력합니다. 맥/리눅스의 경우는 'python' 대신에 'python3'이라고 입력합니다.

pip 명령어의 업그레이드

```
python -m pip install --upgrade pip
```

아나콘다나 미니콘다에서 사용할 수 있는 conda 명령어

아나콘다, 미니콘다의 경우, 아나콘다 프롬프트(맥/리눅스에서는 터미널) 상에서 conda 명령어를 이용해서 라이브러리를 관리합니다. 라이브러리를 설치하려면 다음 명령어를 실행합니다. 다음의 '-y'는 확인을 생략하기 위한 옵션입니다.

라이브러리의 설치

```
conda install -y 라이브러리명
```

예를 들어 NumPy를 설치합시다. 아나콘다 프롬프트에서 conda install -y numpy를 실행합니다. 다음의 실행 결과와 같이 표시되면 성공입니다(NumPy 버전은 다음과 다를 수 있습니다).

```
>conda install -y numpy
Collecting package metadata (current_repodata.json): done
Solving environment: done
...
Downloading and Extracting Packages
numpy-1.23.1 ¦ 22 KB ¦ ...
numpy-base-1.23.1 ¦ 3.8 MB ¦ ...
Preparing transaction: done
Verifying transaction: done
Executing transaction: done
```

만약 이미 NumPy가 설치된 경우에는 '#All requested packages already installed.'(요청된 모든 패키지는 설치 완료되었습니다)라고 표시됩니다. 이 경우는 설치된 NumPy를 그대로 사용해도 됩니다. 아나콘다의 경우 이미 NumPy의 설치가 끝난 상태일 것입니다.

설치되어 있는 라이브러리의 목록은 다음 명령어로 확인합니다.

라이브러리의 목록을 표시

```
conda list
```

NumPy 버전을 확인해 봅시다. 아나콘다 프롬프트에서 conda list를 실행하여 numpy의 행을 찾으세요.

```
>conda list
...
numpy                  1.21.5           py39h7a0a035_1
numpy-base             1.21.5           py39hca35cd5_1
...
```

라이브러리를 업데이트하려면 다음 명령어를 사용합니다.

지정한 라이브러리를 업데이트
```
conda update -y 라이브러리명
```

모든 라이브러리를 업데이트
```
conda update -y --all
```

라이브러리를 삭제하려면 다음 명령어를 사용합니다. uninstall 대신에 remove라고 입력해도 됩니다.

라이브러리의 삭제
```
conda uninstall -y 라이브러리명
```

Chapter 11

텍스트와 이미지 파일
읽고 쓰기

파일의 입출력은 실용적인 프로그램에서 매우 많이 사용하는 처리입니다. 여기에서는 기본이 되는 텍스트 파일부터 시작해서 데이터나 설정 등의 저장에 많이 이용하는 CSV 파일이나 JSON 파일, 그리고 텍스트가 아닌 파일의 대표적인 예로서 이미지 파일에 대해서 입출력의 방법을 배웁니다. 또한 파일에 관련하는 여러 가지 조작 방법도 소개합니다.

이 장의 학습 내용

① 텍스트 파일의 읽고 쓰기

② 이미지 파일의 읽고 쓰기

③ 파일에 관한 조작

텍스트 파일 읽고 쓰기

파일 입출력의 기본은 텍스트 파일을 읽고 쓰는 작업입니다. 여기에서는 with 문이라는 새로운 구문이 등장합니다.

텍스트 파일의 출력

먼저 텍스트 파일을 써넣어 봅시다. 텍스트 파일을 출력하려면 with(위드) 문과 open(오픈) 함수를 사용해서 다음과 같은 프로그램을 적습니다.

텍스트 파일의 읽고 쓰기(with 문, open 함수)

```
with open (파일명, 'w', encoding=문자 인코딩) as 변수 :
    문···
```

with 문은 콜론(:) 뒤에서 줄바꿈하고 다음 행부터는 들여쓰기 해서 적습니다. 들여쓰기 하고 있는 한 with 문의 처리로 취급됩니다. 또한 콜론 후에 줄바꿈하지 않고 계속해서 구문을 적을 수도 있지만 표준 코딩 스타일(PEP8)에서는 권장하지 않습니다.

위의 with 문에서는 처음으로 open 함수를 실행합니다. open 함수는 파일을 여는 내장 함수로 반환값은 파일 객체(파일을 나타내는 객체)입니다. 위의 경우는 파일 객체가 as(애즈) 뒤에 적힌 변수에 대입됩니다. with 문은 안쪽 구문을 실행이 끝나면 열린 파일을 자동으로 닫아줍니다.

▼ with 문과 open 함수로 파일을 연다

```
with open(파일명, 'w', encoding=문자 인코딩) as 변수:   ●── open 함수로 지정한 파일 열기
    구문...          ●── 파일을 조작하는 처리
                     ●── 처리가 종료하면 파일을 닫는다
```

with 문을 사용하지 않고 open 함수만을 사용해서 파일을 출력할 수도 있는데, 그 경우는 파일 객체의 close 메서드를 호출하여 수동으로 파일을 닫아야 합니다. 파일을 닫는 처리는 잊어버리기 쉬우므로 with 문을 사용하는 것을 추천합니다.

open 함수의 2번째 인수의 'w'는 write(라이트, 써넣기)를 나타냅니다. 그 외에는 'r'(read, 읽어 들이기), 'a'(append, 추가 써넣기) 등이 있습니다. 2번째 인수를 생략하면 'r'(읽어 들이기)이 됩니다.

키워드 인수의 encoding(인코딩)은 파일을 읽고 쓰는 문자 인코딩을 나타냅니다. 많은 문자 인코딩이 지원되고 있는데 다음에 자주 사용할 것 같은 예를 나타냅니다. 또한 각각의 문자 인코딩에는 별명이 있으며 예를 들어 'utf-8' 대신에 'utf_8'이나 'utf8'이라고 적을 수도 있습니다.

▼문자 인코딩 예

이름	의미
utf-8	UTF-8
euc-kr	EUC-KR(한글)
iso-2022-kr	한국어

파일 객체의 write 메서드를 사용하면 파일에 텍스트를 써넣을 수 있습니다. write 메서드는 끝에서 줄바꿈하지 않으므로 줄바꿈하고 싶은 경우에는 이스케이프 시퀀스의 \n을 사용합니다.

파일에 텍스트를 써넣는다(write 메서드)

```
파일 객체.write(문자열)
```

텍스트 파일 message.txt에 Hello, Python, Programming이라는 3행의 텍스트를 출력하는 프로그램을 작성해 보세요. 파일 객체를 대입하는 변수명은 적당히 정해도 됩니다. 다음의 프로그램 예에서는 file(파일)로 합니다.

또한 open 함수의 2번째 인수를 'w'(써넣기)로 하면 지정한 파일이 없는 경우에는 신규로 작성되어 파일이 있는 경우에는 덮어쓰기가 됩니다. 또한 open 함수의 파일명에는 디렉터리명 등을 포함하는 경로를 지정할 수도 있습니다.

▼ text1.py

```
with open('message.txt', 'w', encoding='utf-8') as file:    ⇠ 파일을 연다
    file.write('Hello\n')                                   ⇠ 텍스트를 출력
    file.write('Python\n')
    file.write('Programming\n')
```

프로그램을 실행했으면 message.txt를 텍스트 편집기에서 엽니다. 다음과 같은 내용이 써넣어져 있으면 성공입니다.

▼실행 후의 message.txt

텍스트 파일의 입력

이번은 텍스트 파일을 읽어 들여봅시다. with 문과 open 함수를 사용해서 다음과 같이 작성합니다. 출력과의 차이는 2번째 인수를 생략하는 것입니다. 2번째 인수에 'r'을 지정해도 됩니다.

텍스트 파일의 읽어 들이기(with 문, open 함수)

```
with open(파일명, encoding=문자 인코딩) as 변수:
    구문···
```

파일 객체의 read 메서드를 사용하면 파일 텍스트를 전부 읽어 들여 1개의 문자열로 할 수 있습니다. 텍스트를 통째로 읽어 들이고 싶을 때에 편리합니다.

파일의 텍스트를 문자열로 한다(read 메서드)

```
파일 객체.read()
```

read 메서드를 사용하여 조금 전 작성한 message.txt를 읽어 들여 내용을 표시하는 프로그램을 적어 보세요. read 메서드의 반환값을 그대로 print 함수로 표시하는 것이 간단합니다.

▼text2.py

```
with open('message.txt', encoding='utf-8') as file:   ↤ 파일을 연다
    print(file.read())                                 ↤ 텍스트 입력과 표시
```

실행 결과는 다음과 같습니다.

```
>python text2.py
Hello
Python
Programming
```

텍스트 파일을 1행씩 읽어 들이고 싶을 때에는 for 문과 파일 객체를 조합하는 것이 좋습니다. 파일 객체는 읽어 들인 파일의 내용을 1행씩 반환하는 이터러블로서 기능합니다. 다음의 for 문에서는 지정한 변수에 대해서 읽어 들인 파일의 1행이 대입됩니다.

텍스트 파일을 1행씩 읽어 들인다

```
for 변수 in 파일 객체:
    구문···
```

위와 같은 for 문을 사용하여 앞서 설명한 message.txt를 1행씩 읽어서 표시해 보세요. enumerate 함수(Chapter5)와 조합하여 1부터 시작하는 행 번호도 표시하세요. 또한 읽어 들인 텍스트의 행 끝에 줄바꿈이 포함되어 있으므로 print 함수로 표시할 때에는 키워드 인수의 end에 ''(빈 문자열)을 지정해서 줄바꿈 출력을 억제하는 것이 좋습니다.

▼ text3.py

```
with open('message.txt', encoding='utf-8') as file:    ⇐ 파일을 연다
    for count, text in enumerate(file, 1):             ⇐ 1행을 입력
        print(count, text, end='')                     ⇐ 행 번호와 내용을 표시
```

실행 결과는 다음과 같습니다.

```
>python text3.py
1 Hello
2 Python
3 Programming
```

많이 사용하는 형식의 파일을 읽고 쓴다

CSV나 JSON은 데이터나 설정 등을 저장할 때에 많이 사용되는 파일 형식입니다. 이것들은 텍스트 파일의 일종이므로 텍스트 파일로서도 입출력할 수 있지만 전용 라이브러리를 사용하면 더욱 간단하게 취급할 수 있습니다. CSV나 JSON을 입출력하기 위한 라이브러리는 표준 라이브러리에 포함되어 있습니다.

또한 여기에서는 이미지 파일의 입출력에 대해서도 배웁니다. 이미지의 읽고 쓰기에는 비표준 라이브러리를 사용합니다.

CSV 파일의 출력

CSV(Comma-Separated Values) 파일은 여러 값을 콤마(,)로 구분한 텍스트 파일입니다. 간단한 형식의 파일이므로 텍스트 편집기에서 열람이나 편집을 할 수 있고, 엑셀 같은 소프트웨어에서도 CSV 파일을 열고 작성할 수 있습니다. CSV 파일은 각종 데이터를 저장하는 데 쓰이는데, 머신 러닝(Chapter13) 데이터에도 많이 이용됩니다.

표준 라이브러리의 csv 모듈을 사용하면 CSV 파일의 입출력을 할 수 있습니다. 다른 방법으로는 비표준 라이브러리인 Pandas(Chapter13)를 사용하는 방법도 있습니다.

csv 모듈의 문서
URL https://docs.python.org/ko/3/library/csv.html

먼저 CSV 파일을 출력해 봅시다. 처음에 import 문을 사용해서 csv 모듈을 임포트합니다.

csv 모듈의 임포트

```
import csv
```

CSV 파일을 출력하려면 다음과 같은 프로그램을 작성합니다.

또한 as의 뒤에는 파일 객체를 대입하는 변수를 적는데 여기에서는 **파일**이라고 표기했습니다.

CSV 파일의 출력(writerows 메서드)

```
with open(파일명, 'w', encoding=문자 인코딩, newline='') as 파일:
    csv.writer(파일).writerows(이터러블)
```

open 함수의 키워드 인수 newline에 ''(빈 문자열)을 지정한 것은 줄바꿈의 출력을 억제하는 효과가 있습니다. csv 모듈을 사용하는 경우 이 newline을 지정하지 않으면 줄바꿈이 여분으로 출력되어 각 행의 사이에 빈 행이 들어가 버리므로 위와 같이 작성합니다.

CSV 파일에 여러 행을 합쳐서 써넣으려면 csv 모듈의 writer(라이터) 객체를 작성한 후에 writerows 메서드를 호출합니다. writerows 메서드의 인수는 이터러블입니다. 이터러블의 각 요소를 CSV 파일의 각 행으로서 출력합니다.

또한 CSV 파일에 1 행을 써넣는 writerow(라이트 로우) 메서드도 있습니다. writerow 메서드의 인수도 이터러블입니다.

CSV 파일에 1행을 써넣는다(writerow 메서드)

```
csv.writer(파일).writerow(이터러블)
```

writerow 메서드를 반복적으로 호출하는 경우에는 다음과 같이 writer 객체를 변수에 대입해 두고 재이용하는 게 좋습니다.

write 객체를 변수에 대입해서 사용한다

```
변수 = csv.writer(파일)
변수.writerow(이터러블)
```

CSV 파일을 써넣어 봅시다. 여러 행을 출력하는 writerows 메서드를 사용합니다. 다음과 같은 **상품의 이름과 가격을 튜플로 합쳐서 리스트에 저장한 후에 변수 catalog에 대입**하세요.

'hat'과 2000의 튜플

'shirt'와 1000의 튜플

'socks'와 500의 튜플

위의 방법을 사용해서 <u>이 리스트를 catalog.csv라는 CSV 파일에 출력</u>합니다.

▼ csv1.py

```
import csv
catalog = [('hat', 2000), ('shirt', 1000), ('socks', 500)]      ← 리스트
with open('catalog.csv', 'w', encoding='utf-8',
```

```
          newline='') as file:
    csv.writer(file).writerows(catalog)                    ⇦ 써넣기
```

텍스트 편집기에서 catalog.csv를 열어 보세요. 다음과 같은 내용이 써넣어져 있으면 성공입니다.

▼실행 후의 catalog.txt

CSV 파일의 입력

이번은 CSV 파일을 읽어 들여봅시다. 다음과 같은 프로그램을 사용하면 CSV 파일을 1행씩 읽어
들일 수 있습니다.

CSV 파일의 읽어 들이기

```
with open(파일명, encoding=문자 인코딩) as 파일:
    for 변수 in csv.reader(파일):
        ...
```

위에서는 for 문과 csv 모듈의 reader(리더) 객체를 조합합니다. reader 객체는 이터러블로서 기
능하며 CSV의 각 행에 포함되는 값을 리스트로 반환합니다.

CSV 파일을 읽어 들여 봅시다. 조금 전 작성한 **catalog.csv를 읽어 들여 각 행의 내용을 표시**해 보세요.
또한 다음의 프로그램 예에서 row는 CSV 파일이나 데이터베이스의 행을 나타낼 때에 많이 사용
하는 말입니다. 열은 column(컬럼)이라고 합니다.

▼csv2.py

```
import csv
with open('catalog.csv', encoding='utf-8') as file:
    for row in csv.reader(file):               ⇦ CSV의 각 행을 입력
        print(row)                             ⇦ 각 행을 표시
```

실행 결과는 다음과 같습니다.

```
>python csv2.py
['hat', '2000']
['shirt', '1000']
['socks', '500']
```

모든 데이터를 통합해서 관리하고 싶을 때에는 예를 들어 읽어 들인 각 행의 내용을 리스트로 저장하는 게 좋습니다. 이것은 리스트의 내포 표기(Chapter7)를 사용해서 다음과 같이 작성할 수 있습니다.

CSV 파일의 내용을 리스트로 저장한다

```
[식 for 변수 in csv.reader(파일)]
```

앞서 설명한 catalog.csv를 읽어 들여 튜플의 리스트에 저장해서 표시하는 프로그램을 적어 보세요. 각 행의 리스트를 튜플로 하려면 tuple 함수(Chapter4)를 사용합니다.

▼ csv3.py

```
import csv
with open('catalog.csv', encoding='utf-8') as file:      ← 파일을 연다
    print([tuple(x) for x in csv.reader(file)])           ← 튜플의 리스트를 작성
```

실행 결과는 다음과 같습니다.

```
>python csv3.py
[('hat', '2000'), ('shirt', '1000'), ('socks', '500')]
```

실행 결과를 보면 CSV 파일에 읽어 들인 원본 데이터(상품을 나타내는 튜플의 리스트)가 재현되어 있는 것을 알 수 있습니다. 이로써 CSV 파일에 데이터를 저장하거나 읽어 들이거나 할 수 있게 되었습니다.

JSON 파일의 출력

JSON(제이슨)은 JavaScript Object Notation(자바스크립트의 객체 표기법)의 약어로 원래는 프로그래밍 언어인 자바스크립트에서 유래한 데이터의 형식입니다. 간단한 형식으로 다양한 데이터

를 표현할 수 있으며, 텍스트 편집기에서도 쉽게 읽고 쓸 수 있어서 자바스크립트 이외의 언어에서도 널리 사용되고 있습니다. 파이썬에서는 표준 라이브러리의 json 모듈을 사용하여 JSON 파일의 입출력을 할 수 있습니다.

json 모듈의 문서

URL https://docs.python.org/ko/3/library/json.html

JSON 파일을 출력하려면 json 모듈을 임포트하고 나서 다음과 같은 프로그램을 적습니다. as 뒤에는 파일 객체를 대입하는 변수를 적는데 여기에서는 파일이라고 표기했습니다.

JSON 파일의 출력(dump 함수)

```
with open(파일명, 'w', encoding=문자 인코딩) as 파일:
    json.dump (이터러블, 파일, indent=정수)
```

JSON 파일도 텍스트 파일과 같은 방식으로 열 수 있습니다. json 모듈의 dump(덤프) 함수는 열린 파일에 이터러블의 내용을 써넣습니다. 키워드 인수의 indent(들여쓰기)를 지정하면 JSON 파일에 들여쓰기나 줄바꿈이 들어가기 때문에 사람이 읽기 쉬워집니다. 사람이 읽지 않는(프로그램에서 처리한다) 경우에는 indent는 지정하지 않아도 됩니다.

JSON 파일을 써넣어 봅시다. 다음과 같은 **상품의 이름과 가격을 사전으로 합치고 리스트에 저장한 후에 변수 catalog에 대입**하세요. 사전의 키는 name과 price입니다.

name은 'hat', price는 2000의 사전

name은 'shirt', price는 1000의 사전

name은 'socks', price는 500의 사전

그리고 위의 방법을 사용해서 **이 리스트를 catalog.json이라는 JSON 파일에 출력**하세요. indent에는 4를 지정해 봅시다.

▼json1.py

```
import json
catalog = [{'name': 'hat', 'price': 2000},          ⬅ 상품 카탈로그
           {'name': 'shirt', 'price': 1000},
           {'name': 'socks', 'price': 500}]
with open('catalog.json', 'w', encoding='utf-8') as file:    ⬅ 파일을 연다
    json.dump(catalog, file, indent=4)                       ⬅ JSON의 출력
```

텍스트 편집기에서 catalog.json을 엽니다. 다음과 같은 내용이 써넣어져 있으면 성공입니다.

▼실행 후의 catalog.json

```
catalog.json - Windows 메모장                    —    □    ×
파일(F)  편집(E)  서식(O)  보기(V)  도움말(H)
[
    {
        "name": "hat",
        "price": 2000
    },
    {
        "name": "shirt",
        "price": 1000
    },
    {
        "name": "socks",
        "price": 500
    }
]
                Ln 14, Col 2      100%   Windows (CRLF)    UTF-8
```

JSON 파일에서 대괄호로 둘러싸인 요소는 배열이라고 합니다. JSON의 배열은 파이썬의 리스트에
대응합니다. 또한 중괄호로 둘러싸인 요소는 객체라고 합니다. JSON 객체는 파이썬의 사전에 대응
합니다.

JSON 파일의 입력

이번은 JSON 파일을 읽어 들여 봅시다. 읽어 들이려면 json 모듈의 load(로드) 함수를 사용합니다.
다음과 같은 프로그램을 적으면 JSON 파일의 내용을 읽고 변수에 저장할 수 있습니다. 변수에 저
장하지 않고 다른 방식(print 함수로 표시하는 등)으로 처리해도 됩니다.

JSON 파일의 읽어 들이기(load 함수)

```
with open (파일명, encoding=문자 인코딩) as 파일:
    변수 = json.load (파일)
```

JSON 파일을 읽어 들여 봅시다. 조금 전 작성한 catalog.json을 읽어 들여서 내용을 표시해 보세요. 다
음의 실행 결과는 보기 쉽게 하도록 줄바꿈하고 있습니다.

▼ json2.py

```
import json
with open('catalog.json', encoding='utf-8') as file:    ⬲ 파일을 연다
    print(json.load(file))                               ⬲ JSON의 입력과 표시
```

실행 결과는 다음과 같습니다.

```
>python json2.py
[{'name': 'hat', 'price': 2000}, {'name': 'shirt', 'price': 1000}, {'name':
'socks', 'price': 500}]
```

실행 결과를 보면 JSON 파일에 써넣은 원본 데이터(상품을 나타내는 사전의 리스트)가 재현되어
있는 것을 알 수 있습니다. 이로써 JSON 파일에 데이터를 저장하거나 읽어 들일 수 있게 되었습니
다. JSON 파일은 프로그램 설정을 저장하는 파일로 사용해도 편리합니다.

이미지 파일의 출력(Pillow 라이브러리)

라이브러리를 사용하면 이미지 파일의 읽고 쓰기도 간단하게 할 수 있습니다. 이미지 파일의 입출
력은 이미지를 일괄 처리하는 프로그램을 작성할 때나 머신러닝에서 이미지 인식용의 이미지 파일
을 가공할 때 사용합니다. 이 책에서는 이미지 입출력이나 편집에 많이 이용되는 Pillow(필로우, 베
개)라는 라이브러리를 소개합니다.

Pillow의 문서
URL https://pillow.readthedocs.io/en/stable/

Pillow는 비표준 라이브러리이므로 다음과 같이 설치해야 합니다. 아나콘다에는 처음부터 설치되
어 있습니다. 또한 설치 시의 라이브러리명은 pillow이지만 설치 후 패키지명은 PIL입니다.

Pillow 설치(C파이썬)

```
pip install pillow
```

Pillow 설치(아나콘다, 미니콘다)

```
conda install -y pillow
```

Pillow를 사용하여 간단한 이미지를 작성하고 파일에 저장해 봅시다. 처음으로 PIL.Image 모듈을 임
포트합니다. 다음과 같이 하면 이후는 패키지명 PIL을 생략하고 Image라는 모듈명만 쓰면 됩니다.

PIL.Image 모듈의 임포트

```
from PIL import Image
```

신규로 이미지를 작성하려면 다음과 같은 new(뉴) 함수를 사용합니다. new 함수는 Image(이미지) 클래스의 객체를 반환합니다. 이후는 이 객체를 사용해 이미지를 조작하므로 변수에 대입해 두는 게 좋습니다. 다음에서는 이미지의 객체를 대입한 변수를 '이미지'라고 표기합니다.

이미지 파일의 작성(new 함수)

```
이미지 = Image.new (모드, (폭, 높이), 배경색)
```

모드에는 'L'(8비트 그레이스케일), 'RGB'(빨강, 초록, 파랑 각 8비트), 'RGBA'(RGB 각 8비트와 불투명도를 나타내는 알파 8비트) 등이 있습니다. 크기는 폭과 높이의 픽셀 수를 튜플로 지정하고 배경색은 색 성분을 튜플로 지정합니다. 예를 들어 모드가 'RGB'인 경우는 다음과 같이 작성합니다.

RGB 파일의 작성

```
이미지 = Image.new('RGB', (폭, 높이), (R 성분, G 성분, B 성분))
```

작성한 이미지를 저장하려면 save(세이브) 메서드를 사용합니다. 이미지 파일의 형식은 파일명의 확장자로 지정합니다. 지정한 파일명이 존재하지 않는 경우는 신규로 작성되며 존재하는 경우는 덮어써집니다.

이미지 파일의 저장(save 메서드)

```
이미지.save(파일명)
```

예를 들어 640×480픽셀의 노란색 이미지를 작성하여 yellow.png라는 파일명으로 저장하는 프로그램을 작성해 보세요. 이미지 파일의 형식은 PNG(Portable Network Graphics)가 됩니다.

▼ image1.py

```
from PIL import Image
image = Image.new('RGB', (640, 480), (255, 255, 0))    ⇐ 이미지를 작성
image.save('yellow.png')                                ⇐ 이미지 파일을 출력
```

프로그램을 실행하면 웹 브라우저나 이미지 처리 도구로 yellow.png를 열고 노란색 이미지가 생긴 것을 확인해 보세요.

▼작성된 yellow.png

만약 프로그램을 실행했을 때 'ModuleNotFoundError: No module named 'PIL''(모듈을 찾을 수 없다: 'PIL'이라는 이름의 모듈이 없다)'이란 오류가 발생한다면 Pillow가 올바르게 설치되지 않았을 수도 있습니다. 앞서 설명한 절차에 따라 Pillow를 설치하고 나서 다시 실행해 보세요. Pillow 이외의 라이브러리에 대해서도 마찬가지로 'ModuleNotFoundError'가 발생한 경우에는 라이브러리를 설치하고 나서 다시 실행하세요.

만약 C파이썬과 아나콘다, 미니콘다를 함께 사용하고 있고 해당 라이브러리를 설치했는 데도 'ModuleNotFoundError'가 해소되지 않는 경우에는 C파이썬 또는 아나콘다, 미니콘다 중 하나를 삭제해 보세요. 그런 다음, 남은 C파이썬 또는 아나콘다, 미니콘다에 라이브러리를 설치하고 프로그램을 다시 실행하세요.

이번에는 조금 더 변화가 있는 이미지를 만들어 봅시다. 다음과 같은 putpixel 메서드를 사용하면 이미지의 지정한 위치에 픽셀을 그릴 수 있습니다.

지정한 위치에 픽셀을 그린다(putpixel 메서드)

```
이미지.putpixel((X 좌표, Y 좌표), (R 성분, G 성분, B 성분))
```

위의 putpixel 메서드를 사용하여 이미지에 무언가를 그리고 나서 파일에 저장하는 프로그램을 작성합니다. 그러데이션을 만들거나 난수를 사용하거나 자유롭게 그려보세요.

다음 프로그램의 예에서는 for 문을 사용하여 픽셀의 색상을 매끄럽게 변화시킴으로써 그러데이션을 그립니다. 결과의 이미지는 gradation.png로 저장하므로 웹 브라우저나 이미지 처리 도구에서 확인해 보세요.

▼ image2.py

```python
from PIL import Image
W, H = 640, 480                                  ⇐ 이미지 크기
image = Image.new('RGB', (W, H), (0, 0, 0))      ⇐ 이미지를 작성
for x in range(W):
    for y in range(H):
        image.putpixel((x, y),                   ⇐ 픽셀을 그린다
                        (x*255//W, y*255//H,
                        ((W+H)-(x+y))*255//(W+H)))
image.save('gradation.png')                      ⇐ 이미지를 저장
```

▼ 작성한 그러데이션 이미지(gradation.png)

Pillow에는 그 밖에도 많은 기능이 있는데 예를 들어 사각형이나 원과 같은 도형을 그리거나 이미지의 색 수나 크기를 변경할 수도 있습니다.

이미지 파일의 입력(Pillow 라이브러리)

이번에는 이미지 파일을 읽어 들여봅시다. 읽어 들이려면 Image 모듈의 open 함수를 사용합니다. open 함수는 이미지의 객체를 반환합니다.

이미지 파일의 읽어 들이기(open 함수)

```
Image.open(파일명)
```

조금 전 작성한 이미지(yellow.png 또는 gradation.png)를 읽어 들이고, 이미지 형식, 폭, 높이 정보를 표시합니다. 형식, 폭, 높이는 다음과 같은 속성으로 가져올 수 있습니다.

이미지의 형식(문자열)을 가져오기

```
이미지.format
```

이미지의 폭(정수)을 가져오기

```
이미지.width
```

이미지의 높이(정수)를 가져오기(정수)

```
이미지.height
```

▼ image3.py

```
from PIL import Image
image = Image.open('gradation.png')              ⇐ 이미지 파일의 입력
print(image.format, image.width, image.height)   ⇐ 정보의 표시
```

실행 결과는 다음과 같습니다.

```
>python image3.py
PNG 640 480       ⇐ 형식, 폭, 높이
```

다음은 읽어 들인 이미지의 확장자를 .jpg(JPEG 파일)로 변경하여 저장해 보세요.

이것은 이미지의 형식을 PNG에서 JPEG로 변환하는 프로그램입니다. 결과의 이미지(프로그램 예에서는 gradation.jpg)를 웹 브라우저나 이미지 처리 소프트웨어에서 열어 내용을 확인해 보세요. 이처럼 이미지의 형식을 변환하는 프로그램도 매우 간단하게 작성할 수 있습니다.

▼ image4.py

```
from PIL import Image
image = Image.open('gradation.png')     ⇐ 이미지 파일의 입력(PNG 형식)
image.save('gradation.jpg')             ⇐ 이미지 파일의 출력(JPEG 형식)
```

파일에 관련된 여러 가지 조작

여기서는 디렉터리의 파일 목록을 가져오거나 파일을 복사하거나 파일 이름을 변경하거나 삭제하는 등 파일을 조작하는 여러 가지 방법을 배웁니다. 명령어 행 인수를 가져오는 방법도 소개합니다.

파일 목록 가져오기

표준 라이브러리의 glob(글롭) 모듈을 사용하면 지정한 디렉터리에 있는 파일의 목록을 가져올 수 있습니다. 특정 확장자를 가진 파일만을 열거하거나 서브 디렉터리도 포함해서 파일을 열거할 수 있습니다. 파일의 입출력과 조합하면 예를 들어 '디렉터리 내의 텍스트 파일(확장자.txt)에 대해서 행 수의 합계를 알아본다'와 같은 프로그램을 작성할 수 있습니다.

glob 모듈의 문서

URL https://docs.python.org/ko/3/library/glob.html

파일의 목록을 가져오려면 glob 모듈을 임포트한 후에 다음의 glob 함수를 호출합니다. 서브 디렉터리도 처리하는 경우에는 키워드 인수의 recursive(리커시브, 재귀적인)에 True를 지정합니다.

파일의 목록을 가져오기(glob 함수)

```
glob.glob(경로)
```

파일의 목록을 가져오기(서브 디렉터리도 처리)

```
glob.glob(경로, recursive=True)
```

경로에는 열거하는 파일의 경로(파일이나 디렉터리의 위치를 나타내는 문자열)를 지정합니다. 경로에 애스터리스크(*)를 포함하면 와일드카드가 적용됩니다. 와일드카드는 특정 문자열 대신에 다른 문자열을 대체하여 파일 이름을 지정할 수 있는 기능입니다. 예를 들어 '*.txt'라고 하면 확장자가 .txt인 파일만을 열거합니다.

glob 함수는 파일 목록의 리스트를 반환합니다. 리스트는 이터러블이므로 for 문과 조합해서 찾은 파일을 1개씩 처리할 수도 있습니다.

glob 함수를 사용해 봅시다. 현재 디렉터리에 있는 catalog라는 이름의 파일(확장자는 임의)을 열거하여 파일명을 표시하는 프로그램을 작성해 보세요.

▼ glob1.py

```
import glob
for x in glob.glob('catalog.*'):    ⬅ 파일의 목록을 가져오기
    print(x)                        ⬅ 파일명을 표시
```

다음은 현재 폴더 안 catalog.csv, catalog.json이라는 파일을 저장한 상태에서 실행한 것입니다.

```
>python glob1.py
catalog.csv
catalog.json
```

glob 함수를 파일의 입출력과 조합해 봅시다. 현재 디렉터리에 있는 catalog라는 이름의 파일을 열거한 다음 각 파일의 행 수와 모든 파일의 행 수의 합계를 표시하는 프로그램을 작성하세요.

▼ glob2.py

```
import glob
total = 0                                      ⬅ 합계를 0으로 초기화
for x in glob.glob('catalog.*'):               ⬅ 파일의 목록을 가져온다
    with open(x, encoding='utf-8') as file:    ⬅ 각 파일을 연다
        s = file.read()                        ⬅ 파일을 읽어 들인다
        n = s.count('\n')+1 if len(s) else 0   ⬅ 행 수를 계산
        print(f'{x:15}{n:5}')                  ⬅ 행 수를 표시
        total += n                             ⬅ 행 수를 합계에 더한다
print('-'*20)                                  ⬅ 경계선을 표시
print(f'{"Total":15}{total:5}')                ⬅ 합계를 표시
```

실행 결과는 다음과 같습니다.

```
>python glob2.py
catalog.csv        4
catalog.json      14
--------------------
Total             18
```

앞의 프로그램에서는 f 문자열(Chapter9)을 사용하여 표시를 꾸몄습니다. 서식 지정을 사용하여 파일명은 15자릿수, 행 수는 5자릿수로 표시합니다.

또한 파일별 행 수를 계산할 때에는 문자열의 count 메서드(Chapter3)와 조건식(Chapter5)을 사용합니다. 줄바꿈(Wn) 개수에 1을 더한 수를 파일의 행 수로 하는데 파일의 내용이 빈 경우에는 행 수를 0으로 합니다.

파일의 복사, 이름의 변경, 삭제

표준 라이브러리의 shutil(에스에이치 유틸) 모듈이나 os(오에스) 모듈을 사용하면 파일의 복사, 이름의 변경, 삭제와 같은 조작을 할 수 있습니다. 이러한 조작은 예를 들어 프로그램으로 파일을 백업하거나 작업용의 파일이나 디렉터리를 만들 때 유용합니다.

shutil 모듈의 문서

URL https://docs.python.org/ko/3/library/shutil.html

os 모듈의 문서

URL https://docs.python.org/ko/3/library/os.html

파일을 조작하려면 shutil 모듈이나 os 모듈을 임포트하고 나서 다음과 같은 함수를 사용합니다. 복사, 이름 변경, 삭제 등 자주 사용하는 함수는 다음과 같습니다.

파일의 복사(shutil.copy 함수)

```
shutil.copy(복사 원본, 복사 대상)
```

파일의 이동(shutil.move 함수)

```
shutil.move(이동 원본, 이동 대상)
```

파일명의 변경(os.rename 함수)

```
os.rename(이전 이름, 새로운 이름)
```

파일의 삭제(os.remove 함수)

```
os.remove(경로)
```

모드의 설정(os.chmod 함수)

```
os.chmod(경로, 모드)
```

디렉터리의 작성(os.mkdir 함수)

```
os.mkdir(경로)
```

디렉터리의 삭제(os.rmdir 함수)

```
os.rmdir(경로)
```

재귀적으로 디렉터리를 작성(os.makedirs 함수)

```
os.makedirs(경로)
```

재귀적으로 디렉터리를 삭제(os.removedirs 함수)

```
os.removedirs(경로)
```

makedirs(메이크 디아이알스) 함수는 디렉터리를 작성할 때에 도중에 필요한 디렉터리도 함께 작성합니다. 예를 들어 'project/programming/python'이라는 경로를 지정하면 가장 아래층의 python 디렉터리뿐만 아니라 도중의 project 디렉터리와 programming 디렉터리도 작성합니다. 마찬가지로 removedirs(리무브 디아이알스) 함수는 가장 아래층의 디렉터리뿐만 아니라 도중의 디렉터리도 삭제합니다. 또한 makedirs나 removedirs의 dir는 directory의 약어입니다.

경로의 구분에는 슬래시(/), 원화 기호(₩), 백슬래시(\)를 사용할 수 있습니다. 원화 기호나 백슬래시를 문자열 내에 적을 경우, '₩₩'이나 '\\'와 같은 이스케이프 시퀀스로 해야 하므로 슬래시를 사용하거나 raw 문자열(Chapter3)을 사용하면 간단합니다.

몇 가지 조작을 실행해 봅시다. 현재 디렉터리에 message.txt라는 파일이 있을 때에 다음과 같은 조작을 해 보세요. 오류가 발생하지 않고 실행되면 성공입니다.

① message.txt를 message2.txt에 복사합니다.
② message2.txt의 이름을 message3.txt로 변경합니다.
③ message3.txt를 삭제합니다.

▼ shutil_os1.py

```
import shutil
import os
shutil.copy('message.txt', 'message2.txt')      ⇐ 복사
os.rename('message2.txt', 'message3.txt')       ⇐ 파일 이름의 변경
os.remove('message3.txt')                       ⇐ 삭제
```

명령 행 인수 가져오기

명령 행 인수란 명령 행 인터페이스(명령 프롬프트, 아나콘다 프롬프트, 터미널 등)에서 명령어를 입력할 때 명령어에 대해서 주는 인수를 말합니다. 다음과 같이 명령어의 뒤에 공백으로 구분해서

명령 행 인수를 지정합니다.

명령 행 인수

```
>명령어 인수 …
```

다음 예에서는 type 명령어에 대해 message.txt라고 하는 명령 행 인수를 줍니다(현재 디렉터리에 message.txt를 저장한 상태로 실행하세요). 윈도우에서 type은 텍스트 파일의 내용을 표시하는 명령어입니다. 맥/리눅스에서는 대신에 cat 명령어를 사용합니다.

```
>type message.txt
Hello
Python
Programming
```

파이썬의 프로그램에도 명령 행 인수를 건넬 수 있습니다. 다음과 같이 프로그램을 실행한 경우 파이썬의 프로그램명(○○.py)과 이후의 인수를 프로그램에서 받을 수 있습니다.

파이썬의 프로그램명과 인수

```
>python ∞.py 인수 …
```

명령 행 인수를 받으려면 표준 라이브러리의 sys(시스) 모듈을 사용합니다. sys 모듈의 argv(아규브이) 속성이 프로그램명과 명령 행 인수의 리스트로 되어 있습니다.

sys 모듈의 문서
URL https://docs.python.org/ko/3/library/sys.html

sys 모듈을 임포트하고 나서 다음과 같이 적으면 명령 행 인수를 가져올 수 있습니다. 리스트 첫 부분에 프로그램명을 쓰는 데 주의하세요. 프로그램명은 프로그램 사용법을 표시할 때 유용합니다.

프로그램명과 인수의 리스트를 가져오기

```
sys.argv
```

다음과 같이 인덱스를 사용하면 지정한 위치의 프로그램명 혹은 인수를 가져올 수 있습니다. 인덱스 0은 프로그램명, 1부터는 인수입니다.

지정한 위치의 프로그램명 혹은 인수를 가져오기

```
sys.argv[인덱스]
```

다음과 같이 len 함수를 사용하면 프로그램명과 인수를 합친 개수를 가져올 수 있습니다.

프로그램명과 인수를 통합한 개수를 가져오기

```
len(sys.argv)
```

프로그램명과 인수의 리스트를 그대로 표시하는 프로그램을 작성하세요. 그리고 명령 행 인수에 1, 2, 3을 주고 프로그램을 실행해 보세요.

▼ argv1.py

```
import sys
print(sys.argv)
```

실행 결과는 다음과 같습니다.

```
>python argv1.py 1 2 3
['argv1.py', '1', '2', '3']
```

위와 같이 명령 행 인수는 문자열 리스트로 가져올 수 있습니다. 1, 2, 3과 같은 숫자도 문자열이 되므로 계산에 사용할 때에는 int 함수나 float 함수를 사용하여 숫자로 변환해야 합니다(Chapter3).

위의 프로그램을 응용해서 **명령 행 인수로 주어진 정수의 합계**를 구하는 프로그램을 작성해 봅시다. int 함수를 사용하여 인수를 정수로 변환하고 나서 sum 함수(Chapter9)를 사용하여 합계를 구합니다. 모든 인수에 int 함수를 적용하려면 map 함수(Chapter9)가 유용합니다.

▼ argv2.py

```
import sys
print(sum(map(int, sys.argv[1:])))
```

명령 행 인수에 1, 2, 3을 주고 실행해 봅시다.

```
>python argv2.py 1 2 3
6
```

위 프로그램에서는 슬라이스로 프로그램명 이외의 인수(인덱스 1 이후)를 꺼낸 후 map 함수로 모든 요소에 int 함수를 적용합니다. 마지막으로 sum 함수를 사용하여 합계를 구합니다.

명령 행 인수를 사용하면 파이썬 프로그램을 실행할 때에 다양한 데이터를 건넬 수 있습니다. 명령 행 인터페이스를 활용해 파이썬으로 일상적으로 활용할 수 있는 도구 프로그램을 만들어 보세요.

Chapter 12

파이썬으로
업무 자동화하기

보통은 수작업으로 하는 일을 프로그램으로 자동화하면 놀라울 정도로 편해집니다. 파이썬은 여러 가지 처리를 하는 프로그램을 간편하게 작성할 수 있는 언어이므로 간단한 전용 프로그램을 하나 만들면 귀찮은 작업을 손 쉽게 처리할 수 있습니다. 여기에서는 파이썬으로 엑셀과 시스템 관리 작업을 효율적으로 자동화하는 예시를 배워 보겠습니다.

이 장의 학습 내용

① 엑셀 파일의 조작

② 시스템 정보의 감시

③ 이메일 주고받기

openpyxl 라이브러리로
엑셀 작업을 자동화하기

엑셀은 마이크로소프트의 표 계산 소프트웨어입니다. 매우 대중적인 소프트웨어이므로 일상적으로 사용하고 있는 사람이 많을 것입니다. 엑셀은 장부를 쓰기 위해서 사용하는 것 말고도 주문서나 청구서 등의 서류를 만들거나 데이터 분석에도 사용할 수 있습니다.

엑셀에는 VBA(브이비에이, Visual Basic for Applications)라는 프로그래밍 언어가 탑재되어 있습니다. VBA를 사용하여 엑셀 작업을 자동화할 수도 있지만 파이썬 프로그래밍에 익숙해지면 '파이썬에서 엑셀 작업을 할 수 있으면 좋겠다…'라고 생각하는 경우가 자주 있습니다. 라이브러리를 사용하면 파이썬으로 엑셀 파일을 조작할 수 있습니다.

엑셀 파일을 새로 만든다

몇 가지의 라이브러리가 엑셀 파일에 대응하는데 이 책에서는 openpyxl(오픈파이 엑스엘)이라는 라이브러리를 소개합니다.

openpyxl의 문서
URL https://openpyxl.readthedocs.io/en/stable/index.html

openpyxl은 비표준 라이브러리이므로 다음과 같이 설치해야 합니다. 아나콘다에는 처음부터 설치되어 있습니다.

openpyxl의 설치(C파이썬)

```
pip install openpyxl
```

openpyxl의 설치(아나콘다, 미니콘다)

```
conda install -y openpyxl
```

openpyxl을 사용해서 엑셀 파일을 작성해 봅시다. openpyxl 모듈을 임포트하고 나서 다음과 같이 Workbook(워크북) 클래스의 객체를 작성합니다. 다음의 워크북은 변수입니다. 다음에서는 Workbook 객체를 대입한 변수를 '워크북'이라고 표기합니다.

엑셀 파일의 작성

```
워크북 = openpyxl.Workbook()
```

엑셀 파일은 여러 시트(sheet)를 하나로 묶은 워크북(workbook) 형태로 되어 있습니다. 워크북을 작성하면 자동으로 시트도 작성됩니다.

워크북을 파일로 저장하려면 다음의 save 메서드를 사용합니다. 보통의 워크북으로 저장하는 경우에는 파일명의 확장자로 .xlsx를 지정합니다. 같은 파일이 존재하면 덮어쓰기로 저장됩니다.

워크북의 파일로 저장(save 메서드)

```
워크북.save(파일명)
```

상품 카탈로그의 워크북을 작성하여 파일로 저장하는 프로그램을 작성해 봅시다. 파일명은 catalog. xlsx로 합니다. 프로그램을 실행한 후에 현재 디렉터리에 catalog.xlsx가 작성되는지 확인합니다.

▼ excel1.py

```
import openpyxl
book = openpyxl.Workbook()        ⇐ 워크북을 작성
book.save('catalog.xlsx')         ⇐ 워크북을 저장
```

작성한 catalog.xlsx를 엑셀로 열어 보세요. 빈 시트가 표시되면 성공입니다.

셀의 값을 읽고 쓴다

엑셀 시트를 이루는 각각의 칸을 셀(cell)이라고 합니다. 셀을 지정할 때에는 열 방향(가로 방향)은 A, B, C···와 같은 알파벳으로, 행 방향(세로 방향)은 1, 2, 3···과 같은 정수로 나타냅니다. 예를 들면 왼쪽 위의 셀은 A1이고 그 오른쪽의 셀은 B1입니다.

▼ 엑셀의 셀

	A	B	C
1	A1	B1	C1
2	A2	B2	C2
3	A3	B3	C3

프로그램에서 셀의 값을 읽고 쓰려면 먼저 워크북에서 워크시트의 객체를 가져옵니다. 현재 활성화한(조작 대상의) 워크시트는 다음과 같이 가져올 수 있습니다.

활성화한 워크시트를 가져오기

```
워크시트 = 워크북.active
```

셀의 값을 읽고 쓰려면 다음과 같이 대괄호를 사용해서 읽고 쓰는 셀을 지정합니다. 위치 부분에는

'A1'이나 'B1'과 같은 문자열을 지정합니다. 셀의 값을 읽어내려면 value(밸류) 속성을 사용하고 셀의 값을 써넣으려면 값을 그대로 대입합니다.

셀의 값을 읽어내기

```
워크시트[위치].value
```

셀의 값을 써넣기

```
워크시트[위치] = 값
```

셀에 값을 써넣어 봅시다. **상품 카탈로그 워크북에 상품의 이름과 가격**을 써넣습니다. 셀 A1에 이름 'hat', 셀 B1에 가격 2000을 써넣습니다. 그리고 워크북을 catalog.xlsx에 저장합니다.

▼ excel2.py

```
import openpyxl
book = openpyxl.Workbook()       ⇐ 워크북을 작성
sheet = book.active              ⇐ 워크시트를 가져오기
sheet['A1'] = 'hat'              ⇐ 셀 A1에 값을 써넣는다
sheet['B1'] = 2000              ⇐ 셀 B1에 값을 써넣는다
book.save('catalog.xlsx')       ⇐ 워크북을 저장
```

위의 프로그램을 실행하고 작성된 catalog.xlsx를 엑셀에서 열어서 셀에 값이 써넣어져 있는 것을 확인합니다.

▼ 셀에 값을 써넣기

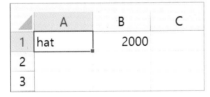

기존의 엑셀 파일을 연다

기존의 엑셀 파일을 열려면 load_workbook(로드 워크북) 함수를 사용합니다. load_workbook 함수는 워크북의 객체를 반환합니다.

엑셀 파일을 연다(load_workbook 함수)

```
워크북 = openpyxl.load_workbook(파일명)
```

load_workbook 함수를 사용하면 엑셀을 실행하지 않고 기존의 엑셀 파일을 프로그램에서 열어서 읽고 쓸 수 있습니다. 조금 전의 catalog.xlsx을 열어서 셀 A1과 셀 B1의 내용을 표시하는 프로그램을 작성해 보세요.

▼ excel3.py

```
import openpyxl
book = openpyxl.load_workbook('catalog.xlsx')      ⇐ 워크북을 연다
sheet = book.active                                ⇐ 워크시트를 가져오기
print(sheet['A1'].value, sheet['B1'].value)        ⇐ 셀 값을 표시
```

실행 결과는 다음과 같습니다.

```
>python excel3.py
hat 2000
```

열린 워크북 셀에 값을 써넣고, save 메서드로 같은 파일에 덮어쓰면 워크북을 편집할 수 있습니다. 이처럼 기존의 엑셀 파일을 편집하는 프로그램의 예는 뒤에서 소개하겠습니다.

여러 개의 셀을 읽고 쓴다

셀의 읽고 쓰기를 for 문(Chapter5)과 조합하면 여러 개의 셀을 읽고 쓸 수 있습니다. 셀의 위치를 지정하는 A1이나 B1 등의 문자열은 예를 들어 f 문자열(Chapter9)을 사용해서 작성하면 간단합니다.

기존의 엑셀 파일(catalog.xlsx)을 열고, 다음과 같은 상품 정보를 써넣고, 같은 파일에 덮어써 저장하는 프로그램을 작성해 보세요.

[('hat', 2000), ('shirt', 1000), ('socks', 500)]

이것은 상품(모자, 셔츠, 양말)의 이름과 가격을 튜플로 합쳐서 리스트에 저장한 것입니다.

▼ excel4.py

```
import openpyxl
book = openpyxl.load_workbook('catalog.xlsx')      ⇐ 워크북을 연다
sheet = book.active                                ⇐ 시트를 가져오기
catalog = [('hat', 2000), ('shirt', 1000),
           ('socks', 500)]                          ⇐ 상품의 리스트
```

```
for i, (name, price) in enumerate(catalog, 1):      ← 전체 상품을 처리한다
    sheet[f'A{i}'] = name                           ← 이름을 써넣는다
    sheet[f'B{i}'] = price                          ← 가격을 써넣는다
book.save('catalog.xlsx')                           ← 워크북을 저장
```

위의 프로그램에서는 for 문과 enumerate 함수(Chapter5)를 조합하여 셀의 행 번호(1, 2, 3…) 를 작성합니다. 그리고 f 문자열을 사용해서 'A1'이나 'B1'와 같은 셀의 위치를 나타내는 문자열을 작성하고 셀에 값을 설정합니다.

이 프로그램을 실행하면 상품 정보가 써넣어진 파일(catalog.xlsx)이 출력됩니다. 엑셀에서 파일 을 열고 내용을 확인해 보세요.

▼여러 개의 셀에 값을 써넣는다

	A	B	C
1	hat	2000	
2	shirt	1000	
3	socks	500	
4			

이번은 위의 파일을 프로그램으로 읽어 들여 내용을 표시합시다. 여러 개의 셀에 걸치는 내용을 표 시하려면 for 문을 사용해서 순서대로 셀의 값을 가져옵니다. 이것은 위의 프로그램과 마찬가지로 셀의 위치를 나타내는 문자열을 작성하면 구현할 수 있는데 다음과 같은 iter_rows(이터 로우즈) 메서드를 사용하는 방법도 있습니다.

셀을 1행씩 가져오기(iter_rows 메서드)

```
워크시트.iter_rows()
```

iter_rows 메서드는 이터러블(제너레이터 객체)을 반환합니다. 이 이터러블은 워크시트의 위에서 아래를 향해서 1행씩 각 행의 셀을 포함하는 튜플을 반환합니다. for 문과 조합하면 각 행의 셀을 순서대로 조작할 수 있습니다.

인수에 아무것도 지정하지 않으면 1행부터 시작하고 값이 적힌 셀이 있는 한 반복합니다. 중간에 값 이 적혀 있지 않은 행이 있더라도 더욱 아래에 있는 행에 값이 써넣어져 있으면 반복이 계속되는 것 에 주의하세요.

또한 iter_rows 메서드에는 다음과 같은 인수가 있습니다. 키워드 인수를 사용해서 필요한 인수를 지정하면 처리할 셀의 범위를 한정하거나 셀의 값만을 반환시킬 수 있습니다.

▼ iter_rows 메서드의 인수

인수명	의미
min_row	최소의 행 번호(1~)
max_row	최대의 행 번호(1~)
min_col	최소의 열 번호(1~)
max_col	최대의 열 번호(1~)
values_only	True이면 셀 값만을 반환한다

iter_rows 메서드를 사용하여 catalog.xlsx를 읽어 들여 내용을 표시하는 프로그램을 작성해 보세요. 인수의 values_only에 True를 지정하고 셀의 값만 가져오면 프로그램이 간결해집니다.

▼ excel5.py

```
import openpyxl
book = openpyxl.load_workbook('catalog.xlsx')          ⇐ 워크북을 연다
sheet = book.active                                     ⇐ 워크북을 가져오기
for name, price in sheet.iter_rows(values_only=True):  ⇐ 1행씩 처리한다
    print(name, price)                                  ⇐ 이름과 가격을 표시
```

실행 결과는 다음과 같습니다.

```
>python excel5.py
hat 2000
shirt 1000
socks 500
```

iter_rows 메서드와 비슷한 iter_cols(이터 콜즈) 메서드도 있습니다. iter_rows 메서드가 한 행씩 반복하는 데 반해 iter_cols 메서드는 워크시트의 왼쪽에서 오른쪽을 향해 1행씩 반복합니다.

엑셀 작업을 프로그램으로 대신한다

지금까지 배운 조작을 이용하면 엑셀에서 수작업으로 값을 입력하는 작업을 프로그램에게 대신하게 할 수 있습니다. 예를 들어, 앞서 설명한 상품 카탈로그에 대해서 전상품의 가격을 합산하여 워크시트에 써넣는 프로그램을 작성해 봅시다.

▼ 합계를 워크시트에 써넣는다

	A	B	C
1	hat	2000	
2	shirt	1000	
3	socks	500	
4			
5	Total	3500	

이러한 계산은 엑셀을 사용하여 수작업으로 할 수도 있지만 프로그램을 사용하여 자동화함으로써 노력을 대폭 줄일 수 있습니다. 또한 수작업으로는 어려울 정도로 많은 엑셀 파일이 있더라도 프로그램이라면 문제 없이 처리할 수 있습니다.

예를 들어 glob 모듈(Chapter11)을 사용하여 .xlsx 파일을 열거하고 프로그램으로 일괄해서 처리할 수 있습니다. 앞서 설명한 **catalog.xlsx를 읽어 들여 가격의 합계를 위와 같이 워크시트에 써넣고, 같은 파일에 덮어써 저장**하는 프로그램을 작성해 봅시다. 상품과 합계와의 사이는 1행을 비우고 합계의 열 A에는 Total(합계)이라고 적습니다. 상품의 개수가 바뀌어도 또 이미 합계가 써넣어져 있는 파일에 대해서도 올바르게 처리할 수 있도록 하세요.

▼ excel6.py

```python
import openpyxl
book = openpyxl.load_workbook('catalog.xlsx')    ← 엑셀 워크북을 연다
sheet = book.active                              ← 워크시트를 가져오기
total = 0                                        ← 합계를 0으로 초기화
for i, (name, price) in enumerate(
        sheet.iter_rows(values_only=True), 1):   ← 1행씩 처리한다
    if not price:                                ← 가격이 비었다면 다음 행으로
        continue
    if name == 'Total':                          ← 합계의 행이면 종료
        break
    total += price                               ← 합계에 가격을 더함
else:
    i += 2                                        ← 합계를 써넣는 행 번호
sheet[f'A{i}'] = 'Total'                          ← 열 A에 Total이라고 써넣는다
sheet[f'B{i}'] = total                            ← 열 B에 합계를 써넣는다
book.save('catalog.xlsx')                         ← 워크북을 저장
```

위의 프로그램에서는 iter_rows 메서드를 사용하여 1행씩 셀을 읽어내 합계를 계산합니다. 이미 합계가 써넣어진 파일을 올바르게 처리하기 위해서 가격이 빈 경우는 다음 행으로 나아가며, 이름이 Total인 경우는 반복을 종료합니다. for 문의 else 절에서는 아직 합계가 써넣어져 있지 않은 경우에 상품과의 사이를 1행 띄워서 합계를 써넣을 행 번호(변수 i)에 2를 더합니다.

이 프로그램과 동일한 요령으로 엑셀 파일을 프로그램으로 자동 처리할 수 있습니다. 많은 엑셀 파일을 처리하거나 여러 엑셀 파일에 걸치는 계산을 실시하는 등 수작업으로는 힘든 일은 꼭 프로그램에게 대신하게 해 보세요.

시스템 관리의 일을 자동화하기

실무에서 시스템 관리 업무에는 여러 가지가 있겠지만 시스템의 상태를 정기적으로 감시하고 무언가 문제가 있으면 관리자가 대응하는 패턴은 많은 업무에서 공통되는 것 같습니다. 이러한 일을 자동화하기 위해서 여기에서는 시스템 상태를 감시하거나 관리자에게 메일로 보고하는 프로그램을 파이썬으로 개발하는 방법을 소개합니다.

파일의 추가나 삭제를 감시한다

시스템의 상태를 감시하는 예로 파일의 상태를 감시해 봅시다. 현재 디렉터리에 대해서 파일의 추가나 삭제가 이뤄졌을 때에 그 내용을 표시하는 프로그램을 작성합니다.

구체적으로는 다음과 같이 처리합니다. 라이브러리로서는 파일의 목록을 가져오는 glob 모듈(Chapter11)과 시간을 기다리는 time 모듈(Chapter10)을 사용합니다.

① glob 모듈의 glob 함수를 사용하여 파일의 목록을 가져오고 변수 old에 대입합니다.

② 다음의 ③~⑦을 무한 반복합니다.

③ 잠시 대기합니다. 프로그램 예에서는 결과를 확인하기 쉽도록 대기 시간을 짧게(3초간)합니다.

④ 다시 glob 함수를 사용하여 파일의 목록을 가져오고 변수 new에 대입합니다.

⑤ old에 포함되지 않고 new에 포함되어 있는 파일이 있다면 추가된 파일로서 표시합니다.

⑥ old에 포함되어 있고 new에 포함되지 않은 파일이 있다면 삭제된 파일로서 표시합니다.

⑦ old에 new를 대입합니다.

▼ system1.py

```
import glob
import time
old = set(glob.glob('*'))            ⇦ 파일 목록(구)
while True:                          ⇦ 무한 루프
    time.sleep(3)                    ⇦ 시간 대기
    new = set(glob.glob('*'))        ⇦ 파일 목록(신)
```

```
    if added := new-old:                        ⇐ 추가된 파일
        print('Added  :', ' '.join(added))
    if removed := old-new:                       ⇐ 삭제된 파일
        print('Removed:', ' '.join(removed))
    old = new                                    ⇐ 목록의 갱신
```

위의 프로그램에서는 집합(Chapter4)을 사용하여 파일 목록을 관리합니다. 집합을 사용하는 것의 이점은 집합 간의 차(차집합)를 쉽게 구할 수 있다는 것입니다. 새로운 목록(new)에서 오래된 목록 (old)을 빼면 new에만 포함된 파일, 즉 추가된 파일을 알 수 있습니다. 반대로 오래된 목록(old)에서 새로운 목록(new)을 빼면 old만이 포함되어 있는 파일, 즉 삭제된 파일을 알 수 있습니다.

프로그램을 실행하고 나서 현재 디렉터리에 파일을 추가하거나 파일을 삭제해 보세요. 예를 들어 message.txt를 추가하고 catalog.xlsx를 삭제하면 다음과 같이 표시됩니다. 프로그램을 종료하려면 **Ctrl**+**C** 키를 누릅니다.

```
>python system1.py
Added : message.txt        ⇐ 추가된 파일
Removed: catalog.xlsx      ⇐ 삭제된 파일
```

이렇게 표준 라이브러리만으로도 파일 상태를 감시할 수 있습니다. 추가나 삭제 외에 예를 들어 파일의 크기와 타임 스탬프 등을 감시할 수도 있습니다.

CPU나 메모리의 사용률을 감시한다(psutil 라이브러리)

시스템의 상태를 감시하는 다른 예로 CPU, 메모리, 디스크의 사용률을 구해 봅시다. 여기에서는 psutil(피에스 유틸)이라는 라이브러리를 사용합니다. psutil은 시스템의 사용 상황(CPU, 메모리, 디스크, 네트워크, 센서)나 실행 중인 프로세스(프로그램)에 관한 정보를 구하는 라이브러리입니다.

psutil의 문서
URL https://psutil.readthedocs.io/en/latest/

psutil은 다음과 같이 설치합니다. 아나콘다에는 처음부터 설치되어 있습니다.

psutil의 설치(C파이썬)

```
pip install psutil
```

psutil의 설치(아나콘다, 미니콘다)

```
conda install -y psutil
```

psutil을 임포트한 후에 다음과 같은 cpu_percent(씨피유 퍼센트) 함수를 사용하면 CPU 사용률을 실수로 얻을 수 있습니다. cpu_percent 함수를 인수 없이 실행하면 이전 회 cpu_percent 함수를 호출하고 나서 현재까지의 사용률을 반환합니다. 키워드 인수의 interval(인터벌)을 지정하면 지정한 시간 내의 CPU 사용률을 가져올 수 있습니다. 또한 키워드 인수의 percpu(퍼씨피유)는 True를 지정하면 CPU별의 사용률을 리스트로 반환합니다.

CPU의 사용률을 가져오기(cpu_percent 함수)

```
psutil.cpu_percent()
```

지정한 시간 내의 CPU 사용률을 가져오기

```
psutil.cpu_percent(interval=초 수)
```

메모리의 사용률을 가져오려면 다음과 같이 virtual_memory(버추얼 메모리) 함수를 사용합니다. virtual_memory 함수는 메모리 사용 현황에 관한 객체(이름 붙은 튜플)를 반환합니다. 이 객체의 percent(퍼센트) 속성이 메모리의 사용률입니다.

또한 이름 붙은 튜플은 요소를 속성명으로 가져올 수 있는 튜플입니다. 이름 붙은 튜플을 작성하려면 표준 라이브러리의 collections(컬렉션즈) 모듈에 포함되는 namedtuple(네임드 튜플) 함수를 사용합니다.

메모리의 사용률을 획득(virtual_memory 함수)

```
psutil.virtual_memory().percent
```

메모리의 전체 용량(물리 메모리)을 가져오기

```
psutil.virtual_memory().total
```

메모리의 사용 가능 용량(물리 메모리)을 가져오기

```
psutil.virtual_memory().available
```

디스크의 사용률을 가져오려면 다음과 같이 disk_usage(디스크 유시지) 함수를 사용합니다. 이 함수는 디스크의 사용 상황에 관한 객체(이름 붙은 튜플)를 반환합니다. percent 속성이 사용률입니다. 경로에 루트 디렉터리(최상위의 디렉터리)를 나타내는 '/'를 지정하면 디스크 전체의 사용 상황을 얻을 수 있습니다.

디스크의 사용률을 가져오기(disk_usage 함수)

```
psutil.disk_usage(경로).percent
```

디스크의 전체 용량을 가져오기

```
psutil.disk_usage(경로).total
```

디스크의 사용 용량을 가져오기

```
psutil.disk_usage(경로).used
```

디스크의 여유 용량을 가져오기

```
psutil.disk_usage(경로).free
```

위의 함수를 사용하여 CPU, 메모리, 디스크의 사용률을 표시하는 프로그램을 작성해 봅시다. 다음의 프로그램 예에서는 f 문자열을 사용하여 표시 자릿수를 갖추고 있습니다.

▼ psutil1.py

```
import psutil
print(f'CPU    : {psutil.cpu_percent(interval=1):5} %')       ⇐ CPU
print(f'Memory: {psutil.virtual_memory().percent:5} %')       ⇐ 메모리
print(f"Disk   : {psutil.disk_usage('/').percent:5} %")       ⇐ 디스크
```

실행 결과는 다음과 같습니다. 또한 각각의 숫자는 환경에 따라 다릅니다.

```
>python psutil.py
CPU    : 1.6 %
Memory: 47.0 %
Disk   : 79.0 %
```

지정한 조건에 따라 관리자에게 이메일을 보낸다

프로그램으로 시스템 상태를 감시하고 관리자에게 메일로 보고하는 프로그램을 구현하기 위해서 메일을 보내는 방법을 배워 봅시다. 파이썬에서는 표준 라이브러리를 사용해서 메일을 보낼 수 있습니다.

메일을 보내려면 SMTP(Simple Mail Transfer Protocol, 간이 메일 전송 프로토콜) 서버를 사용합니다. SMTP는 메일을 보내기 위한 일반적인 프로토콜(절차)입니다.

여기에서 소개하는 프로그램 예에서는 네이버(Naver)의 메일 서비스를 사용합니다*. 네이버 계정이 없다면 계정을 생성합니다. SMTP 서버를 이용하기 위해서는 네이버 메일의 환경 설정에서 'IMAP/SMTP'를 활성화합니다.

*역자 주: 원서에서는 구글의 지메일을 이용했으나 계정을 안전하게 보호하기 위해 2022년 5월 30일부터 구글은 사용자 이름과 비밀번호만 사용하여 구글 계정에 로그인하도록 요청하는 서드 파티 앱 또는 기기의 사용을 더 이상 지원하지 않아서 네이버의 메일 서비스를 사용합니다.

메일을 작성하려면 email.mime.text(이메일 마임 텍스트) 모듈의 MIMEText(마임 텍스트) 클래스를 사용합니다. 다음과 같이 임포트를 하면 이후는 MIMEText라는 클래스명만으로 이용할 수 있습니다.

MIMEText 클래스의 임포트

```
from email.mime.text import MIMEText
```

우선 MIMEText 클래스를 사용해서 다음과 같이 메일을 작성합니다.

메일의 작성

```
메일 = MIMEText(본문)
```

메일의 헤더(항목명, 보내는 곳, 받는 곳)는 다음과 같이 설정합니다.

메일의 헤더를 설정

```
메일['Subject'] = 항목명
메일['From'] = 보내는 곳
메일['To'] = 받는 곳
```

메일을 보내려면 smtplib(에스엠티피 리브) 모듈의 SMTP 클래스를 사용합니다. 네이버의 경우에는 다음과 같은 프로그램을 작성합니다. 서버에는 'smtp.naver.com'을, 포트 번호에는 587을 지정합니다. 로그인명은 보낸 사람의 메일 주소와 같습니다.

메일 보내기

```
with smtplib.SMTP(서버, 포트 번호) as smtp:
    smtp.ehlo()
    smtp.starttls()
    smtp.ehlo()
    smtp.login(로그인명, 비밀번호)
    smtp.sendmail(보내는 곳, 받는 곳, 메일.as_string())
```

위의 프로그램에서는 SMTP 객체를 변수 smtp에 대입합니다. SMTP 객체로 메일을 보낸 후에는 접속을 닫아야 하는데 with 문을 사용하면 자동으로 닫을 수 있습니다.

또한 위에서 호출하고 있는 SMTP 클래스의 각 메서드는 다음과 같은 동작을 합니다. 더욱이, 보내는 곳이나 받는 곳은 메일의 헤더에도 설정하는데 sendmail(샌드 메일) 메서드는 인수로 지정된 보내는 곳이나 받는 곳을 사용해서 메일을 보냅니다.

▼ SMTP 클래스의 메서드

이름	동작
ehlo	SMTP의 EHLO 명령어를 이용해서 클라이언트명을 서버에게 전한다
starttls	TLS(Transport Layer Security)를 사용해서 서버에 접속한다
login	로그인명과 비밀번호를 사용해서 서버에 로그인한다
sendmail	보내는 곳, 받는 곳, 내용을 지정해서 메일을 보낸다

다음과 같은 **메일을 보내는 프로그램**을 작성해 봅시다. 보내는 곳에는 네이버 등의 메일 주소, 받는 곳에는 Google 등의 메일 주소를 지정합니다.

항목명: System Report

본문: The disk if full.(디스크에 공간이 없습니다.)

다음의 프로그램 예에서 보내는 곳, 받는 곳, 비밀번호는 자신이 사용하는 걸로 바꿔서 실행하세요.

▼ mail1.py

```python
import smtplib
from email.mime.text import MIMEText


FROM = '보내는 곳의 메일 주소'                      ⇠ 보내는 곳
TO = '받는 곳의 메일 주소'                          ⇠ 받는 곳
PASS = '비밀번호'                                  ⇠ 비밀번호


mail = MIMEText('The disk is full.')              ⇠ 메일 작성
mail['Subject'] = 'System Report'                 ⇠ 항목명
mail['From'] = FROM                               ⇠ 보내는 곳
mail['To'] = TO                                   ⇠ 받는 곳


with smtplib.SMTP('smtp.naver.com', 587) as smtp:  ⇠ SMTP 객체
    smtp.ehlo()                                    ⇠ EHLO 명령어
```

```
    smtp.starttls()                                    ⇐ TLS으로 접속
    smtp.ehlo()                                        ⇐ EHLO 명령어
    smtp.login(FROM, PASS)                             ⇐ 로그인
    smtp.sendmail(FROM, TO, mail.as_string())          ⇐ 메일 보내기
```

프로그램을 실행하고 오류가 발생하지 않고 종료했으면 수신한 메일을 확인해 보세요.

▼ 도착한 메일

이번은 **시스템의 상태를 보고**하는 메일을 보내봅시다. 앞서 설명한 psutil 모듈을 사용해서 CPU, 메모리, 디스크 사용률을 가져오고 메일의 본문에 기재합니다. 그리고 위의 프로그램과 마찬가지로 메일을 보냅니다. 보내는 곳, 받는 곳, 비밀번호는 자신이 사용하는 것으로 바꾸고 나서 실행하세요.

▼ mail2.py

```
import psutil
import smtplib
from email.mime.text import MIMEText


FROM = '보내는 곳 주소'                                   ⇐ 보내는 곳
TO = '받는 곳 주소'                                       ⇐ 받는 곳
PASS = '비밀번호'                                        ⇐ 비밀번호


message = f'''
CPU   : {psutil.cpu_percent(interval=1):5} %
Memory: {psutil.virtual_memory().percent:5} %
Disk  : {psutil.disk_usage('/').percent:5} %
'''                                                   ⇐ 메일의 본문


mail = MIMEText(message)                              ⇐ 메일의 작성
mail['Subject'] = 'System Report'                     ⇐ 항목명
```

```
mail['From'] = FROM                                   ⇠ 보내는 곳
mail['To'] = TO                                       ⇠ 받는 곳


with smtplib.SMTP('smtp.naver.com', 587) as smtp:     ⇠ SMTP 객체
    smtp.ehlo()                                       ⇠ EHLO 명령어
    smtp.starttls()                                   ⇠ TLS로 접속
    smtp.ehlo()                                       ⇠ EHLO 명령어
    smtp.login(FROM, PASS)                            ⇠ 로그인
    smtp.sendmail(FROM, TO, mail.as_string())         ⇠ 메일 보내기
```

위의 프로그램 예에서는 삼중 따옴표의 f 문자열을 사용하여 메일의 본문을 작성합니다. 이렇게 여러 행에 걸치는 문자열의 포맷을 지정하고 싶을 때에는 삼중 따옴표의 f 문자열이 편리합니다. 그 다음의 처리는 앞서 설명한 프로그램과 같습니다.

프로그램을 실행하여 오류가 발생하지 않고 종료했으면 수신한 메일을 확인해 보세요. 다음과 같은 메일이 도착하면 성공입니다.

▼시스템의 상태를 보고하는 메일

메일 보내기 테스트가 종료되고 만약 프로그램에서 메일을 보내야 한다면 네이버나 구글 계정 설정을 원래대로 돌려놓는 것을 추천합니다.

Chapter 13

최신 AI, 빅데이터 기술
활용하기

파이썬은 AI(Artificial Intelligence, 인공지능)나 빅데이터 관련 라이브러리를 충실하게 갖추고 있습니다. 덕분에 빅데이터나 AI가 주목을 받자 파이썬도 주목을 받았습니다. 여기에서는 AI에도 빅데이터에도 활용할 수 있는 라이브러리를 사용하여 화제의 AI를 체험합니다.

이 장의 학습 내용

① 숫자 데이터의 읽어 들이기

② 필요한 데이터의 추출

③ 데이터 시각화

④ 머신러닝의 실시

AI를 사용하면 무엇을 할 수 있는가?

먼저 AI란 무엇인지, 왜 AI가 붐이 되었는지, AI에 사용되고 있는 대표적인 방법은 무엇인지를 알아 보겠습니다.

AI란

AI(Artificial Intelligence)는 컴퓨터 과학의 한 분야입니다. AI의 목적은 사람의 두뇌 작용과 유사한 인식, 판단, 추론, 문제 해결, 학습 등을 기계(컴퓨터)에 구현하는 것입니다. 간단히 말해서 AI는 컴퓨터를 사용하여 사람과 같은 지능을 구현하는 구조입니다.

AI가 최근에 인기를 끌게 된 이유는 딥러닝(심층학습) 등의 기술로 AI에 효과적인 학습 방법이 개발되었고, 고속 하드웨어가 보급되어 AI의 성능이 크게 향상되었기 때문입니다. 덕분에 이미지나 음성 인식, 문장 분석, 장기나 바둑 플레이, 이미지나 만화 생성 등 다양한 분야에서 AI가 활용되고 있습니다. 계층이 깊은 신경망을 이용해 학습하는 딥러닝 외에도 AI에서 사용되는 방법은 매우 다양합니다.

머신러닝이란

AI에서 중요한 기술 중 하나가 학습입니다. 사람이 하는 학습 능력을 컴퓨터로 실현하는 기술을 머신러닝(기계학습)이라고 합니다. 머신러닝의 특징은 사람이 프로그램을 개량하는 것이 아닌 입력된 방대한 데이터를 사용해서 프로그램이 자동으로 AI 성능을 개선해 나갑니다.

머신러닝에서는 학습 성과로 모델을 작성합니다. 모델이란 데이터를 입력하면 내부에서 처리하고 결과의 데이터를 출력하는 구조를 말합니다. 예를 들어, 어떤 사진인지를 인식하는 모델은 사진의 이미지를 입력하면 이미지에 찍혀 있는 물체의 번호나 문자열을 출력합니다.

머신러닝에는 다음과 같은 지도 학습과 비지도 학습이 있습니다.

· 지도 학습

입력에 대한 정답이 준비된 데이터를 사용해서 AI를 훈련하는 방법입니다. AI의 출력이 정답에 가까워지도록 모델 내부에 있는 매개변수(파라미터)를 조정합니다.

· 비지도 학습

입력에 대한 정답이 준비되지 않은 데이터를 사용하는 방법입니다. 정답이 준비되어 있지 않으므로 AI가 출력해야 할 구체적인 값은 정해져 있지 않습니다. 모델이 유용한 결과를 출력하고 있는지 여부는 사람이 판정합니다.

이 책에서 다루는 것은 비지도 학습의 대표적인 예인 클러스터링(clustering)이라는 방법입니다. 클러스터링은 입력 데이터를 몇 개의 클러스터(cluster, 무리)로 분류하는 것입니다. 예를 들어, 시험 점수를 입력 데이터로 하여 득점의 경향이 비슷한 응시자를 클러스터로 분류할 수 있습니다. 또한 고객의 구매 정보를 입력 데이터를 이용해 구매 경향이 비슷한 고객을 클러스터로 분류해서 타깃 광고나 다이렉트 메일을 작성할 수도 있습니다.

NumPy 라이브러리로
숫자 데이터를 읽어 들인다

일반적으로 머신러닝에서는 방대한 입력 데이터를 다루어야 합니다. 여기에서는 NumPy라는 라이브러리를 사용하여 데이터를 읽어 들이거나 필요한 데이터만을 꺼내거나 통계량을 계산하는 방법을 배워 봅시다. 이러한 방법은 AI에도 빅데이터 해석에도 유용합니다.

CSV 파일을 배열로 읽어 들인다

NumPy(넘파이)는 널리 사용되는 숫자 연산 라이브러리입니다. NumPy는 다른 라이브러리에서도 이용되기도 하므로 NumPy의 사용법을 알아두면 많은 도움이 됩니다.

NumPy의 주요 기능은 숫자를 저장하기 위한 배열과 배열에 대한 각종 연산입니다. 이 배열은 벡터나 행렬로서 사용할 수도 있고 CSV 파일로부터 읽어 들인 숫자를 저장하거나 각종 통계량을 구할 수도 있습니다.

NumPy의 문서
`URL` https://numpy.org/doc/stable/index.html

NumPy는 비표준 라이브러리이므로 다음과 같이 설치해야 합니다. 아나콘다에는 처음부터 설치되어 있습니다.

NumPy의 설치(C파이썬)

```
pip install numpy
```

NumPy의 설치(아나콘다, 미니콘다)

```
conda install -y numpy
```

NumPy를 사용하려면 처음에 numpy 모듈을 임포트합니다. numpy에 np 등의 짧은 별명을 붙이는 경우도 많이 있습니다.

numpy의 임포트

```
import numpy
```

별명(np)을 붙여서 numpy를 임포트

```
import numpy as np
```

파이썬 인터프리터의 대화모드를 사용하여 numpy 모듈을 임포트합니다. 오류 등이 아무것도 표시되지 않으면 성공입니다.

```
>>>import numpy
>>>                    ⇠ 아무것도 표시되지 않고 프롬프트로 되돌아가면 성공
```

여기에서는 NumPy를 사용하여 다음과 같은 CSV 파일(score.csv)을 읽어 들여봅시다. 머신러닝용 데이터도 CSV 파일로 제공되는 경우가 많이 있습니다.

다음의 CSV 파일은 샘플 파일의 'chapter13' 폴더에 수록되어 있습니다. 이 CSV 파일을 읽기 위해서는 'chapter13' 폴더를 현재 디렉터리로 해 두거나 현재 디렉터리에 CSV 파일을 복사해둡니다. 혹은 프로그램으로 파일을 읽어 들일 때에 CSV 파일의 위치를 나타내는 경로를 지정하는 방법도 있습니다.

▼ score.csv

```
20,52,76
79,55,100
31,60,59
85,66,100
98,96,42
...
```

위는 시험 점수를 모방한 데이터입니다. 각 행은 왼쪽부터 영어, 수학, 국어 점수라고 생각해 주세요. 각 행은 각 수험자에 의한 세 과목의 점수입니다. 전체적으로 200행(수험자 200명분)의 데이터가 있습니다.

NumPy에서 CSV 파일을 가져오려면 다음과 같은 loadtxt(로드 텍스트) 함수를 사용합니다. 구분자에는 콤마(,)를 지정합니다. loadtxt 함수는 CSV 파일을 읽어 들이고 NumPy 배열(numpy.ndarray 객체)을 반환합니다. 다음에서는 이 배열을 대입한 변수를 '배열'로 표기합니다.

NumPy로 csv 파일을 읽어 들인다(loadtxt 함수)

```
배열 = numpy.loadtxt(파일명, delimiter=구분자, encoding=문자 인코딩)
```

앞의 인수 delimiter는 값과 값을 구분하는 문자를 나타냅니다. 이번과 같이 값이 콤마(,)로 구분된 CSV 파일을 읽어 들이려면 delimiter에 ','를 지정합니다. 값이 공백으로 구분된 파일을 읽어 들이는 경우에는 delimiter를 생략할 수 있습니다.

위의 인수 encoding은 파일의 문자 인코딩을 나타냅니다. 이번과 같이 문자 인코딩이 ASCII 파일을 읽어 들이는 경우에는 encoding을 생략할 수 있습니다. ASCII 이외의 파일을 읽어 들이는 경우에는 encoding을 지정합니다. 적절한 지정을 하지 않으면 파일을 읽어 들일 때에 예외가 발생할 수 있습니다.

앞서 설명한 CSV 파일(score.csv)을 읽어 들이고 변수 score에 대입하세요.

```
>>> score = numpy.loadtxt('score.csv', delimiter=',')    ⇐ CSV를 읽어 들인다
>>> score                                                 ⇐ 배열을 표시
array([[ 20., 52., 76.],
       [ 79., 55., 100.],
       [ 31., 60., 59.],
       [ 85., 66., 100.],
       [ 98., 96., 42.],
       ...
       [ 67., 60., 56.],
       [ 61., 69., 27.],
       [ 8., 67., 57.],
       [ 70., 81., 89.],
       [ 44., 2., 4.]])
```

위의 배열에서 대괄호([와])가 이중으로 되어 있는 것은 2차원 배열임을 나타냅니다. 바깥쪽의 대괄호가 1번째 차원, 안쪽의 대괄호가 2번째 차원에 대응합니다.

배열을 표시하면 위와 같이 전체 요소가 표시되므로 요소 수가 많은 경우는 결과의 확인이 어려워집니다. 그래서 슬라이스(Chapter3)를 사용해서 배열의 일부만을 표시해 봅시다. 문자열이나 리스트에 슬라이스를 적용하는 경우와 같은 영역입니다. 변수 score에 슬라이스를 적용하고 첫 5행과 마지막 5행을 각각 표시합니다.

```
>>> score[:5]            ⇐ 첫 5행
array([[ 20., 52., 76.],
       [ 79., 55., 100.],
       [ 31., 60., 59.],
```

```
       [ 85.,  66., 100.],
       [ 98.,  96.,  42.]])
>>> score[-5:]                  ⇐ 첫 5행
array([[67., 60., 56.],
       [61., 69., 27.],
       [ 8., 67., 57.],
       [70., 81., 89.],
       [44.,  2.,  4.]])
```

배열의 요소 수는 len 함수(Chapter2)로 가져올 수 있습니다. 또한 다음과 같은 shape(형태) 속성을 사용하면 각 차원의 요소 수를 통합한 튜플을 가져올 수 있습니다.

배열의 요소 수를 합친 튜플

```
배열.shape
```

len 함수와 shape 속성을 앞서 설명한 변수 score에 적용합니다. len 함수는 1번째 차원의 배열의 요소 수를 반환합니다.

```
>>> len(score)
200                 ⇐ 1번째 차원의 요소 수
>>> score.shape
(200, 3)            ⇐ 각 차원의 요소 수
```

인덱스를 사용해서 배열의 요소를 가져온다

NumPy 배열에서 특정 요소를 가져오려면 인덱스를 사용합니다. 다음은 2차원 배열에서 특정 요소를 지정하는 방법입니다. CSV 파일을 읽어 들인 경우 1번째 차원은 CSV 파일의 행에 대응하므로 '행의 인덱스'라고 표기했습니다. 마찬가지로 2번째 차원은 CSV 파일의 열에 대응하기 때문에 '열의 인덱스'라고 표기했습니다.

다차원 배열의 경우에는 대괄호를 나열하는 방법과 튜플을 사용하는 방법이 있습니다. 튜플을 사용하는 방법에서는 튜플을 둘러싸는 소괄호가 없지만 패킹(Chapter4)의 기능에 의해 튜플이 됩니다.

배열의 요소를 가져오기 (대괄호를 나열하는 방법)

```
배열[행의 인덱스][열의 인덱스]
```

배열의 요소를 가져오기(튜플을 사용하는 방법)

> 배열[행의 인덱스, 열의 인덱스]

문자열이나 리스트 등과 같이 행이나 열의 인덱스는 0부터 시작됩니다. 수학이나 엑셀에서는 행이나 열의 번호를 1부터 시작하는데 여기서는 인덱스에 맞춰서 행이나 열의 번호를 0부터 시작하도록 합니다.

위 방법을 앞서 설명한 변수 score에 사용하여 **2행 1열(2번째 행 안의 1번째 열) 요소**를 가져와 보세요.

```
>>> score = numpy.loadtxt('score.csv', delimiter=',')
>>> score
>>> score[2][1]              ← 대괄호를 나열하는 방법
60.0
>>> score[2, 1]             ← 튜플을 사용하는 방법
60.0
```

어떤 행이나 열을 통째로 가져오는 경우에는 다음과 같이 작성합니다. 열의 경우에는 콜론(:) 또는 도트 3개(...)를 사용하는 것에 주의하세요. :나 ...를 적은 차원에 대해서는 모든 요소를 가져옵니다. 또한 ...는 Ellipsis(일립시스, 생략) 리터럴이라고 합니다.

배열의 행을 가져오기

> 배열[행의 인덱스]

배열의 열을 가져오기

> 배열[:, 열의 인덱스]
> 배열[..., 열의 인덱스]

위 방법을 앞서 설명한 변수 score에 사용해서 **2번째 행과 1번째 열을 각각 통째로 가져와 보세요.**

```
>>> score[2]                 ← 행을 가져오기
array([31., 60., 59.])
>>> score[:, 1]              ← 열을 가져오기
array([ 52., 55., 60., 66., 96., ···
       60., 69., 67., 81., 2.])
>>> score[..., 1]            ← 열을 가져오기
array([ 52., 55., 60., 66., 96., ···
       60., 69., 67., 81., 2.])
```

배열의 지정한 범위를 가져오는 경우에는 슬라이스를 사용하여 다음과 같이 작성합니다. 문자열이나 리스트 등에 대한 슬라이스와 마찬가지로 종료 행(종료 행 번호의 행)이나 종료 열(종료 열 번호의 열)은 범위에 포함되지 않는 것에 주의합니다. 행 번호, 열 번호, 스텝은 모두 생략할 수 있습니다. 또한 행에 :나 ...를 지정하면 지정한 범위의 열을 통째로 가져올 수 있습니다.

배열의 지정한 범위를 가져오기

```
배열[시작 행 번호:종료 행 번호, 시작 열 번호:종료 열 번호]
```

배열의 지정한 범위를 가져오기(스텝을 지정)

```
배열[시작 행 번호:종료 행 번호:행의 스텝, 시작열 번호:종료 열 번호:열의 스텝]
```

위의 방법을 앞서 설명한 변수 score에 사용하여 2번째행에서 3번째 행, 1번째 열에서 2번째 열까지를 가져와 보세요.

```
>>> score[2:4, 1:3]
array([[ 60., 59.],
[ 66., 100.]])
```

조건에 의거해서 배열의 요소를 가져온다

지정한 조건을 만족하는 요소만을 가져올 수도 있습니다. 예를 들어, 2번째 열(국어 점수)이 95 이상인 행만을 가져올 수 있습니다. 다음과 같이 대괄호의 안에 진위값을 반환하는 식을 적습니다.

지정한 조건을 만족하는 요소를 가져오기

```
배열[식]
```

앞서 설명한 변수 score에 대해서 **2번째 열이 95 이상인 행을 가져오려면** 다음과 같이 작성합니다. 실행해서 해당하는 행만이 표시되는 걸 확인해 보세요.

```
>>> score = numpy.loadtxt('score.csv', delimiter=',')
>>> score[score[:, 2] >= 95]      ⇐ 대괄호의 안에 진위값을 반환하는 식을 적는다
array([[ 79., 55., 100.],
       [ 85., 66., 100.],
       [ 59., 99., 95.],
       [ 95., 47., 99.],
       [ 52., 56., 99.]])
```

위에서 대괄호 안에 쓴 식은 다음과 같이 진위값 배열(부울 배열)을 반환합니다. 이처럼 NumPy의 배열에 대해 연산(여기에서는 비교 연산)을 실시하면 결과도 배열이 됩니다. 실은 대괄호의 안에 진위값을 반환하는 식을 적는 기법에서는 대괄호의 안에 지정된 배열을 사용해서 진위값이 True인 요소만을 가져온 것입니다. NumPy에서는 이 기법을 **부울 배열 인덱스**(boolean array indexing)라고 합니다.

```
>>> score[:, 2] >= 95          ⇐ 진위값의 배열(부울 배열)을 반환하는 식
array([False, True, False, True, False, …
    False, False, False, False, False])
```

부울 배열 인덱스에서 부울 연산자(and, or, not)에 해당하는 처리를 실시하려면 앰퍼샌드(&), 버티 컬 바(¦), 틸데(~)를 사용합니다. 이러한 기호는 비트 단위 연산자라고 하며 보통은 정수에 대해서 비트 단위의 연산을 실시하기 위해 사용하는데, NumPy에서는 이러한 연산자를 부울 배열의 가공으로 바꿔 사용합니다. 또한 배타적 논리합을 나타내는 캐럿(^)도 사용할 수 있습니다.

연산자의 우선순위상, 조합하는 각각의 식을 소괄호로 감싸는 것에도 주의합니다. 이것은 비트 연산자(&, ¦, ^, ~ 등)가 비교 연산자(==, <, > 등)보다도 우선순위가 높기 때문입니다.

▼부울 배열 인덱스에서 비트 단위 연산자의 기능

연산자	사용법	결과가 True가 되는 조건(이 이외는 False가 된다)
&	(식A) & (식B)	식A와 식B의 양쪽이 True
¦	(식A) ¦ (식B)	식A 또는 식B가 True(양쪽이 True여도 된다)
^	(식A) ^ (식B)	식A 또는 식B의 한쪽만이 True
~	~(식A)	식A가 False

앞서 설명한 변수 score에 대해서 **영어 또는 국어 점수가 100점인 수험자**만 구해 봅시다. 0번째 열 또는 2번째 열이 100인 행만을 가져옵니다.

```
>>> score[(score[:, 0] == 100) ¦ (score[:, 2] == 100)]          ⇐ ¦를 사용한다
array([[ 79., 55., 100.],
       [ 85., 66., 100.],
       [100., 39., 84.],
       [100., 59., 92.]])
```

마찬가지로 **어떤 과목의 점수가 100인 수험자**를 구해 보세요. 어떤 열(0번째 열부터 2번째 열)이 100인 행만을 가져옵니다.

```
>>> score[(score[:, 0] == 100) ¦ (score[:, 1] == 100) ¦
(score[:, 2] == 100)]
array([[ 79.,  55., 100.],
       [ 85.,  66., 100.],
       [100.,  39.,  84.],
       [ 98., 100.,  47.],
       [ 44., 100.,  78.],
       [100.,  59.,  92.]])
```

위와 같은 프로그램은 다음의 all(올) 함수나 any(애니) 함수를 사용하면 더욱 간결하게 적을 수 있습니다. 이러한 함수는 지정된 축의 방향에 요소의 진위값을 합성합니다. all 함수는 모든 요소가 True일 때에 True를 반환하고, any 함수는 어느 하나의 요소가 True일 때 True를 반환합니다.

모든 요소가 True일 때에 True를 반환한다(all 함수)

```
numpy.all (배열, 축 번호)
```

어떤 요소가 True일 때에 True를 반환한다(any 함수)

```
numpy.any (배열, 축 번호)
```

축 번호는 다음과 같이 키워드 인수의 axis(액시스, 축)를 사용하여 지정할 수도 있습니다. 위와 같이 위치 인수로 지정해도 되지만 인수명을 적는 쪽 프로그램이 읽기 쉽다고 느낀다면 다음과 같이 적는 것이 좋습니다.

축 번호를 키워드 인수로 지정

```
numpy.all(배열, axis=축 번호)
numpy.any(배열, axis=축 번호)
```

다차원 배열에서는 가장 바깥쪽의 대괄호가 축 번호 0에 대응하고, 안쪽의 대괄호가 되어 감에 따라 1, 2, 3⋯에 대응합니다.

2차원 배열의 경우는 축 번호에 0을 지정하면 모든 행, 1을 지정하면 모든 열에 대하여 요소의 진위값을 합성합니다.

어떤 과목의 점수가 100점인 수험자를 구하는 프로그램을 numpy.any 함수를 사용해서 작성해 보세요. 이 경우는 모든 열에 대해서 진위값을 합성하므로 축 번호에는 1을 지정합니다.

```
>>> score[numpy.any(score == 100, 1)]
array([[ 79.,  55., 100.],
       [ 85.,  66., 100.],
       [100.,  39.,  84.],
       [ 98., 100.,  47.],
       [ 44., 100.,  78.],
       [100.,  59.,  92.]])
```

위의 프로그램에서 score==100이라는 식은 모든 요소에 대한 진위값의 배열(부울 배열)을 작성하는 것에 주의합니다. 이 배열의 진위값을 numpy.any 함수로 합성하고 행 별의 진위값을 결정합니다. 이 진위값을 부울 배열 인덱스로서 사용해 score로부터 특정 행을 가져옵니다.

통계량을 구한다

평균값, 최댓값, 최솟값과 같은 통계량은 mean(민), max, min 함수로 구할 수 있습니다. 또한 mean 함수와 유사한 함수로서는 가중 평균을 구하는 average(에버리지) 함수도 있습니다.

평균값을 구한다(mean 함수)

```
numpy.mean (배열)
```

최댓값을 구한다(max 함수)

```
numpy.max(배열)
```

최솟값을 구한다(min 함수)

```
numpy.min(배열)
```

앞서 설명한 변수 score에 대해 위의 mean 함수를 적용하여 **각 열(각 과목)의 평균값**을 구하세요. 인덱스를 사용하여 배열의 각 열을 지정합니다.

```
>>> score = numpy.loadtxt('score.csv', delimiter=',')
>>> numpy.mean(score[:, 0])      ⇦ 0번째 열(영어)
60.19
>>> numpy.mean(score[:, 1])      ⇦ 1번째 열(수학)
60.735
>>> numpy.mean(score[:, 2])      ⇦ 2번째 열(국어)
52.825
```

다음과 같이 축 번호를 지정하면 지정한 축 방향에 대해 통계량을 구할 수 있습니다. 함수의 반환값을 배열입니다. 축 번호의 지정 방법은 앞서 설명한 numpy.all 함수나 numpy.any 함수와 같습니다. 키워드 인수의 axis를 사용해 축 번호를 지정해도 됩니다.

지정된 축에 대해서 평균값을 구한다

```
numpy.mean(배열, 축 번호)
```

지정된 축에 대해서 최댓값을 구한다

```
numpy.max(배열, 축 번호)
```

지정된 축에 대해서 최솟값을 구한다

```
numpy.min(배열, 축 번호)
```

축 번호를 키워드 인수로 지정

```
numpy.mean(배열, axis=축 번호)
numpy.max(배열, axis=축 번호)
numpy.min(배열, axis=축 번호)
```

위와 같이 축 번호를 사용해서 **전체 과목의 평균값, 최댓값, 최솟값**을 구하세요. 축 번호에는 0을 지정합니다.

```
>>> numpy.mean(score, axis=0)    ⇐ 평균값
array([60.19 , 60.735, 52.825])
>>> numpy.max(score, axis=0)     ⇐ 최댓값
array([100., 100., 100.])
>>> numpy.min(score, axis=0)     ⇐ 최솟값
array([1., 2., 0.])
```

Pandas 라이브러리로 필요한 데이터 추출하기

실제 데이터에는 숫자뿐만 아니라 문자열 등이 포함되거나 값이 빠져 있는 부분이 있거나 합니다. 또한 표 데이터의 경우에는 첫 행에 열의 이름이 포함되어 있는 경우도 드물지 않습니다.

여기에서는 Pandas라는 라이브러리를 사용해서 파일로부터 표를 읽어 들이고 머신러닝에 필요한 데이터를 추출하는 방법을 배웁시다. NumPy와 마찬가지로 이러한 방법은 AI에도 빅데이터 해석에도 활용될 수 있습니다.

CSV 파일을 데이터 프레임으로 읽어 들인다

Pandas(판다스)는 널리 사용되고 있는 데이터 처리 라이브러리입니다. 데이터 읽어 들이기, 지정한 데이터의 가져오기, 통계량의 계산 등을 간단한 프로그램으로 실현할 수 있습니다.

Pandas의 주요 기능은 데이터 프레임(Data Frame)이라는 객체입니다. CSV 파일로부터 읽어 들인 표를 데이터 프레임에 저장하여 특정 요소를 가져오거나 각종 연산을 실시할 수 있습니다. 숫자 이외의 데이터도 취급할 수 있는 것이나 열 이름을 지정해서 열을 조작할 수 있는 것 등이 Pandas의 특징입니다.

Pandas의 문서

URL https://pandas.pydata.org/docs/index.html

Pandas는 비표준 라이브러리이므로 다음과 같이 설치해야 합니다. 아나콘다에는 처음부터 설치되어 있습니다.

Pandas의 설치(C파이썬)

```
pip install pandas
```

Pandas의 설치(아나콘다, 미니콘다)

```
conda install -y pandas
```

Pandas를 사용하려면 처음에 pandas 모듈을 임포트합니다. pandas에 pd 등의 짧은 별명을 많이 붙입니다.

pandas 모듈의 임포트

```
import pandas
```

별명(pd)을 붙여서 pandas를 임포트

```
import pandas as pd
```

파이썬 인터프리터의 대화 모드를 사용해서 pandas 모듈을 임포트합니다. 오류 등이 아무것도 표시되지 않으면 성공입니다.

```
>>> import pandas
>>>                              ⇦ 아무것도 표시되지 않고 프롬프트로 되돌아가면 성공
```

여기에서는 Pandas를 사용하여 다음과 같은 CSV 파일(score2.csv)을 읽어 들여봅시다. 앞서 설명한 CSV 파일(score.csv)과의 차이는 행에 열 이름이 포함되어 있는 것입니다.

다음의 CSV 파일은 샘플 파일의 'chapter13' 폴더에 수록되어 있습니다. 이 CSV 파일을 프로그램에서 읽어 들이기 위해서는 'chapter13' 폴더를 현재 디렉터리로 해 두거나 현재 디렉터리에 CSV 파일을 복사해 두세요.

▼ score2.csv

```
English,Math,Korean
20,52,76
79,55,100
31,60,59
85,66,100
98,96,42
...
```

위는 score.csv와 마찬가지로 시험 점수를 모방한 데이터입니다. 각 행은 왼쪽부터, 영어(English), 수학(Math), 국어(Korean)의 점수입니다. 열 이름이 포함되어 있어서 이해하기 쉬울 것입니다. 각 행은 각 수험자에 의한 세 과목의 점수로 전체에서 200행(수험자 200명분)의 데이터가 있습니다.

Pandas에서 CSV 파일을 읽어 들이려면 read_csv(리드 씨에스브이) 함수를 사용합니다. 이 함수는 CSV 파일을 읽어 들이고 데이터 프레임(DataFrame 객체)을 반환합니다. 다음에서는 이 데이터프레임을 대입한 변수를 '데이터 프레임'이라고 표기합니다.

Pandas에 의한 CSV 파일 읽어 들이기(read_csv 함수)

```
데이터 프레임 = pandas.read_csv(파일명, encoding=문자 인코딩)
```

앞서 설명한 CSV 파일(score2.csv)을 읽어 들여 변수 score에 대입하세요. 문자 인코딩에는 'utf-8'(UTF-8)을 지정합니다. 그리고 score를 표시하고 CSV 파일이 읽어 들인 것을 확인해 보세요.

```
>>> score = pandas.read_csv('score2.csv', encoding='utf_8')   ⇐ 읽어 들인다
>>> score                                                      ⇐ 표시
     English  Math  Korean
0         20    52      76
1         79    55     100
2         31    60      59
3         85    66     100
4         98    96      42
..       ...   ...     ...
195       67    60      56
196       61    69      27
197        8    67      57
198       70    81      89
199       44     2       4

[200 rows x 3 columns]                                         ⇐ 크기
```

위와 같이 Pandas는 데이터 프레임을 알기 쉽게 표시해 줍니다. 열 이름이나 행 번호가 붙어 있거나, 크기(행 수와 열 수)를 표시하거나, 처음과 마지막의 몇 행만을 표시해 주기도 하므로 데이터 프레임의 내용을 확인하기 쉬워졌습니다.

데이터 프레임의 처음 또는 마지막의 지정한 행 수를 구하려면 다음과 같은 head(헤드) 메서드와 tail(테일) 메서드를 사용합니다. 행 수를 생략하면 5행을 가져올 수 있습니다.

데이터 프레임의 처음부터 지정한 행 수를 가져오기(head 메서드)

```
데이터 프레임.head(행 수)
```

데이터 프레임의 마지막부터 지정한 행 수를 가져오기(tail 메서드)

```
데이터 프레임.tail(행 수)
```

위의 메서드를 사용해서 **첫 3행과 마지막의 3행을 표시**합니다.

```
>>> score.head(3)              ⇐ 첫 3행
>>> score.head(3)
   English  Math  Korean
0       20    52      76
1       79    55     100
2       31    60      59
>>> score.tail(3)              ⇐ 마지막 3행
     English  Math  Korean
197        8    67      57
198       70    81      89
199       44     2       4
```

데이터 프레임의 열이나 행이나 요소를 가져온다

데이터 프레임에 대해 인덱스를 사용하면 지정한 열을 가져올 수 있습니다. 열을 번호가 아닌 열 이름을 지정하기 때문에 알기 쉬운 것이 이점입니다.

열을 가져오기

```
데이터 프레임[열 이름]
```

앞서 설명한 변수 score에 대해서 **국어(Korean)의 열을 가져와서 표시**해 보세요.

```
>>> score = pandas.read_csv('score2.csv', encoding='utf_8')
>>> score['Korean']                    ⇐ 지정한 열을 가져오기
0       76
1      100
2       59
3      100
4       42
      ...
195     56
```

```
196     27
197     57
198     89
199      4
Name: Korean, Length: 200, dtype: int64    ⇐ 열의 정보
```

위와 같이 가져온 열의 내용과 함께 열 이름(Name), 길이(Length), 데이터 형(dtype)의 정보도 표시됩니다. int64란 64 비트 정수형을 말합니다. 또한 Pandas에서 데이터 형의 구성은 파이썬의 데이터 형 구성과 다릅니다.

다음과 같이 열 이름의 리스트를 지정하면 여러 개의 열을 한꺼번에 가져올 수 있습니다. 이것은 여러 개의 열을 비교하고 싶을 때에 편리합니다.

여러 개의 열을 합쳐서 가져오기

```
데이터 프레임[[열 이름, …]]
```

앞서 설명한 변수 score에 대해 **영어(English)와 국어(Korean)의 열을 가져와서 표시**해 보세요.

```
>>> score[['English', 'Korean']]    ⇐ 여러 개의 열을 가져오기
     English  Korean
0         20      76
1         79     100
2         31      59
3         85     100
4         98      42
..       ...     ...
195       67      56
196       61      27
197        8      57
198       70      89
199       44       4

[200 rows x 2 columns]    ⇐ 크기
```

슬라이스를 사용하면 지정한 행을 가져올 수 있습니다. 행 번호는 0부터 시작합니다. 또한 종료 행 (종료 행 번호의 행)은 결과에 포함되지 않는 것에 주의하세요.

지정한 행을 가져오기

데이터 프레임[시작 행 번호:종료 행 번호]

스텝을 지정하여 여러 행마다 가져올 수도 있습니다.

지정한 행을 가져오기(스텝을 지정)

데이터 프레임[시작 행 번호:종료 행 번호:스텝]

앞서 설명한 변수 score에 대해서 2번째 행부터 3번째 행을 가져와서 표시해 보세요. 종료 행 번호에는 3에 1을 더한 4를 지정해야 합니다. 종료 행 바로 앞의 행까지가 가져옵니다.

```
>>> score[2:4]                ← 지정한 행을 가져오기
   English  Math  Korean
2       31    60      59
3       85    66     100
```

인덱스와 슬라이스를 병용하여 열과 행을 지정할 수도 있습니다. 행을 지정하는 인덱스와 행을 지정하는 슬라이스는 어느 쪽을 왼쪽으로 해도 됩니다. 또한 열의 인덱스에는 리스트도 사용할 수 있습니다.

행과 열을 지정해서 요소를 가져오기

데이터 프레임[열의 인덱스][행의 슬라이스]
데이터 프레임[행의 슬라이스][행의 인덱스]

앞서 설명한 변수 score에 대해서 **영어(English)와 국어(Korean)의 열만을 2번째 행부터 3번째 행까지 가져와서 표시**해 보세요. 열과 행의 어느 쪽을 앞에(왼쪽) 적어도 결과는 같습니다.

```
>>> score[['English', 'Korean']][2:4]      ← 열을 앞에 지정
   English  Korean
2       31      59
3       85     100
>>> score[2:4][['English', 'Korean']]      ← 행을 앞에 지정
   English  Korean
2       31      59
3       85     100
```

조건에 의거해 데이터 프레임의 요소를 가져온다

데이터 프레임의 안에서 어떤 조건에 맞는 요소만을 가져올 수도 있습니다. 대괄호 안에 진위값을 반환하는 식을 적으면 식의 값이 True가 되는 요소를 가져올 수 있습니다. 이것은 NumPy에서 부울 배열 인덱스와 같은 기능입니다. 복잡한 조건을 적는 경우에는 비트 단위 연산자(&, |, ^, ~)도 사용할 수 있습니다.

조건에 맞는 요소만을 가져오기

> 데이터 프레임[식]

앞서 설명한 변수 score에 대해서 **국어(Korean) 점수가 95 이상인 행만 가져와서 표시**해 보세요.

```
>>> score = pandas.read_csv('score2.csv', encoding='utf_8')
>>> score[score['Korean'] >= 95]
    English  Math  Korean
1        79    55     100
3        85    66     100
22       59    99      95
39       95    47      99
76       52    56      99
```

마찬가지로 **영어(English) 또는 국어 점수가 100인 행을 가져와서 표시**하세요. 조건을 조합하기 위해서 버티컬 바(|)를 사용합니다.

```
>>> score[(score['English'] == 100) | (score['Korean'] == 100)]
    English  Math  Korean
1        79    55     100
3        85    66     100
87      100    39      84
149     100    59      92
```

조건에 맞는 요소를 가져오는 다른 방법으로 query(쿼리) 메서드를 사용할 수도 있습니다. 인수에는 식을 문자열로 건넵니다. 이 식의 안에는 별명을 기술할 수도 있습니다.

조건에 맞는 요소만을 가져오기(query 메서드)

> 데이터 프레임.query(문자열)

앞서 설명한 변수 score에 대해서 **국어(Korean)의 점수가 95 이상인 행만을 가져와서 표시**해 보세요.
식의 문자열에는 'Korean >= 95'를 지정합니다.

```
>>> score.query('Korean >= 95')
    English  Math  Korean
1        79    55     100
3        85    66     100
22       59    99      95
39       95    47      99
76       52    56      99
```

query 메서드에서 복잡한 조건을 적는 경우에는 비트 단위 연산자가 아닌 부울 연산자(and, or, not)를 사용합니다. 그러므로 보통의 파이썬 프로그램에서 복잡한 조건을 적을 때와 같은 감각으로 기술할 수 있습니다.

앞서 설명한 변수 score에 대해 **영어(English) 또는 국어 점수가 100인 행을 가져와서 표시**하세요. 조건을 조합하기 위해 or 연산자를 사용합니다. query 메서드를 사용하면 앞서 설명한 부울 배열 인덱스보다 식이 간결해집니다.

```
>>> score.query('English == 100 or Korean == 100')
     English  Math  Korean
1         79    55     100
3         85    66     100
87       100    39      84
149      100    59      92
```

이번은 **어떤 과목의 점수가 100인 수험자**를 가져오세요. 부울 배열 인덱스로 적으면 다음과 같이 길어집니다.

```
>>> score[(score['English'] == 100) | (score['Math'] == 100) | (score['Korean']
== 100)]
     English  Math  Korean
1         79    55     100
3         85    66     100
87       100    39      84
92        98   100      47
```

```
     97          44     100        78
    149         100      59        92
```

query 메서드를 적으면 코드가 조금 짧아지지만 열 수가 늘어나면 이 방법으로는 한계가 있는 것 같습니다.

```
>>> score.query('English == 100 or Math == 100 or Korean == 100')
     English  Math  Korean
1         79    55     100
3         85    66     100
87       100    39      84
92        98   100      47
97        44   100      78
149      100    59      92
```

위와 같은 프로그램은 다음의 all 메서드나 any 메서드를 사용하면 더욱 간결하게 적을 수 있습니다. 이러한 함수는 numpy.all 함수나 numpy.any 함수와 마찬가지로 지정된 축의 방향에 요소의 진위값을 합성합니다. all 메서드는 모든 요소가 True일 때에, any 메서드는 한 요소가 True일 때에 True를 반환합니다.

축 번호의 지정 방법은 NumPy와 같습니다(482쪽 참조). 축 번호는 키워드 인수의 axis를 사용해서 지정해도 됩니다.

모든 요소가 True일 때에 True를 반환한다(all 함수)

```
데이터 프레임.all(축 번호)
```

어느 요소가 True일 때에 True를 반환한다(any 함수)

```
데이터 프레임.any(축 번호)
```

한 과목의 점수가 100점인 수험자를 가져오는 프로그램을 any 메서드를 사용해서 작성해 보세요. 이 경우는 열 방향에 대해 진위값을 합성하므로 축 번호에는 1을 지정합니다.

```
>>> score[(score == 100).any(axix=1)]
     English  Math  Korean
1         79    55     100
3         85    66     100
```

87	100	39	84
92	98	100	47
97	44	100	78
149	100	59	92

위의 프로그램에서 score == 100이라는 식은 전체 요소에 대한 진위값의 데이터 프레임을 작성합니다. 이 데이터 프레임의 진위값을 any 메서드에서 모든 열 방향에 대해 합성하여 행 별의 진위값을 결정합니다. 이 진위값을 Numpy의 부울 배열 인덱스와 마찬가지로 사용하여 score로부터 특정 행을 가져옵니다.

계산 결과를 데이터 프레임에 출력한다

데이터 프레임에서는 값을 읽어낼 뿐만 아니라, 값을 써넣을 수도 있습니다. 예를 들어 데이터 프레임 상의 값을 사용하여 어떠한 계산을 실시하고 결과를 새로운 열에 써넣는 것과 같은 처리를 할 수 있습니다.

새로운 열을 추가하려면 다음과 같이 작성합니다. 열 이름에는 기존의 열 이름과는 다른 새로운 열 이름을 지정합니다. 새로운 열은 기존 열의 끝에 추가됩니다.

데이터 프레임에 새로운 열을 추가

```
데이터 프레임[열 이름] = 값
```

위의 값에 대해서 단독 값(예를 들어 0 등)을 지정한 경우에는 모든 행에 같은 값이 복사됩니다. 기존의 행과 행 수가 같은 데이터 프레임을 지정한 경우에는 기존 행에 나열하는 형태로 새로운 열을 추가할 수 있습니다.

앞서 설명한 변수 score에 대해서 **전체 과목(English, Math, Korean)의 합계점, Total(합계)라는 새로운 열에 써넣어 보세요. 그리고 score를 표시하고 결과를 확인**하세요. Total 열에 합계가 표시되면 성공입니다.

```
>>> score = pandas.read_csv('score2.csv', encoding='utf_8')
>>> score['Total'] = score['English']+score['Math']+score['Korean']
>>> score
   English  Math  Korean  Total
0       20    52      76    148
1       79    55     100    234
2       31    60      59    150
3       85    66     100    251
```

```
4             98      96       42     236
..           ...     ...      ...     ...
195           67      60       56     183
196           61      69       27     157
197            8      67       57     132
198           70      81       89     240
199           44       2        4      50

[200 rows x 4 columns]
```

불필요한 열은 del 문을 사용해서 삭제할 수 있습니다.

열의 삭제(del 문)

> del 데이터 프레임[열 이름]

앞서 추가한 **합계의 열(Total)을 삭제**하고 결과를 확인해 보세요. Total 열이 삭제되면 성공입니다.

```
>>> del score['Total']
>>> score
     English  Math  Korean
0         20    52      76
1         79    55     100
2         31    60      59
3         85    66     100
4         98    96      42
..       ...   ...     ...
195       67    60      56
196       61    69      27
197        8    67      57
198       70    81      89
199       44     2       4

[200 rows x 3 columns]
```

그런데 조금 전 모든 열에 대한 합계를 구했을 때에는 각 열을 순서대로 더했지만 이 방법으로는 대응할 수 있는 열 수에 한계가 있습니다. 이것은 다음과 같은 sum 메서드를 사용하면 해결할 수 있습니다. 축 번호의 지정 방법은 앞서 설명한 all 메서드나 any 메서드와 같습니다.

지정한 축에 대해 합계를 구한다(sum 메서드)

```
데이터 프레임.sum(축 번호)
```

앞에서 설명한 변수 score에 대해 **전체 과목의 합계점을 Total(합계)이라는 새로운 열에 써넣고, 결과를 확인**하세요. 조금 전과 마찬가지로 Total 열에 합계가 표시되면 성공입니다. 축 번호에는 1을 지정합니다.

```
>>> score['Total'] = score.sum(1)      ⇐ 결과를 확인
>>> score                              ⇐ 합계를 계산
      English   Math   Korean   Total  ⇐ Total이 추가되어 있다
0          20     52       76     148
1          79     55      100     234
2          31     60       59     150
3          85     66      100     251
4          98     96       42     236
..        ...    ...      ...     ...
195        67     60       56     183
196        61     69       27     157
197         8     67       57     132
198        70     81       89     240
199        44      2        4      50

[200 rows x 4 columns]
```

마지막으로 **합계의 열을 더한 데이터 프레임을 CSV 파일에 저장**해 봅시다. CSV 파일에 대한 저장은 다음과 같은 to_csv(투 씨에스브이) 메서드로 실시합니다. to_csv 메서드는 기본적으로 각 행에 행 번호를 붙여서 출력합니다.

데이터 프레임을 CSV 파일에 저장(to_csv 메서드)

```
데이터 프레임.to_csv(파일명)
```

행 번호가 필요 없는 경우에는 키워드 인수의 index에 False를 지정합니다.

데이터 프레임을 CSV 파일에 저장(행 번호 없음)

```
데이터 프레임.to_csv(파일명, index=False)
```

앞서 설명한 변수 score에 대해 to_csv 메서드를 적용하고, **데이터 프레임을 score3.csv라는 파일에** **저장**하세요.

```
>>> score.to_csv('score3.csv')          ⇐ CSV 파일에 저장
>>>
```

저장 후 score3.csv를 텍스트 편집기 등에서 열고 합계의 열을 포함하는 표가 저장되어 있는지를 확인해 보세요.

▼ score3.csv

```
,English,Math,Korean,Total
0,20,52,76,148
1,79,55,100,234
2,31,60,59,150
3,85,66,100,251
4,98,96,42,236
...
```

Matplotlib 라이브러리로 데이터 시각화하기

그림으로 데이터를 알기 쉽게 표시하는 것을 **시각화**라고 합니다. 데이터 분석이나 클러스터링 등의 AI 방법을 적용할 때에는 데이터를 시각화하는 것이 중요합니다. 시각화된 데이터를 사람이 봄으로써 얻어진 결과로부터 어떠한 지식을 도출하거나 선택한 방법이 적절했는지를 검토할 수 있습니다. 여기서는 Matplotlib이라는 라이브러리를 사용해서 데이터를 시각화하는 방법을 소개합니다.

히스토그램을 표시해 본다

Matplotlib(매트플롯립)은 널리 사용되는 시각화 라이브러리입니다. NumPy의 배열이나 Pandas의 데이터 프레임 등에서 다양한 종류의 그림을 작성할 수 있습니다.

Matplotlib의 문서
URL https://matplotlib.org/contents.html

Matplotlib은 비표준 라이브러리이므로 다음과 같이 설치해야 합니다. 아나콘다에는 처음부터 설치되어 있습니다.

Matplotlib의 설치(C파이썬)

```
pip install matplotlib
```

Matplotlib의 설치(아나콘다, 미니콘다)

```
conda install -y matplotlib
```

Matplotlib를 사용하려면 처음에 임포트해야 합니다. 이번은 matplotlib 패키지 안의 pyplot 모듈을 사용하기 때문에 다음과 같이 임포트합니다. plt 등의 짧은 별명을 많이 붙입니다.

pyplot 모듈의 임포트

```
from matplotlib import pyplot
```

별명(plt)을 붙여서 pyplot를 임포트

```
from matplotlib import pyplot as plt
```

여기에서는 Pandas를 사용해 앞서 설명한 CSV 파일(score2.csv)을 읽어 들이고 Matplotlib을 사용해서 시각화해 봅시다. 여러 시각화 방법이 있는데 여기에서는 수학(Math) 점수를 가로축으로 수험자 수를 세로축으로 한 득점의 분포를 나타내는 히스토그램을 작성합니다. 히스토그램은 가로 축에 계급(예를 들면 점수 등), 세로축에 도수(예를 들어 수험자 수 등)를 취하여 각 계급의 도수를 기둥으로 나타낸 그림입니다.

Pandas와 Matplotlib를 사용하여 히스토그램을 작성해 파일에 저장하고 화면에도 표시해 봅시다. pyplot 모듈의 각 함수를 사용하여 다음과 같은 절차로 처리합니다.

① figure(피겨) 함수로 그림을 작성합니다.
② xlabel(엑스라벨) 함수로 가로축 명을 설정합니다.
③ ylabel(와이라벨) 함수로 세로축 명을 설정합니다.
④ hist(히스트) 함수로 히스토그램을 그립니다.
⑤ savefig(세이브 피겨) 함수로 그림을 파일에 저장합니다.
⑥ show(쇼) 함수로 그림을 화면에 표시합니다.

그림을 작성(figure 함수)

```
pyplot.figure (타이틀, figsize=(가로, 세로))
```

가로축 이름을 설정(xlabel 함수)

```
pyplot.xlabel(가로축 이름)
```

세로축 이름을 설정(ylabel 함수)

```
pyplot.ylabel (세로축 이름)
```

히스토그램을 그리기(hist 함수)

```
pyplot.hist(데이터 프레임)
```

그림을 파일에 저장(savefig 함수)

```
pyplot.savefig(파일명)
```

그림을 화면에 표시(show 함수)

```
pyplot.show()
```

figure 함수의 키워드 인수 figsize(피겨 사이즈)에는 그림의 크기를 인치 단위로 지정합니다. score2.csv를 읽어 들여 **수학 점수에 관한 히스토그램을 작성하는 프로그램을 작성**해 보세요. 그림을 저장하는 파일명은 hist1.png로 합니다.

▼ hist1.py

```
import pandas
from matplotlib import pyplot

score = pandas.read_csv('score2.csv', encoding='utf_8')   ⇐ CSV를 읽어 들인다
pyplot.figure('Math')                                      ⇐ 그림을 표시
pyplot.xlabel('Score')                                     ⇐ 가로축 명
pyplot.ylabel('Count')                                     ⇐ 세로축 명
pyplot.hist(score['Math'])                                 ⇐ 히스토그램
pyplot.savefig('hist1.png')                                ⇐ 파일에 저장
pyplot.show()                                              ⇐ 그림을 표시
```

프로그램을 실행하여 다음과 같은 히스토그램이 표시되면 성공입니다. 표시를 종료하려면 **Q** 키를 누릅니다. hist1.png에도 같은 내용의 히스토그램이 저장되기 때문에 웹 브라우저나 이미지 처리 도구에서 내용을 확인해 보세요.

▼ Matplotlib에서 작성한 히스토그램

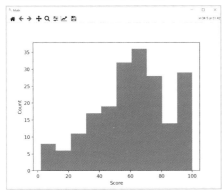

실은 Pandas를 사용해서 히스토그램을 만들 수도 있습니다. 방법은 간단하고 다음과 같이 hist 메서드를 호출하기만 하면 됩니다.

Pandas를 사용해서 히스토그램으로 작성(hist 메서드)

```
데이터 프레임.hist()
```

score2.csv를 읽어 들이고, 위의 hist 메서드를 사용하여 히스토그램을 작성하고, 저장과 표시를 실시하는 프로그램을 작성해 보세요. 그림을 저장하는 파일명은 hist2.png로 합니다.

▼ hist2.py

```
import pandas
from matplotlib import pyplot

score = pandas.read_csv('score2.csv', encoding='utf_8')   ⇽ CSV를 읽어 들인다
score.hist()                                              ⇽ 히스토그램
pyplot.savefig('hist2.png')                               ⇽ 파일에 저장
pyplot.show()                                             ⇽ 그림을 표시
```

위 프로그램은 전체 과목에 대한 히스토그램을 작성합니다. 세부 외관 등을 지정할 필요가 없이 일단 히스토그램을 작성하려면 이 방법이 간단합니다. 표시를 종료하려면 Q 키를 누릅니다.

▼ Matplotlib으로 작성한 히스토그램

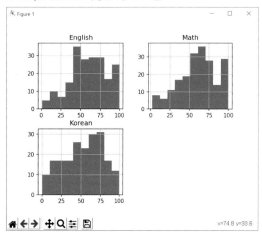

산포도를 표시한다

산포도는 두 가지 값을 가로와 세로 좌표로 사용하여 그 좌표에 점을 그린 그림입니다. 점의 분포를 알기 쉽게 표시하여 두 가지 값 사이에 어떤 관계가 있는지를 판단하기 위해 이용됩니다. 예를 들어 뒤에서 소개하는 클러스터링의 결과를 산포도로 하면 어떤 점이 같은 클러스터에 속하고 있는지를 알기 쉽게 나타낼 수 있습니다.

Pandas로는 다음과 같은 scatter(스캐터) 메서드를 사용하여 데이터 프레임에서 간단하게 산포도를 작성할 수 있습니다. 다음의 가로축과 세로축에는 데이터 프레임의 열 이름을 문자열로 지정합니다. 또한 키워드 인수를 사용해 'x=가로축'이나 'y=세로축'과 같이 지정해도 됩니다.

산포도의 작성(scatter 메서드)

```
score.plot.scatter(가로축, 세로축)
```

scatter 메서드에는 다음과 같은 인수를 사용해 산포도의 외관을 조정할 수 있습니다. 어떤 인수도 생략할 수 있으므로 필요한 인수만을 키워드 인수로 지정하는 것이 좋습니다.

▼ scatter

인수명	의미
s	점의 크기
c	점을 칠하는 색
edgecolor	점의 윤곽색
figsize	그림의 크기(인치 단위)

앞서 설명한 score2.csv를 읽어 들이고, **영어(English) 점수를 가로축에 국어(Korean) 점수를 세로축으로 하는 산포도를 작성하고, 저장과 표시를 하는 프로그램**을 작성해 봅시다. 이것은 영어와 국어 점수의 관계를 시각화한 산포도입니다. 그림을 저장하는 파일명은 scatter.png입니다.

▼ scatter1.py

```python
import pandas
from matplotlib import pyplot

score = pandas.read_csv('score2.csv', encoding='utf_8')   ⇐ CSV의 입력
score.plot.scatter('English', 'Korean', s=100, c='white',
                   edgecolor='black', figsize=(6, 6))      ⇐ 산포도
pyplot.savefig('scatter1.png')                             ⇐ 저장
pyplot.show()                                              ⇐ 표시
```

프로그램을 실행하고 다음과 같은 산포도가 나타나면 성공입니다. 여기에서는 지면에서 산포도를 보기 쉽게 하기 위해서 색이나 크기 등을 조정했습니다. 표시를 종료하려면 **Q** 키를 누릅니다.

scatter1.png에도 같은 내용의 산포도가 저장되므로 내용을 확인해 보세요.

▼ Pandas로 작성한 산포도

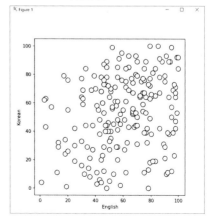

scikit-learn 라이브러리로 데이터에 머신러닝 적용하기

드디어 머신러닝(기계학습)을 실행해 봅시다. 지금까지 배운 데이터의 읽어 들이기, 가공, 시각화에 관한 지식도 활용합니다. 여기에서는 scikit-learn이라는 라이브러리를 사용하여 머신러닝의 대표 적인 방법 중 하나인 클러스터링을 실시합니다.

데이터를 클러스터링한다

scikit-learn(사이킷런)은 널리 사용되는 머신러닝 라이브러리입니다. 데이터 분류, 회귀, 클러스터 링, 차원 축소와 같은 머신러닝에 관한 여러 가지 방법을 적용할 수 있습니다.

scikit-learn의 문서

URL https://scikit-learn.org/stable/user_guide.html

scikit-learn은 비표준 라이브러리이므로 다음과 같이 설치해야 합니다. 아나콘다에는 처음부터 설치되어 있습니다.

scikit-learn의 설치(C파이썬)

```
pip install scikit-learn
```

scikit-learn의 설치(아나콘다, 미니콘다)

```
conda install -y scikit-learn
```

scikit-learn을 사용하려면 처음에 임포트해야 합니다. sklern(에스케이런) 패키지 안의 cluster(클 러스터) 모듈에 있는 Kmeans(케이민즈) 클래스를 사용하므로 다음과 같이 임포트합니다.

KMeans 클래스의 임포트

```
from sklearn.clustered import Kmeans
```

k-means(케이민즈, k 평균법)란 클러스터링의 대표적인 알고리즘 중 하나입니다. 비슷한 경향을 가진 데이터를 같은 클러스터에 배치함으로써 전체 데이터를 지정한 개수의 클러스터로 분류합니

다. 이것은 클러스터의 중심을 계산하는 처리와 각 데이터를 중심이 가장 가까운 클러스터에 소속시키는 처리를 여러 번 교대로 반복함으로써 실현합니다.

Kmeans 클래스를 사용하여 클러스터링을 실시하려면 다음과 같이 작성합니다. Kmeans 객체를 작성한 후에 fit(핏) 메서드를 호출합니다. 앞서 설명한 것처럼 머신러닝의 결과로 모델이 작성되는데 fit 메서드는 모델의 객체를 반환합니다. 다음에서는 모델을 대입한 변수를 '모델'로 표기합니다.

클러스터링의 모델을 작성(fit 메서드)

```
모델= Kmeans(n_clusters= 클러스터 수).fit (데이터 프레임)
```

위의 fit 메서드는 데이터 프레임에 포함되는 각 행들을 클러스터링합니다. 데이터 프레임의 특정 행만을 건네면 예를 들어 '영어와 국어의 득점 경향을 의거해 수험자를 클러스터링한다'와 같은 처리를 할 수 있습니다.

클러스터링의 결과는 모델 객체의 labels_(라벨즈) 속성으로 가져올 수 있습니다. 라벨(label)은 각 데이터가 어떻게 클러스터에 속하는지를 나타낸 번호입니다. labels_ 속성은 배열로 되어 있어서 클러스터링의 대상이 된 데이터의 개수 분만큼 0부터 시작하는 정수가 저장됩니다.

클러스터링의 결과를 가져오기

```
모델 labels_
```

앞에서 설명한 CSV 파일(score2.csv)을 읽어 들이고 **영어(English)와 국어(Korean)의 점수에 의거하여 수험자를 클러스터링**하는 프로그램을 작성해 보세요. 클러스터 수는 3으로 합니다. 클러스터링의 결과는 일단 labels_ 속성을 그대로 표시하기로 합시다.

▼ cluster1.py

```
import pandas
from matplotlib import pyplot
from sklearn.cluster import KMeans

score = pandas.read_csv('score2.csv', encoding='utf_8')   ← CSV를 읽어 들이기
model = KMeans(n_clusters=3).fit(
    score[['English', 'Korean']])                         ← 클러스터링
print(model.labels_)                                      ← 결과를 표시
```

위의 프로그램에서는 열 이름의 리스트를 지정함으로써 데이터 프레임에서 영어와 국어의 열만 가져옵니다. 이것을 fit 메서드에 건네서 영어와 국어 점수를 기준으로 클러스터링을 실시합니다.

프로그램을 실행하면 다음과 같은 결과가 표시됩니다. 0, 1, 2의 정수는 클러스터 번호입니다. 데이터 수(수험자 수)와 같은 200개의 정수가 있으므로 각 수험자가 3개의 클러스터로 분류된 것을 확인할 수 있습니다.

```
>python cluster1.py
[1 0 1 0 2 0 0 2 0 1 1 1 1 1 0 0 2 0 1 0 0 2 0 1 2 0 1 2 1 0 1 0 0 0 1 2 1
 0 1 0 0 0 0 2 0 1 0 0 0 1 2 1 2 2 0 0 0 0 0 0 2 1 0 1 1 1 0 0 2 2 0 2 0 1
 2 2 0 0 1 0 0 0 0 1 0 1 1 0 1 1 2 1 2 0 1 1 2 0 0 2 0 0 0 0 2 1 1 1 1 1 1
 0 2 1 0 0 1 0 0 1 1 1 0 1 1 1 0 2 2 2 1 1 0 2 0 0 0 0 2 1 2 0 0 1 0 1 0 0
 1 0 0 0 1 1 2 0 0 1 0 0 2 2 2 0 0 0 1 0 0 0 2 2 0 0 2 1 0 2 0 1 1 0 0 1 1
 0 2 0 0 0 2 0 1 1 0 1 0 1 0 2 1 0 1]
```

또한 위의 실행 결과는 일정하지 않으며 실행할 때마다 결과가 달라질 수 있습니다. 클러스터 번호가 바뀌는 경우도 있으면 클러스터의 구성 자체가 변화하는 경우도 있습니다. 이것은 k-means가 클러스터의 초기 배치를 난수로 결정하는 것과 클러스터가 어느 정도 변화하지 않게 되면 처리를 끝내는 것이 원인입니다.

클러스터링 결과를 시각화한다

일단 클러스터링이 됐는데 조금 더 결과를 알기 쉽게 표시하려고 합니다. 예를 들어 데이터의 각 행에 대응하는 클러스터의 번호를 데이터 프레임에 새로운 열에 추가하면 어떤 데이터가 어느 클러스터에 속하고 있는지를 알 수 있을 것 같습니다.

클러스터링을 실시한 후에 데이터 프레임에 Cluster라는 새로운 열을 추가하고 여기에 labels_ 속성을 써넣습니다. 그리고 결과를 CSV 파일(score4.csv)에 저장하고 화면에도 표시하세요.

▼ cluster2.py

```python
import pandas
from matplotlib import pyplot
from sklearn.cluster import KMeans

score = pandas.read_csv('score2.csv', encoding='utf_8')    ← CSV를 읽어 들이기
model = KMeans(n_clusters=3).fit(
    score[['English', 'Korean']])                          ← 클러스터링

score['Cluster'] = model.labels_                           ← 열을 추가
```

```
score.to_csv('score4.csv')                              ⇐ 파일에 저장
print(score)                                            ⇐ 결과를 표시
```

위의 프로그램을 실행하면 다음과 같이 데이터 프레임이 표시됩니다. 각 행에 클러스터 번호를 나타내므로 각 수험자가 어느 클러스터에 속해 있는지가 알기 쉬워졌습니다. 저장된 CSV 파일 (score4.csv) 내용도 확인해 보세요.

```
>python cluster2.py
     English  Math  Korean  Cluster
0        20    52      76        1
1        79    55     100        2
2        31    60      59        1
3        85    66     100        2
4        98    96      42        0
..      ...   ...     ...      ...
195      67    60      56        2
196      61    69      27        0
197       8    67      57        1
198      70    81      89        2
199      44     2       4        1

[200 rows x 4 columns]
```

이번에는 클러스터링의 결과를 산포도로 만들어 봅시다. 산포도에 그리는 점을 클러스터 번호에 따라 색상으로 분류함으로써 각 점(각 수험자)가 어느 클러스터에 속하고 있는지를 나타냅니다.

앞서 설명한 프로그램과 같이 클러스터링하여 Cluster라는 열에 클러스터 번호를 적은 후에 산포도를 그리는 프로그램을 작성해 보세요. 포인트는 scatter 메서드의 키워드 인수 c에 score['Cluster']를 지정하는 것입니다. c는 점의 색을 나타내므로 이렇게 지정하면 점이 클러스터 번호에 따른 휘도로 나눠 칠해집니다(이 경우는 검은색, 회색, 흰색).

▼ cluster3.py

```python
import pandas
from matplotlib import pyplot
from sklearn.cluster import KMeans

score = pandas.read_csv('score2.csv', encoding='utf_8')    ⇐ CSV를 읽어 들이기
model = KMeans(n_clusters=3).fit(
    score[['English', 'Korean']])                          ⇐ 클러스터링

score['Cluster'] = model.labels_                           ⇐ 열을 추가
score.plot.scatter('English', 'Korean',
                   s=100, c=score['Cluster'],
                   edgecolor='black', figsize=(6, 6))      ⇐ 산포도를 작성
pyplot.savefig('scatter2.png')                             ⇐ 산포도를 저장
pyplot.show()                                              ⇐ 산포도를 표시
```

위의 프로그램을 실행하면 다음과 같은 산포도가 표시됩니다. 저장된 이미지(scatter2.png)의 내용도 확인해 보세요.

각 점의 색상(검정색, 회색, 흰색)이 각 수험자가 속한 클러스터를 나타냅니다. 3개의 클러스터를 어떻게 해석할 것인지는 산포도를 본 사람이 정합니다. 예를 들어 '영어와 국어 양쪽을 잘하는 클러스터', '영어는 잘하지만 국어는 잘 못하는 클러스터', '둘 다 잘 못하는 클러스터'와 같이 해석할 수 있을 것 같습니다.

▼ 클러스터링 결과의 산포도

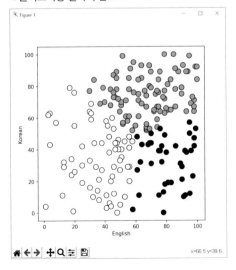

Chapter 14

스크래핑으로
웹에서 정보 수집하기

스크래핑(크롤링)이란 프로그램을 사용하여 웹 사이트에서 자동으로 정보를 수집하는 기술을 말합니다. 예를 들어 검색 엔진은 봇(Bot)이라는 프로그램을 이용해서 웹 페이지를 수집하는데 이것은 스크래핑의 일종입니다. 또한 AI 학습에는 방대한 데이터가 필요한데 스크래핑을 이용하여 웹상의 정보를 자동으로 수집하면 적은 노력으로 학습용 데이터를 갖출 수 있습니다. 더욱 일상적인 용도로는 날씨 정보를 가져오거나 상품의 가격 정보를 가져오는 것 등의 사용법도 있습니다. 여기에서는 파이썬으로 스크래핑을 하기 위해 필요한 방법을 학습합니다.

이 장의 학습 내용

① 웹 페이지 가져오기

② 원하는 정보 수집하기

③ 스크래핑 정기적으로 실행하기

웹 페이지를 가져오는 방법

스크래핑을 실시하려면 우선 웹 페이지를 다운로드해야 합니다. 여기에서는 표준 라이브러리의 urllib을 사용하는 방법과 비표준 라이브러리의 Requests를 사용하는 방법을 소개합니다.

표준 라이브러리로 웹 페이지를 가져온다

표준 라이브러리의 urllib(유알엘립) 패키지를 사용하여 웹 페이지를 가져올 수 있습니다.

urllib은 몇 개의 모듈로 구성되어 있습니다. 자세한 것은 다음의 문서에서 확인하세요.

urllib 패키지의 문서

URL https://docs.python.org/ko/3/library/urllib.html

이번에 이용하는 것은 urllib.request(리퀘스트, 요청) 모듈의 urlopen(유알엘 오픈) 함수입니다. urlopen 함수는 예를 들어 다음과 같이 임포트합니다.

urlopen 함수의 임포트

```
fromurllib.request import urlopen
```

urlopen 함수는 다음과 같이 사용합니다. 파일을 여는 open 함수와 마찬가지로 with 문과 조합하는 것을 추천합니다(Chapter11). urlopen 함수는 URL에 지정한 웹상의 파일(HTML 파일 등)을 열어 이 파일을 읽어 들이기 위한 객체를 반환합니다. 다음에서는 이 객체를 대입한 변수(as 뒤에 적은 변수)를 '파일'이라고 표기합니다.

웹상의 파일을 연다(urlopen 함수)

```
with urlopen (URL) as 파일:
    구문···
```

이 객체는 이터러블이므로 다음과 같이 for 문을 사용하면 파일을 1행씩 읽어 들일 수 있습니다. 다음 변수에는 파일의 내용이 1행씩 대입됩니다.

웹상의 파일을 1행씩 읽어 들인다

```
for 변수 in 파일:
    구문···
```

지정한 URL 파일(HTML 파일)을 가져와 내용을 표시하는 프로그램을 작성해 보세요. URL은 임의이지만 다음 프로그램 예에서는 에이케이커뮤니케이션즈의 웹 사이트(http:// http://www.amusementkorea.co.kr/)를 지정했습니다.

▼ web1.py

```
from urllib.request import urlopen
with urlopen('http://www.amusementkorea.co.kr/') as file:    ← URL을 연다
    for line in file:                                         ← 1행씩 읽어 들인다
        print(line)                                           ← 1행을 표시
```

실행하면 다음과 같은 바이트 열(Chapter9)이 표시됩니다. ASCII 문자 이외는 'Ｗx○○'과 같이 인코드되므로 그대로는 읽을 수 없지만 영문, 숫자, 기호 부분을 읽으면 HTML 파일을 가져온 것을 알 수 있습니다.

```
>python web1.py
b'<!doctype html>\n'
b'<html lang="ko">\n'
b'<head>\n'
b'<meta charset="utf-8">\n'
...
b'<title>\xec\x97\x90\xec\··· \x98\xec\xa6\x88</title>\n'
b'</head>\n'
...
b'</body>\n'
b'</html>\n'
```

바이트 열을 문자열로 변환하려면 다음과 같이 str 함수(Chapter13)를 사용합니다.

바이트 열을 문자열로 변환(str 함수)

```
str(바이트 열, encoding=문자 인코딩)
```

조금 전과 마찬가지로 지정한 **URL 파일을 가져온 다음, 보통의 문자열로 변경하고 나서 표시**하는 프로그

램을 작성하세요. 문자 인코딩은 본래는 파일의 내용(<meta charset=…>태그 등)을 확인하고 판정해야 하는데 여기에서는 간단하게 'utf-8'(UTF-8)을 지정합니다. 또한 가져온 파일의 각 행에는 줄바꿈이 포함되어 있으므로 print 함수의 키워드 인수 end에 ' '를 지정하여 print 함수가 줄바꿈하지 않도록 하는 게 좋습니다.

▼ web2.py

```
from urllib.request import urlopen
with urlopen('http://http://www.amusementkorea.co.kr/') as file:   ⬅ URL을 연다
    for line in file:                                              ⬅ 1행씩 읽어 들인다
        print(str(line, encoding='utf-8'), end='')                 ⬅ 변환해서 표시
```

실행하면 다음과 같이 파일의 내용이 표시됩니다. 조금 전의 바이트 열과는 달리 이건 사람도 읽을 수 있습니다.

```
>python web2.py
<!doctype html>
<html lang="ko">
<head>
<meta charset="utf-8">
...
<title>에이케이커뮤니케이션즈</title>
...
</body>
</html>
```

웹에서 가져온 파일을 로컬 파일(내 컴퓨터에 있는 파일)로서 저장하려면 다음과 같은 프로그램을 작성합니다. 파일이 두 가지 있으므로 각각 '웹 파일', '로컬 파일'이라고 표기했습니다.

웹에서 가져온 파일을 저장

```
with urlopen(URL) as 웹 파일:
    with open(파일명, 'wb') as 로컬 파일:
        로컬 파일.write(웹 파일.read())
```

웹 파일의 전체를 read 메서드로 읽어 들여 로컬 파일의 write 메서드로 저장합니다. open 함수의 모드가 'wb'로 되어 있는 것에 주목하세요. 'w'는 텍스트 파일을 써넣지만, 'wb'는 바이너리 파일을 써넣습니다. 가져온 웹 파일과 동일한 바이트 열을 써넣을 때에는 모드를 'wb'로 합니다.

지정한 URL 파일을 가져온 후에 로컬 파일에 저장하는 프로그램을 작성해 보세요. 로컬 파일명은 download.html로 합시다.

▼ web3.py

```python
from urllib.request import urlopen
with urlopen('http://www.amusementkorea.co.kr/') as web_file:
    with open('download.html', 'wb') as local_file:
        local_file.write(web_file.read())
```

프로그램을 정상적으로 실행했다면 download.html을 텍스트 편집기로 열어 보세요. 이전의 프로그램의 실행 결과와 같은 내용이라면 성공입니다. 또한 download.html을 웹 브라우저로 열면 원본 웹 사이트와 비슷한 내용의 페이지가 표시됩니다(일부 체제가 다르거나 이미지가 빠져 있을 수도 있습니다).

▼ download.html

더욱 간단하게 웹 페이지를 가져온다(Requests 라이브러리)

Requests(리퀘스츠)는 웹에 접근하기 위한 라이브러리입니다. 표준 라이브러리보다도 간결한 프로그램으로 쉽게 웹을 취급할 수 있는 것이 특징입니다.

Requests의 문서

URL https://requests.readthedocs.io/en/master/

Requests는 비표준 라이브러리이므로 다음과 같이 설치해야 합니다. 아나콘다에는 처음부터 설치되어 있습니다.

Requests의 설치(C파이썬)

```
pip install requests
```

Requests의 설치(아나콘다, 미니콘다)

```
conda install -y requests
```

Requests를 사용하려면 먼저 requests 모듈을 임포트합니다.

requests 모듈의 임포트

```
import requests
```

웹상의 파일을 가져오려면 get(겟) 함수를 사용합니다. get 함수는 리스폰스(웹 서버로부터의 응답)의 객체를 반환합니다. 다음에서는 이 객체를 대입한 변수를 '리스폰스'라고 표기합니다.

웹상의 파일 가져오기(requests.get 함수)

```
리스폰스 = requests.get(URL)
```

웹상의 파일 내용은 다음과 같이 text(텍스트) 속성에서 가져올 수 있습니다.

웹상의 파일 내용을 가져오기

```
리스폰스.text
```

Requests 라이브러리를 사용하여 **지정한 URL 파일을 가져와서 내용을 표시**하는 프로그램을 작성해 보세요. 프로그램 예에서는 출판사의 웹 사이트(http://www.amusementkorea.co.kr/)를 지정했지만 다른 URL을 지정해도 됩니다.

▼ requests1.py

```
import requests
r = requests.get('http://www.amusementkorea.co.kr/')    ← 파일을 가져오기
print(r.text)                                            ← 내용을 표시
```

프로그램을 실행하면 다음과 같은 내용이 표시됩니다. 표준 라이브러리의 urllib를 사용했을 때와 결과는 같지만 Requests를 사용하면 매우 간결한 프로그램이 됩니다. 또한 문자 인코딩을 자동으로 처리해주는 것도 이점입니다.

```
>python requests1.py
<!doctype html>
<html lang="ko">
<head>
<meta charset="utf-8">
...
<title>에이케이커뮤니케이션즈</title>
...
</body>
</html>
```

웹에서 가져온 파일(HTML 파일 등)을 로컬 파일로 저장하려면 다음과 같은 프로그램을 작성합니다. 다음에서 사용하고 있는 리스폰스의 content(컨텐트) 속성을 사용하면 파일의 내용을 바이트 열로서 가져올 수 있습니다.

가져온 웹상의 파일을 저장

```
with open (파일명, 'wb') as 로컬 파일:
    로컬 파일.write(리스폰스.content)
```

지정한 URL 파일을 가져온 후에 로컬 파일에 저장하는 프로그램을 작성해 보세요. 로컬 파일명은 download2.html로 합시다.

▼ requests2.py

```
import requests
r = requests.get('http://www.amusementkorea.co.kr/')    ← 웹 파일을 가져오기
with open('download2.html', 'wb') as file:              ← 로컬 파일을 연다
    file.write(r.content)                               ← 써넣기
```

프로그램을 정상적으로 실행했으면 download2.html을 텍스트 편집기에서 열어 보세요. 1개 전의 프로그램을 실행 결과와 같은 내용이면 성공입니다. 또한 download2.html을 웹 브라우저에서 열면 원본 웹 사이트와 비슷한 내용의 페이지가 표시됩니다.

웹 페이지로부터
원하는 정보를 가져온다

웹상의 파일을 프로그램으로 가져오는 방법을 알았으므로 다음은 파일의 내용을 해석하여 원하는 정보를 추출하는 방법을 배워 봅시다. 표준 라이브러리의 정규 표현식 모듈을 사용한 방법과 비표준 라이브러리인 BeautifulSoup을 사용한 방법을 소개합니다.

정규 표현식을 사용한 패턴 매치

정규 표현식은 문자열의 패턴 매치를 실시하기 위한 방법입니다. 다양한 프로그래밍 언어 및 애플리케이션이 정규 표현식에 의한 문자열 검색이나 치환에 대응하고 있습니다. 파이썬에서는 표준 라이브러리의 re 모듈이 정규 표현식의 기능을 제공합니다. re는 regular expression(정규 표현식)의 약자입니다. 다음 문서에는 re 모듈 설명과 re 모듈로 사용할 수 있는 정규 표현식 설명이 기재되어 있습니다.

re 모듈의 문서

URL https://docs.python.org/ko/3/library/re.html

스크래핑을 하려면 웹 페이지(많은 경우는 HTML 파일)로부터 원하는 정보를 추출해야 합니다. 그러기 위해서는 HTML 파일에 기술된 특정 문자열(태그 등)을 표시로 삼아 원하는 정보를 찾아내는 방법이 유효합니다. 이러한 표시 문자열을 찾을 때 정규 표현식으로 검색하면 편리합니다.

예를 들어 파이썬 공식 다운로드 페이지(https://www.python.org/downloads/)에는 릴리스 목록표가 있습니다. 이 목록표로부터 'Python 3.10.5'와 같은 릴리스 번호와 'July 6, 2022'과 같은 릴리스 날짜를 스크래핑으로 추출하는 방법을 생각해 봅시다.

▼릴리스의 목록표

우선은 웹 브라우저를 사용해서 페이지의 소스를 표시하거나 조금 전 작성한 웹상의 파일을 다운로드하는 프로그램을 사용하거나 해서 HTML 파일의 내용을 확인하세요. 예를 들어 위 목록표는 다음과 같이 기술되어 있습니다.

▼https://www.python.org/downloads/

```
<li>
    <span class="release-number"><a href="···">Python 3.10.5</a></span>
    <span class="release-date">July 6, 2022</span>
    ...
</li>
```

위의 구조를 분석하면 다음을 알 수 있습니다.

· li 요소 안에 span 요소가 있다.
· class 속성이 release-number(릴리스 번호)인 span 요소 안에 있는 a 요소 안에 릴리스 번호가 기재되어 있다
· class 속성이 release-date(릴리스 날짜)인 span 요소 안에 릴리스 날짜가 기재되어 있다.

그래서 다음 절차를 HTML 파일 전체에 적용하면 모든 릴리스 번호와 릴리스 날짜를 추출할 수 있을 것 같습니다.

① <li> 요소를 찾습니다.
② ①의 안에 있는 class 속성이 release-number인 span 요소를 찾아 릴리스 번호를 가져옵니다.
③ ①의 안에 있는 class 속성이release-date인 span 요소를 찾아 릴리스 날짜를 가져옵니다.
④ ②와 ③의 양쪽 모두 가져왔으면 릴리스 번호와 릴리스 날짜의 쌍을 저장합니다.

특정 요소를 찾으려면 정규 표현식을 사용해서 요소를 구성하는 문자열에 대한 **패턴 매치**를 실시합니다. 구체적으로는 다음과 같은 정규 표현식을 적을 수 있습니다. 정규 표현식은 다음과 같이 raw 문자열(Chapter3)을 사용해서 작성하는 것을 추천합니다.

<li> 요소

```
r'<li>.+?</li>'
```

class 속성이 release-number 인 span 요소와 안쪽의 a 요소

```
r'<span class="release-number"><a href=".+?">(.+?)</a></span>'
```

class 속성이 release-date 인 span 요소

```
r'<span class="release-date">(.+?)</span>'
```

위에서 .+? 부분은 '임의의 1 문자 이상에 대한 최소 매치(일치하는 것)'를 뜻하는 정규 표현식입니다. .은 임의의 1문자, +는 직전 문자의 1 문자 이상의 반복을 나타냅니다. .+라는 정규 표현식은 가능한 한 긴 문자열에 매치하는데, .+?는 가능한 한 짧은 문자열에 매치합니다. 전자는 탐욕적(greedy, 그리디) 매치, 후자는 게으른(non-greedy, 논그리디) 매치라고 합니다.

위에서 .+?를 사용하고 있는 것은 이번 용도에서는 .+를 사용하면 여러 개의 요소에 걸쳐 매치될 수 있으며 정상적으로 작동하지 않기 때문입니다. 예를 들어 다음과 같은 문자열을 생각해 봅시다.

<li>A</li><li>B</li>

<li>.+</li>는 <li>A</li><li>B</li>에 매치합니다. 이 정규 표현식은 '처음이 <li>이고 마지막이 </li>인 것 같은 최장의 문자열'에 매치하기 때문입니다. 이것은 여러 개의 요소에 걸쳐버리므로 이번 용도로는 적합하지 않습니다.

<li>.+?</li>는 <li>A</li> 또는 <li>B</li>에 매치합니다. 이 정규 표현식은 '처음이 <li>이고 마지막이 </li>인 것 같은 최단의 문자열'에 매치하기 때문입니다. 이것은 요소를 하나씩 꺼낼 수 있으므로 이번은 용도에 적합합니다.

그리고 앞서 설명한 요소를 찾아내는 정규 표현식에는 (.+?)라는 기술도 사용되는 것에 주목하세요. 이처럼 소괄호로 감싼 부분에 매치한 부분 문자열은 나중에 꺼낼 수 있습니다. 이번은 릴리스 번호와 릴리스 날짜를 꺼내기 위해서 (.+?)라는 정규 표현식을 사용하고 있습니다.

또한 re 모듈을 사용하여 패턴 매치를 하려면 re 모듈을 임포트하고 나서 다음과 같은 함수를 사용합니다.

어떤 함수도 문자열이 정규 표현식에 매치하면 매치 객체라는 객체를 반환하고 매치하지 않으면 None을 반환합니다. 매치 객체는 True로 취급하고 None은 False로 취급하므로 함수의 반환값을 if 문 등으로 판정하면 매치했는지 여부를 알 수 있습니다.

문자열 안의 위치에 관계없이 매치(re.search 함수)

```
re.search(정규 표현식, 문자열)
```

문자열 맨 앞에서만 매치(re.match 함수)

```
re.match(정규 표현식, 문자열)
```

문자열 전체에 매치(re.fullmatch 함수)

```
re.fullmatch(정규 표현식, 문자열)
```

매치 객체의 group(그룹) 메서드를 사용하면 정규 표현식에서 소괄호로 감싼 부분에 매치한 부분의 문자열을 가져올 수 있습니다. 번호에 0을 지정하면 매치한 전체 문자열을 반환하고, 1 이후를 지정하면 소괄호로 감싼 부분(왼쪽부터 순서대로 1, 2…)에 매치한 부분 문자열을 반환합니다.

매치한 부분의 문자열을 가져오기(group 메서드)

```
매치 객체.group(번호)
```

문자열 내에서 정규 표현식에 매치한 모든 부분을 가져오려면 다음과 같은 findall(파인드 올) 함수를 사용합니다. findall 함수는 매치한 모든 부분을 문자열 리스트로서 반환합니다.

매치한 모든 부분을 가져오기(re.findall 함수)

```
re.findall(정규 표현식, 문자열)
```

파이썬 공식 다운로드 페이지의 파일(HTML 파일)을 가져오고 릴리스 번호와 릴리스 날짜를 추출해서 표시하는 프로그램을 작성해 보세요. 릴리스 번호와 릴리스 날짜는 튜플로 합치고 나서 리스트에 저장하고 마지막에 정렬해서 표시하세요.

▼ re1.py

```python
import requests
import re

r = requests.get('https://www.python.org/downloads/')          ⬸ 가져오기

release = []                                                     ⬸ 리스트
```

```
for li in re.findall(r'<li>.+?</li>',
                     r.text.replace('\n', '')):                    ⇐ li 요소
    if x := re.search(r'<span class="release-number">'
                      r'<a href=".+?">(.+?)</a></span>', li):       ⇐ span 요소
        if y := re.search(r'<span class="release-date">'
                          r'(.+?)</span>', li):                      ⇐ span 요소
            release.append((x.group(1), y.group(1)))                ⇐ 저장

release.sort()                                                       ⇐ 정렬
for name, date in release:
    print(f'{name:15}{date}')                                       ⇐ 표시
```

위의 프로그램에서는 지면 사정상 긴 1행을 여러 행으로 나누고 있습니다. 이때에 '나열한 여러 개의 문자열 리터럴은 1개의 문자열 리터럴에 연결된다'라는 기능을 사용합니다(Chapter3). 예를 들어 다음과 같은 부분입니다.

r'<span class="release-number">'
r'<a href=".+?">(.+?)</a></span>'

위와 같은 2개의 문자열 리터럴은 다음과 같은 1개의 문자열 리터럴로 연결됩니다.

r'<span class="release-number"><a href=".+?">(.+?)</a></span>'

프로그램을 실행하면 다음과 같은 릴리스 번호와 릴리스 날짜의 목록이 표시됩니다.

```
>python re1.py
Python 2.0.1   June 22, 2001
Python 2.1.3   April 9, 2002
Python 2.2.0   Dec. 21, 2001
Python 2.2.1   April 10, 2002
Python 2.2.2   Oct. 14, 2002
...
Python 3.9.5   May 3, 2021
Python 3.9.6   June 28, 2021
Python 3.9.7   Aug. 30, 2021
Python 3.9.8   Nov. 5, 2021
Python 3.9.9   Nov. 15, 2021
```

HTML 파일의 구조를 해석한다(BeautifulSoup 라이브러리)

BeautifulSoup(뷰티풀수프) 라이브러리는 HTML 파일의 구조를 해석하여 필요한 데이터를 추출하기 위한 라이브러리입니다. 요소의 계층 구조에 따라 처리할 수 있으므로 문자열의 패턴 매치보다도 확실하고 쉽게 데이터를 꺼낼 수 있습니다.

BeautifulSoup의 문서

URL https://www.crummy.com/software/BeautifulSoup/bs4/doc/

BeautifulSoup은 비표준 라이브러리이므로 다음과 같이 설치해야 합니다. 아나콘다에는 처음부터 설치되어 있습니다.

BeautifulSoup의 설치(C파이썬)

```
pip install beautifulsoup4
```

BeautifulSoup의 설치(아나콘다, 미니콘다)

```
conda install -y beautifulsoup4
```

BeautifulSoup(이 책 집필 시의 최신판인 BeautifulSoup4)을 사용하려면 bs4 모듈을 임포트합니다. 이번에 이용하는 것은 bs4 모듈의 BeautifulSoup 클래스이므로 다음과 같이 임포트하면 됩니다.

bs4 모듈의 임포트

```
from bs4 import BeautifulSoup
```

HTML 파일을 해석하려면 다음과 같이 HTML 파일의 내용(HTML 문자열)을 지정하여 BeautifulSoup 객체를 작성합니다. 다음에서는 이 객체를 대입한 변수를 '수프'라고 표기합니다.

BeautifulSoup 객체의 작성

```
수프 = BeautifulSoup(HTML 문자열, 'html.parser')
```

위에서 'html.parser'라고 하는 것은 파이썬 표준의 HTML용 파서(parser, 구문 해석기)를 말합니다. BeautifulSoup은 지정된 파서를 HTML 해석에 사용합니다. 서드파티에서 제공되는 별도의 HTML 파서를 지정할 수도 있습니다. 파서에 따라 HTML 기술에 대한 유연성 및 처리 속도가 다릅니다. HTML 파일에서 특정 요소를 찾으려면 다음의 메서드를 사용합니다. find_all의 반환값은 이터러블이므로 for 문 등과 조합할 수 있습니다.

해당되는 첫 요소를 반환한다(find 메서드)

```
수프.find(요소명)
수프.find(요소명, 속성명=값, ···)
```

해당하는 모든 요소를 반환한다(find_all 메서드)

```
수프.find_all(요소명)
수프.find_all(요소명, 속성명=값, ···)
```

위에서 속성명은 옵션입니다. 속성명을 지정하지 않으면 속성의 값을 한정하지 않고 요소를 찾습니다. 속성명을 지정하면 속성이 특정한 값인 요소만을 찾습니다. 또한 속성명에 class를 지정할 때는 파이썬의 키워드인 class와 구별하기 위해서 class_라고 적습니다.

파이썬 공식 다운로드 페이지를 가져오여 릴리스 번호와 릴리스 날짜를 추출해서 표시하는 프로그램을 BeautifulSoup을 사용해 작성합니다.

▼ soup1.py

```
import requests
from bs4 import BeautifulSoup

r = requests.get('https://www.python.org/downloads/')    ⇐ 웹에서 가져오기

release = []                                             ⇐ 빈 리스트
soup = BeautifulSoup(r.text, 'html.parser')              ⇐ 해석을 시작

for li in soup.find_all('li'):                           ⇐ li 요소
    if x := li.find('span', class_='release-number'):    ⇐ span 요소
        if y := x.find('a'):                             ⇐ a 요소
            if z := li.find('span', class_='release-date'):  ⇐ span 요소
                release.append((y.text, z.text))         ⇐ 리스트에 저장

release.sort()                                           ⇐ 정렬
for name, date in release:
    print(f'{name:15}{date}')                            ⇐ 결과를 표시
```

프로그램을 실행하면 앞서 설명한 정규 표현식을 사용한 프로그램과 마찬가지로 릴리스 번호와 릴리스 날짜의 목록이 표시됩니다.

schedule 라이브러리로
스크래핑을 정기적으로 실행하기

날씨나 가격과 같이 시간이 지남에 따라 변동하는 정보는 정기적으로 추출할 때가 있습니다. 이럴 때 웹 페이지에서 데이터를 추출해서 가공하면 되는데, 이러한 작업을 웹 스크래핑(크롤링)이라고 합니다. 여기에서는 스케줄에 의거해 처리를 실행하는 schedule이라는 라이브러리를 사용해서 정기적으로 스크래핑을 자동 실행하는 방법을 소개합니다. 또한 프로그램을 모듈로 해서 이용하는 방법에 대해서도 배웁니다.

스케줄을 지정하여 처리를 실행한다

schedule(스케줄) 라이브러리는 미리 설정한 스케줄에 의거해 지정한 처리(함수)를 호출해 주는 라이브러리입니다. '10분마다', '매일 정해진 시각에', '특정 요일에' 등의 다양한 방법으로 여러 가지 처리가 혼재하는 스케줄을 설정할 수가 있습니다.

schedule의 문서

URL https://schedule.readthedocs.io/en/stable/

schedule은 비표준 라이브러리이므로 다음과 같이 설치해야 합니다.

schedule의 설치(C파이썬)

```
pip install schedule
```

schedule의 설치(아나콘다, 미니콘다)

```
conda install -y -c conda-forge schedule
```

conda에서 설치하는 경우에는 위와 같이 -c conda-forge라는 옵션을 붙입니다. -c는 채널(channel)을 지정하기 위한 옵션입니다. 채널이란 conda에서 설치하는 파일의 제공원을 말합니다. conda-forge(콘다 포지)는 커뮤니티에 의한 채널로 일반적으로는 설치할 수 없는 소프트웨어도 conda-forge를 추가함으로써 설치할 수 있는 경우가 있습니다.

그래도 설치할 수 없는 경우에는 아나콘다, 미니콘다에서 pip을 사용해서 설치하는 방법이 있습니다. schedule를 사용하려면 schedule 모듈을 임포트합니다.

schedule 모듈의 임포트

```
import schedule
```

schedule 모듈을 임포트했으면 다음과 같이 스케줄을 설정합니다. 각각 정해진 시간마다 지정한 함수를 실행합니다. 요일에는 월요일부터 일요일까지(monday, tuesday, wednesday, thursday, friday, saturday, sunday)를 지정할 수 있습니다. 다음의 기법은 'every hour do'(한 시간마다 ~를 한다)와 같이 영어로 의미가 통하게 되어 있는 것이 특징입니다.

▼프로그램 스케줄

프로그램	스케줄
schedule.every().hour.do(함수)	매시간
schedule.every().minute.do(함수)	매분
schedule.every().second.do(함수)	매초
schedule.every().day.do(함수)	매일
schedule.every().week.do(함수)	매주
schedule.every().요일.do(함수)	지정한 요일마다
schedule.every().minute.at(':분').do(함수)	매시간(분 지정)
schedule.every().day.at('시:분').do(함수)	매일(시간 지정)
schedule.every().요일.at('시:분').do(함수)	매지정 요일(시간 지정)

다음과 같이 every(에브리) 함수의 인수에 숫자를 지정하면 '3시간마다'나 '10분마다'와 같은 스케줄을 만들 수 있습니다. hours나 minutes 부분은 hour나 minute로도 동작하지만 복수형으로 함으로써 영어로서 더욱 의미가 통할 수 있게 되어 있습니다.

▼스케줄의 설정(○○마다)

프로그램	스케줄
schedule.every(숫자).hours.do(함수)	'숫자' 시간마다
schedule.every(숫자).minutes.do(함수)	'숫자' 분마다
schedule.every(숫자).seconds.do(함수)	'숫자' 초마다
schedule.every(숫자).days.do(함수)	'숫자' 일마다
schedule.every(숫자).weeks.do(함수)	'숫자' 주마다

스케줄을 실행하려면 예를 들어 다음과 같은 프로그램을 작성합니다. run_pending(런 펜딩) 함수를 호출하면 소정의 타이밍이 된 스케줄(에 등록한 함수)을 실행합니다. 다음의 프로그램은 적당한 시간 대기(여기에서는 1초)를 하면서 run_pending 함수를 반복해서 호출합니다.

스케줄 실행(run_pending 함수)

```
while True:                        ⇐ 무한 루프
    schedule.run_pending()         ⇐ 스케줄을 실행
    time.sleep(1)                  ⇐ 시간 대기
```

스케줄로 실행할 처리를 모듈화하다

여기에서는 앞서 설명한 스크래핑을 정기적으로 실행하는 프로그램을 작성해 봅시다. 그러기 위해서는 우선은 schedule 라이브러리에서 실행하는 처리를 함수에 합쳐야 합니다. 동시에 앞서 설명한 스크래핑 처리도 모듈로 합시다. 모듈로 하는 것은 필수는 아니지만 모듈로 함으로써 스크래핑의 처리를 재이용하기 쉬워집니다. 예를 들면 스크래핑의 처리만을 단독으로 실행하거나 다른 프로그램에서 이용할 수 있습니다.

단독으로도 실행되고 다른 프로그램에서도 이용할 수 있는 모듈은 다음과 같이 작성합니다. 모듈의 중요한 처리를 함수로 통합한 후에 모듈을 단독으로(파이썬 명령어로) 실행했을 때에 함수를 호출하는 처리를 추가합니다.

모듈의 작성

```
def 함수명(인수, …):              ⇐ 모듈의 중요한 처리를 함수로 한다
    모듈의 중요한 처리…


if __name__ == '__main__':        ⇐ 단독으로 실행했을 때에 함수를 호출한다
    함수명(인수, …)
```

__name__이란 모듈명을 반환하는 특별한 변수입니다. 모듈을 단독으로 실행했을 때에는 모듈명은 '__main__'이 되며 다른 프로그램에서 이용했을 때에는 파일명에서 '.py'를 제외한 이름이 됩니다. 그러므로 위와 같이 __name__이 '__main__'과 같은지 여부를 판정하여 같을 때에는 모듈의 주요한 처리를 실시하는 함수를 호출하도록 하면 단독으로도 다른 프로그램에서도 사용할 수 있는 모듈이 됩니다.

앞서 설명한 스크래핑을 실시하는 프로그램(파이썬의 릴리스 번호와 릴리스 날짜를 가져오는 프로그램)을 scraping(스크래핑) 모듈(scraping.py)에 통합하세요. 주요한 처리는 job 함수에 통합합니다.

정기적으로 스크래핑을 실시했을 때 언제 실행했는지 알 수 있도록 실행 시점의 일시를 표시하도록 합시다. 표준 라이브러리 datetime(데이트 타임)을 임포트한 후 다음의 방법으로 현재의 일시를 구해서 표시합니다.

현재 일시의 가져오기

```
datetime.datetime.now()
```

프로그램 예는 다음과 같습니다. job 함수의 내용은 앞서 설명한 스크래핑을 실시하는 프로그램과 거의 같고, 마지막에 현재의 일시를 표시하는 처리를 추가합니다. 또한 __name__이 '__main__'과 같은지 여부를 판정하는 처리를 실시함으로써 이 모듈을 단독으로도, 다른 프로그램에서도 사용할 수 있게 합니다.

▼ scraping.py

```
import requests
from bs4 import BeautifulSoup
import datetime


def job():                                                          ⇦ 함수
    r = requests.get('https://www.python.org/downloads/')
    release = []
    soup = BeautifulSoup(r.text, 'html.parser')
    for li in soup.find_all('li'):
        if x := li.find('span', class_='release-number'):
            if y := x.find('a'):
                if z := li.find('span', class_='release-date'):
                    release.append((y.text, z.text))
    release.sort()
    for name, date in release:
        print(f'{name:15}{date}')
    print('-'*30, datetime.datetime.now())                         ⇦ 일시 표시


if __name__ == '__main__':                                         ⇦ 실행 확인
    job()
```

다음은 **스케줄에 의거해 위의 job 함수를 호출**하는 프로그램을 작성해 봅시다. 다음의 프로그램 예에서는 매일 12:00(정오)에 스케줄을 설정합니다. 프로그램 동작을 확인할 때에는 현재 시각의 직후(1분 후 등)로 설정하면 동작을 확인하기 쉬울 것입니다. 웹 사이트에 부하를 주면 안 되므로 계속해서 너무 자주 접근하는 것은 삼가합니다.

▼ schedule1.py

```python
import schedule
import time
import scraping

schedule.every().day.at("12:00").do(scraping.job)    ⇜ 매일 12:00으로 설정

while True:                                           ⇜ 무한 루프
    schedule.run_pending()                           ⇜ 스케줄을 실행
    time.sleep(1)                                    ⇜ 시간 대기
```

위의 프로그램에서는 무한 루프를 사용하여 스케줄의 실행과 시간 대기를 반복합니다. 시간 대기에는 time 모듈의 sleep 함수(Chapter10)를 사용합니다. 여기에서는 동작을 확인하기 쉽도록 대기 시간을 짧게(1초간)하고 있지만 더욱 길게(예를 들면 1분간 등)해도 좋습니다.

다음이 실행 예입니다. 릴리스 번호와 릴리스 날짜의 목록을 표시하고 마지막에 현재 일시를 표시합니다. 여기에서는 스크래핑의 결과를 화면에 표시하고 있는데 텍스트 파일이나 CSV 파일 등에 저장해도 좋을 것입니다(Chapter11).

같은 요령으로 날씨나 가격 등의 정보를 웹 사이트에서 정기적으로 가져오는 프로그램을 개발할 수도 있습니다.

```
>python scraping.py
Python 2.0.1   June 22, 2001
Python 2.1.3   April 9, 2002
Python 2.2.0   Dec. 21, 2001
Python 2.2.1   April 10, 2002
Python 2.2.2   Oct. 14, 2002
...
Python 3.9.5   May 3, 2021
Python 3.9.6   June 28, 2021
Python 3.9.7   Aug. 30, 2021
Python 3.9.8   Nov. 5, 2021
```

```
Python 3.9.9   Nov. 15, 2021
----------------------------- 2022-07-14 10:15:23.290306
...
```

데이터베이스와
웹 프로그래밍

파이썬은 웹 애플리케이션 구축에도 폭넓게 이용되고 있습니다. 웹 애플리케이션이란 웹을 기반으로 한 애플리케이션 소프트웨어으로 웹 서버와 웹 브라우저가 연계하여 동작함으로써 여러 가지 기능을 실현합니다. 온라인 쇼핑, 블로그, 게시판, SNS 같은 다양한 웹 애플리케이션이 있는데 모두 파이썬을 사용하여 개발할 수 있습니다. 여기에서는 웹 애플리케이션을 구축하기 위한 기술과 함께 많이 이용되는 데이터베이스 기술을 배웁니다.

이 장의 학습 내용

① 데이터베이스의 조작

② 웹 애플리케이션의 작성

Section 01 | SQL을 사용해서 데이터베이스를 조작한다

데이터베이스(database, DB)란 검색 등의 조작을 효율적으로 실행할 수 있는 형식으로 정리하여 정보(데이터)를 모은 것입니다. 데이터베이스에는 여러 방식이 있는데 특히 많이 사용되는 것은 관계형 데이터베이스(relational database)라는 방식입니다. 관계형 데이터베이스에서는 테이블이라는 여러 개의 표 형식으로 정리된 데이터에 대해 SQL(에스큐엘)이라는 데이터베이스 언어를 이용해 검색이나 갱신 등의 조작을 할 수 있습니다. 여기에서는 파이썬의 프로그램에서 관계형 데이터베이스나 SQL을 이용하는 방법을 배웁니다.

데이터베이스를 작성한다

관계형 데이터베이스는 어느 정도의 분량이 있는 데이터를 축적해 두고 그 데이터에 대해 검색이나 갱신 등의 조작을 하고 싶을 때 사용합니다. 이러한 데이터에 대한 조작은 단순한 파일 등을 사용해도 실행할 수 있지만 데이터베이스에서는 복잡한 조건에 의거한 검색 등을 쉽게 할 수 있 이점이 있습니다. 또한 대부분의 RDBMS(Relational DataBase Management System, 관계형 데이터베이스 관리 시스템)가 SQL을 채택하고 있으므로 SQL을 사용하면 다양한 RDBMS에 대응할 수 있다는 이점도 있습니다. 그래서 실무의 애플리케이션 소프트웨어(웹 애플리케이션 포함)에서는 일반적으로 데이터베이스를 사용합니다.

파이썬에서는 프로그램에서 RDBMS에 대해 SQL 문(SQL의 문법에 의거해 기술한 구문)을 발행하고 RDBMS에 SQL 문을 실행시켜 결과에 대한 데이터를 가져올 수 있습니다. 이용할 수 있는 RDBMS에는 폭넓은 선택지가 있지만 가장 손쉽게 사용할 수 있는 것은 SQLite(에스큐라이트)라는 RDBMS입니다. SQLite는 파이썬의 표준 라이브러리(sqlite3 모듈)에 내장되어 있으므로 RDBMS를 따로 셋업할 필요 없이 모듈을 임포트하기만 하면 바로 사용할 수 있습니다.

sqlite3 모듈의 문서

URL https://docs.python.org/ko/3/library/sqlite3.html

여기에서는 sqlite3 모듈을 사용하여 데이터베이스를 작성해 봅시다. 처음에 sqlite3를 임포트합니다.

sqlite3 모듈의 임포트

```
import sqlite3
```

이번에는 온라인 쇼핑에서 사용하는 데이터베이스를 만들어 보겠습니다. 데이터베이스명을 shop(숍)이라고 지정합니다. 이 shop 데이터베이스 안에 사용자를 관리하는 account(계정) 테이블을 만듭니다. 관계형 데이터베이스의 테이블은 행과 열로 구성된 2차원 표입니다. 여기에서는 account 테이블에 user(사용자) 열과 password(비밀번호) 열을 만들고 사용자의 로그인 정보를 관리하도록 합니다. shop 데이터베이스는 다음과 같은 계층 구조입니다.

▼ shop 데이터베이스의 계층 구조

데이터베이스를 새로 작성하거나 기존 데이터베이스를 열려면 다음과 같은 프로그램을 적습니다. sqlite3 모듈의 connect(커넥트) 함수는 데이터베이스에 접속하고 **접속**(connection)을 나타내는 객체를 반환합니다. 다음에서는 접속의 객체를 대입한 변수를 '접속'이라고 표기합니다.

데이터베이스로 접속(sqlite3.connect 함수)

```
접속 = sqlite3.connect('데이터베이스명.db')
```

다음에 접속의 cursor(커서) 메서드를 호출하여 커서의 객체를 가져옵니다. 커서(cursor)는 텍스트 편집기에서 문자의 입력 위치를 나타내는 커서와 비슷한 것으로 데이터베이스에 대한 조작 기능을 제공합니다. 다음에서는 커서의 객체를 대입한 변수를 '커서'라고 표기합니다.

커서 가져오기(cursor 메서드)

```
커서 = 접속.cursor()
```

커서의 execute(엑시큐트) 메서드를 호출하면 RDBMS(SQLite)에 대해서 SQL 문을 발행하여 실행시킬 수 있습니다. SQL 문은 문자열로 지정합니다. SQL 문의 안에서 작은따옴표(')를 사용할 수 있으므로 문자열은 큰따옴표(")로 감싸면 편리합니다.

SQL 문의 실행(execute 메서드)

> 커서.execute(SQL 문)

데이터베이스를 변경하는 SQL 문을 실행했을 때에는 변경 사항을 확정하기 위해 다음의 commit(커밋) 메서드를 실행합니다. 커밋이란 데이터베이스에서 변경 사항을 확정하는 조작을 말합니다.

데이터베이스의 변경 사항 확정(commit 메서드)

> 접속.commit()

데이터베이스를 다 사용했으면 마지막에 close(클로즈) 메서드를 호출해서 데이터베이스에 대한 연결을 닫습니다.

데이터베이스로의 연결을 닫는다(close 메서드)

> 접속.close()

shop 데이터베이스를 작성하여 다음의 SQL 문을 실행하는 프로그램을 작성해 봅시다. 프로그램을 실행하고 오류가 발생하지 않으면 성공입니다. 현재 디렉터리에 shop.db가 작성됩니다.

· account 테이블이 존재하는 경우는 삭제한다

DROP TABLE IF EXISTS account

· account 테이블을 작성하고 user 열과 password 열을 추가한다

CREATE TABLE account (user TEXT PRIMARY KEY, password TEXT)

▼ sql1.py

```
import sqlite3
con = sqlite3.connect('shop.db')                          ↤ 데이터베이스에 접속
cur = con.cursor()                                        ↤ 커서 가져오기
cur.execute("DROP TABLE IF EXISTS account")               ↤ SQL 문을 실행
cur.execute("CREATE TABLE account \
            (user TEXT PRIMARY KEY, password TEXT)")       ↤ SQL 문을 실행
con.commit()                                              ↤ 변경 사항 확정
con.close()                                               ↤ 접속을 닫는다
```

위 코드는 SQLite 데이터베이스를 사용하여 "shop.db"라는 이름의 데이터베이스와 연결하며, 연결 객체는 con 변수에 할당됩니다. 그다음, 데이터베이스를 실행하기 위해 커서를 생성하고

커서 객체는 cur 변수에 할당됩니다. 여기서는 "account"라는 테이블이 이미 존재하면 제거하고 다시 생성합니다. CREATE TABLE을 사용하여 'account' 테이블을 생성합니다. 이 테이블에는 "user"와 "password" 두 개의 열이 있으며, "user" 열은 PRIMARY KEY로 지정됩니다. commit 메서드로 데이터베이스에 대한 변경 사항을 저장하고 close 함수로 연결을 닫습니다.

데이터베이스에 데이터를 등록한다

작성한 shop 데이터베이스는 아직 데이터가 없어 비어 있는 상태입니다. 다음과 같은 사용자명과 비밀번호의 쌍을 데이터베이스에 등록해 봅시다.

사용자명: lily, 비밀번호: abc123

사용자명: alex, 비밀번호: def456

사용자명: molly, 비밀번호: ghi789

위의 데이터를 튜플의 리스트로 해 둡니다. 이렇게 리스트 등의 이터러블에 저장된 데이터에 대해서 SQL 문을 반복 적용하려면 다음과 같은 executemany(엑시큐트 매니) 메서드를 사용합니다.

SQL 문을 반복 요소(executemany 메서드)

```
커서.executemany(SQL 문, 이터러블)
```

이번에는 다음의 SQL 문을 기술합니다. executemany 메서드나 앞서 설명한 execute 메서드에서 SQL 문 안에 물음표(?)를 적어두면 그 위치에 값을 채울 수 있습니다.

· account 테이블에 행을 추가한다

```
INSERT INTO account VALUES (?, ?)
```

앞서 설명한 리스트(튜플의 리스트)에 대해서 executemany 메서드를 적용하면 executemany 메서드는 리스트에서 튜플을 1개씩 꺼냅니다. 그리고 튜플에서 사용자명과 비밀번호를 꺼내고 위의 SQL 문 안에 있는 왼쪽의 ?에 사용자명, 오른쪽의 ?에 비밀번호를 넣고 나서 SQL 문을 실행합니다.

사용자명과 비밀번호의 짝을 데이터베이스에 등록하는 프로그램을 작성해 봅시다. 프로그램을 실행하고 오류가 발생하지 않으면 성공입니다.

▼ sql2.py

```
import sqlite3
con = sqlite3.connect('shop.db')              ⇐ 데이터베이스에 접속
cur = con.cursor()                            ⇐ 커서 가져오기
account = [('lily', 'abc123'), ('alex', 'def456'),
          ('molly', 'ghi789')]                ⇐ 등록하는 리스트
cur.executemany("INSERT INTO account VALUES (?, ?)",
                account)                      ⇐ 데이터 등록
con.commit()                                  ⇐ 변경 사항 확정
con.close()                                   ⇐ 접속을 닫는다
```

데이터베이스 안에 기존의 데이터가 존재하는 경우 신규로 등록한 데이터는 끝에 추가됩니다.

데이터를 가져와서 표시하기

조금 전 등록한 데이터를 데이터베이스로부터 **가져와서** 표시해 봅시다. 앞서 설명한 execute 메서드를 사용하여 다음과 같은 SQL 문을 실행합니다.

· account 테이블에서 모든 행을 가져온다

 SELECT * FROM account

가져온 데이터는 커서를 이터러블로서 사용하여 예를 들어 다음과 같은 for 문을 적으면 1행씩 꺼낼 수 있습니다. 꺼낸 각 행은 각 열의 데이터를 통합한 튜플입니다. 다음과 같이 적으면 변수에 각 열의 데이터가 들어갑니다.

데이터베이스로부터 데이터를 가져오기

```
for 변수, … in 커서:
    구문…
```

account 테이블로부터 모든 데이터를 가져와서 표시하는 프로그램을 작성해 봅시다.

▼sql3.py

```
import sqlite3
con = sqlite3.connect('shop.db')              ⬅ 데이터베이스에 접속
cur = con.cursor()                            ⬅ 커서를 가져오기
cur.execute("SELECT * FROM account")          ⬅ SQL 문을 실행
for user, password in cur:                    ⬅ 결과를 1행씩 꺼낸다
    print(f'{user:10}{password}')             ⬅ 결과를 표시
con.close()                                   ⬅ 접속을 닫는다
```

프로그램을 실행하면 모든 사용자명과 비밀번호 쌍이 자릿수를 맞춰서 표시됩니다.

```
>python sql3.py
lily        abc123
alex        def456
molly       ghi789
```

기존 데이터를 갱신한다

데이터베이스상의 기존 데이터를 **갱신**(변경)해 봅시다. 앞서 설명한 execute 메서드를 사용하여 다음과 같은 SQL 문을 실행합니다.

· user 열이 지정한 값과 같은 행에 대해 password 열의 값을 변경한다.

 UPDATE account SET password=? WHERE user =?

사용자명 lily의 비밀번호를 321cba로 변경하는 프로그램을 작성해 봅시다.

▼sql4.py

```
import sqlite3
con = sqlite3.connect('shop.db')                      ⬅ 접속
cur = con.cursor()                                    ⬅ 커서 가져오기
user = 'lily'                                         ⬅ 사용자명
password = 'cba321'                                   ⬅ 비밀번호
cur.execute("UPDATE account SET password=? WHERE user=?",
            (password, user))                         ⬅ SQL문을 실행
con.commit()                                          ⬅ 변경 사항 확정
con.close()                                           ⬅ 접속을 닫는다
```

프로그램(sql4.py)이 정상적으로 실행되면 데이터를 가져와서 표시하는 프로그램(sql3.py)을 실행하여 결과를 확인하세요.

```
>python sql4.py
```

```
>python sql3.py
lily       cba321       ⇐ 비밀번호가 변경되어 있다
alex       def456
molly      ghi789
```

로그인 기능을 작성한다

조금 전의 데이터베이스(shop.db)를 이용하여 계정에 로그인하는 프로그램을 작성해 봅시다. 명령행 인수(Chapter11)에 사용자명과 비밀번호를 지정하여 프로그램을 실행하면 로그인 여부를 판정하고 결과를 표시하도록 합니다. 성공하면 'Welcome!', 실패하면 'Failed.'라고 표시합니다.

로그인 여부를 판정하기 위해서는 앞서 설명한 execute 메서드를 사용하여 다음과 같은 SQL 문을 실행합니다. 입력한 사용자명과 비밀번호의 쌍이 account 테이블에 등록되어 있는지 여부를 알아봅니다.

· account 테이블에서 user 열과 password 열이 지정한 값과 같은 행을 가져온다

```
SELECT * FROM account WHERE user=? AND password=?
```

위의 SQL 문을 실행한 결과, 해당하는 행을 찾으면 로그인은 성공으로 찾지 못하면 실패입니다. 행을 찾았는지 여부는 예를 들어 커서 객체에 list 함수를 적용하여 결과가 빈 리스트인지 여부를 조사하면 알 수 있습니다.

명령 행 인수로부터 입력한 사용자명과 비밀번호에 대해 로그인 여부를 판정하고 결과를 표시하는 프로그램을 작성해 보세요. 다음의 프로그램 예에서는 입력한 명령 행 인수의 개수가 다른 경우, 사용법을 표시하고 종료합니다. 문자열을 표시하고 종료하려면 다음과 같은 sys 모듈의 exit(엑시트) 함수를 사용하면 편리합니다. sys는 표준 모듈이므로 설치는 필요 없고 임포트만으로 이용할 수 있습니다.

문자열을 표시하고 종료(sys.exit 함수)

```
sys.exit(문자열)
```

▼ sql5.py

```
import sqlite3
import sys
if len(sys.argv) != 3:                                       ⇐ 인수의 개수
    sys.exit(f'Usage: python {sys.argv[0]} user password')   ⇐ 사용법을 표시
con = sqlite3.connect('shop.db')                             ⇐ 접속
cur = con.cursor()                                           ⇐ 커서 가져오기
cur.execute("SELECT * FROM account \
            WHERE user=? AND password=?", sys.argv[1:])      ⇐ SQL 문을 표시
print('Welcome!' if list(cur) else 'Failed.')                ⇐ 결과를 표시
con.close()
```

다음의 실행 예와 같이 사용자명과 비밀번호를 입력하여 로그인 여부를 확인하세요.

인수를 지정하지 않고 실행하면 사용법이 표시됩니다.

```
>python sql5.py                           ⇐ 인수를 지정하지 않는다
Usage: python sql5.py user password       ⇐ 사용법을 표시
```

올바른 사용자명과 비밀번호를 입력하고 실행하면 'Welcome!'이라고 표시됩니다.

```
>python sql5.py alex def456               ⇐ 올바른 사용자명과 비밀번호
Welcome!                                  ⇐ 로그인 성공
```

사용자명이나 패스워드가 틀리면 'Failed.'라고 표시됩니다.

```
>python sql5.py alex def123               ⇐ 올바르지 않는 비밀번호
Failed.                                   ⇐ 로그인 실패
```

여기에서는 로그인 여부에 따라 메시지를 표시했습니다. 실제 애플리케이션에서는 로그인이 성공했을 경우는 서비스(데이터베이스에 대한 조작 등)를 제공하고 로그인이 실패한 경우 오류 메시지를 표시하여 재입력을 요청하는 처리를 추가하는 것이 좋습니다.

웹 애플리케이션을 작성한다

데이터베이스에 이어서 이번에는 웹 프로그래밍에 대해서 배웁시다. 파이썬의 표준 라이브러리에는 웹 서버가 포함되어 있으므로 가볍게 웹 애플리케이션 개발을 시작할 수 있습니다. 먼저 조금 전의 데이터베이스와도 연계하면서 웹 서버를 사용해 로그인 기능을 작성합니다. 그런 다음 비표준의 웹 프레임워크를 사용하여 이미지 등의 파일을 업로드하는 기능을 작성합니다.

표준 라이브러리에 포함된 웹 서버를 사용한다

표준 라이브러리의 http.server(에이치티티피 서버) 모듈은 웹 서버(HTTP 서버)의 기능을 제공합니다. 본격적으로 웹 사이트에서 운용하는 경우에는 이 웹 서버보다 보안 대책이 엄중한 웹 서버 제품을 이용하는 것을 권장하지만, 이 웹 서버는 매우 간단하게 사용할 수 있으므로 웹 애플리케이션 개발용으로는 매우 유용합니다.

http.server 모듈의 문서

URL https://docs.python.org/ko/3/library/http.server.html

http.server 모듈의 웹 서버를 시작하려면 명령 행 인터페이스에서 다음 명령어를 실행합니다. 다음의 -m은 지정한 모듈을 시작하기 위한 옵션입니다. 또한 --cgi는 뒤에서 설명하는 CGI 프로그램을 실행하기 위한 옵션입니다.

웹 서버의 시작(http.server 모듈)

```
python -m http.server --cgi
```

윈도우에서 위의 명령어를 실행하면 다음과 같은 보안에 관한 대화상자가 표시될 수 있습니다. 웹 서버가 통신을 하기 위해서는 허가가 필요하므로 [액세스 허용]을 클릭하세요.

▼ 보안 경고

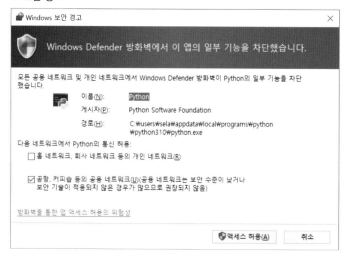

웹 서버를 시작하면 시작했을 때의 현재 디렉터리 이하가 웹 서버를 통해 공개됩니다. 이번에는 다음과 같은 HTML 파일을 준비해 두고 이 HTML 파일이 있는 디렉터리에서 웹 서버를 시작합시다. 다음은 **로그인 화면**의 HTML 파일로 추후 로그인 기능을 구현할 때 사용합니다.

▼ index.html

```html
<!DOCTYPE html>
<html lang="ko">
<head>
<meta charset="UTF-8">
<title>Login</title>
</head>
<body>
<form action="cgi-bin/login.py" method="post">          ⇐ 폼
<p>User:<br><input type="text" name="user"></p>          ⇐ 사용자명
<p>Password:<br><input type="password" name="password"></p>  ⇐ 비밀번호
<p><input type="submit" value="Login"></p>              ⇐ 버튼
</form>
</body>
</html>
```

앞서 설명한 방법으로 웹 서버를 시작해 보세요. 다음과 같이 표시되면 성공입니다. 웹 서버를 종료하려면 **Ctrl** + **C** 키를 누릅니다.

```
>python -m http.server --cgi
Serving HTTP on :: port 8000 (http://[::]:8000/) ...
```

웹 서버를 동작시킨 채로 웹 브라우저에서 http://localhost:8000/를 열어 보세요. 다음과 같은 로그인 화면이 나타나면 성공입니다. 다음은 구글 크롬(Chrome)에서 실행한 예이므로 다른 웹 브라우저에서는 다소 다르게 보일 수 있습니다.

▼로그인 화면

파이썬에서 CGI 프로그램을 작성해 본다

CGI(Common Gateway Interface, 씨지아이)는 웹 서버상에서 프로그램을 작동하기 위한 구조입니다. CGI를 사용하면 웹 브라우저의 요청에 의거해 웹 서버상에서 프로그램을 실행하고 프로그램 출력을 웹 브라우저로 반환할 수 있으므로 접근할 때마다 내용이 변화하는 페이지를 만들 수 있습니다. 또한 사용자가 폼에 입력한 정보를 프로그램으로 받아 처리할 수도 있습니다.

웹 서버측에서 동작하는 CGI를 사용한 프로그램을 CGI 프로그램이라고 합니다. 파이썬의 표준 라이브러리에는 CGI 프로그램을 개발하기 위한 cgi 모듈이 준비되어 있습니다.

CGI 프로그램을 사용해 로그인 기능을 실현해 봅시다. 이 CGI 프로그램은 폼에 입력된 사용자명과 비밀번호를 받아서 로그인 여부를 판정하고 HTML로 결과를 출력해야 합니다.

폼을 받으려면 먼저 cgi 모듈의 FieldStorage(필드 스토리지) 객체를 생성합니다. 다음에서는 이 객체를 대입한 변수를 '폼'이라고 표기합니다.

폼의 생성

```
폼 = cgi.FieldStorage()
```

폼에 입력된 내용은 input 태그의 name 속성으로 지정된 매개변수명으로 받을 수 있습니다. 조금 전의 HTML 파일(index.html)에서 사용자명과 비밀번호의 입력란은 다음과 같이 되어 있습니다.

· 사용자명의 입력란(매개변수명: user)

```
<input type="text" name="user">
```

· 비밀번호 입력란(매개변수명: password)

```
<input type="password" name="password">
```

폼의 입력 내용을 받으려면 다음과 같은 getfirst(겟 퍼스트) 메서드를 사용합니다.

폼의 입력 내용을 받는다(getfirst 메서드)

```
폼.getfirst(매개변수명)
```

위의 방법을 사용하여 **사용자명과 비밀번호를 받고, 데이터베이스를 사용하여 로그인 여부를 판정하고 결과를 HTML로 출력**하는 CGI 프로그램은 다음과 같이 작성할 수 있습니다. 앞의 '#!/usr/bin…'은 맥이나 리눅스에서 CGI 프로그램을 실행하는 경우에 필요한 쉬뱅(shebang)이라고 불리는 기술입니다. 쉬뱅은 파일을 실행하기 위한 인터프리터를 지정하기 위한 기능으로 여기에서는 파이썬 인터프리터(파이썬 3)를 지정하고 있습니다. 또한 import 문 뒤에 있는 'sys.stdout…'라는 기술은 표준 출력의 문자 인코딩을 조정하고 문자가 깨지는 것을 방지하기 위한 처리입니다.

▼ login.py

```
#!/usr/bin/env python3
import cgi
import codecs
import sqlite3
import sys

sys.stdout = codecs.getwriter('utf-8')(sys.stdout.detach())   ← 표준 출력
print('Content-type: text/html; charset=UTF-8')              ← 헤더 출력

form = cgi.FieldStorage()                                     ← 매개변수
user = form.getfirst('user')                                  ← 사용자명
password = form.getfirst('password')                          ← 비밀번호
```

```
con = sqlite3.connect('shop.db')
cur = con.cursor()
cur.execute("SELECT * FROM account WHERE user=? AND password=?", (user,
password))
result = 'Welcome!' if list(cur) else 'Failed.'          ⟵ 로그인 판정
con.close()

print(f'''
<!DOCTYPE html>
<html lang="ko">
<head>
<meta charset="UTF-8">
<title>Result</title>
</head>
<body>
{result}
</body>
</html>
''')                                                      ⟵ HTML을 출력
```

http.server의 웹 서버에서 CGI 프로그램을 실행하는 경우, cgi-bin 디렉터리(폴더)에 CGI 프로 그램을 배치해야 합니다. 이번 프로그램에서는 다음과 같이 파일을 배치합니다. 로그인 판정에 데 이터베이스를 사용하므로 조금 전 작성한 데이터베이스의 파일(shop.db)도 필요합니다. 또한 맥 이나 리눅스의 경우는 login.py의 속성을 실행 가능하게 설정해둬야 합니다. cgi-bin 디렉터리의 터미널에서 'chmod 755 login.py' 또는 'chmod 700 login.py'를 실행해 두세요.

▼ 파일의 배치

```
현재 디렉터리
  └ shop.db          ●──데이터베이스 파일
    index.html       ●──로그인 화면의 HTML 파일
  cgi-bin 디렉터리
    └ login.py       ●── 로그인 기능의 CGI 프로그램
```

폼 전송 시에 실행하는 CGI 프로그램은 form 태그의 action 속성으로 지정합니다. 조금 전의 HTML 파일(index.html)의 폼은 다음과 같았습니다. 여기에서는 cgi-bin 디렉터리의 login.py 를 지정하고 있습니다.

· 폼

```
<form action="cgi-bin/login.py" method="post">
```

위와 같이 파일을 배치한 다음에 웹 서버를 시작해 주세요. 그런 다음에 웹 브라우저에서 로그인 화면(http://localhost:8000/)을 열고, 사용자명과 비밀번호를 입력하고 [Login] 버튼을 누르세요. 또한 shop.db에는 다음의 사용자명과 비밀번호가 등록되어 있습니다.

사용자명: lily, 비밀번호: cba321

사용자명: alex, 비밀번호: def456

사용자명: molly, 비밀번호: ghi789

▼사용자명과 비밀번호를 입력

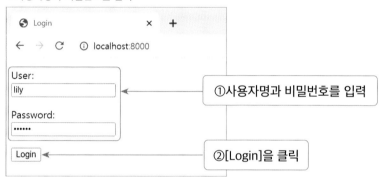

로그인에 성공하면 'Welcome!' 실패하면 'Failed.'라고 표시됩니다.

▼로그인을 실행

로그인 성공

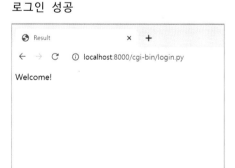

로그인 실패

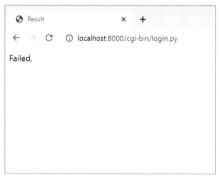

이렇게 CGI 프로그램을 사용하면 사용자가 전송한 정보를 웹 서버 측에서 처리할 수 있습니다. 복잡한 기능을 가진 웹 애플리케이션에서도 기본적인 구조는 이번 CGI 프로그램과 같습니다.

웹 프레임워크를 사용한다(Bottle 프레임워크)

웹 프레임워크는 웹 애플리케이션의 구축을 간단하게 하기 위한 소프트웨어입니다. 일반적으로 웹 프레임워크는 웹 서버와 상호작용하여 요청(request)과 응답(response)을 처리하고, 데이터베이스와의 연동 등을 지원합니다. 이러한 기능들을 제공함으로써 개발자들은 프로젝트 개발에 더욱 집중할 수 있습니다. 앞서 설명한 CGI 프로그램에서도 웹 애플리케이션을 작성할 수 있지만 웹 프레임워크를 효과적으로 사용하면 개발 효율을 높이거나 더욱 높은 기능을 실현할 수 있습니다.

파이썬에서는 Flask, Django, Bottle 등 다양한 웹 프레임워크가 있습니다. 그중 Bottle은 가벼운 웹 프레임워크로서 빠른 설치와 간단한 구현을 지향해서 작은 규모의 웹 애플리케이션 개발에 적합합니다. 여기에서는 대표적인 제품 중에서도 간결한 Bottle(보틀)을 사용합니다. Bottle은 비표준 라이브러리이므로 다음과 같이 설치해야 합니다. conda에서 설치하는 경우에는 -c conda-forge를 붙여 주세요.

Bottle의 설치(C파이썬)

```
pip install bottle
```

Bottle의 설치(아나콘다, 미니콘다)

```
conda install -y -c conda-forge bottle
```

Bottle의 동작을 알아보기 위해 간단한 프로그램을 실행해 봅시다. 다음의 프로그램은 <u>웹 브라우저에서 연 URL에 따라 다른 텍스트를 표시</u>하는 프로그램입니다.

· 'http://localhost:8000/hello' 열기 → 'Hello!'로 표시
· 'http://localhost:8000/bye' 열기 → 'Bye!'로 표시

▼ bottle1.py

```
import bottle

html = '''                              ⬸ 출력하는 HTML의 공통 부분
<!DOCTYPE html>
<html lang="ko">
<head>
```

```
<meta charset="UTF-8">
<title>Bottle</title>
</head>
<body>
{}                                      ⇐ 여기에 문자열을 삽입한다
</body>
</html>
'''

@bottle.route('/hello')                 ⇐ /hello에 접근했을 때의 처리
def welcome():
    return html.format('Hello!')


@bottle.route('/bye')                   ⇐ /bye에 접근했을 때의 처리
def bye():
    return html.format('Bye!')


bottle.run(host='localhost', port=8000)   ⇐ 웹 서버를 시작
```

위의 프로그램에서 '@bottle.route…'는 데코레이터라는 파이썬의 기능을 사용합니다 (Chapter16). 데코레이터는 함수나 클래스에 특별한 기능을 부가합니다. 위의 데코레이터에는 웹 브라우저가 특정 URL에 접근했을 때에 결과를 반환하는 함수를 지정하는 기능이 있습니다. 이 데코레이터 덕분에 1개의 프로그램 안에 여러 URL에 접근했을 때의 처리를 혼재시킬 수 있습니다.

또한 프로그램의 마지막에 있는 bottle.run…은 웹 서버를 시작합니다. Bottle에서는 이렇게 프로그램 안에서 웹 서버를 시작하므로 프로그램 자체는 일반적인 파이썬 프로그램으로 실행할 수 있습니다. 그러므로 표준 라이브러리의 웹 서버와 CGI 프로그램을 조합하는 것보다 프로그램의 배치나 실행 방법이 간단해집니다.

위의 프로그램을 실행해 보세요. Bottle의 웹 서버가 시작되고 다음과 같이 표시되면 성공입니다. 종료할 때에는 Ctrl + C 키를 누릅니다. 만약 Ctrl + C 키를 눌러도 종료되지 않을 때에는 웹 브라우저 측에서 페이지를 갱신하면 종료되기도 합니다.

```
>python bottle1.py
Bottle v0.12.21 server starting up (using WSGIRefServer())...
Listening on http://localhost:8000/
Hit Ctrl-C to quit.
```

웹 브라우저를 사용해서 앞서 설명한 두 가지의 URL을 열어 보세요. 각각 다음과 같이 표시되면 성공입니다.

▼웹 브라우저로부터 URL을 연다

'Hello!'라고 표시   'Bye!'라고 표시

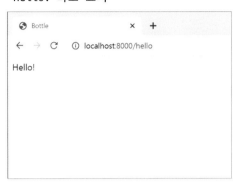   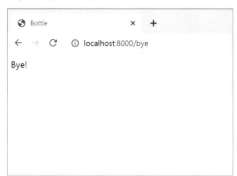

파일 업로드 기능을 작성한다(Bottle 프레임워크)

블로그, 게시판 SNS 등의 웹 애플리케이션에는 이미지 등의 파일을 업로드하는 기능이 있습니다. Bottle을 사용하여 이와 같은 파일 업로드 기능을 작성해 봅시다.

파일의 업로드 화면에는 다음과 같은 폼과 파일 선택란을 배치합니다. form 태그의 enctype 속성을 다음과 같이 설정하고, input 태그의 type 속성을 file로 해야 합니다.

· 폼

```
<form action="…" method="post" enctype="multipart/form-data">
```

· 파일 선택란

```
<input type="file" name="···">
```

업로드된 파일을 가져오고 저장하려면 다음과 같은 프로그램을 작성합니다. 매개변수명에는 위의 input 태그(파일 선택란)의 name 속성에 지정한 값을 사용합니다.

업로드된 파일을 가져오고 저장

```
파일 = bottle.request.files.매개변수명      ⇐ 파일을 가져오기
if 파일:                               ⇐ 파일을 가져왔는가
    파일.save(저장처, overwrite=True)      ⇐ 파일을 저장
```

파일 업로드 기능의 프로그램은 다음과 같이 작성할 수 있습니다.

```python
import bottle
import os

html = '''                                        ⬅ HTML의 공통 부분
<!DOCTYPE html>
<html lang="ko">
<head>
<meta charset="UTF-8">
<title>Bottle</title>
</head>
<body>
{}                                             ⬅ 문자열을 삽입한다
</body>
</html>
'''


@bottle.route('/')                             ⬅ /의 처리
def index():
    return html.format('''
    <form action="/upload" method="post"       ⬅ 폼을 표시
        enctype="multipart/form-data">
    <p><input type="file" name="file"></p>
    <p><input type="submit" value="Upload"></p>
    </form>
    ''')


@bottle.route('/upload', method='post')        ⬅ /upload의 처리
def upload():
    file = bottle.request.files.file           ⬅ 파일을 가져오기
    if file:                                    ⬅ 선택이 끝난 경우
        os.makedirs('uploaded', exist_ok=True)
        file.save('uploaded', overwrite=True)   ⬅ 파일을 저장
        return html.format(f'''
        <p>Uploaded.</p>
        <p><img src="/uploaded/{file.filename}"></p>   ⬅ 이미지를 표시
        ''')
```

```
    else:                                          ⇦ 선택하지 않은 경우
        return html.format('''
        <p>Choose a file and try again.</p>          ⇦ 오류를 표시
        ''')


@bottle.route('/<file:path>')                      ⇦ 정적 파일의 처리
def static(file):
    return bottle.static_file(file, root='.')


bottle.run(host='localhost', port=8000)            ⇦ 웹 서버를 시작
```

위의 프로그램의 끝부분에 있는 '정적 파일의 처리'는 프로그램에서 응답을 작성하지 않는 정적인 파일(위의 경우는 이미지 파일 등)을 웹 브라우저에 보내기 위한 처리입니다. 위의 경우는 결과 화면에 표시하는 이미지의 파일을 웹 브라우저에게 보내기 위해서 사용합니다.

업로드한 파일은 uploaded 디렉터리에 저장합니다. 프로그램(bottle2.py)과 디렉터리(uploaded)의 배치는 다음과 같습니다. uploaded 디렉터리가 없는 경우에는 프로그램이 자동으로 작성합니다.

▼파일의 배치

```
현재 디렉터리
    ∟ bottle2.py          ●──── 파일 업로드 기능의 프로그램
      uploaded 디렉터리    ●──── 업로드된 파일을 저장
```

위의 프로그램을 실행해 보세요. Bottle의 웹 서버가 시작되면 웹 브라우저를 사용하여 http://localhost:8000/를 열어 보세요. 파일의 선택 화면이 표시되므로 [파일을 선택] 버튼을 클릭하고, 적당한 이미지 파일(다음에서는 walrus.png)을 선택하세요.

▼파일을 선택

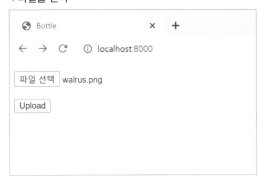

다음으로 [Upload] 버튼을 클릭하세요. 'Uploaded.'라는 텍스트가 표시되면 성공입니다. 업로드한 이미지도 표시되는데 환경에 따라서는 표시되지 않을 수도 있습니다. 업로드된 파일은 uploaded 디렉터리에 저장되므로 탐색기 등에서 확인해 보세요.

▼업로드 성공

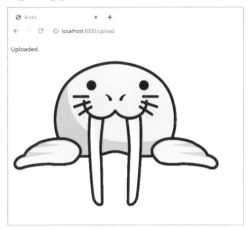

[Upload] 버튼을 클릭했을 때에 업로드하는 파일이 선택되지 않은 경우에는 'Choose a file and try again.'(파일을 선택하고 다시 하세요)라고 표시합니다.

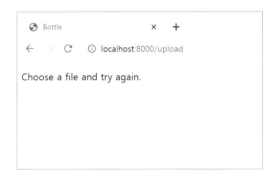

이처럼 Bottle을 사용하면 SNS 등에 빼놓을 수 없는 업로드 기능도 비교적 간단하게 실현할 수 있습니다.

Chapter 16

객체에 대해
더욱 깊게 이해하기

파이썬의 객체 지향 프로그래밍에 대해서는 기본적인 기능을 Chapter7에서 배웠는데 여기에서는 조금 더 발전적인 기능을 배웁시다. 클래스의 동작을 더욱 깊게 이해하거나, 특수 메서드나 데코레이터를 사용해 편리한 클래스를 만들거나, 속성을 조작하는 함수를 배웁니다. 여기에서 설명하는 기능을 사용하는 것은 필수는 아니지만 효과적인 사용 부분을 소개하므로 꼭 활용해 보세요.

이 장의 학습 내용

① 덕 타이핑과 추상 클래스 ② 특수 메서드의 정의

③ 데코레이터의 이용 ④ 속성의 구조

객체의 동작을 이해한다

처음은 덕 타이핑이라는 사고방식과 추상 클래스에 대해서 배워 봅시다. 덕 타이핑에 대해서 알면 파이썬에서 객체의 동작을 더욱 깊게 이해할 수 있습니다. 또한 추상 클래스는 객체(인스턴스)를 만들지 않는 클래스를 정의할 때에 유용합니다.

오리처럼 울면 오리로 취급하는 덕 타이핑

'만약 오리처럼 걷고 오리처럼 운다면 그것은 오리임에 틀림없다'는 덕 테스트(duck test)라는 사고방식이 있습니다. 여기서 유래된 덕 타이핑(duck typing)이란 '어떤 객체가 필요한 데이터 속성이나 메서드를 갖추고 있으면 어느 클래스의 객체인지는 불문한다'라는 개념으로, 객체의 실제 타입보다는 객체가 가진 속성이나 메서드에 따라 객체를 판단하는 방법입니다.

파이썬은 덕 타이핑을 채용하고 있습니다. 예를 들어 다음과 같은 add(덧셈) 함수를 생각해 봅시다. 이 add 함수는 인수의 x와 y를 받아 'x + y = x와 y의 합'과 같은 식을 표시합니다.

```
def add(x, y):
    print(x, '+', y, '=', x+y)
```

인수에 정수의 1과 2를 지정하여 위의 add 함수를 호출해 보세요.

▼ duck1.py

```
def add(x, y):
    print(x, '+', y, '=', x+y)


add(1, 2)
```

다음과 같이 1과 2를 더한 3이 표시됩니다.

```
>python duck1.py
1 + 2 = 3
```

위의 add 함수는 문자열에 대해서 호출할 수 있습니다. 인수에 문자열의 'Hello'와 'Python'을 지정하고 add 함수를 호출해 보세요.

▼ duck2.py

```
def add(x, y):
    print(x, '+', y, '=', x+y)


add('Hello', 'Python')
```

양쪽을 연결한 'HelloPython'이 표시됩니다.

```
>python duck2.py
Hello + Python = HelloPython
```

위의 add 함수는 인수가 어느 클래스의 객체인지는 묻지 않습니다. 객체가 덧셈(+연산자)을 지원하면 add 함수의 인수로 지정할 수 있습니다. 위에서는 정수와 문자열을 지정했지만 다른 객체에 관해서도 + 연산자를 지원하면 인수로 지정할 수 있습니다.

이것이 덕 타이핑의 효용입니다. 객체가 필요한 기능만 갖추고 있기만 하면 되므로 여러 종류의 객체에 대해 공통의 처리(여기에서는 add 함수)를 적용할 수 있습니다. 1개의 처리를 폭넓게 활용할 수 있으므로 능숙하게 사용하면 프로그램이 간결해집니다.

추상 클래스의 구조와 이용 방법

추상 클래스란 객체(인스턴스)를 만들 수 없는 클래스를 말합니다. 객체를 만들 수 없는 클래스라고 하면 언뜻 용도가 없는 것 같기도 하지만 기반 클래스로서 유용합니다. 즉, 다른 클래스에서 상속받아 사용할 때 기반 클래스의 메서드를 강제로 구현하도록 하는 역할을 합니다. 이처럼 추상 클래스를 기반 클래스로 사용하는 것을 추상 기반 클래스라고 합니다. 추상 기반 클래스를 정의하려면 표준 라이브러리의 abc 모듈을 사용합니다. abc 모듈은 추상 기반 클래스(abstract base class)를 정의할 때 사용하는 모듈로서, 추상 클래스의 정의 및 추상 메서드의 구현 등을 도와줍니다.

abc 모듈의 문서

URL https://docs.python.org/ko/3/library/abc.html

abc 모듈의 안에는 여러 기능이 있습니다. 그래서 예를 들면 다음과 같이 from 절을 붙인 import 문을 사용하여 abc 모듈 내의 모든 기능을 임포트해 둡니다.

```
from abc import *
```

추상 기반 클래스를 정의하려면 다음과 같이 abc 모듈의 ABC 클래스를 기반 클래스로서 파생 클래스를 정의해야 합니다. ABC 클래스를 상속받은 파생 클래스에서는 @abstractmethod(앱스트랙트 메서드) 데코레이터를 사용하여 **추상 메서드(abstract method)**를 정의합니다. 추상 메서드란 처리가 구현되지 않은 메서드를 말하며 해당 메서드를 반드시 구현해야 하는 것을 명시적으로 나타내는 역할을 합니다. 다음의 예에서는 pass 문을 사용해서 아무런 처리를 실시하지 않는 메서드를 정의하였습니다. pass 문 대신에 생략을 나타내는 '...'(Elipsis 리터럴)을 사용해서 추상 메서드를 정의할 수도 있습니다.

추상 기반 클래스의 정의

```
class 클래스명(ABC):          ← 추상 클래스는 ABC 클래스로부터 파생한다
    @abstractmethod          ← 추상 메서드를 나타내는 데코레이터
    def 메서드명(self, …):     ← 추상 메서드의 정의
        pass                 ← 아무 처리를 하지 않는다
```

위와 같은 추상 기반 클래스를 사용하여 파생 클래스를 정의합니다. 추상 기반 클래스에는 여러 개의 추상 메서드를 정의할 수 있는데 파생 클래스에서는 이러한 모든 추상 메서드를 오버라이드해야 합니다. 이를 통해 추상 기반 클래스는 파생 클래스에 대해서 메서드의 구현을 강제할 수 있습니다.

예를 들어 텍스트 편집기와 같은 도구에서 명령어의 undo(취소)나 redo(재시도) 기능을 구현하는 것을 생각해 봅시다. 이 기능을 구현하기 위해서는 실행한 명령어를 리스트 등에 기록해 둬야 합니다. 도구에는 다양한 명령어가 있으므로 기반 클래스로서 Command(명령어) 클래스를 정의하고 이 파생 클래스로서 각종 명령어에 대응하는 클래스를 정의하기로 합시다.

Command 클래스에는 명령어를 실행하기 위한 run 메서드를 정의합니다. run 메서드의 인수는 self 및 text(처리 대상이 되는 텍스트)로 하고 처리는 아무 실행도 하지 않기로(pass 문을 적는다) 합니다. 이러한 Command 클래스를 정의해 보세요.

▼ abc1.py

```
from abc import *              ← abc 모듈의 전체 기능을 임포트

class Command(ABC):            ← ABC 클래스로부터 Command 클래스를 파생
    @abstractmethod
    def run(self, text):       ← 추상 메서드의 run을 정의
        pass
```

위의 <u>Command 클래스의 객체를 생성</u>하려고 하면 다음의 실행 결과와 같은 TypeError(형 오류)가 발생합니다. 오류의 내용은 '추상 메서드의 run을 가지는 추상 클래스의 Command에 대해서 인스턴스를 생성할 수 없다'입니다. 이와 같이 추상 메서드를 가지는 추상 클래스에 대해서는 객체(인스턴스)를 생성할 수 없습니다. 반대로 말하면 객체를 생성하고 싶지 않은(생성할 필요가 없다, 생성하는 의미가 없다) 클래스에 대해서는 이렇게 추상 메서드를 가진 추상 클래스로 하면 되는 것입니다.

▼ abc2.py

```
from abc import *

class Command(ABC):
    @abstractmethod
    def run(self, text):
        pass


Command()              ↩ 객체의 생성
```

실행 결과는 다음과 같습니다.

```
>python abc2.py
...TypeError: Can't instantiate abstract class Command
              with abstract method run
```

이번에는 위의 Command 클래스에서 구체적인 명령어 클래스를 파생시켜 봅시다. **지정된 텍스트 끝에 새 텍스트를 추가하는 Append 클래스와 지정한 위치에 새 텍스트를 삽입하는 Insert 클래스를 정의합**니다. 각 클래스에 대해서 객체의 초기화를 실시하는 __init__ 메서드와 명령어를 실행하는 run 메서드를 정의합시다.

Append 메서드는 예를 들어 다음과 같이 정의할 수 있습니다. __init__ 메서드는 추가하는 텍스트를 인수 text로 받아 데이터 속성 self.text에 대입합니다. run 메서드는 인수 text의 끝에 데이터 속성 self.text를 추가하고 결과의 문자열을 반환합니다.

▼ abc3.py

```
from abc import *

class Command(ABC):
```

```
        @abstractmethod
        def run(self, text):
            pass


    class Append(Command):                          ⟵ Command 클래스로부터 Append 클래스를 파생
        def __init__(self, text):              ⟵ 객체의 초기화
            self.text = text                   ⟵ 데이터 속성에 대입


        def run(self, text):                   ⟵ 명령어의 실행
            return text+self.text              ⟵ 텍스트를 추가
```

Append 클래스와 마찬가지로 Insert 클래스를 정의합니다. __init__ 메서드는 삽입하는 인덱스와 텍스트를 인수로 받아 데이터 속성에 저장하기로 합니다. run 메서드에서는 인덱스 위치에 텍스트를 삽입하고 결과의 문자열을 반환합니다.

▼abc4.py

```
    ※Command 클래스와 Append 클래스의 정의는 생략


    class Insert(Command):                          ⟵ Insert 클래스의 정의
        def __init__(self, index, text):        ⟵ 객체의 초기화
            self.index = index                  ⟵ 인덱스를 저장
            self.text = text                    ⟵ 텍스트를 저장


        def run(self, text):                    ⟵ 명령어의 실행
            i = self.index                      ⟵ 인덱스를 가져오기
            return text[:i]+self.text+text[i:]  ⟵ 텍스트를 삽입
```

마지막으로 위의 Append 클래스와 Insert 클래스를 사용해 봅시다. 빈 문자열에 대해서 다음의 명령어를 순서대로 실행합니다.

① 끝에 'th'를 추가(Append)

② 앞에 'py'를 삽입(Insert)

③ 끝에 'on'을 추가(Append)

프로그램은 다음과 같습니다. 프로그램을 읽고, 결과의 문자열이 어떤 내용이 될지 예상하고 나서 실행해 보세요.

▼ abc5.py

```python
from abc import *

class Command(ABC):
    @abstractmethod
    def run(self, text):
        pass

class Append(Command):
    def __init__(self, text):
        self.text = text

    def run(self, text):
        return text+self.text

class Insert(Command):
    def __init__(self, index, text):
        self.index = index
        self.text = text

    def run(self, text):
        i = self.index
        return text[:i]+self.text+text[i:]

c = [Append('th'), Insert(0, 'py'), Append('on')]    ⇽ 명령어의 리스트
s = ''                                                ⇽ 빈 문자열
for x in c:                                           ⇽ 반복
    s = x.run(s)                                      ⇽ 명령어를 실행
print(s)                                              ⇽ 결과를 표시
```

실행 결과는 다음과 같습니다.

```
>python abc5.py
python
```

특수 메서드를 정의해서
사용하기 쉬운 클래스를 만든다

특수 메서드란 앞뒤로 2개씩 언더스코어(_)가 붙은 특수한 이름을 가진 메서드입니다. 클래스에 특수 메서드를 정의하면 그 클래스의 객체에 대한 다양한 연산을 구현할 수 있습니다. 예를 들어 객체에 대해 +나 *와 같은 산술 연산자를 적용할 수 있게 됩니다. 이것은 C++ 등의 프로그래밍 언어에서는 연산자 오버로드라고 하는 기능입니다.

특수 메서드를 정의함으로써 클래스를 사용하기 쉽게 할 수 있습니다. 특히 기존의 라이브러리에는 없는 기능을 가진 새로운 라이브러리를 구현할 때에 유용한 경우가 많습니다.

print 함수로 객체를 출력할 수 있는 __str__ 메서드

특수 메서드의 __str__을 정의하면 해당 클래스의 객체를 print 함수 등에서 출력할 때에 무엇을 출력할 것인지를 지정할 수 있습니다. 예를 들면 다음과 같은 Point 클래스를 생각해 봅시다. 이것은 **2차원 좌표를 나타내는 클래스로 데이터 속성의 x와 y에 좌표를 저장**합니다.

▼ str1.py

```
class Point:                      ⇐ Point 클래스의 정의
    def __init__(self, x, y):     ⇐ 객체의 초기화
        self.x, self.y = x, y


print(Point(1, 2))                ⇐ 객체의 생성과 표시
```

여기서 Point 클래스의 객체를 생성하여 print 함수에 건네면 무엇이 표시될까요? 위의 프로그램을 실행해 보세요.

```
>python str1.py
<__main__.Point object at 0x000002A63CDE0910>
```

위와 같이 Point 객체의 정보가 표시됩니다. 그러나 (1, 2)와 같이 좌표를 표시하는 것이 더 편리할 것 같습니다. 이렇게 print 함수로 표시하는 내용을 지정하려면 다음과 같은 __str__ 메서드를 정의합니다. 그리고 표시하고 싶은 내용을 문자열로서 반환합니다.

__str__ 메서드의 정의

```
def __str__(self):
    return 문자열
```

앞서 설명한 Point 클래스에 대해 **좌표의 문자열을 반환하는 __str__ 메서드의 정의를 추가**하세요. 그리고 프로그램을 실행하여 좌표(1, 2)가 표시되는지 확인하세요. 다음의 프로그램 예에서는 f 문자열 (Chapter9)을 사용하여 좌표의 문자열을 작성합니다.

▼ str2.py

```
class Point:
    def __init__(self, x, y):
        self.x, self.y = x, y

    def __str__(self):                    ⇐ __str__ 메서드의 정의
        return f'({self.x}, {self.y})'    ⇐ 좌표의 문자열을 반환한다

print(Point(1, 2))
```

실행 결과는 다음과 같습니다.

```
>python str2.py
(1, 2)
```

산술 연산자의 특수 메서드

클래스에 다음과 같은 특수 메서드를 정의하면 +나 *와 같은 산술 연산자를 객체에 대해서 적용할 수 있게 됩니다. 자신이 만든 클래스에 대해서도 int나 float 등의 숫자와 같은 연산을 할 수 있으므로 사용하기 쉬운 클래스가 됩니다.

▼산술 연산자에 대응하는 특수 메서드

연산자	메서드	동작
+	__add__	덧셈
-	__sub__	뺄셈
*	__mul__	곱셈
@	__matmul__	행렬곱
/	__truediv__	나눗셈
//	__floordiv__	나눗셈(결과가 정수)
%	__mod__	나머지
**	__pow__	제곱

위의 특수 메서드는 다음과 같이 정의합니다. 인수로서는 self 외에 산술 연산자의 우변에 대응하는 객체를 받습니다. 반환값으로서는 연산 결과의 객체를 생성하여 반환합니다.

연산의 특수 메서드를 정의

```
def 메서드명(self, 우변):
    return 연산 결과
```

앞서 설명한 Point 클래스에 대해 __add__ 메서드를 정의하고 덧셈(+)을 할 수 있도록 하세요. 데이터 속성의 x와 y를 각각 더합니다. 그리고 다음과 같은 계산을 실행하고 결과를 표시해 보세요.

Point(1, 2) + Point(3, 4)

▼ operator1.py

```
class Point:
    def __init__(self, x, y):
        self.x, self.y = x, y

    def __str__(self):
        return f'({self.x}, {self.y})'

    def __add__(self, other):                          ⇐ __add__ 메서드
        return Point(self.x+other.x, self.y+other.y)   ⇐ 결과를 생성하고 반환한다


print(Point(1, 2)+Point(3, 4))
```

결과가 (4, 6)이 되면 성공입니다.

```
>python operator1.py
(4, 6)
```

이번은 __mul__ 메서드를 정의하여 정수와의 사이에서 곱셈(*)을 할 수 있도록 합니다. 데이터 속성의 x와 y에 각각 정수를 곱합니다. 그리고 다음과 같은 계산을 실행하고 결과를 표시해 보세요.

▼ operator2.py

```
class Point:
    def __init__(self, x, y):
        self.x, self.y = x, y

    def __str__(self):
        return f'({self.x}, {self.y})'

    def __add__(self, other):
        return Point(self.x+other.x, self.y+other.y)

    def __mul__(self, other):                      ← __mul__ 메서드
        return Point(self.x*other, self.y*other)   ← 결과를 생성하고 반환한다


print(Point(1, 2)*3)
```

결과가 (3, 6)이 되면 성공입니다.

```
>python operator2.py
(3, 6)
```

파이썬에는 이 책에서 소개한 이외에도 많은 특수 메서드가 있습니다. 특수 메서드의 목록에 대해서는 공식의 파이썬 언어 레퍼런스에 게재되어 있습니다.

파이썬 언어 레퍼런스(특수 메서드명)

URL https://docs.python.org/ko/3/reference/datamodel.html#specialmethod-names

클래스 정의에 유용한 다양한 데코레이터

데코레이터는 함수나 클래스에 특별한 기능을 부가합니다. 추상 메서드를 정의하기 위한 @ abstractmethod 데코레이터 외에도 클래스 정의에 유용한 데코레이터는 여러 가지가 있습니다. 여기서는 속성, 정적 메서드, 클래스 메서드를 정의하기 위한 데코레이터에 대해서 학습합니다.

프로퍼티로 데이터 속성을 가져오거나 설정을 제어한다

객체의 데이터 속성은 클래스 외부로부터도 자유롭게 가져와서 설정할 수 있습니다. 한편 데이터 속성이 부적절한 값이 되는 것을 방지하기 위해 데이터 속성의 설정을 금지하거나 설정 시에 값을 수정해야 하는 경우가 있습니다. 이때 필요한 것이 프로퍼티(property)라는 기능입니다.

다음과 같은 Item(상품) 클래스의 예를 생각해 봅시다. Item 클래스에는 name(이름)과 price(가격) 이라는 데이터 속성이 있습니다.

name에 'burger', price에 1000(1000원)을 지정하여 Item 클래스의 객체를 생성합니다. 그리고 데이터 속성의 name과 price를 가져오고 표시하세요.

▼ property1.py

```
class Item:                              ⇠ 클래스의 정의
    def __init__(self, name, price):     ⇠ 객체의 초기화
        self.name = name
        self.price = price


x = Item('burger', 1000)
print(x.name, x.price)
```

실행 결과는 다음과 같습니다.

```
>python property1.py
burger 1000
```

데이터 속성은 클래스의 외부로부터도 가져올 수 있지만, 값을 설정할 수도 있습니다. 예를 들어 위의 프로그램에서 price를 -1000(-1000원)이라는 부적절한 값으로 설정하고 나서 name과 price를 표시해 보세요.

▼ property2.py

```python
class Item:
    def __init__(self, name, price):
        self.name = name
        self.price = price


x = Item('burger', 1000)
x.price = -1000              ⇐ 부적절한 값의 설정
print(x.name, x.price)
```

실행 결과는 다음과 같습니다.

```
>python property2.py
burger -1000
```

위와 같이 부적절한 값의 설정을 방지하려면 맹글링(Chapter7)을 사용하여 데이터 속성을 외부에서 은폐하는 방법이 있습니다. 그러나 동시에 데이터 속성을 외부로부터 가져오는 것도 일반적인 방법으로는 할 수 없게 되어 버립니다.

여기에서 유용한 것이 프로퍼티입니다. @property 데코레이터를 사용해서 클래스에 다음과 같은 함수를 정의하면 읽기 전용의 프로퍼티를 작성할 수 있습니다. 프로퍼티명과 데이터 속성명은 각각 자유롭게 명명할 수 있습니다. 또한 단순하게 데이터 속성을 반환하는 것이 아니라 계산 결과 등을 반환할 수도 있습니다.

읽기 전용의 프로퍼티를 작성

```python
@property
def 프로퍼티명(self):
    return self.데이터 속성명
```

앞과 같이 정의한 속성은 다음과 같이 읽어 옵니다. 이 프로퍼티에 값을 대입할 수는 없습니다. 값을 대입하는 방법에 대해서는 뒤에서 설명합니다.

프로퍼티 읽어 오기

```
객체.프로퍼티명
```

앞서 설명한 Item 클래스에 name 프로퍼티와 price 프로퍼티를 추가해 보세요. 데이터 속성은 __name과 __price로 하고 맹글링을 이용하기로 합니다. __init__ 메서드의 데이터 속성명도 변경해야 합니다.

▼ property3.py

```python
class Item:
    def __init__(self, name, price):
        self.__name = name          ← 데이터 속성__name으로 대입
        self.__price = price         ← 데이터 속성__price로 대입

    @property
    def name(self):                  ← name 프로퍼티를 읽어 오는 함수
        return self.__name

    @property
    def price(self):                 ← price 프로퍼티를 읽어 오는 함수
        return self.__price

x = Item('burger', 1000)
print(x.name, x.price)               ← 프로퍼티를 읽어 와 표시
```

실행 결과는 다음과 같습니다.

```
>python property3.py
burger 1000
```

위의 프로그램에서 프로퍼티는 읽기 전용이므로 값을 설정하려고 하면 오류가 납니다. 예를 들어 다음과 같이 price 프로퍼티에 값을 설정해 보세요.

```
class Item:
    def __init__(self, name, price):
        self.__name = name
        self.__price = price

    @property
    def name(self):
        return self.__name

    @property
    def price(self):
        return self.__price

x = Item('burger', 1000)
x.price = -1000            ← 프로퍼티에 값을 설정
print(x.name, x.price)
```

실행하면 AttributeError(속성 오류)가 발생합니다. 오류의 내용은 '속성을 설정할 수 없다'입니다.

```
>python property4.py
···AttributeError: can't set attribute 'price'
```

프로퍼티에 값을 설정할 수 있도록 하려면 @프로퍼티명.setter(세터)라는 데코레이터를 사용해서 다음과 같은 함수를 정의합니다.

프로퍼티에 값을 설정할 수 있도록 한다

```
@프로퍼티.setter
def 프로퍼티명(self. 인수):
    self.데이터 속성 = 식
```

인수를 데이터 속성에 대입하는 것이 전형적인 처리이지만 더욱 복잡한 처리를 실시할 수도 있습니다. 예를 들어 인수를 그대로 데이터 속성에 대입하는 것이 아니라 값이 특정 범위의 경우만 대입하거나 값의 범위를 조정한 후 대입하는 처리도 할 수 있습니다.

앞서 설명한 Item 클래스에 대해서 **price 프로퍼티를 설정 가능**으로 하세요. 값을 설정할 때 음수인 경우에는 0을 설정함으로써 price가 음수가 되지 않도록 합니다. 그리고 Item 객체를 생성한 후에 price에 1100을 설정하고 이어서 -1000을 설정해 보세요.

▼ property5.py

```
class Item:
    def __init__(self, name, price):
        self.__name = name
        self.__price = price

    @property
    def name(self):                      ⇦ name 프로퍼티를 가져오는 데 쓰는 함수
        return self.__name

    @property
    def price(self):                     ⇦ price 프로퍼티를 가져오는 데 쓰는 함수
        return self.__price

    @price.setter
    def price(self, value):              ⇦ price 프로퍼티를 설정하는 데 쓰는 함수
        self.__price = max(value, 0)

x = Item('burger', 1000)                 ⇦ 객체를 생성
print(x.name, x.price)

x.price = 1100                           ⇦ price에 1100을 설정(1100이 설정된다)
print(x.name, x.price)

x.price = -1000                          ⇦ price에 -1000을 설정(0이 설정된다)
print(x.name, x.price)
```

실행 결과는 다음과 같습니다.

```
>python property5.py
burger 1000
burger 1100
burger 0
```

프로퍼티를 이용하면 데이터 속성을 읽고 쓰는 것과 공통된 기법을 사용하면서 값의 설정을 금지하거나 값이 적절한지 여부를 검사할 수 있습니다. 클래스를 정의할 때는 처음에는 데이터 속성을 사용해 두고 나중에 필요한 것만을 프로퍼티로 변경하면 되는 것입니다. 양쪽의 기법은 공통이므로 이 클래스를 이용하는 측의 프로그램은 변경하지 않고 끝납니다.

자바 등의 프로그래밍 언어에서는 데이터 속성을 가져오거나 설정하는 작업을 하기 위해서 get○○과 같은 이름의 게터(getter)나 set○○과 같은 이름의 세터(setter)라는 메서드를 정의하는 경우가 있습니다. 파이썬에서도 게터나 세터를 정의할 수는 있지만 프로퍼티를 사용하는 것을 추천합니다.

객체를 사용하지 않고 호출하는 정적 메서드와 클래스 메서드

정적 메서드(static method)와 클래스 메서드(class method)는 보통의 메서드와는 달리 처리의 대상이 되는 객체(인스턴스)를 지정하지 않고 호출하기 위한 메서드입니다. 또한 정적 메서드나 클래스 메서드와 구별하고 싶을 때는 보통의 메서드를 인스턴스 메서드라고 부릅니다.

이미 배웠듯이 인스턴스 메서드(보통의 메서드)는 다음과 같이 정의합니다. 1번째 인수의 self를 사용하여 처리 대상이 되는 객체를 받습니다.

인스턴스 메서드의 정의

```
def 메서드명(self, 인수, ...):
    구문···
```

정적 메서드는 다음과 같이 @staticmethod(스태틱 메서드) 데코레이터를 사용해서 정의합니다. 정적 메서드는 클래스 내부의 속성이나 메서드에 접근할 수 없습니다. 이처럼 처리의 대상이 되는 객체를 받을 수 없으므로 인수에 self가 없습니다.

정적 메서드의 정의

```
@staticmethod
def 메서드명(인수, ...):
    구문
```

클래스 메서드는 @classmethod 데코레이터를 사용해서 정의합니다. 클래스 메서드는 객체에 대한 처리를 수행하지 않는 메서드이며 클래스 변수를 조작하거나 클래스의 다른 메서드를 호출하는 데 사용됩니다. 1번째 인수의 cls를 사용해서 호출에 사용된 클래스를 받습니다. cls는 다른 이름이라도 상관없지만 표준 코팅 스타일(PEP8)에서는 cls라는 인수명이 권장됩니다. class는 파이썬의 키워드이므로 인수명으로 사용할 수 없어 class를 줄인 cls라는 인수명을 사용합니다.

클래스 메서드의 정의

```
@classmethod
def 메서드명(cls, 인수, ⋯):
    구문⋯
```

메서드를 호출하려면 다음과 같이 여러 가지 방법이 있습니다. ①과 ②는 객체를 지정해서 호출하는 방법 ③은 객체를 지정하지 않고 호출하는 방법입니다.

① 객체.메서드명(인수, ⋯)

② 클래스명.메서드명(객체, 인수, ⋯)

③ 클래스명.메서드명(인수, ⋯)

각 메서드의 사용법을 비교하기 위해 다음과 같은 Color(색) 클래스를 생각해 봅시다. **색의 RGB(빨간색, 초록색, 파란색) 성분을 저장**할 수 있는 클래스입니다. 초기화를 실시하는 __init__ 메서드와 내용을 문자열로 표현하는 __str__ 메서드를 정의합니다. 다음에서는 사용 예로서 RGB 값이 (255, 128, 0)인 객체를 생성합니다.

▼ method1.py

```
class Color:                               ⇐ 클래스의 정의
    def __init__(self, r, g, b):           ⇐ 객체의 초기화
        self.r, self.g, self.b = r, g, b

    def __str__(self):                     ⇐ 문자열의 작성
        return f'({self.r}, {self.g}, {self.b})'

print(Color(255, 128, 0))                  ⇐ 객체의 생성
```

실행 결과는 다음과 같습니다.

```
>python method1.py
(255, 128, 0)
```

위의 Color 클래스에 대해 **밝은 파란색을 나타내는 Color 객체를 반환하는 cyan 메서드를 정의**해 봅시다. RGB 값은 (0, 255, 255)으로 합니다. 우선은 인스턴스 메서드로서 정의하고 앞서 설명한 방법 ③으로 호출해 보세요. 다음과 같이 TypeError(형 오류)가 발생합니다. 오류의 내용은 'cyan()에게 필요한 1개의 위치 인수가 없다: 'self''입니다.

```
class Color:
    def __init__(self, r, g, b):
        self.r, self.g, self.b = r, g, b

    def __str__(self):
        return f'({self.r}, {self.g}, {self.b})'

    def cyan(self):                          ⟻ 인스턴스 메서드
        return Color(0, 255, 255)


print(Color.cyan())                          ⟻ 메서드의 호출
```

실행 결과는 다음과 같습니다.

```
>python method2.py
...TypeError: Color.cyan() missing 1 required positional argument: 'self'
```

실은 위의 프로그램에서 cyan 메서드의 정의로부터 인수 self를 제거하면 방법 ③으로 호출할 수 있습니다. 그러나 방법 ①이나 ②로 호출하는 것은 할 수 없게 됩니다.

다음과 같이 **정적 메서드로 cyan 메서드를 정의**하세요. cyan 메서드의 인수는 없는 것으로 해서 @staticmethod 데코레이터를 붙입니다. 앞서 설명한 방법 ③으로 호출하면 올바르게 호출할 수 있습니다.

▼ method3.py

```
class Color:
    def __init__(self, r, g, b):
        self.r, self.g, self.b = r, g, b

    def __str__(self):
        return f'({self.r}, {self.g}, {self.b})'

    @staticmethod
    def cyan():                              ⟻ 정적 메서드
        return Color(0, 255, 255)
```

```
    print(Color.cyan())                    ⇐ 메서드의 호출
```

실행 결과는 다음과 같습니다.

```
>python method3.py
(0, 255, 255)
```

이번에는 **클래스 메서드로서 cyan 메서드를 정의**하세요. 여기서 cyan 메서드의 인수를 cls로 하고 @classmethod 데코레이터를 붙입니다. 앞서 설명한 방법 ③으로 호출하면 역시 올바르게 호출할 수 있습니다.

▼ method4.py

```
class Color:
    def __init__(self, r, g, b):
        self.r, self.g, self.b = r, g, b

    def __str__(self):
        return f'({self.r}, {self.g}, {self.b})'

    @classmethod
    def cyan(cls):                         ⇐ 클래스 메서드
        return Color(0, 255, 255)

print(Color.cyan())                        ⇐ 메서드 호출
```

실행 결과는 다음과 같습니다.

```
>python method4.py
(0, 255, 255)
```

정적 메서드와 클래스 메서드는 방법 ①로도 호출할 수 있습니다. 방법 ②로는 호출하지 못하고 오류가 납니다. 즉, 인스턴스 메서드는 방법 ①과 ②로, 정적 메서드와 클래스 메서드는 방법 ①과 ③으로 호출할 수 있습니다. 객체(인스턴스)를 지정하지 않고 호출하고 싶을 때는 방법 ③을 사용하게 되므로 정적 메서드나 클래스 메서드를 이용하는 것을 권합니다.

정적 메서드와 클래스 메서드의 사용 구분으로는 클래스의 정보가 필요 없는 경우는 정적 메서드, 필요한 경우에는 클래스 메서드를 사용하는 것이 좋습니다. 클래스의 정보가 필요한 것은 예를 들어 클래스 속성, 정적 메서드, 클래스 메서드를 이용하는 것 같은 경우입니다.

앞서 설명한 Color 클래스에 대해 cyan 메서드와 마찬가지로 밝은 파란색의 Color 객체를 반환하는 aqua 메서드를 추가하세요. aqua 메서드는 클래스 메서드로서 정의하고, 안쪽에서 cyan 메서드를 호출하도록 합니다. 마지막으로 aqua 메서드를 앞에서 설명한 방법 ③으로 호출하세요.

▼ method5.py

```
class Color:
    def __init__(self, r, g, b):
        self.r, self.g, self.b = r, g, b

    def __str__(self):
        return f'({self.r}, {self.g}, {self.b})'

    @staticmethod
    def cyan():                       ← 정적 메서드
        return Color(0, 255, 255)

    @classmethod
    def aqua(cls):                    ← 클래스 메서드
        return cls.cyan()

print(Color.aqua())                   ← 메서드의 호출
```

실행 결과는 다음과 같습니다.

```
>python method5.py
(0, 255, 255)
```

위의 aqua 메서드에서는 인수 cls를 이용하여 cyan 메서드를 호출합니다. aqua 메서드를 정적 메서드로서 정의할 수도 있는데 이 경우는 Color라는 클래스명을 사용해 호출하게 됩니다.

```
class Color:
    def __init__(self, r, g, b):
        self.r, self.g, self.b = r, g, b

    def __str__(self):
        return f'({self.r}, {self.g}, {self.b})'

    @staticmethod
    def cyan():
        return Color(0, 255, 255)

    @staticmethod               ⇐ aqua를 정적 메서드로서 정의
    def aqua():                 ⇐ 클래스명을 사용해서 호출
        return Color.cyan()

print(Color.aqua())
```

한편 인수 cls를 사용하는 방법은 호출에 클래스명을 사용하지 않습니다. 그러므로 만약 Color라는 클래스명을 다른 이름으로 변경하게 되더라도 cyan 메서드의 호출을 변경하지 않아도 되는 것이 이점입니다.

객체를 지탱하는 속성의 구조

객체의 데이터 속성이나 메서드와 같은 기능은 속성(attribute, 어트리뷰트)으로 구현합니다. 속성의 구조는 간단하고 객체에 속성을 추가하거나, 속성에 값을 설정하거나, 속성의 값을 가져오는 것과 같은 기능이 있을 뿐입니다.

파이썬에서는 객체 지향 프로그래밍 기능을 가능한 한 간결하게 하고 있다고는 해도 기능의 많음에 압도될지도 모르겠습니다. 그럴 때는 이러한 기능의 기반은 간단한 속성의 기구이며, 프로그래머의 편의를 도모하기 위해 다양한 기법이 준비되어 있다는 것으로 되돌아가면 이해가 갈 것입니다. 그래서 속성에 대해서 배워 봅시다.

속성의 추가, 설정, 가져오기, 삭제를 하는 내장 함수

여기에서는 속성을 조작하는 내장 함수에 대해 학습합니다. 내장 함수를 사용하지 않고 속성을 조작하는 방법도 함께 소개합니다.

처음에는 속성에 값을 설정하는 setattr(세트 어트리뷰트) 함수입니다. attr은 attribute(어트리뷰트)의 약자입니다. 지정한 속성이 아직 존재하지 않는 경우 setattr 함수는 객체에 속성을 추가한 후에 값을 설정합니다.

속성에 값을 설정(setattr 함수)

```
setattr(객체, 속성명, 값)
```

속성에 값을 설정(대입문)

```
객체.속성명 = 값
```

속성의 값을 가져오려면 getattr(겟 어트리뷰트) 함수를 사용합니다. 도트(.)를 사용해도 같은 동작을 할 수 있습니다.

속성의 값을 가져오기(getattr 함수)

```
getattr(객체, 속성명)
```

속성의 값을 가져오기(도트를 사용한 기법)

```
객체.속성명
```

속성이 존재하는지를 알아보려면 hasattr(해즈 어트리뷰트) 함수를 사용합니다. 속성이 존재하는 경우 True를, 존재하지 않는 경우 False를 반환합니다.

속성의 존재를 알아본다(hasattr 함수)

```
hasattr(객체, 속성명)
```

속성을 삭제하려면 delattr(델 어트리뷰트) 함수를 사용합니다. del 문을 사용해도 같을 수 있습니다.

속성의 삭제(delattr 함수)

```
delattr(객체, 속성명)
```

속성의 삭제(del 문)

```
del 객체.속성명
```

위의 함수를 사용하여 다음과 같은 프로그램을 작성해 봅시다.

① 빈 클래스 A를 정의하고 객체를 생성하여 변수 a에 대입합니다.

② setattr 함수를 사용하여 a에 속성 x를 추가하고 정수 123을 설정합니다.

③ getattr 함수를 사용하여 속성 x의 값을 가져오고 표시합니다.

④ hasattr 함수를 사용하여 속성 x가 있는지 여부를 알아보고 결과를 표시합니다.

⑤ delattr 함수를 사용하여 속성 x를 삭제합니다.

⑥ hasattr 함수를 사용하여 속성 x가 있는지 여부를 알아보고 결과를 표시합니다.

▼ attr1.py

```
class A:                           ⇦ 빈 클래스를 정의
    pass


a = A()                            ⇦ 객체를 생성
setattr(a, 'x', 123)               ⇦ 속성을 추가
print(getattr(a, 'x'))             ⇦ 속성의 값 가져오기
print(hasattr(a, 'x'))             ⇦ 속성의 존재를 확인
delattr(a, 'x')                    ⇦ 속성을 삭제
print(hasattr(a, 'x'))             ⇦ 속성의 존재를 확인
```

실행 결과는 다음과 같습니다.

```
>python attr1.py
123        ⇦ 속성 x의 값
True       ⇦ 속성 x의 존재하는지
False      ⇦ 속성 x의 존재하지 않는지
```

속성의 목록을 출력하는 내장 함수

다음과 같은 함수를 사용하면 객체가 가진 속성의 목록을 출력할 수 있습니다. dir(디아이알) 함수는 객체와 클래스(기반 클래스 포함)가 가진 속성명 목록을, vars(버즈) 함수는 객체가 가진 속성명과 값의 목록을 반환합니다. dir은 directory(디렉터리)의 약자이고 vars는 variables(버리에이블스, 변수)의 약자입니다.

객체와 클래스가 가진 속성명의 목록을 가져오기(dir 함수)

```
dir(객체)
```

객체와 클래스가 가진 속성명과 값의 목록을 가져오기(vars 함수)

```
vars(객체)
```

위의 함수를 사용하여 다음과 같은 프로그램을 작성해 봅시다.

① 빈 클래스 A를 정의하고 객체를 생성하여 변수 a에 대입합니다.

② setattr 함수를 사용하여 a에 속성 x를 추가하고 정수 123을 설정합니다.

③ dir 함수를 사용하여 속성명의 목록을 가져오고 결과를 표시합니다.

④ vars 함수를 사용하여 속성명과 값의 목록을 가져오고 결과를 표시합니다.

▼ attr2.py

```
class A:                    ⇐ 빈 클래스를 정의
    pass


a = A()                     ⇐ 객체를 생성
setattr(a, 'x', 123)        ⇐ 속성을 추가


print(dir(a))               ⇐ dir 함수
print(vars(a))              ⇐ vars 함수
```

실행 결과는 다음과 같습니다(생략해서 게재합니다).

```
>python attr2.py
['__class__', '__delattr__', '__dict__', '__dir__', ...
... , '__str__', '__subclasshook__', '__weakref__', 'x']    ⇐ dir 함수의 결과
{'x': 123}                                                  ⇐ vars 함수의 결과
```

속성의 추가를 제한하는 슬롯

클래스의 정의에서 속성의 구성을 결정하는 프로그래밍 언어(C++나 자바 등)와는 달리 파이썬의 객체에는 나중에라도 자유롭게 속성을 추가할 수 있습니다. 한편, 슬롯(slot)이라는 기능을 사용하면 이러한 속성의 추가를 제한할 수 있습니다. 슬롯을 사용함으로써 메모리의 소비량을 줄이거나 처리를 고속화는 효과가 있습니다.

슬롯은 다음과 같이 사용합니다. __slots__라는 클래스 속성에 대하여 이 클래스가 가질 수 있는 속성명의 목록을 문자열, 이터러블, 시퀀스(리스트나 튜플)로서 대입합니다. 다음은 리스트를 이용한 예입니다.

슬롯의 정의

```
class 클래스명:
    __slots__ = [속성명, …]
```

슬롯을 사용해 다음과 같은 프로그램을 작성해 봅시다.

① 클래스 A를 정의하고 클래스 속성의 _slots_에 'x'와 'y'의 리스트를 대입합니다.

② 클래스 A의 객체를 생성해서 변수 a에 대입합니다.

③ setattr 함수를 사용하여 a에 속성 x를 추가하고 정수 123을 설정합니다.

④ setattr 함수를 사용하여 a에 속성 y를 추가하고 정수 456을 설정합니다.

⑤ setattr 함수를 사용하여 a에 속성 z를 추가하고 정수 789를 설정합니다.

위의 ⑤는 AttributeError(속성 오류)가 납니다. 오류의 내용은 'A 객체에는 속성 z가 없다'입니다.

▼ attr3.py

```
class A:                        ⬅ 클래스를 정의
    __slots__ = ['x', 'y']      ⬅ 슬롯을 설정

a = A()                         ⬅ 객체를 생성
setattr(a, 'x', 123)            ⬅ 속성 x를 추가
setattr(a, 'y', 456)            ⬅ 속성 y를 추가
setattr(a, 'z', 789)            ⬅ 속성 z를 추가(오류)
```

실행 결과는 다음과 같습니다(생략해서 게재합니다).

```
>python attr3.py
…AttributeError: 'A' object has no attribute 'z
```

찾아보기

제대로 빠르게 파이썬 입문

초판 1쇄 인쇄 2023년 05월 10일
초판 1쇄 발행 2023년 05월 15일

저자 : 마츠우라 켄이치로, 츠카사 유키
번역 : 김은철, 유세라

펴낸이 : 이동섭
편집 : 강민철
표지 디자인 : 김연정
본문 디자인 : 강민철
영업 · 마케팅 : 송정환, 조정훈, 곽혜연, 김려홍
e-BOOK : 홍인표, 최정수, 서찬웅, 김은혜, 이홍비, 김영은
관리 : 이윤미

㈜에이케이커뮤니케이션즈
등록 1996년 7월 9일(제302-1996-00026호)
주소 : 04002 서울 마포구 동교로 17안길 28, 2층
TEL : 02-702-7963~5 FAX : 02-702-7988
http://www.amusementkorea.co.kr

ISBN 979-11-274-6179-9 13000